Gesa Krämer und Stephanie Quappe
Interkulturelle Kommunikation mit NLP

Gesa Krämer und Stephanie Quappe
Interkulturelle Kommunikation mit NLP
Einblick in fremde Welten

uni-edition

Die Deutsche Bibliothek – CIP-Einheitsaufnahme
Autor: Gesa Krämer und Stephanie Quappe
Interkulturelle Kommunikation mit NLP. Einblick in fremde Welten.
Gesa Krämer und Stephanie Quappe – Berlin: uni-edition, 2006
ISBN 3-937151-43-5

Informationen über den Verlag und das aktuelle Buchangebot finden Sie
im Internet unter www.uni-edition.de

Gedruckt auf holz- und säurefreiem Papier, 100% chlorfrei gebleicht.

Grafiken: Grafikstudio Astrid Kilinski, Heikendorf
Herstellung: Schaltungsdienst Lange, Berlin
Printed in Germany
ISBN 3-937151-43-5

INHALT

„Die fruchtbarsten Entwicklungen haben sich überall dort ergeben, wo zwei unterschiedliche Arten des Denkens aufeinander trafen." *Werner Heisenberg*

1 Vorwort

Verstehen ist die Reise in das Land eines anderen.[1] Auf diese Reise haben wir, Gesa Krämer und Stephanie Quappe, uns vor drei Jahren begeben, als die Arbeit zu diesem Buch begann. Als Studenten der Wirtschaftswissenschaften und Kulturwissenschaften interessierten uns organisatorische und soziale Veränderungen und deren Auswirkungen auf den einzelnen Menschen. Mitten im Berufsleben, als wir uns später mit NLP beschäftigten, fanden wir das Veränderungspotenzial dieser Techniken und Methoden so wirksam, dass die Idee nahe lag, kulturelle- und NLP-Ansätze miteinander zu verbinden. Herausgekommen ist eine „tiefenwirksame" Kombination aus diesen Forschungsrichtungen.

In den letzten Jahren ging uns ein Licht nach dem anderen auf, was menschliche Wahrnehmung und Kulturforschung miteinander verbindet – wunderbare Momente. Wir haben es aus unterschiedlichen Richtungen gewagt, unsere Gedanken aufzuschreiben, unsere Zusammenarbeit hat uns motiviert und bestärkt. Wie bereichernd und klärend dies sein kann, werden Sie wissen, wenn Sie selbst Tagebuch schreiben. Ein Gedanke wird erst dann „real", wenn Sie ihn ausgesprochen oder aufgeschrieben haben. So sind wir allen Freunden und Kollegen dankbar, mit denen wir über Jahre hinweg unsere Arbeit und Ideen zur menschlichen Kommunikation diskutiert und zu Papier gebracht haben. Ohne das Verständnis unserer Partner, die für die vielen Stunden und Wochenenden, die wir am Laptop sitzend, recherchierend mit Ohropax – weit weg von ihnen – etwas für dieses Werk getan haben, wäre dies nicht möglich gewesen. Ein großes Dankeschön an Jürgen für die Formatierung und an Astrid für die Grafiken. Unser Dank gilt auch unseren ehrwürdigen Lektoren, die uns das Manuskript mit vielen farbigen Anmerkungen zurückgegeben haben, damit Sie es hier nun in schwarz-weiß lesen.

---

[1] Fazil Hüsnü Daglarca, 1987: Reise. In: Yüksel Parzakaya (Hrsg.), 1987: Die Wasser sind weiser als wir. Türkische Lyrik der Gegenwart. Zweisprachig. München, Franz Schneekluth, S.137.

Wir sind dem „Zufall" sehr dankbar, der Sie dazu geführt hat, dieses Buch zu lesen. Aufgrund der unendlich vielen Entscheidungen, die Sie bis zum jetzigen Augenblick getroffen haben, stehen Sie genau an diesem Punkt und schlagen diese Seite auf. Wir wünschen Ihnen nun viele Einblicke in fremde Welten, die Sie mitnehmen, berühren und weiterführen – auf die Reise in das Land anderer Menschen.

Gesa Krämer und Stephanie Quappe,
Mannheim und New York, im November 2005

N.B.: An dieser Stelle möchten wir noch darauf hinweisen, dass beim Gebrauch der männlichen Form immer die weibliche eingeschlossen ist.

2 Einleitung oder Woher kommen wir?

Abbildung 2-1: Fischbrötchen

Die Schildkröte Fischbrötchen hieß Fischbrötchen, obwohl sie eine Schildkröte war. Das lag an ihrer Größe. Sie wohnte zusammen mit einer älteren Schildkröte, Emma, in einem Aquarium. Eines Tages wollte Fischbrötchen sich sonnen und krabbelte auf Emmas Rücken. Emma  schüttelte sich und Fischbrötchen fiel über den Rand des Aquariums direkt auf die Terrasse. Sie krabbelte hinaus auf den Rasen und landete in einem Grashaufen. Da kam der Bauer auf seinem Traktor vorbei. Dieser nahm mit seiner Schaufel den Grashaufen hoch und fuhr in Richtung Kuhstall. Er warf ihn der Kuh vor. Die Kuh begann zu fressen. Plötzlich sah die Kuh ein Tier, was sie noch nie zuvor gesehen hatte. Und Fischbrötchen sah ein Tier, was es noch nie in seinem Leben gesehen hatte.

Die Kuh sagte: „Nanu, wer bist du?" „Ich bin 'ne Schildkröte und heiße Fischbrötchen", antwortete Fischbrötchen, „und wer bist du?" „Ich bin 'ne Kuh, das sieht doch jeder", sagte die Kuh. „Du, sag mal, wenn du 'ne Kuh bist, warum hast du dann so einen komischen Kleiderhaken auf dem Kopf?" „Das ist doch kein Kleiderhaken, das sind meine Hörner." „Aber wenn du 'ne Kuh bist, warum hast du eigentlich so einen roten Waschlappen im Maul?" „Das ist doch kein Waschlappen, das ist meine Zunge." „Aber du, wenn du 'ne Kuh bist, warum hast du eigentlich links und rechts so komische Rasierpinsel auf dem Kopf?" „Das sind doch keine Rasierpinsel, das sind meine Ohren." „Sag mal Kuh, du hast da so einen komischen alten Handschuh zwischen deinen Beinen, wozu?" „Das ist doch kein Handschuh, das ist mein Euter, damit gebe ich Milch!" „Du Kuh, und dieser Strick hinten?" „Das ist doch kein Strick, das ist mein Schwanz, damit verscheuche ich die Fliegen." „Und, Kuh, warum hast du eigentlich diesen schwarz-weißen Bettvorleger um deinen Bauch gebunden?" „Das ist doch kein Bettvorleger, das ist mein Fell." „Aber du, du Schildkröte, dein Fell sieht aus wie altes Knäckebrot." „Nein, das ist kein altes Knäckebrot, das ist mein Panzer, da kann sogar eine Kuh drauf stehen, so fest ist der." „Was? Das muss ich gleich ausprobieren", sagte die Kuh und stellte sich auf Fischbrötchen, schwankte hin und her, fiel um und rollte aus dem Kuhstall heraus. Der Bauer kam vor Schreck daher, sprang der Kuh aus dem Weg und - entdeckte Fischbrötchen. Voller Verwunderung nahm er die Schildkröte und brachte sie in das Nachbarhaus zurück.

Wieder im Aquarium angelangt fragte Emma ganz neugierig: „Wo warst du?" „Ich war im Kuhstall", sagte Fischbrötchen. „Ach, das habe ich noch nie gehört, ist das auch so was wie ein Aquarium?" „Ja, so ähnlich, nur da liegt Stroh drin und ein Haufen mit Spinat und da steht 'ne Kuh drin." „Was ist denn das für ein Tier?" „Das weiß ich genau: 'Ne Kuh, das ist ein Tier, das hat 'ne rote Zunge, Hörner, Pinselohren, einen Schwanz und einen Euter und drumherum ein schwarz-weißes Fell." „Das versteh ich nicht", sagte Emma. „Nun gut, dann erklär ich's dir", antwortete Fischbrötchen. „Also 'ne Kuh, ist ein Tier, das hat einen Kleiderhaken auf dem Kopf, einen roten Waschlappen im Maul, Pinselohren, einen großen, alten Handschuh zwischen den Beinen, einen schwarz – weißen Bettvorleger um den Bauch gebunden und einen Strick am Hintern." Und da kapierte auch Emma, was 'ne Kuh ist.[2]

Es gibt so viele Modelle und Ansichten der Welt wie Menschen, die auf ihr leben. Zum Glück können wir uns darüber austauschen. Wie geschickt wir dies tun, welche Worte wir wählen, das macht unseren Erfolg aus. Wir möchten Sie einladen, wie Fischbrötchen, einen Blick in andere fremde Welten zu werfen und diese für Sie übersetzbar zu machen, übersetzbar in Ihre Welt. Mit unserem Buch verbinden wir Erkenntnisse der menschlichen Kommunikation mit Theorien aus der interkulturellen Forschung mit dem Ziel, das Anderssein erlebbar und erlernbar zu machen. Wir hoffen, damit ein Stück neue Welt für Sie zu erschließen und Fragezeichen, die im Umgang mit anderen Menschen auftauchen, in Glühbirnen umzuwandeln.

2.1 Zielgruppen und Aufbau

Dieses Buch ist geschrieben für Leser, die sich für unterschiedliche Kulturen interessieren. Kontakt mit Menschen unterschiedlicher Herkunft kann sehr bereichernd, spannend und berührend sein! Die Unterschiede zwischen den Kulturen können genutzt werden, wenn das Wissen darüber Menschen einander näher bringt.

> **NLP** - Neuro-Linguistischen-Programmieren, ein ergebnisorientierter Coaching- und Kommunikationsansatz, der aus jahrzehntelanger Erfahrung erfolgreicher Therapie und Veränderungsarbeit entstanden ist.

Dazu bieten wir eine theoretische Basis und praktische Übungen. Wir knüpfen an die Werke anderer Autoren an, wie David Katan[3], der die logischen Ebenen von Robert Dilts in Zusammenhang mit Kultur bringt, oder Alexa Mohl[4], die praktische Beispiele für eine Vorbereitung mit NLP-Methoden auf den Businesskontakt in China beschrieben hat. Wir verbinden Theorien und Modelle der Interkulturellen Kommunikation (d.h. der Kultur-

---

[2] Teiltranskription von Vahle, Frederik, 1993: Fischbrötchen. Geschichten und Lieder. Patmos

[3] Katan, David, 1999: Translating Cultures. Manchester

[4] Mohl, Alexa, 1999: Nach China unterwegs. Paderborn, Junfermann

wissenschaften) mit Ansätzen des Neuro-Linguistischen-Programmierens (kurz NLP). Die theoretische Zusammenfassung der beiden Bereiche Neuro-Linguistisches Programmieren und Kulturwissenschaften macht ca. 60% aus, 40% sind Praxisübungen.

NLP – Neuro-Linguistisches Programmieren, ist ein individueller ergebnisorientierter Coaching- und Kommunikationsansatz, der aus jahrzehntelanger Erfahrung erfolgreicher Therapie- und Veränderungsarbeit entstanden ist. IK - Interkulturelle Kommunikation ist eine wissenschaftliche Fachrichtung, die das Ziel hat, den Dialog von Menschen unterschiedlicher kultureller Herkunft zu optimieren.

Um mit anderen Kulturen erfolgreich zu kommunizieren, sind Kenntnisse über die Kultur unabdingbar. Es geht darum, das Sinn- und Zeichensystem der uns bisher fremden Menschen zu entschlüsseln, um mit ihnen erfolgreich in Kontakt zu kommen. Die Kulturwissenschaften haben dies getan mit Hilfe der Erforschung und

> IK - Interkulturelle Kommunikation, eine wissenschaftliche Fachrichtung, die das Ziel hat, den Dialog von Menschen verschiedener kultureller Herkunft zu optimieren.

Definition von Kulturdimensionen und –standards, d.h., sie unterteilen die Kulturen (die in den meisten Fällen den Ländern gleichgesetzt werden) und arbeiten für jedes Land beschreibende Dimensionen heraus, so eine Art „Modell" dieser Kultur. Was bisher allerdings in den Kulturwissenschaften kaum beachtet wurde, ist das Individuum. Das Individuum stellt für sich selbst auch wieder eine Art „Kultur", ein „individuelles Modell der Welt" dar mit Erfahrungen, die kein anderer in der gleichen Art und Weise gemacht und verarbeitet hat. Auf andere Leute zuzugehen, mit Stress umzugehen oder sich auf Fremdes einzustellen, dafür hat jeder Mensch eine andere Strategie. Das NLP kümmert sich um diese Strategien, das Verhalten, die Werte und Identitäten des Einzelnen. Es geht darum, wie der Mensch als

> **Interkulturelles Training mit NLP** – ein Buch für Trainer, Coaches und Personalentwickler, die sich und andere auf internationale Teamarbeit und Auslandsaufenthalte vorbereiten.

Individuum mit seinen Fähigkeiten erfolgreich in verschiedenen gegebenen Kontexten agieren kann. Eine Zusammenführung der Dimensionen der Kulturwissenschaften und der Ebenen des NLP legt beim Interkulturellen Training den Fokus auf beides: die Kultur und den einzelnen Menschen. Ausschnitte aus beiden Wissenschaften haben die oben erwähnten Autoren bereits in Einzelteilen verglichen. Wir entwickeln nun erstmalig eine umfassende Darstellung beider Konzepte. Wir erklären den Begriff Kultur, die Herkunft und Modelle der Kulturwissenschaften und beziehen dann die Ebenen des NLP nicht nur auf das Individuum in einem interkulturellen Kontext, sondern auch auf die Modelle des NLP an sich, d.h. wir bereichern die

Kulturwissenschaften um die Dimension des Individuums und das NLP um die an einer Gruppe orientierten Theorien der Kulturwissenschaften.[5]

Uns ist es wichtig, diese beiden Fachrichtungen zu verbinden und weiterzuführen, um den individuellen Menschen in Beziehung zur Kultur zu setzen. Wahrheit ist eine Frage der Perspektive. Wir können den einzelnen Menschen in den Mittelpunkt stellen oder eine Gruppe als Einheit betrachten, das ganze subjektiv bewerten oder nach naturwissenschaftlicher Messbarkeit suchen. So entstehen vier verschiedene (Welt-)modelle. Oftmals streiten Experten über die „richtige" Sichtweise, den richtigen Blickwinkel. Wir glauben, dass durch eine Ergänzung mehrerer Disziplinen neue Ressourcen geschaffen und Aspekte gewonnen werden. Und damit wird richtig und falsch richtig falsch.

Wir wenden uns an Trainer, Personalentwickler, Coaches, Studenten und Interessierte, die in ihrer Arbeit mit verschiedenen Kulturen (Landes-, Unternehmens-, Gruppenkulturen) zu tun haben oder den Fokus in ihrer Arbeit auf kulturelle Zusammenhänge legen. Angesprochen sind alle, egal ob Sie bereits NLP-Vorkenntnisse haben oder sich mit „Interkultureller Kommunikation" und dem Management von Kulturunterschieden beschäftigen. Bei internationalen Projektteams und Führungs-kräfteschulungen haben sich viele der im Praxisteil beschriebenen Übungen bewährt.

Zur Anwendung sind keine besonderen Vorkenntnisse notwendig, manchmal ist ein Basis-NLP-Wissen von Vorteil. Auch wenn sich NLP besser erleben als erlesen lässt, bieten wir zur Unterstützung ein Glossar mit NLP-Begriffen und Fachwörtern aus dem interkulturellen Bereich an. Die Qualität der Übungen und auch des Resultats hängt u.a. davon ab, wie Sie als Trainer oder Coach mit anderen in Beziehung treten bzw. Verän-derungsprozesse zu un-terstützen gelernt haben. Wir hoffen, dass unsere

Das Buch ist wie folgt aufgebaut:
Kapitel 3 und 4, Grundlagen:
- Einführung in Kulturwissenschaften und NLP
- Modell menschlicher Wahrnehmung erweitert um Kultur (Filter: Kulturdimensionen, Metapro-gramme und Graves-Modell)
- Sprache und Kultur
- Interkulturelles Lernen und Interkulturelles Training
Kapitel 5, Praxis:
- Übungen und praktische Anwendungen
Kapitel 7, Glossar:
- Umfangreiche Erklärungen der NLP- und Fachbegriffe

---

[5] Einen kurzen Ansatz zu dieser Zusammenführung gibt es bereits bei: Van der Horst, Brian: ICC-A mirror image of NLP. In: http://www.cs.ucr.edu/~gnick/bvdh/mirror_image_of_nlp.htm, Zugriff vom 11.06.2005

Anleitungen Ihre Kreativität anregen wird und freuen uns über Rückmeldungen zu Ihren Erfahrungen.

2.2 Anwendung und Mehrwert

Jeder wird heute mit Fragen der Globalisierung konfrontiert. Daher ist es aus der Perspektive der professionellen Kommunikation angebracht darüber nachzudenken, wie wir den Notwendigkeiten der Kommunikation mit anderen Menschen in unterschiedlichen Gesellschaften und Kulturen begegnen. Insbesondere stellt sich die Frage, welchen Beitrag das NLP als ein Modell effektiver menschlicher Kommunikation leisten kann.

NLP ist wie ein Reisebegleiter in das eigene Innere, das Verhalten, die Werte und die Strategien. Ziel ist es, neue Wahlmöglichkeiten zu schaffen. Dazu nützen die eigenen Ressourcen. Es eignet sich als inhaltsunabhängige Prozessbegleitung hervorragend, um interkulturelle Eindrücke und Ansichten nicht mit dem Kopf, sondern mit dem Herzen zu verarbeiten. Kultur spielt sich unbewusst ab, NLP macht Unbewusstes bewusst sowie erlern- und veränderbar. Sowohl NLP als auch die Kulturwissenschaften bzw. die Interkulturelle Kommunikation haben das gleiche Ziel: Wie können Menschen glücklich gemeinsam arbeiten und leben? Wie können sie erfolgreicher werden? Und: Wie können sie lernen, die gegenseitigen Unterschiede zu schätzen? Sie können dieses Buch benutzen:

- Zur **Selbsterfahrung** - Schärfen Sie Ihre eigene Wahrnehmung und Flexibilität im Umgang mit anderen Kulturen.

- Zur **Verbesserung von Kommunikation, Training und Moderation** – Würdigen Sie die Einzigartigkeit des Anderen und entdecken Sie sein individuelles und kulturell geprägtes Modell der Welt.

- Zur **Beratung, Coaching und Therapie** – Nutzen Sie die Modelle und Übungen zur Unterstützung von Kunden, Klienten oder Coachees, die sich auf einen Auslandsaufenthalt vorbereiten, Erfahrungen integrieren oder schlichtweg Verschiedenheit verstehen wollen.

Wir führen viele Beispiele aus unterschiedlichen Kulturkreisen zu unserem Ansatz an, damit Sie dies mit Ihren eigenen Erfahrungen abgleichen können und Ähnlichkeiten erkennen. Diese Beispiele dienen der Illustration, sind aber keine allgemeingültigen Regeln, die für alle Mitglieder der angesprochenen Kultur gelten. Sie können und sollen, da jeder Mensch ein Individuum darstellt, nur Tendenzen und gemeinsam geteilte Werte widerspiegeln. Darum möchten wir auch hier das Thema „Stereotypen" ansprechen, das im interkulturellen Training mindestens genauso heiß gehandelt wird wie „Manipulation" im NLP. Ein Stereotyp ist ein standardisiertes mentales Bild und repräsentiert eine stark vereinfachte Meinung, eine gefühlsmäßige Einstellung oder ein unkritisches Urteil. Stereotype haben zwei herausragende Merkmale: „ihr" Leben ist abhängig von einer Gruppe von „Anhängern und Befürwortern" und sie unterscheiden nicht von Individuum zu Individuum, d.h. sie sind generalisierend. NLP entzerrt Verallgemeinerungen und eignet sich hervorragend zum Umgang mit kultureller Stereotypenbildung. Wir üben ständig Einfluss auf andere aus. NLP hilft, uns bewusst zu machen, welche Wirkung wir haben und wie verantwortungsvoll oder verantwortungslos wir damit umgehen. Einige der manipulativsten Menschen halten sich selbst überhaupt nicht für manipulativ, weil es bei Ihnen ganz unbewusst geschieht.[6] Wir haben die Verantwortung im interkulturellen Bereich (und nicht nur da) Win-Win-Beziehungen aufzubauen. Je besser wir die Tiefen der menschlichen Kommunikation verstehen, desto mehr können wir selbst zur Verständigung zwischen Kulturen beitragen.

Wer die Begrenztheit und die Relativität der eigenen Kultur und damit des eigenen kulturgebundenen Handelns nicht einzuschätzen und damit zu arbeiten vermag, kann im (interkulturellen) Management keinen Erfolg haben. Deshalb zielt unserer Meinung nach Interkulturelles Training nicht auf die Bereinigung, Verleugnung oder Vermeidung kultureller Verhaltensweisen, sondern auf deren Wahrnehmung und Berücksichtigung. Die wertschätzende Aufmerksamkeit für Bewertungen, Verhaltenserwartungen und Verhandlungsrituale der Menschen ist die Haltung, die Interkulturellen Trainings zugrunde liegt. Hierzu ein Beispiel: In einer Sitzung mit Marketingverantwortlichen aus Frankreich und Deutschland steht eine Produktpräsentation und anschließende Diskussion der gemeinsamen Strategie auf der Tagesordnung. Die deutschen Mitarbeiter haben sich vorbereitet und möchten gerne mit einer Entscheidung zur zukünftigen Strategieentwicklung nach Hause gehen. Während der Sitzung stellt sich heraus, dass die französischen Mitarbeiter eine Vielzahl von Ideen haben, aber sich, so scheint es, um jede Entscheidung drücken. Die deutschen Kollegen empfinden die Sitzung als ineffektiv, während die französischen Kollegen zufrieden sind, weil sie gemeinsam neue Lösungen erarbeiten wollten. Eine Störung im interkulturellen Miteinander. Die Kunst besteht darin, eine solche Störung als Information zu sehen, statt sie bloß als Mangel oder Defizit wahrzunehmen. Der Ethnopsychoanalytiker Georges Devereux[7] hat dieses als methodisches Prinzip in der Begegnung mit dem Fremden entwickelt. Seinem Ansatz zufolge dienen alle Arten von Methoden (z.B. Messungen, Datenerhebungen, aber auch Verfahrensregeln, Kleiderordnungen etc.) zwischen Menschen dazu, die Angst zu reduzieren, die entsteht, wenn sich Menschen Unbekanntem gegenüber sehen. Jede in einer Begegnung aufkommende und mit Angst begleitete Störung kann als Information gesehen und

---

[6] Vgl.: Woodsmall, Wyatt, 1988: Auf dem Weg zu exzellenter Kommunikation. Paderborn, Junfermann, S. 16

[7] Vgl.: Devereux, Georges, 1973 : Essais d'ethnopsychiatrie générale. 2e éd., revue et corrigée, Paris, Gallimard.

entsprechend genutzt werden. Das ist die Devise, die sich auch für Interkulturelle Trainings ableiten lässt: „Störung nutzen statt unterdrücken". Diese Haltung ist zunächst nicht unbedingt „natürlich", da Verhandlungspartner meistens Interesse an glatten Abläufen haben und der erste Impuls stets dahin geht, das Unvorhergesehene möglichst unsichtbar „auszubügeln". Das Unterdrücken von Störungen, die aus interkulturellen Unterschieden resultieren, kann aber den fatalen Effekt haben, dass der Andere den Eindruck gewinnt, diese Beseitigung gehe auf Kosten seiner Interessen oder seiner Selbstachtung. Das kann dann das Problem verschärfen statt es zu lösen, weil oft auch die Art und Weise des Umgangs damit kulturspezifisch ist. Die Einstellung zu solchen „Störungen" ist entscheidend für die interkulturelle Zusammenarbeit.

Alles, was wir hier zusammengetragen haben, entspricht unserer Wahrnehmung. Es ist nur eine Sichtweise auf die Welt zu schauen. Probieren Sie aus, welche Wirkung es auf Ihre Welt hat! Wir wünschen Ihnen viel Spaß beim Lesen des Theorieteils und besonders viel Freude mit den Übungen im Praxisteil. Praxis und Theorie sind in diesem Buch verbunden, können aber unabhängig voneinander benutzt werden.

3 Grundlagen: Einführung in die Verbindung von Kulturwissenschaften und NLP oder: „Wer beeinflusst wen?"

Wir gehen in diesem Teil zuerst auf die verschiedenen Kulturtheorien ein. Darunter verstehen wir die Erklärungsmodelle der Kulturwissenschaften, die sich mit den Unterschieden der Landeskulturen beschäftigen.

Dann beschäftigen wir uns mit NLP, einem Denkmodell und Werkzeug, welches vornehmlich aus dem deutschen und amerikanischen Sprachraum stammt, genauso wie die Forschungen der Kulturwissenschaften. Beide Richtungen stellen Kriterien und Raster auf, um komplexes Verhalten, Strategien und Denkrichtungen zu vereinfachen. Die aus diesen Forschungen hervorgegangenen Trainings und Methoden bauen auf Kriterien auf, die hauptsächlich dem westlichen Kulturraum zugesprochen werden können: Eigeninitiative, Verständnis, Selbstreflektion, Offenheit, Kritikfähigkeit. Wenn Sie ein Interkulturelles Training in Japan halten wollen, können Sie davon ausgehen, dass diese Kriterien dort nicht angemessen sind. Oder Sie möchten dort ein Coaching mit NLP machen und u.a. nach den Gefühlen der Teilnehmer fragen. Ist dies passend? Möglicherweise nicht, weil die Teilnehmer ihr Gesicht verlieren könnten. Erfahrung ist etwas, was der Mensch auf die Außenwelt projiziert. Diese Erfahrung hat er in einem kulturspezifischen Kontext gemacht und geht zunächst davon aus, dass es anderswo genauso ablaufen würde. Dieses Phänomen beobachtete ein bedeutender Kulturwissenschaftler, Edward T. Hall. In Übereinstimmung dazu entdeckten Forscher des Neuro-Linguistischen-Programmierens: Wir haben ein subjektives Erleben; wir wählen aus dem, was wir erleben aus, ordnen es und bilden uns so unsere eigene Realität. Hall beschreibt ein Bild der Zukunft[8]: Menschen werden Kultur erlernen können wie Noten lesen. Damit können sie z.B. angemessene Verhaltensweisen für einen erfolgreichen Job von einem Land in das andere mitnehmen und sich leichter anpassen.

---

[8] Vgl.: Vorderseite der Bücher: Cameron-Bandler, Leslie/Gordon, David/Lebeau, Michael, 1985: The Emprint Method. A Guide to Reproducing Competence. Futurepace und Cameron-Bandler, Leslie/Gordon, David/Lebeau, Michael, 1986: Know How: Guided Programs for Inventing own best future. Futurepace

In welche Zukunft schauen wir hiermit? In keine allzu ferne, denn NLP ist aus dem Modellieren (oder auch „nachmachen in einer gehirn- und erfahrungsoptimalen Form") der Strategien und Verhaltensweisen von besonders erfolgreichen Managern, Therapeuten und Verkäufern entstanden, d.h., wir können mit Hilfe des NLP schon jetzt Strategien ganzheitlich in uns aufnehmen und erlernen, um z.b. in China erfolgreich verhandeln zu können. „Man is the model-making organism par excellence"[9] schreibt Hall genau in dem Jahr, als Bandler und Grinder dem NLP seinen Namen gaben. NLP also ist ein Modell, anhand dessen man Strategien und Verhaltensweisen erlernen kann sowie Lösungen finden und seinen eigenen Zustand verbessern kann. Auch Hall beschreibt die Kultur als ein Modell, welches zum Ziel hat, die enorme Komplexität des Lebens zu vereinfachen.[10] Die gemeinsamen Ansätze sind erkennbar – wir führen sie zusammen.

3.1 Was hat Kultur mit NLP zu tun? - Die Gruppe

> "Wir sind Opfer unserer Kultur, wenn man bedenkt, dass wir unfähig sind, uns selbst außerhalb davon zu sehen." *Hayakawa*

In der heutigen Welt, in der sich Firmen zunehmend über Landesgrenzen hinaus orientieren; reisen und arbeiten in anderen Ländern alltäglich geworden ist, sind neue Kompetenzen gefragt. Jeder kennt den beispielhaften Gemüseitaliener um die Ecke oder hat z.B. Kontakt mit Ausländern zu Hause, im Verein oder bei der Arbeit, kurzum in vielen Lebensbereichen. Eine internationale Kundschaft reagiert anders als erwartet, die ausländischen Freunde haben ganz andere Sitten als wir. Oft werden Gesten oder Verhalten missdeutet - aber warum? Die lang anhaltende Debatte um das "Einwanderungsgesetz" zeigt immer noch, dass sich Deutschland oft als monokulturelles Land versteht. Dadurch dass die Geburtenraten drastisch gesunken sind und es im Jahr 2030 nur 1,4 Personen im Alter von 20 bis 60 Jahren für jede Person über 60 geben wird[11], ist eine Zuwanderung von Menschen aus anderen Ländern wichtig für den Wirtschaftsstandort Deutschland. Die Auseinandersetzung mit fremden Kulturen wird demnach bald (über-) lebensnotwendig sein.

Erinnern Sie sich an Ihren letzten Urlaub im Ausland oder einen längeren beruflichen Auslandsaufenthalt? Nach einigen Wochen vor Ort sind es oft Kleinigkeiten, die auffallen: Eine Grippe oder ein Handy, das fürs Ausland noch nicht

---

[9] Van der Horst, Brian: Edward T. Hall–A great grandfather of NLP. In: http://www.cs.ucr.edu/~gnick/bvdh/edward_t_hall_great_.htm, S. 2 Zugriff vom 11.06.2005. Er zitiert das folgende Buch: Hall, Edward T., 1977: Beyond Culture, New York, Anchor
[10] Vgl.: Hall, Edward T., 1977: Beyond Culture, New York, Anchor
[11] Vgl.: http://eng.bundesregierung.de/dokumente/Artikel/ix_30415.htm

frei geschaltet ist. Auf in den Supermarkt um die Ecke. Aber warum gibt es hier keine Antibiotika im Regal? Auch die Lieblingssuppe lässt sich nicht finden. Wieder enttäuscht - wen kann man fragen?

Kulturschock[12] - zuerst sehen die Dinge in den Städten gleich aus: Es gibt Hotels, Taxis, Zimmer mit heißem und kaltem Wasser, Theater, Neonlichter und auch hohe Gebäude mit Fahrstühlen. Ein paar Leute sprechen sogar Englisch. Bald entdeckt der amerikanische Besucher, dass unter der bekannt scheinenden Oberfläche sehr starke Unterschiede existieren. Wenn jemand ja sagt, dann heißt das oftmals keineswegs ja, und wenn die Leute lächeln, heißt das nicht immer, dass sie erfreut sind. Wenn der amerikanische Besucher eine Hilfe suchende Geste macht, könnte er schroff abgewiesen werden, versucht er freundlich zu sein, dann passiert nichts. Je länger er dort ist, desto rätselhafter sieht für ihn das neue Land aus. Ursprüngliches Wohlfühlen kann so umschlagen in Gefühle der Desorientiertheit und Unsicherheit. Dieser hypothetische Fall eines Amerikaners, der einen Kulturschock in Japan erlebt, wird den meisten bekannt vorkommen, die schon einmal längere Zeit im Ausland waren. Der Erfinder des Begriffs Kulturschock ist der amerikanische Anthropologe Kalvero Oberg. Er teilte den Kulturschock in verschiedene Phasen ein und bis heute ist auch allen nachfolgenden Kulturschockmodellen die Vorstellung des U-förmigen Verlaufes gemein.[13]

Abbildung 3-1: Kulturschock[14]

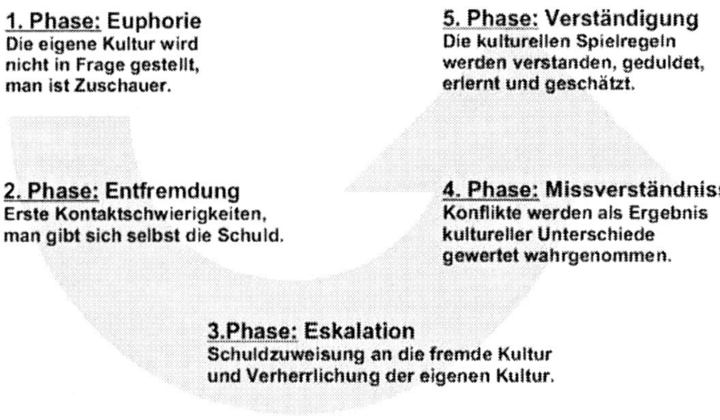

1. Phase: Euphorie
Die eigene Kultur wird
nicht in Frage gestellt,
man ist Zuschauer.

5. Phase: Verständigung
Die kulturellen Spielregeln
werden verstanden, geduldet,
erlernt und geschätzt.

2. Phase: Entfremdung
Erste Kontaktschwierigkeiten,
man gibt sich selbst die Schuld.

4. Phase: Missverständnisse
Konflikte werden als Ergebnis
kultureller Unterschiede
gewertet wahrgenommen.

3.Phase: Eskalation
Schuldzuweisung an die fremde Kultur
und Verherrlichung der eigenen Kultur.

---

[12] Ein aussagekräftiges und oft konsultiertes Grundlagenbuch kommt aus Amerika: Furnham, Adrian/Bochner, Stephen, 1986: Culture Shock: Psychological reactions to unfamiliar environments. London, Methuen

[13] Wagner, Wolf, 1996: Kulturschock Deutschland. Hamburg, Rotbuch Verlag, S. 19 ff

[14] in Anlehnung an Wagner, Wolf, 1996: Kulturschock Deutschland. Hamburg, Rotbuch Verlag, S. 12

Die kulturelle Kompetenz nimmt im Zeitverlauf zwischen Phase eins und Phase drei zunächst ab. Sie erreicht in der dritten Phase einen Tiefpunkt und steigt dann wieder an.[15] Ein Kulturschock muss nicht notwendigerweise alle Phasen durchlaufen, man kann auch in verschiedenen Phasen stecken bleiben. Phasen können sich wiederholen. Ein überstandener Kulturschock bewahrt uns nicht automatisch vor dem nächsten. Man kann aber die gewonnenen Erfahrungen nutzen, um in Zukunft Phasen zu verkürzen.[16] Wenn wir nun auf die Menschen zu sprechen kommen, die längere Zeit bereits im Ausland leben, so stellen wir fest, dass diese ihr Verhalten und ihre Werte unterschiedlich stark an die andere Kultur angepasst haben. Die Praxis des Kulturaustausches hat gezeigt, dass auch die Rückkehr in die eigene Herkunftskultur oft mit erheblichen psychischen Belastungen verbunden sein kann. Dafür hat sich der englische Begriff des „Reverse Culture Shock" (reversiver Kulturschock) etabliert. Dabei nimmt die Kulturschockkurve einen W-förmigen Verlauf. Nach der Phase fünf, der Verständigung, fällt die Kurve durch die Rückkehr (sechste Phase) ab in Richtung des erneuten Tiefpunktes (in Analogie zu Phase drei), des reversiven Kulturschocks (siebte Phase). Die Menschen, die zurück in ihre Heimatkultur kommen, beginnen sich Fragen zu stellen – Wohin gehöre ich? Was ist der Sinn? Wer bin ich (ein Deutscher oder ein Amerikaner)? Bislang lebte dieser Mensch beispielsweise als Amerikaner in Deutschland, ohne täglich über seine Nationalität nachgedacht zu haben. Nun ist er zurück in seiner Heimat und wird mit den vielleicht schon vergessenen Verhaltens- und Denkweisen konfrontiert. Er stellt sich demnach die Frage nach seiner Identität. Die Antwort zu diesen „Sinnfragen" kann manchmal schockierend sein, wie wir in Kapitel 3.3.6 Kultur und Identität, sehen werden. Mit der Zeit steigt die Kurve wieder an und schließt die Integration der Auslandserfahrung als achte Phase mit ein.

> Unter Kulturschock ist u.a. zu verstehen: Kontroll- und Sicherheitsverlust, unerfüllte Erwartungen, Krankheiten und fehlende soziale Unterstützung.

▶ *Als Trainingsmodul für ein Rückkehrer-Training bietet sich die Übung 5.5.6 „Ressourcen von einem ins andere Land mitnehmen" an.*

---

[15] Dieser Verlauf ähnelt den Stadien des interkulturellen Lernens, welche in Kapitel 4.2 Lernen und Training beschreiben werden.

[16] Obergs Modell ist ein detaillierter Auszug aus dem Modell des interkulturellen Lernens von Bennett (Vgl.: Bennett, Milton, 1993: Towards Ethnorelativism: A Development Model of Intercultural Sensitivity. In: Paige, R. Michael (Hrsg.): Education for the intercultural Experience. Yarmouth, Intercultural Press, S.21-71) Uns dient er als Verdeutlichung, welche Phasen man bei der Konfrontation mit einer fremdländischen Kultur, vor allem wenn man sich in dem anderen Land befindet, durchleben wird bzw. kann.

3.1.1 Was ist Kultur?

„Ich habe eine Wahl getroffen. Ich sage: "Ein Mensch verdient Achtung, einerlei welche Ideen er vertritt." So sieht meine Kultur aus. Ich gehe von diesem Axiom aus und münde nicht darin ein. Ich suche an den Menschen, was universal an ihnen ist." *Antoine de Saint-Exupéry*

Meint Kultur das neueste Theaterstück oder Konzert, das in Ihrer Stadthalle aufgeführt wird oder eine Abspaltung der Aborigines? Ja, irgendwie stimmen beide Antworten – sicherlich auch Ihre. Denn Kultur findet sich auf allen Ebenen des menschlichen Seins wieder. Kulturelle Veranstaltungen sind genauso kulturspezifisch (denken Sie an die spanische Sonntagsveranstaltung Stierkampf) wie die Merkmale der australischen Ureinwohner.

Eine Vielfalt wissenschaftlicher Forschungsrichtungen definiert und verwendet den Begriff Kultur[17] unterschiedlich: „There are as many meanings of culture as people using the term."[18] Wir verzichten an dieser Stelle auf die gesamte Geschichte des Begriffs von seinen lateinischen Ursprüngen über die sozialwissenschaftlichen Definitionen. Kroeber/Kluckhohn haben eine Definitions- und Konzeptionsübersicht bereits 1967 herausgegeben.[19] Die Definitionen unterscheiden sich je nach Fragestellung und Sichtweise der Disziplin. Bekannte kulturvergleichende Studien[20] gehen von einer Art kollektiver Programmierung aus, die verschiedene Gruppen und damit Kulturen unterscheidet. Trompenaars 1993[21] orientiert sich

> „Kultur ist eine mentale Programmierung" *Geert Hofstede*

an verschiedenen Lösungsstrategien, die für gleichwertige Probleme herangezogen werden. Er geht davon aus, dass Kultur unser Handeln massiv beeinflusst. In der

---

[17] Unser Fokus liegt auf der Kultur, die innerhalb der Landes- oder Nationalgrenzen entsteht, z.B. die französische Kultur. Nicht zu vergessen sind die vielen Subkulturen die innerhalb einer Landeskultur, innerhalb eines Unternehmens, einer Gruppe etc. existieren. Vgl. dazu: Schein, Edgar, 1985: Organizational Culture and Leadership. A dynamic View. San Francisco, Jossey-Bass
[18] Ajiferuke/Boddewyn, 1970: Culture and other explanatory variables in comparative management studies. In: Academy of Management Journal, S. 453-458
[19] Vgl.: Kluckhohn, C./Kroeber, A.L., 1967: Culture. A critical review of concepts and definitions. Anthropological Papers, N.Y, Peabody Museum No.4
[20] Vgl.: Hofstede, Geert, 2001: Lokales Denken, Globales Handeln. München, Beck, S.3-4
[21] Vgl.: Brück, Frank, 2000: Interkulturelles Management. Frankfurt, IKO Verlag

Definition von Thomas[22] soll „Kultur als spezifisches Orientierungssystem verstanden werden. Dieses Orientierungssystem wird aus Symbolen wie Sprache, Mimik, Gestik und anderen spezifischen Verhaltensweisen gebildet"[23]. „Kultur kann sich formell oder informell ausdrücken ebenso wie sie bewusst oder unbewusst ausgedrückt und empfunden werden kann und sichtbar und unsichtbar ist"[24]

Die größte Nähe zu dem Weltmodell des NLP bietet diese Definition, mit der wir zukünftig arbeiten wollen:[25] Kultur ist zu verstehen als Kulturgemeinschaft, die Symbole, Riten, Traditionen, Bauweisen, politische Richtungen, also ein Repertoire an kollektiven Werten und Normen teilt. Diese werden von den Mitgliedern einer sozialen Gruppe bewusst und unbewusst erlernt, gebraucht und weitergegeben. Kultur formt die Identität, das Verhalten der Menschen und auch alle Ebenen des menschlichen Lebens, ausgehend von den logischen Ebenen von Dilts.[26] So ist das soziale System ein „kollektives System der Bedeutung"[27] und die Wahrnehmung ist kulturell geprägt: Kultur kann man sehen als eine mentale Programmierung. Die Zugehörigkeit zu einer Kultur (oder einem Land und dessen Kultur) drückt sich meist durch eine der ersten Fragen aus, die man einem Unbekannten im Ausland stellt: „Wo kommst du her?"[28] Wie beeinflusst Kultur den Menschen? Warum kann Hofstede von einer kollektiven, mentalen Programmierung reden?[29]

Der Mensch wird immer in eine Kultur hineingeboren und nimmt diese direkt auf. Die „Kultivierung" bzw. kulturelle Programmierung fängt im Babyalter an;

---

[22] Vgl.: Thomas, Alexander, 1988: Interkulturelles Lernen im Schüleraustausch. Saarbrücken, SSIP Bulletin Nr. 58

[23] Brück, Frank, 2000: Interkulturelles Management. Frankfurt, IKO Verlag, S. 13
Die kulturellen Einflussfaktoren sind durch die Entwicklung der Individuen immer Schwankungen unterworfen. Vgl. dazu: Schein, Edgar, 1985: Organizational Culture and Leadership. A dynamic View. San Francisco, Jossey-Bass

[24] Blom/Meier, 2002: Interkulturelles Management. Herne/Berlin, Verlag neue Wirtschaftsbriefe, S.39

[25] Vgl.: Krämer, Gesa, 2000: Interkulturelle Kompetenz in der Ausbildung. Unveröffentlichte Magisterarbeit, Universität Saarbrücken

[26] Auf diese Grundlage unserer Entwicklungen werden wir in Kapitel 3.3 Die logischen Ebenen aus kultureller Sicht noch genauer eingehen, Vgl. dazu: Dilts, Robert, 1990: Changing Belief Systems with NLP. Cupertino/CA, Metapublications

[27] Blom/Meier, 2002: Interkulturelles Management. Herne/Berlin, Verlag neue Wirtschaftsbriefe, S.39

[28] Selbst diese Frage ist kulturabhängig. Einen Ausländer in Japan fragen die Japaner zu allererst: „Und wann gehen Sie wieder nach Hause?" Warum? Das lesen Sie am besten in dem spannenden Buch von Uwe Schmitt nach: Schmitt, Uwe, 1999: Tokyo Tango. Frankfurt, Eichborn

[29] Vgl.: Hofstede, Geert, 1993: Interkulturelle Zusammenarbeit: Kulturen, Organisationen, Management. Wiesbaden, S.4

mit sieben Jahren ist bereits der größte Teil der Kultur verinnerlicht.[30] Dabei ist uns die Kultur als Steuerelement zur Interaktion nicht bewusst. Der Mensch interpretiert Vorkommnisse entsprechend seiner kulturellen Programmierung. So wird Verhalten von Ausländern, was nicht zu den bekannten Rastern passt, als „komisch" abgetan. Eine direkte Konfrontation und offene Auseinandersetzung mit einer anderen Kultur ist daher latent „gefährlich", denn sie kann das gesamte Wertesystem bis in die Grundfeste erschüttern. Es erscheint daher zumindest verständlich, dass viele Menschen diese Konfrontation vermeiden und sich in die Sicherheit ihrer eigenen, bekannten Kultur zurückziehen. Faktoren, wie das Sprechen der anderen Sprache helfen, die einzelnen Schichten der Kultur zu durchdringen.

Eine Kultur ist eine Gruppe von Menschen, die eine ähnliche kulturelle Programmierung hat. Das bedeutet, dass sie sich bzw. ein großer Teil entsprechend den Normen und Werten der Kultur benehmen und das Verhalten anderer Menschen an diesen Normen und Werten messen. Wir sind alle Mitglieder von vielen verschiedenen Kulturen, z.B. der Kultur unseres Unternehmens, Vereins, Freundeskreises, Abteilung etc. Über die Kulturen, die sich durch eine geografische Zugehörigkeit auszeichnen, also in unserem Sinne die Landeskulturen, sind mit dem Ziel der Komplexitätsreduktion verschiedene Modelle entstanden.

▶ *Um herauszufinden, zu welchen Kulturen sich Kursteilnehmer zugehörig fühlen, gibt es die Übung 5.7.1 „Subkulturen"*

3.1.2 Kulturmodelle

Zum Begriff der Kultur wird schon lange geforscht. Jeder versucht die Komplexität des Begriffs, des Erlebens von Kultur zu verringern und Modelle zu schaffen, die das, was wir wahrnehmen, klassifizieren können. In diesem Forschungsprozess haben sich verschiedene Richtungen herauskristallisiert.

Der Funktionalismus

Die funktionalistische Herangehensweise fragt nach dem Warum für eine Handlung bzw. ein Verhalten. Jedoch geht die Antwort meist von einer ideologischen Basis aus. Sie hebt dabei den Zusammenhang von Verhalten und Situation, von Einzelwesen und Gruppe, von Entwicklung und Kultur hervor. Methoden der Selbstwahrnehmung

---

[30] Dahl, Stephan, 2000: Introduction to intercultural communication. In: Dahl, Stephan, 2000: Intercultural Communication skills for Business. London, ECE

(Beschränkung auf Erlebnisinhalte) werden abgelehnt. In diesem Sinne gilt der Funktionalismus als Vorläufer des Behaviorismus.[31]

Der Behaviorismus[32]

Bei diesem Ansatz werden meist aus einer spezifischen kulturellen Sicht ausgewählte Fakten über „Do's and Don'ts" (Anweisungen zu vermeintlich „korrektem" und „falschem" Verhalten) einer anderen Kultur beschrieben. So ist z. B. in deutschen Büchern über China zu finden, dass man unbedingt die Visitenkarte mit beiden Händen überreichen sollte. Eine Erklärung über die Hintergründe dieses Verhaltens wird oft nicht gegeben. Der Vorteil dieser Sichtweise ist sicherlich eine Komplexitätsreduktion, nachteilig ist aber die Tendenz zum Ethnozentrismus.

Der Ethnozentrismus

Der ethnozentrische Blickwinkel beruht auf der Annahme, dass die Weltsicht seiner eigenen Kultur die Realität darstellt, d.h. nur das, was die eigene Kultur ausmacht, ist korrekt.

Die kognitive Richtung

Die kognitive Richtung legt Wert auf den Kontext und die Grenzen, d. h., Verhalten und Werte sind nur innerhalb eines spezifischen Kontextes passend. Kultur modelliert die Realität auf unterschiedliche Art und Weise. Dieser Ansatz kommt dem Konstruktivismus näher, der an späterer Stelle beschrieben wird. Die bisher beschriebenen Ansätze sehen Kultur als einen festen Zustand. Dagegen spricht, dass Individuen sich weiterentwickeln und dementsprechend auch Kultur in veränderter Form weitergeben. Außerdem ist Kultur

Kultur als Zustand:
Funktionalismus
Behaviorismus
Ethnozentrismus
Die kognitive Richtung

auf allen Ebenen des menschlichen Seins wieder zu finden, was die schon vorgestellten Ansätze nicht vermitteln. Es gibt eine Reihe von Kulturmodellen, die darauf Bezug nehmen. Sie versuchen, wie alle Modelle, ein funktionierendes System zu vereinfachen. Dadurch sind sie begreifbar und lehrbar.[33] Wir stellen hier die wichtigsten Modelle der Kulturforschung vor.

---

[31]http://www.sign-lang.uni-hamburg.de/Projekte/Plex/PLex/Lemmata/F-Lemma/ Funktionalismus.htm. Zugriff vom 22.9.03

[32] Das NLP verwendet die behavioristische Idee konditionierter Reize auf vielfältige Art und Weise, ohne dabei das Menschenbild das Behaviorismus zu übernehmen.

[33] Dieser Aspekt beschäftigt uns im Kapitel 4. Interkulturelles Lernen & Training noch näher.

Die Schichten von Trompenaars

Trompenaars forscht bereits seit über 20 Jahren über Kultur und die Einflüsse auf das Wirtschaftsleben. Er unterteilt Kultur in drei Schichten: Die äußere sichtbarste Schicht stellt die Artefakte und Produkte einer Kultur dar. Dies sind z.B. Gebäude, Nahrungsmittel oder Kleidung. Die mittlere Schicht besteht aus Normen und Werten. Dies sind Motivationen und Richtlinien, nach denen eine Kultur lebt, sich organisiert und einteilt, was sie für richtig und falsch hält. Die innere Schicht sind die Grundannahmen. Dies sind Grundwerte, welche von Generation zu Generation unbewusst weitergegeben werden. Trompenaars beschreibt die äußere Schicht als explizit und die innere als implizit.[34]

Abbildung 3-2: Trompenaars Schichten

Die Zwiebel von Hofstede

Abbildung 3-3: Hofstedes Zwiebel

Hofstede ist der einflussreichste Forscher auf dem Gebiet der Kulturforschung und der interkulturellen Kommunikation. Er benutzt das Bild der Zwiebel, um Kultur einzuteilen. Ganz außen und sichtbar finden sich die Symbole. Die Symbole sind, wie bei Trompenaars auch Gebäude oder Institutionen, Fahnen und Kleidung. Weiter in der Mitte befinden sich die Helden, die durch geschichtliche Ereignisse fest mit der Kultur verankert sind. In Frankreich sind das sicherlich Montesquieu,

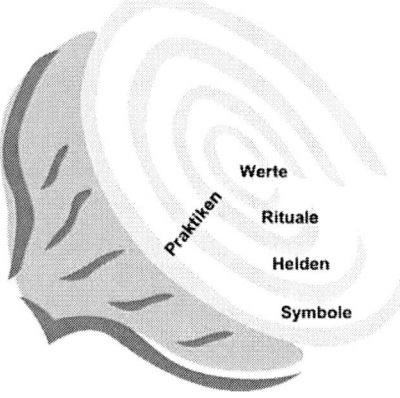

Robespierre, aber auch Mitterand. Dann folgen, weiter innen, aber immer noch sichtbar, die Rituale. Das sind Praktiken und Verhaltensweisen, die für eine Kultur spezifisch sind. Das wären z.B. der 14. Juli, der in ganz Frankreich mit Feuerwerk

---

[34] Vgl.: Katan, David, 1999: Translating Cultures. Manchester, St. Jeromes Publishing, S. 26 ff.

Kultur als Prozess:
Trompenaars Schichten
Hofstedes Zwiebel
Eisberg-Modell

gefeiert wird, aber auch normale Verhaltensweisen, wie Kaffee trinken oder essen gehen. Ganz innen liegen die Werte. Sie beschreiben, wie bei Trompenaars auch, die innere Motivation, die Richtung. Sie sind das unsichtbare Herz der Kultur.[35]

Das Eisberg-Modell

Dieses Modell wird für viele Zwecke und Kontext gebraucht. Im interkulturellen Bereich ist es durch die Arbeiten von Edward T. Hall[36] populär geworden. Er sagt, dass das Wichtigste einer jeden Kultur nicht sichtbar ist, und nur ein kleiner Teil, die Spitze des hauptsächlich unter Wasser liegenden Eisbergs herausragt. Sichtbar sind die Dinge, die wir mit unseren Sinnen erkennen, hören, schmecken, riechen und ertasten können. Unsichtbar sind die Bedeutungen, welche wir den Dingen geben.

Abbildung 3-4: Das Eisberg-Modell

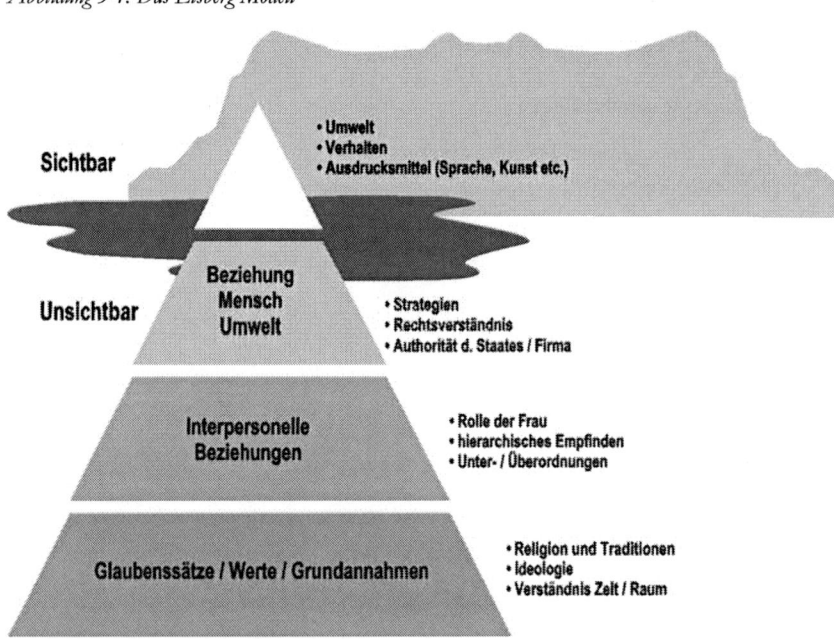

---

[35] Vgl.: Katan, David, 1999: Translating Cultures. Manchester, St. Jeromes Publishing, S. 27 ff.

[36] David Katan (Katan, David, 1999: Translating Cultures. Manchester, St. Jeromes Publishing, S. 31) bezieht sich auf Hall, Edward T., 1952, Neuauflage von 1990: The Silent Language. New York, Doubleday

Hall erweiterte die Eisbergtheorie der Kultur zu einer Triade (Dreigestirn) der Kultur. Diese Triade besteht aus drei Ebenen: Eine technische, eine formale und eine informale Kultur (oder unbewusste Kultur). Hall benutzt diese Einteilung vor allem, um Kommunikation in den verschiedenen Kulturen zu erklären. In der technischen Kultur wird wissenschaftlich kommuniziert. Es gibt nur eine Antwort und diese ist wenig kulturell beeinflusst. Im Gegensatz dazu beinhaltet die formale Kultur alle

Die Triade der Kultur von Hall:
Technische Kultur
Formale Kultur
Informale Kultur

Traditionen, Prozesse, Gewohnheiten usw. Diese sind weitestgehend unbewusst, können aber erkannt, gelehrt und erlernt werden. Dazu gehören z.b. Höflichkeitsformen. Wenn das Wort „Dankeschön" bei der Übergabe eines gerade gekauften Produktes vom Kunden vergessen wird, bricht er damit vielleicht eine kulturell bedingte Regel. Die informale Kultur, die dritte Ebene Halls, ist unbewusst, d.h. sie repräsentiert unsere Identitätund Emotionen, welche kulturell beeinflusst sind.[37] Sie kann nicht gelehrt werden, sondern wird unbewusst gelernt. In der Sprache kommt die jeweilige Ebene zum Ausdruck z.B. beim Wort „Tempo". Tempo heißt aus technischer Sicht „Geschwindigkeit". Im Laufe der Zeit hat sich in Deutschland zusätzlich die Taschentuchmarke „Tempo" etabliert. Aus einer Marke ist ein bedeutungsvolles, alltäglich gebrauchtes Wort geworden. Es hat sich neben der technischen Kultur auch in der formalen Kultur eingebürgert.

Die Definitionen und bereits vorgestellten Modelle geben Aufschluss über die verschiedenen Ebenen von Kultur. Diese dient dazu, Kultur lern- und lehrbar[38] zu machen und die Komplexität, die dieses Thema mit sich bringt, zu reduzieren.

▶ *Um (kulturelle) Bedeutungen an die sichtbare Oberfläche zu bekommen, gibt es die Übung 5.3.1 „Innerer Dialog".*

Konstruktivismus
Der Konstruktivismus, an den sich auch das NLP anlehnt, vertritt kein Kulturmodell. Eher ist er als Haltung gegen eindimensionales Denken und Handeln[39] zu verstehen. Gerade deshalb kann er aber auch als Modell für interkulturelle Kontakte dienen. Schon

[37] Vgl.: Katan, David, 1999: Translating Cultures. Manchester, St. Jeromes Publishing, S. 33 ff
[38] Warum wir davon ausgehen steht im Kapitel 4 Interkulturelles Lernen&Training
[39] Foerster, Heinz von: Ich versuche einen Tanz mit der Welt. In: http://www.sonntagsblatt.de/1996/30/ku-30.htm

vor über 150 Jahren machte der deutsche Physiologe Johannes Müller[40] die Entdeckung, dass die Nerven der verschiedenen Sinne wie Sehen, Hören und Tasten immer nur die ihnen entsprechenden Empfindungen - Licht, Schall und Druck hervorbringen. D. h., dass z.B. unser Auge die von der Umwelt ausgehenden physikalischen Wellen (Lichtstrahlen) nur als solche wahrnehmen kann und nicht als blau, grün oder rot. Diese Lichtstrahlen erzeugen in den Zellen der Netzhaut vielmehr chemische Prozesse, die als elektrische Impulse (eine Art „Klick") in unser zentrales Nervensystem eingehen. Auch Signale, die

Konstruktivismus: Alle Eindrücke, die von außen kommen, sind eine Konstruktion unseres Gehirns.

der Geschmacksnerv an das Gehirn weitergibt, beinhalten nicht die Information süß, sauer, salzig oder bitter, sondern leiten nur die Intensität des Reizes in Form von „Klicks" weiter. Unsere Sinne liefern also keine naturgetreuen Abbilder der Wirklichkeit. Dementsprechend sind alle Einflüsse, die von außen kommen, eine Konstruktion unseres Gehirns. So kann man vereinfacht sagen, dass Kultur ebenfalls eine Konstruktion, eine mentale Programmierung unseres Gehirns ist. Nur worin wirkt sich diese mentale Programmierung aus? Wozu dient sie? Über diese Fragen kann das NLP Auskunft geben.

3.2 Was hat NLP mit Kultur zu tun? - Das Individuum

„Wir sehen nicht die Dinge, wie sie sind, sondern wie wir sind." *Anais Nin*

Aus dem letzten Kapitel wissen Sie, dass Kultur teils sichtbar und teils unsichtbar ist. Die Forscher des Neuro-Linguistischen-Programmierens versuchten herauszufinden, wie wir Menschen nach bestem Wissen und Gewissen die unsichtbaren Teile von Kultur „dazu erfinden", sozusagen „konstruieren", um ein Orientierungssystem zu haben. Das NLP ist wie ein „psychologischer Werkzeugkasten". Es enthält Elemente aus der Linguistik, Psychologie, Philosophie, Hypnotherapie, Gestalttherapie und Familientherapie zum Einsatz in Therapie, Coaching, Beratung, Business, Selbstmanagement, Unterricht und Lernen sowie jeder Form menschlicher Kommunikation."[41]

Neuro Linguistisches Programmieren

In den 70er Jahren erforschten der Mathematiker Richard Bandler und der Linguist John Grinder an der Universität von Santa Cruz in Kalifornien, wie Menschen

---

[40] 1826 formulierte er das Gesetz der spezifischen Sinnesenergien, das ausdrückt, dass jedes Sinnesorgan auf Reize verschiedener Qualität nur in der ihm eigenen Weise reagiert. Beispiel: Das Auge reagiert auch auf Druck mit einer Lichtempfindung ("Sternchen sehen").

[41] Trageser, Waltraud/Münchhausen, Marco von, 2003: Die NLP Kartei. Paderborn, Junfermann

die Welt wahrnehmen und darauf reagieren (die Struktur subjektiver Erfahrungen), wie Menschen sich sprachlich ausdrücken und verständigen (Kommunikation) und wie sie Gelerntes speichern und automatisch wiederholen (Verhaltensmuster). Was haben wir also alle gemeinsam, wenn wir unsere eigenen Lebenserfahrungen sammeln?

Durch Zusammenfügen verschiedener Schulen entwickelten sie eine Methode, mit deren Hilfe man lernt, sich eigener oder fremder Wahrnehmungs- und Ausdrucksweisen sowie automatischer Denk- und Verhaltensmuster bewusst zu werden und diese (mit Hilfe des inneren, teilweise unbewussten Potenzials) zu erweitern bzw. zu ändern. Sie basiert auf der Annahme, dass Experten in der Regel intuitiv wissen, worin das richtige Tun besteht, ohne allerdings genau benennen zu können, auf welche Weise sie erfolgreich sind. Verhalten

NLP basiert auf:
Familientherapie (Virginia Satir)
Gestalttherapie (Fritz Perls)
Hypnotherapie (Milton Erickson)
Systemdenken (Gregory Bateson)
Semantik (Alfred Korzybski)
Linguistik (Noam Chomsky)
Konstruktivismus (Paul Watzlawick)
Philosophie des „Als ob" (Vaihinger)
Kybernetik (A. Miller, E. Galanter, K. Pribam)

wird durch Modellieren des inneren Erlebens bewusst und erlernbar gemacht. An die Stelle der Ursachenforschung trat die Zielorientierung. NLP ist ein Kommunikationsmodell, Einstellung und Methodik. Es unterstützt wie kein anderes Modell eine offene und flexible Kommunikation zwischen den Menschen. Zwischenmenschliche Barrieren können leichter abgebaut und in Lernsituationen der eigene Stil und Kreativität gefördert werden. NLP ist ständiger Weiterentwicklung unterworfen, es handelt sich nicht um eine Neuerfindung, sondern eine Symbiose effizienter Gebiete und Methoden.

„Neuro" bezieht sich auf das Gehirn, in dem das menschliche Verhalten und der Körperzustand, das Denken und Fühlen, sozusagen die Regiearbeit über sämtliche Handlungen des jeweiligen Individuums beheimatet sind. Jedes Verhalten wird über neuronale Prozesse gesteuert. Die Wahrnehmung wird durch das Nervensystem und durch unsere fünf Sinne gefiltert (Sehen, Hören, Fühlen, Riechen und Schmecken).

„Linguistisch" bedeutet, dass wir hauptsächlich mittels der Sprache unser inneres Erleben intern speichern bzw. nach außen mitteilen können. Mittels der Sprache bauen wir uns gewissermaßen ein „Modell der Wirklichkeit" und kodieren so unsere Kommunikations- und Verhaltensmuster.

„Programmieren" ist die Fähigkeit, in unsere „neuronalen Netzwerke" einzugreifen und sowohl Gefühle als auch Verhaltensweisen so zu verändern, dass sie für unsere Gesamtpersönlichkeit nützlich sind. Programmieren bezieht sich auf (erwünschte wie unerwünschte) Verhaltensweisen, die aus erlernten Mustern bestehen, und schließt die Chance mit ein, einengende Gewohnheiten systematisch zu ändern.[42] Keine Sorge, wenn Ihnen die NLP Fachsprache technisch vorkommt. Es ist eine Art und Weise, unbewussten Abläufen einen Namen zu geben. Diese Untersuchungen sind wichtig um herauszufinden, wie sich jeder von uns ein Bild (oder Modell) von der Welt macht. Scheinbar gibt es dafür Gesetzmäßigkeiten, die für alle gelten, auch wenn das Ergebnis individuell unterschiedlich ausfällt.

3.2.1 Die NLP-Vorannahmen aus kultureller Sicht

> "Kritik ist für mich wichtig, denn durch sie
> sehe ich die Welt besser - egal, ob der Fehler
> bei mir liegt oder bei anderen - und schöner,
> denn durch die Kritik bekomme ich eine kleine
> Sicht der Ansicht derer, die kritisieren, und
> damit ein bisschen mehr Sicht von der Welt.
> So `ne Art Facetten-Sicht: Je mehr Facetten, je
> mehr Breitband-Schärfe der Weltsicht."
> *Wolfgang Reus (*1959), deutscher Journalist,
> Satiriker, Aphoristiker und Lyriker*

Der Begriff Vorannahme kommt aus dem Lateinischen und meint „subponere", etwas unterstellen. Mit jedem Atemzug unterstellen wir bestimmte Dinge, an die wir glauben, so etwa, dass morgen die Sonne wieder aufgehen wird. Wir glauben also, etwas wird geschehen, wissen aber erst, wenn es eintritt, ob es wirklich so ist. Annahmen, oder Glaubenssätze sind ein natürlicher Mechanismus, um in unserer komplexen Welt zu funktionieren.

Es gibt linguistische Vorannahmen, die mit einem Satz, den man bildet, zum Ausdruck kommen, z.B. fragen wir uns, ob Sie jetzt gerade schmunzeln oder lieber später? Dieser Satz basiert auf unserer Vorannahme, dass Sie schmunzeln werden; durchaus überprüfbar, wenn wir in einem Raum

> Unsere Annahmen finden wir im Erleben bestätigt. Wählen Sie Ihre Annahme so aus, dass Sie Ihnen bei interkulturellen Erfahrungen helfen.

wären. Es gibt aber auch epistemologische Vorannahmen, die ein ganzes Wissensgebiet untermauern, z.B. die Annahme von Euklid, dass ein Punkt eine Einheit ist, die zwar eine Position hat, aber sonst keine weiteren Eigenschaften (keine Größe, Masse, Farbe oder Form). Auf dieser Annahme baut die Geometrie auf: Eine Gerade verbindet zwei Punkte etc. Diese Annahmen sind nicht überprüfbar, man kann aber auch nicht das Gegenteil beweisen. Wenn wir diese

---

[42] Vgl.: Trageser, Waltraud/Münchhausen, Marco von, 2003: Die NLP Kartei. Paderborn, Junfermann

Annahmen akzeptieren, werden wir sie durch unser Erleben bestätigt finden.[43] Die fundamentalen Vorannahmen des NLP lassen sich genauso wenig überprüfen, sind aber die Basis auf der sich NLP-Methoden und -Übungen gründen. Keine der zahlreichen NLP-Vorannahmen[44] sind also wahr oder unwahr, sie sind zusammengetragen aus der Semantik, Systemtheorie, Kybernetik, dem Pragmatismus und Positivismus. Der beste Weg um herauszufinden, ob die folgenden Einstellungen bei interkulturellen Begegnungen hilfreich sind, ist, sie für sich auszuprobieren:

1. Vorannahme: „Die Landkarte ist nicht das Gebiet"[45]. Jeder Mensch erlebt nur einen Teil der Realität. Verglichen mit einem Stadtbummel in Köln, würde ein jeder Besucher seine eigene Landkarte formen: die Plätze an denen er war, die Erlebnisse, die er hatte, das was er sich seinen Interessen nach ausgesucht hat. Wir reagieren auf unser Erleben, und nicht auf die Realität selbst, da wir nur einen Ausschnitt kennen (Wahrheit ist relativ). Ob und wie wir unsere kulturellen Landkarten miteinander verbinden, hängt stark von der Einstellung ab, die wir aus unserer Kultur mitbringen. Bestimmen wir uns über Gemeinsamkeiten oder Unterschiede? Sehen wir uns inklusiv und respektieren Unterschiede oder sehen wir uns exklusiv und sind gegenüber Unterschieden misstrauisch und ablehnend?

2. Vorannahme: Menschen treffen innerhalb ihres Modells von der Welt grundsätzlich die beste ihnen zur Verfügung stehende Wahl. Probleme entstehen durch eingeschränkte Wahrnehmung von Wahlmöglichkeiten – wenn wir diese erkennen, wählen wir die nützlichere oder sinnvollere. Kultur beeinflusst unsere Wahl. Wenn Kinder z.B. in Italien gelernt haben, lautstark ihren Unmut zum Ausdruck zu bringen, während sie in England erzogen werden, Gefühle nicht zu zeigen, werden sie sich in der jeweils fremden Kultur so lange unangemessen verhalten, bis sie neue Wege gefunden haben, an ihr Ziel zu kommen. Diese Vorannahme ermöglicht uns, bei ineffektivem Verhalten von Ausländern, neugierig zu sein, auf den kulturellen Hintergrund ihres Verhaltens.

3. Vorannahme: Jedes Verhalten wird durch eine positive Absicht motiviert. Jedes Verhalten erfüllt im Leben des Betreffenden eine positive Funktion (sekundärer Gewinn), unabhängig von möglichen negativen Nebenwirkungen (für sich und andere). Wenn ich z.B. aus Deutschland gewohnt bin, mich als Auszubildender bei meinem Vorgesetzten an- und abzumelden, ist meine positive Intention, mich der Hierarchie entsprechend zu verhalten. Verhalte ich mich genauso in einem US-amerikanischen

---

[43] Vgl. aus dem Englischen: Dilts, Robert/DeLozier, Judith, 2000: Encyclopedia of Systemic Neurolinguistic Programming and NLP New Coding. Scotts Valley, NLP University Press, S. 1000

[44] Welche Annahmen als Vorannahmen des NLP gelten, ist nach Richtung und Schule unterschiedlich.

[45] Die Metapher der Landkarte wurde geprägt von Alfred Korzybski. Vgl.: http://www.hyperkommunikation.ch/personen/korzybski.htm, Zugriff vom 01.12.04

Unternehmen, könnte dies als „merkwürdiges" und „unselbständiges" Verhalten interpretiert werden. Obwohl es gut gemeint war, hat die positive Intention negative Nebenwirkungen.

4. Vorannahme: Für jedes Verhalten gibt es einen Kontext, in dem es sinnvoll oder nützlich sein kann. Das, was wir tun und gelernt haben (Verhalten), hat irgendwann in unserem Leben Sinn gehabt. Kein Verhalten ist grundsätzlich falsch oder schlecht, sondern macht jeweils in einem bestimmten Kontext Sinn. Ziel ist, eine Vielfalt von angemessenen Wahlmöglichkeiten zu haben. Bestimmte kulturelle Verhaltensweisen und Traditionen haben sich über Generationen erhalten, z.b. Fingerhakeln in Bayern oder Österreich. Damit einen Streit unter Geschäftsleuten lösen zu wollen, wäre unangemessen. Der Großteil interkulturellen Lernens besteht darin, sein heimatländliches Verhaltensrepertoire auf neue kulturelle Kontexte angemessen anzuwenden.

5. Vorannahme: Menschen haben alle Ressourcen in sich, die sie benötigen, um ihr Leben erfreulich zu gestalten und/oder sich zu verändern. Probleme beruhen nicht auf fehlenden Ressourcen, sondern auf der momentan fehlenden Fähigkeit, sie zu erkennen. NLP ermöglicht im interkulturellen Training, eigene (unbewusste) Ressourcen zu aktivieren, die uns bei Inländern als hilfreich auffallen. Diese Vorannahme ist interkulturell interessant: Im Grossteil der westlichen Welt gehen wir davon aus, dass jeder seines „eigenen Glückes Schmied" ist und so gut wie alles erreichen kann, wenn er sich anstrengt. In anderen Kulturen herrscht der Glaube an das Schicksal, Vorherbestimmung und Status, z.b. werden Menschen in Klassen, Herrscherfamilien oder Kasten hineingeboren und sollten nicht versuchen ihren vorgeschriebenen Weg zu verändern. NLP ist diesbezüglich ein sehr westliches Konzept, das auf persönlichen Fortschritt setzt.

6. Vorannahme: Es gibt in der Kommunikation keine Fehler oder Defizite. Alles ist Reaktion. Jede Reaktion kann als Feedback und als Möglichkeit zum Lernen genutzt werden. Die Bedeutung der Kommunikation liegt in der Reaktion, die man erhält. Wir kommunizieren, um von unserem Gegenüber eine bestimmte Reaktion zu erhalten. Bleibt diese aus, so ist die eigene Botschaft nicht angekommen. Anstatt verärgert darauf zu reagieren, ist es sinnvoll, das eigene Verhalten zu ändern. Im kulturellen Bereich ist es wichtig, Körpersprache und Signale einer anderen Kultur zu verstehen. Man kann nicht nicht kommunizieren.[46] Auch wenn man nichts sagt, sendet man nonverbale Signale, auf die andere in irgendeiner Weise reagieren können.

7. Vorannahme: Der positive Wert eines Individuums bleibt konstant, obwohl die Angemessenheit von Verhalten bezweifelt werden kann. Die Trennung von Person (Persönlichkeit) und Verhalten ermöglicht Änderungen des Verhaltens, ohne

---

[46] Vgl.: Watzlawick, Paul, 2000: Menschliche Kommunikation, Bern, Huber

die ganze Person ändern zu müssen. Dies ist eine Vorannahme, die zu tiefem Respekt und Menschlichkeit führt, da sie jedem Menschen ein grundlegendes Gutsein zuspricht und eine kritische oder ablehnende Haltung zum Verhalten eben dieses Menschen anerkennt. Besonders bei interkulturellen Konfliktsituationen hilft diese Vorannahme persönliche Beleidigungen in unangemessenes Verhalten umzuwandeln.[47]

8. Vorannahme: Das Unbewusste ist mächtiger und zuverlässiger als das Bewusstsein. (eins, zwei, drei, vier, fünf, SEX, sieben, acht…)[48] Wir kommunizieren zum größten Teil auf unbewusster Ebene miteinander, so dass wir manchen Menschen sympathisch oder unsympathisch finden, ohne es begründen zu können. Wenn wir uns selbst und den Umgang mit anderen Kulturen besser verstehen wollen, hilft es, unsere Wahrnehmung zu schulen und uns über das bewusst zu werden, was sonst unbewusst abläuft. Unsere Einstellung zu anderen Kulturen überträgt sich auch ohne Worte.

9. Vorannahme: Alles ist mit allem verbunden (Ökologie). Alles, was wir tun, erleben, wahrnehmen, hat komplexe Folgen für das Gesamtsystem, in dem wir leben. Wir bestimmen durch Wahrnehmung die Grenzen der Systemgröße. Systeme streben nach Balance. (Harmonie, Gruppe, logisches Denken im „Ganzen")

Abbildung 3-5: Ökologie: Alles ist miteinander verbunden

Es gibt Kulturen, die sich als Teil des gesamten Ökosystems empfinden (z.B.: Ureinwohner Nord- und Südamerikas) und dessen Verletzung als langfristigen Schaden an sich selbst wahrnehmen. Diese Vorannahme ist wesentlich, um von einer Opfermentalität zur Gesamtverantwortung für den interkulturellen Dialog zu wechseln. Der Begriff der Ökologie ist maßgeblich für das Annehmen neuer Verhaltensweisen. Das Neue muss für uns als Menschen passend sein, wie ein neues Kleidungsstück, in dem wir uns wohl fühlen und wir selber bleiben  dürfen. Es darf keine unerwünschten negativen Nebenwirkungen in anderen Lebensbereichen haben, sonst ändern wir uns nicht oder erleben zusätzliche (innere und äußere) Konflikte. Unser Unterbewusstsein ist die beste Prüfungsinstanz, nichts zu glauben oder anzunehmen, dass für uns schädlich ist.

▶ *Hier verweisen wir auf die dazu passende Übung 5.5.8 „interkulturelle Konfliktlösung".*

---

[47] Vgl.: Andreas, Tom, 1999: NLP Practitioner Ausbildung. Tom Andreas Training, Köln
[48] Vgl.: Schmidt-Tanger, Martina, 2001: NLP Modelle. Das Basiskurs-Begleitbuch. VAK

3.2.2 Kultur und System

> "Die ganze Mannigfaltigkeit, der ganze Reiz
> und die ganze Schönheit des Lebens setzen
> sich aus Licht und Schatten zusammen." *Leo*
> *Tolstoi*

NLP entstand aus Vorannahmen der Systemtheorie und Kybernetik. Um Methoden und Übungen in einzelnen Schritten trainieren zu können, entwickelte sich NLP zu einem linearen Trainingsansatz. Seit 1980 integrieren Robert Dilts und Todd Epstein mehr und mehr Elemente des Systemischen Denkens.[49]

Was ist ein System?

Alles, was Informationen und Energie aufnehmen, verarbeiten, speichern oder abgeben kann, ist auch als System zu bezeichnen. So ist die Masse der Individuen auch als System zu bezeichnen. „Gemeinsam mit anderen kann ein System größere oder übergeordnete Systeme bilden, im Falle des Menschen beispielsweise Familien, Gruppen, Kulturen – bis hin zur ganzen Welt.[...] Was im Inneren des Systems geschieht, enthüllt sich oft nur langsam."[50]

Ein Mensch, als lebender Organismus, kann seine innere Struktur und seine Verarbeitungseigenschaften durch das, was er erlebt, und das, was er tut, auf vielfältige Art und Weise verändern. Wenn unsere Probleme, sozialen Beziehungen, Lebensprozesse und sogar unser Denken und Handeln darauf beruhen, dass zahlreiche Elemente, Menschen und Aspekte des Lebens wechselseitig aufeinander wirken, lohnt es sich herauszufinden, welche das sind und auf welche Weise sie miteinander verbunden

> Ein System ist ein zusammenhängendes Ganzes, welches aus verschiedenen Komponenten oder Elementen besteht, die in einer bestimmten Struktur angeordnet sind, miteinander in Beziehung stehen und zusammenwirken.

sind. Beeinflussen sich zwei Elemente unterschiedlicher Systeme, so durchlaufen sie Feedbackschleifen. Jedes Feedback ist dabei zugleich ein Ergebnis und Impuls für den nächsten Zyklus oder Schritt. Strukturen, Verhalten und Steuerungsmöglichkeiten von Systemen zu erklären und zu erkennen, wird als systemisches Denken bezeichnet.

Systemisch zu denken bedeutet, das Ganze und damit auch die Beziehungen, Interaktionen zwischen den Einzelteilen oder Subsysteme im Blick zu haben. Lebende Systeme existieren für einen bestimmten Zweck, hinter ihnen verbergen sich Absichten

---

[49] Vgl. aus dem Englischen: Dilts, Robert/DeLozier, Judith, 2000: Enzyclopedia of Systemic Neurolinguistic Programming and NLP New Coding. Scotts Valley, NLP University Press, S. 1373
[50] Isert, Bernd/Rentel, Klaus, 2001: Wurzeln der Zukunft, veränderte e-book Version. www.e-books.de, S.6

und Intentionen. Sie wollen beispielsweise überleben, sich vermehren etc. Menschen wollen (ganz bewusst) Erfolg haben, sich verwirklichen oder erstreben ein Ziel. Oft geht es auch darum, Systeme zu optimieren, so dass sie bestimmte Eigenschaften bekommen, Verhaltensweisen zeigen oder Schwierigkeiten vermeiden. Dieser Optimierung sind Grenzen gesetzt. „Wer Sport treibt, wird gesünder sein; wer noch mehr Sport treibt, vielleicht noch gesünder – bis die Grenze der Leistungsfähigkeit des Körpers erreicht ist und dieser einfach streikt. [...] Grenzen, die erreicht werden, können auch Glaubenssysteme oder Werte eines Menschen sein. [...] Auch unsere Mitmenschen setzen uns Grenzen, wenn wir zu viel Raum einnehmen, ihre Werte verletzen oder durch die Entwicklung unsere Zugehörigkeit in Frage stellen."[51] Lebende Systeme sind das Produkt einer Evolution. So kann man sagen, dass die Systeme als solches, die Galaxie, die Erde, die Menschheit, die Kulturen, die kleinen Gruppen, ja jede Familie ein System ist und auch als solches behandelt und analysiert werden kann. Kultur ist das Ergebnis ineinander verschlungener Systeme und Subsysteme. Alle Systemelemente beeinflussen das Ganze. Die NLP-Vorannahmen, die für den einzelnen Menschen gelten, gelten auch für das System.

Lernen im System

Robert Dilts beschreibt ein Experiment mit Affen über mehrere Generationen. In einem Käfig wird eine Bananenstaude unter der Decke angebracht, die nur über eine Leiter zu erreichen ist. Sobald ein Affe die Leiter erklimmt, sorgen Sensoren für einen Regenguss aus der Sprinkleranlage. Die Affen lernen schnell, jeden hungrigen Mitbewohner davon abzuhalten, die Leiter zu erklimmen. Auch Neuzugänge, die laut protestierend den Grund für dieses Verhalten nicht

> Systemisches Denken heißt, Strukturen, Verhalten und Steuerungsmöglichkeiten von Systemen erkennen und erklären zu können.

kennen, wissen auf einmal: „Diese Leiter ist tabu". So mögen über Jahrhunderte kulturelle Mythen und Traditionen entstanden sein. Oder werfen wir einen Blick auf die aktuellen politischen Ereignisse. Wichtig ist: Der Fokus auf die problematischen Situationen, z.B. der Krieg oder das Warum des Kriegs bringt uns nicht weiter, denn die Beteiligten werden ihre positive Absicht verteidigen. Erst der Fokus auf die Absicht des Handelns, das Ziel, den gewünschten Effekt lässt uns verstehen und Lösungen finden. Wenn man mit einem Volk näher in Kontakt treten will, muss man sich mit dem Verhalten an sich dahingehend beschäftigen, dass man die positive Absicht dahinter erfragt, um das Verhalten zu verstehen –dann kann man diesem eine neue Bedeutung geben – es reframen (in einen anderen Rahmen setzen). Durch Reframen passen wir die

---

[51] Isert, Bernd/Rentel, Klaus, 2001: Wurzeln der Zukunft, veränderte e-book Version. www.e-books.de, S. 8

Bewertung des Ereignisses für uns selbst an, sodass es in unser Modell der Welt passt. So kann auch größtenteils eine ethnozentrische Verhaltensweise verhindert werden, die in der Regel mit abwertendem Verhalten verbunden ist.

Das Systemische Denken

Die Natur verhält sich gegenüber einzelnen Menschen durchaus unnachgiebig (z.B. bei einer Krankheit), bezogen auf das ganze System jedoch ausgewogen. Je nachdem, wie eng wir unsere Systemgrenzen um uns als Individuum, als Familie, als Firma, als nationale Kultur oder als Weltgemeinschaft ziehen, werden wir anders betroffen sein, emotional reagieren und handeln. Zeit und Raumempfinden sind für die Bedeutung von Geschehnissen wichtig. Auch wenn wir nicht unmittelbar begreifen, inwiefern Kummer oder Schmerzen in unserem System Leben Sinn machen, so verknüpfen wir bestimmte Ereignisse im Nachhinein. Der Glaube an einen systemischen Sinn rettet uns vor der Ohnmacht des Nicht-Verstehens und der Bedeutungslosigkeit. Je mehr wir unseren Horizont erweitern, je mehr Menschen wir mit in unsere Welt einbeziehen, desto zweckrationaler entscheiden wir über die Angemessenheit der Konsequenzen unseres Handelns. Dann fühlen wir uns auch zugehörig und verantwortlich und weniger einsam und bedroht. Menschen wollen einem hochwertigen System angehören, um ihre eigenen Qualitäten zu entfalten. Wir wollen einen guten Arbeitgeber oder Lebenspartner und streben permanent nach Verbesserung – in jedem Bereich.

Analytiker glauben, dass das beste Produkt das Produkt ist, welches aus den besten Einzelteilen besteht. Rusell Ackhoff, als Systemiker würde antworten, dass die Leistung eines Systems nicht in der Summe der Einzelleistungen der verschiedenen Komponenten besteht, sondern im Produkt ihres Zusammenspiels. Wichtiger als in einer Firma ein Teil zu verbessern ist es, die Einheiten und ihr Zusammenspiel zu koordinieren. Was in anderen Ländern funktioniert muss noch lange nicht bei uns funktionieren. Optimiert man ein Element, könnte dies negative Folgen für ein anderes Element haben.[52] Im folgenden Kapitel führen wir ein NLP-Modell ein, welches Kultur systemisch erklärt.

3.3 Die logischen Ebenen aus kultureller Sicht

> „Erfahrung ist nicht das, was einem Menschen geschieht. Es ist das, was ein Mensch aus dem macht, was ihm geschieht." *Aldous Huxley*

Kultur wirkt auf allen Ebenen des menschlichen Seins (Umwelt, Verhalten, Fähigkeiten, Werte, Identität und Spiritualität/Zugehörigkeit). Wir leben nicht in einem luftleeren

---

[52] Vgl.: Woodsmall, Wyatt, 1988: Auf dem Weg zu exzellenter Kommunikation. Paderborn, Junfermann, S. 98

Raum, sondern sind immer eingebettet in einen Kontext, in eine Umgebung, in eine Umwelt. Wir stehen in Wechselwirkung mit unserer Umwelt, wir bewegen uns in ihr und sie ist zugleich ein Teil von uns. Zu uns gehören auch ein großes Repertoire an Verhalten, ein Spektrum an Ausdrucksmöglichkeiten und Handlungsmöglichkeiten. Über dieses Verhalten hinaus verfügen wir über einen Pool an Fähigkeiten, Ressourcen, Talenten, Möglichkeiten, die die Grundlage für unser Verhalten bilden. Jeder Mensch entwickelt Werte und Glaubenssätze, die ihn motivieren Dinge zu tun oder zu lassen. Er formt Grundannahmen über sich, wer er ist (Identität) und womit er sich identifiziert. Dazu gehören auch die Rollen, die er lebt, z.B. als Vater, Ehepartner, Trainer, Motorradfahrer etc. Die höchste Ebene ist die des Sinns, der Zugehörigkeit und der Mission. Dies ist das Gefühl, in einem größeren Zusammenhang zu stehen und über die eigene Entwicklung hinaus einen Beitrag zu etwas Größerem leisten zu können. Vielleicht erkennen Sie schon hier eine Parallele zu dem im Kapitel 3.2.1

> Kulturdimensionen entsprechen i.d.R. nur einem Teil der logischen Ebenen.

eingeführten Eisberg-Modell der Interkulturalisten. Das Modell der (neuro-) logischen Ebenen[53] ist die Sicht der NLPler zu sichtbaren und unsichtbaren Einflussfaktoren auf menschliches Verhalten. [54] Wir behaupten, dass Kultur auf allen Ebenen Einfluss hat.

Tabelle 3-6: Die Logischen Ebenen

Logische Ebene	Charakteristische Frage	Fokus
Umgebung	Wo? Wann? Mit wem?	Möglichkeiten, Zwänge
Verhalten	Was?	Aktion, Reaktion
Fähigkeiten	Wie?	Richtung, Strategie, Plan
Werte, Glaubenssätze	Warum?	Erlaubnis, Motivation
Identität	Wer?	Mission, Selbstverständnis
Zugehörigkeit	Sinn des Lebens?	Ziel, Zweck, Verbindung zur Natur, Vision

Der Kontext, in dem wir leben, ist zum größten Teil kulturell geprägt, unser Verhalten wird von unseren Fähigkeiten, Werten und Glaubenssystemen beeinflusst. In Spanien hat ein wichtiger Faktor, der zur Umgebung zählt, nämlich die Temperatur dazu geführt, dass die Menschen einen daran angepassten Lebensrhythmus haben: Sie halten

---

[53] Entwickelt von Gregory Bateson basierend auf Bertrand Russels Arbeiten zu Logik und Mathematik, in den 80er Jahren durch Robert Dilts in die NLP Arbeit eingeführt. Vgl. Dilts, Robert/DeLozier, Judith, 2000: Enzyclopedia of Systemic Neurolinguistic Programming and NLP New Coding. Scotts Valley, NLP University Press, S.672

[54] Siehe auch: Van der Horst, Brian: Edward T. Hall – A great Grandfather of NLP in http://www.cs.ucr.edu/~gnick/bvdh/print_edward_t_hall_great_.htm, Zugriff vom 10.06.05

von 14-16 Uhr Siesta, wenn es zu heiß zum arbeiten ist. Das Verhalten wurde stark durch die Geschichte und Politik beeinflusst und nicht alle Fähigkeiten konnten so entwickelt werden, wie sie individuell möglich gewesen wären. Die Werte und Glaubenssysteme haben sich aufgrund der

> Die logischen Ebenen verändern sich permanent und richten sich aneinander aus. Die jeweils untere Ebene wird dabei maßgeblich von der darüber liegenden beeinflusst.

Religion, der langfristigen Geschichte, etc. in Spanien so ergeben, dass z.b. Zeit nicht eine so große Rolle spielt wie etwa in Deutschland, sie also in der Wertehierarchie nicht ganz oben steht. Robert Dilts hat die Idee der logischen Ebenen von Gregory Bateson[55] aufgegriffen, um zu erklären, wie ein Individuum lernt, sich verändert und wie Kommunikation zwischen Menschen funktioniert. Wichtig dabei ist, dass sich die Ebenen wechselseitig beeinflussen, permanent verändern, aneinander ausrichten, und dass die Ausrichtung der unteren Ebenen maßgeblich von den darüber liegenden beeinflusst wird. So ist z.b. die Einflussnahme des Menschen auf seine natürliche Umgebung ein Produkt seines Lebenssinns, seiner Identität, Werte und Glaubenssätze und der Fähigkeiten, die er entwickelt hat: ob er Tipi oder Iglu baut, für sich allein oder für seine Familie, ist werte- und kulturabhängig. Trotz ähnlicher geografischen Voraussetzungen, haben sich Amerikaner auf Holzhäuser spezialisiert, während Europäer überwiegend mit Stein bauen. Natürlich haben auch andere Forscher ähnliche Rahmenmodelle erstellt.[56] Einen Vergleich zeigt diese Tabelle:

Tabelle 3-7:[57] Die logischen Ebenen und Kulturmodelle im Vergleich

NLP Log. Ebenen	Hofstede Zwiebel	Trompenaars Schichten	Hall Eisberg	Kulturansätze
Umgebung	Symbole, Helden	Artefakte	Technisch, sichtbar	
Verhalten	Rituale, Prakt.		Formal, sichtbar	behavoristisch
Fähigkeiten			Formal, unsichtbar	funktional
Glaubenssätze	Einstellungen	Normen	Informal, unsichtbar	konstruktivistisch
Werte	Werte	Werte (Grundannahmen	Informal, unsichtbar	ethnozentrisch
Identität Zugehörigkeit		Grundannahmen	Informal, unsichtbar	

---

[55] Vgl.: Katan, David, 1999: Translating Cultures. Manchester, St. Jeromes Publishing, S. 36

[56] Vgl.: Katan, David, 1999: Translating Cultures. Manchester, St. Jeromes Publishing, S. 37

[57] ergänzt, in Anlehnung an Katan, David, 1999: Translating Cultures. Manchester, St. Jeromy Publishing S. 40

Wie wir in der Diskussion über die Kulturmodelle gesehen haben, beschreiben diese Kultur nur auf einigen Ebenen. Kultur spielt sich aber auf allen Ebenen ab. Aus unserer Sicht wird das Modell von Dilts dem Anspruch auf ganzheitliche Betrachtung des Menschen gerecht. Seine Ebenen lassen sich auf Individuen, Gruppen und Kulturen anwenden. Wir ziehen nun das Modell der logischen Ebenen zur Untersuchung von Kultur in seiner Ganzheitlichkeit heran. Die logischen Ebenen werden in der Literatur graphisch auf unterschiedliche Weise dargestellt: Manchmal als Kreis, um dem systemischen Aspekt Ausdruck zu verleihen, manchmal in tabellarischer Form und auch als Pyramide. Wir möchten hier die Verbindung zwischen NLP und Kultur u.a. durch das Eisberg-Modell herstellen.

Abbildung 3-8: Gegenüberstellung von logischen Ebenen und Eisberg-Modell

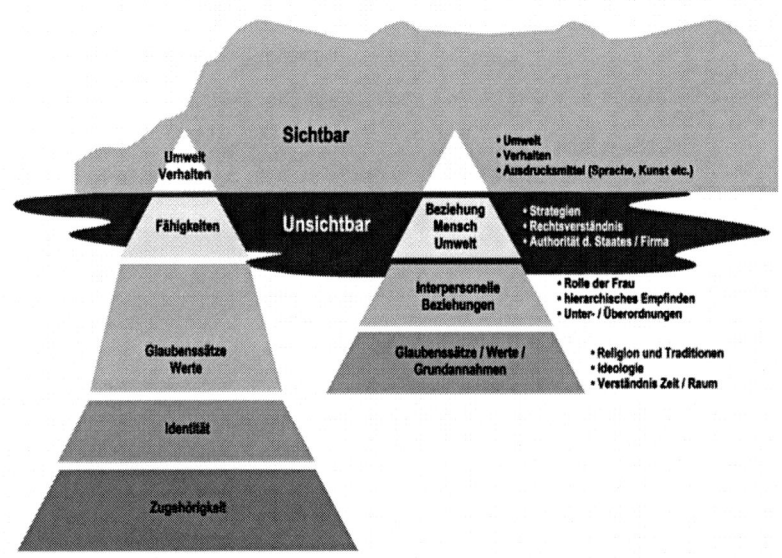

Ein Aspekt des Eisberg-Modells ist, dass es sichtbare und unsichtbare Ebenen von Kultur gibt. Das, was wir wahrnehmen, kann sehr offensichtlich sein (Gebäude, Fahnen, Kleidung, Verhalten usw.), aber auch sehr unsichtbar sein (z.B. welcher Wert steckt hinter dem Verhalten des Schlangestehens). Auch bei den logischen Ebenen gibt es sichtbare und unsichtbare Ebenen. Die sichtbaren Ebenen sind die Umgebung und das Verhalten, der Rest ist unsichtbar und beeinflusst die erstgenannten. Daraus ergibt sich das in Abbildung 3-8 dargestellte Modell.

3.3.1 Kultur und Umgebung

> „Die Welt, in der wir leben, ist keineswegs
> vorausbestimmt durch äußere Bedingungen
> und Umstände, sondern durch die Gedanken,
> die unseren Geist beherrschen." *Norman*
> *Vincent Peale (1898 - 1993), US-amerikanischer*
> *Pfarrer und Publizist*

Klima, Natur und Umgebung haben Einfluss auf unsere Kultur. Und unsere Kultur
entscheidet, wie wir auf unsere Umgebung Einfluss nehmen. Dies hängt von unserer
Identität, den Werten und Fähigkeiten ab, also den höher liegenden logischen Ebenen.
Wir geben nun einen kurzen Überblick über die kulturellen Faktoren der Umgebung
bzw. der Umwelt.

Physische Umgebung

Oftmals sind physischen Grenzen auch Landesgrenzen (wie z.b. die Alpen, ein Fluss,
etc.). Seit der modernen Industriegesellschaft sind diese Grenzen leichter überwindbar
geworden. Kommunikation ist nun von fast jedem Ort aus und mit jedem Ort möglich (Internet) und Reisen ist alltäglich geworden. Dennoch haben die physischen Grenzen, in unserer menschlichen Kategorisierung, nicht an Aktualität verloren: So ist es z.b. in vielen Ländern sehr wichtig, wo jemand sein Büro hat, um den Status im sozialen System auszudrücken.

Kultur und Umgebung:
• physische Umgebung
• klimatische Grenzen
• Raum
• geschaffene Umwelt
• Kleidung und Symbole
• Geruch, Geschmack, Essen

▶ *Zu Beginn eines Trainings und um zu sehen, woher jeder Teilnehmer kommt,*
eignet sich besonders die Übung 5.8.1: „Wo kommen Sie her".

Klimatische Grenzen

Das Klima ist nicht nur z.B. durch Pflanzen sichtbar, sondern ganz besonders auch
fühlbar. Im NLP heißt das „kinästhetisch". In Spanien beispielsweise führt das Klima
dazu, dass dort der Lebensrhythmus an die Wärme angepasst ist – daher die Siesta.

Raum

Das beste Beispiel, wie der Raum die Kultur beeinflussen kann, sind die USA. Dort ist
Platz, um alles möglich zu machen, sagen die Amerikaner über sich. Die Europäer
bekommen, wenn sie die amerikanische Weite der Landschaft sehen, meist ein
überwältigendes Gefühl von Freiheit. Es gibt Raum für alles. Wenn es in einem Land
viel physischen Raum gibt, bestimmt das auch die Bedeutung für privaten und

öffentlichen Raum. In Asien, wo die Wohnungen sehr klein sind, hat der Raum eine andere Wertigkeit als in den USA oder in Deutschland. Diese Bedeutungen sind kulturell bedingt. Ein Beispiel dazu: Die Japaner haben den Walkman aus der Not heraus erfunden, um den Nachbarn, der so nah an ihrem eigenen Haus wohnt, mit Musik nicht zu stören.

Hall[58] spricht auch von einem unterschiedlichen Abstand bei der Begegnung von Menschen untereinander, den die Menschen aus beispielsweise arabischen Kulturen pflegen, im Gegensatz zu den asiatischen Kulturen. Zum Thema Raum und physische Umgebung haben wir ein kleines Experiment für Sie. Schließen Sie bitte einmal kurz die Augen und denken Sie an Irland. Welche Farbe haben Sie gesehen? Grün? Und jetzt rufen Sie sich Italien vor ihr geistiges Auge. Rot, eher orangerot, oder? Das ist kein Zufall, denn jedes Land, jede Region hat ihre speziellen Farben. Die Natur gibt sie vor, die Menschen nehmen sie auf, streichen ihre Häuser und ihre Wohnzimmer in den Farben des Landes. Auch deshalb sehen französische Tischdecken anders aus als schwedische. Diese Farbgebungen rufen dann wiederum Arbeitsgedanken oder Urlaubsgefühle – und nicht zuletzt ein Zugehörigkeitsgefühl hervor: Denken Sie einmal an das "oranje" der Niederländer.[59]

Geschaffene Umwelt (Bauweisen)

Ein gutes Beispiel dafür sind Gebäude von Institutionen oder Regierungsgebäude. Wenn wir z.B. in ein Luxushotel gehen, benehmen wir uns anders als in einer kleinen Pension. Unser Verhalten in einer Moschee unterscheidet sich von dem in einem Privathaus. Die Größe, Position, die Art der Einrichtung sind Indikatoren für die Corporate Identity, die eine Institution, eine Firma oder ein Individuum nach außen tragen möchte. Ein anderes Beispiel ist die kulturelle Bedeutung eines Fensterplatzes in einem Großraumbüro: In den „westlichen" Kulturen hat ein Fensterplatz einen hohen Wert: die Mitarbeiter, die dort sitzen, sind angesehener innerhalb der Belegschaft. In Japan allerdings wird dem Mitarbeiter, der gerne einen Fensterplatz haben will und dann dort arbeitet, nahe gelegt: Wenn er einen anderen Job findet, der einen größeren Nutzen hat, als aus dem Fenster zu starren, dann solle er ihn doch annehmen...[60]. Ein anderes Beispiel ist das deutsche Einfamilienhaus: Es ist geprägt von dem Wert Eigentum. Hausbesitzer zu sein (Zugehörigkeitsgefühl) hat einen gewissen Stellenwert in der Gesellschaft: Und man möchte zu der Gesellschaft oder einer bestimmten Gruppe dazugehören. Die passende Strategie dazu ist, Geld so auszugeben, dass man

---

[58] Vgl.: Hall, Edward T., 1982: The Hidden dimension. New York, Doubleday, S. 123

[59] Siehe dazu das reich bebilderte Interview mit dem Farbexperten Christoph Häberle im SZ-Magazin n. 41, vom 10.10.2003, S. 7-41

[60] Vgl.: Mead, Richard, 1990: Cross Cultural Management Communication. Chichester, John Wiley & Sons, S. 149

sich ein Einfamilienhaus auch leisten kann. Oder waren Sie schon einmal in den Niederlanden? Dort gibt es so gut wie keine Gardinen oder Rollläden und man kann durch die großen Fenster sehr gut durch das gesamte Zimmer schauen. Warum? Es könnte sein, dass der Wert der Privatsphäre nicht so wichtig ist, wie er z.b. in Deutschland scheint oder, weil der Wert Sicherheit anders ausgelegt wird, als z.b. in Deutschland. In Deutschland baut man sich eher eine Mauer um das Haus wegen der Sicherheit. In den Niederlanden denkt man sich möglicherweise, wenn jeder sehen kann, was in meiner Wohnung ist, dann bricht schon keiner ein. Der wichtigere Grund ist aber vielleicht, offene Fenster und Räume implizieren dort auch die Offenheit der Bewohner. Oder der richtige Grund ist die Gardinensteuer, die es ursprünglich in den Niederlanden gab, was natürlich dazu geführt hat, dass man sich keine Gardinen anschaffte. Welche Erklärung halten Sie für passend? Es handelt sich um den zuletzt genannten Grund, d.h. aber nicht, dass aus dem heutigen Lebensgefühl der Niederländer die anderen nicht zutreffen würden. Sie sehen hiermit, wie viel und schnell wir zu Interpretationen neigen, die aus unserem eigenen Modell der Welt stammen, nach dem Motto: Wir denken uns die Welt passend. Dies ist auch ein Grund dafür, weshalb geschichtliche und kulturspezifische Informationen für die Erschließung eines anderen Kulturmodells unabdingbar sind. Wie Sie merken, werden die Dinge in der Umwelt, in unserer Umgebung von den darüber liegenden Ebenen wie Werten, Fähigkeiten und Identität geprägt und beeinflusst.

Kleidung und Symbole

Kleidung wird als Teil der Umwelt bzw. Umgebung gesehen und ist meist das erste Zeichen von Identität. Wenn wir uns daran erinnern, wie wir uns als Jugendliche gekleidet haben, nach welchen Idolen wir unser „Outfit" ausgewählt haben, merken wir, dass wir „dazugehören" wollten. Die Art der Kleidung wirkt sich auch auf unser Verhaltens aus. So ist die Bedeutung von „formell" oder „informell" kulturbedingt und drückt sich auch durch die Kleidung aus. Beispielsweise wirkt der USA-Kleidungsstandard aus europäischer Sichtweise oft locker und (zu) informell.

Der amerikanische Sportschuh-hersteller Nike verkauft in den USA ein Paar Sportschuhe je vier Personen, während in Europa nur ein Paar je 20 Personen abgesetzt wird. Sportschuhe werden in den USA zu fast allen Gelegenheiten getragen, während sie in Europa nur in der Freizeit „normal" sind.[61] Hier wird auch eine klare Trennung zwischen privatem und beruflichem Kontext (für Kleidung) gemacht. Kleidung unterscheidet soziale und kulturelle Gruppen. Soziale Gruppen sind nach Beruf, Firmenzugehörigkeit, Kastenzugehörigkeit (z.B. in Indien) usw. eingeteilt. Ein Beispiel dafür ist der weiße oder der blaue Arbeitsanzug (Blaumann) und dessen Stellung in der

---

[61] Vgl.: Katan, David, 1999: Translating Cultures. Manchester, St. Jeromes Publishing

Gesellschaft. Jetzt mag man sich denken, das unterscheidet soziale Gruppen, aber welche Konsequenz kann ich für mein Verhalten daraus ziehen?

Abbildung 3-9: Kulturspezifische Kleidung

Dazu ein Beispiel: Ein junger Reifenverkäufer kam zum Reifenhändler, um mit dem Chef des Unternehmens einen Verkauf abzuschließen. Er schaute sich auf dem Hof um, sah einen Menschen im Blaumann und suchte sichtlich weiter nach dem Chef (der ja aus seiner Sicht bestimmt keinen Blaumann tragen würde, sondern standesgemäß einen Anzug). Den Mann in dem Blaumann begrüßte er

nicht und lief weiter umher. Kurze Zeit später kam dieser Mann auf den jungen Verkäufer zu und fragte: „Kann ich Ihnen helfen? Woher kommen Sie?" Da antwortete der Reifenverkäufer: „Ich bin von dem Reifenhersteller xyz, ich suche den Chef hier". Da sagte der Mann: „Bei Ihnen kaufe ich nicht mehr, Sie haben es ja nicht für nötig gehalten mich zu begrüßen. Gestatten, ich bin hier der Chef".

Wenn wir diese Symbole nicht kennen und achten, können wir in Schwierigkeiten geraten. Auch jeder Einzelne hat Symbole, die ihm viel wert sind. So mag jemand vielleicht eine bestimmte Kleidungsform, weil er sich mit den Leuten, die diese auch tragen, identifiziert (z.B. Punks). Kulturelle Symbole sind noch bedeutungsvoller und meist bindend. Eine Kultur hat sich beispielsweise darauf geeinigt eine Blume oder Flagge landesweit gleich zu bewerten, so dass Nationalflaggen im Fenster ein Zeichen für Solidarität werden (z.B. in den USA nach dem 11. September).

Geruch, Geschmack und Essen

Die Anzahl und Auswahl an Nahrungsmitteln und Getränken ist kulturell bedingt, ebenso wie Geschmack und Geruchssinn. Was stinkt, gut riecht oder schmeckt, ist von Region zu Region verschieden, dementsprechend auch von Kultur zu Kultur. In Asien werden kaum tierische Milchprodukte konsumiert (Laktose-Intoleranz durch ein fehlendes Enzym). Umgekehrt ist der Geschmack asiatischer Speisen für die westlichen Kulturen ungewöhnlich. In einer Kantine in Frankreich wird das Fleisch vor den Augen der Besucher zubereitet und „a point" serviert. In Deutschland liegt es bereits (durch)gebraten in der Auslage. Ob roh, blutig, zart oder durchgebraten ist (kulturelle) Geschmackssache. Manche Persönlichkeitstests zur interkulturellen Flexibilität enthalten Fragen wie z.B.: „Würden Sie auch Heuschrecken essen?" Würden Sie? In Afrika sind getrocknete Heuschrecken oft ein normaler Bestandteil des Abendessens. Die demographische Umgebung hat, wie wir gesehen haben, einen Einfluss auf unsere Entwicklung von Verhalten und Werten, also auf unseren Kulturalisierungsprozess. Wie wir reziprok Einfluss nehmen und die Umgebung gestalten ist wiederum kulturspezifisch und abhängig von den höher liegenden logischen Ebenen, auf die wir jetzt eingehen wollen.

3.3.2 Kultur und Verhalten

> „Man kann nicht davon ausgehen, dass Freundlichkeit ein angeborener Charakterzug ist. Sie ist eine erlernte Verhaltensweise." *Kathie Couric, USA*

Viele Teile unseres Verhaltens sind so unbewusst, dass wir es nicht merken und auch kein anderes Mitglied unserer Kultur. Die Ebene des Verhaltens informiert uns über Aktionen und Reaktionen. Hier entstehen die „Do's and Don'ts" einer Kultur, die über Sprüche, Sprichwörter und Stereotype unvollständig beschrieben werden. Jede Kultur hat ihre eigenen Verhaltensregeln hervorgebracht. Verhalten ist sichtbar. Die Motivation liegt auf höheren, unsichtbaren Ebenen, die wir uns später anschauen werden.

Nehmen wir Tschechien als Beispiel: Durch die politischen Entwicklungen (den Einfluss der Sowjetunion, deren Machtergreifung usw.) veränderte sich das tschechische Selbstbild, die gesamte Gesellschaft und letztlich auch das Schulsystem. Die autoritäre Gesellschaft, in der man lieber keine Fragen stellte (das ist schon ein Verhalten, was aus der politischen Situation entstanden ist), manövrierte die Lehrer in die Rolle von „Experten", die keine Wissenslücken offenbaren dürfen und deren Autorität nicht hinterfragt werden sollte. Zur Abwehr der eigenen Unsicherheit hatten sie eine Vorliebe für detailliert geplante Programme (ebenfalls ein Verhalten, welches aus der Unsicherheit und letztlich dem politischen System entstanden ist), um zur Gesellschaft dazuzugehören, den Beruf ausüben zu können und eine Daseinsberechtigung zu haben. Heute ist daher die Durchsetzung einer freieren Gestaltung des Unterrichts innerhalb der Rahmenbedingungen mühsam. Es erstaunt wenig, dass im Klassenraum Konkurrenz herrscht und Teamarbeit nicht gefördert wird. Ein anderes Beispiel: Bestimmte Teile Afrikas sind von Tsetse-Fliegen verseucht. Weil diese Fliegen die Herden angreifen und minimieren, ist es schwierig, Kühe zu halten. Ohne Kühe gibt es auch keine Milch für die Babies. Deswegen sind die Mütter gezwungen, ihre Kinder zu stillen. Wenn eine Mutter jedoch schwanger ist, produziert sie keine Milch mehr. Also ist es in diesen Gegenden Brauch, bis zu drei Jahren nach einer Geburt keine sexuellen Beziehungen mehr zu haben, damit das Kind genügend

Milch bekommen kann. Aufgrund dieser Regel sind polygame Beziehungen verbreitet. Da der Mann mehrere Frauen hat, ist es üblich, dass die Kinder ziemlich lange im Bett der Mutter schlafen. Daraus resultieren starke Mutter-Kind-Beziehungen, die wiederum strenge Initiationsriten verlangen, damit sich das Kind von der Mutter lösen kann. Dieses Beispiel verdeutlicht auch noch den besonderen Zusammenhang zwischen Umwelt → Kultur → Sozialisation → Persönlichkeit → Verhalten. Man kann jedoch nie kategorisch sagen, dass z.b. die Franzosen alle zur Begrüßung einander auf die Wange küssen. Dies tun nicht alle. Ein Großteil sicherlich, aber nicht alle, d.h. auch, dass z.b. die Briten das Zeichen „Kuss auf die Wange" als Begrüßung oder Freundschaftsbeweis verstehen, aber es noch lange nicht praktizieren. Sowohl die Franzosen als auch die Briten würden aber das „Nasen aneinander reiben" als ungewohnt empfinden und nicht unbedingt als Freundschaftsbeweis. So kommt es, dass es in jeder Kultur Verhaltensweisen gibt, die entweder stereotypisch sind oder als anormal gelten. D.h., Kultur ist nicht starr, da sich die Individuen immer weiter entwickeln, sie kann auch nicht als wahr oder richtig beschrieben werden, es gibt nur Tendenzen in gewisse Richtungen.

▶ *Dazu gibt es eine Reihe von Übungen zur Sensibilisierung, z.B. die Übung 5.4.1 "Mein Verhalten- dein Verhalten" oder die Übung 5.4.2 „Das Johari-Fenster"*

▶ *Zum Thema Stereotyp und Vorurteil passt die Übung 5.6.5 „ Die kulturelle Stereotypenbrille"*

3.3.3 Kultur und Fähigkeiten

> „Man entdeckt keine neuen Erdteile, ohne den Mut zu haben, alte Küsten aus den Augen zu verlieren." *André Gide*

Unsere Fähigkeiten hängen von körperlicher Voraussetzung und kultureller Prägung ab, auch unsere natürliche Fähigkeit durch unsere Wahrnehmungskanäle wahrzunehmen. Strategien bauen auf den Fähigkeiten auf. Diese sind teils angeboren, teils erlernt. Die englische Sprache unterscheidet zwischen „Capability", dem Potenzial, mit dem man geboren wird, und „Skill", den Fähigkeiten, die man im Laufe der Zeit durch Lernen entwickelt

> Capability: angeborene Fähigkeiten
> Skill: erlernte Fähigkeiten

hat. Im Deutschen ist dies der Unterschied zwischen angeboren und erlernt. Angeboren sind uns die Fähigkeiten durch unsere Sinneskanäle wahrzunehmen. Wir machen uns bemerkbar als Babies und durch Schreien, um Aufmerksamkeit zu bekommen. Wir haben durch unseren Körper die Fähigkeiten zu greifen, zu sprechen, zu hören, zu schmecken, zu riechen, unsere Geschwindigkeit zu drosseln oder zu steigern und vieles mehr. Wie wir unsere Fähigkeiten entwickeln liegt zum einen an unseren körperlichen Vorraussetzungen und zum anderen an unserer Prägung, d.h., was wir lernen und welchen Fokus wir haben. Wachsen wir z.b. in einer Familie auf, in der viel musiziert wird, werden wir es vermutlich leichter haben, den Zugang zur Musik zu finden oder ein Instrument spielen zu können. Musik versetzt uns in Stimmungen und Gefühle. Sie wirkt wie ein Anker, eine Erinnerung an Lebenssituationen, die bis in die Kindheit reichen können. Wie steht es um das Vorurteil „Ich bin nicht musikalisch"? Stimmt nicht. Jeder ist von Grund auf musikalisch. Bei den einen hat sich der Gehörsinn für musikalische Veränderungen stark entwickelt (z.b. wegen der Familie, in der viel Musik zu hören war), bei den anderen ist er brach geblieben (was auch an dem früh „eingeimpften" Glaubenssatz liegen kann: „Ach Kind, du bist aber unmusikalisch").

Das NLP nennt unsere Wahrnehmungskanäle Repräsentationssysteme. Sie werden als VAKOG abgekürzt (lateinisch für „visuell" sehen, „auditiv" hören, „kinästhetisch" fühlen, „olfaktorisch" riechen und „gustatorisch" schmecken). Die Unterscheidung der Wahrnehmung in diese fünf Bereiche hat ihren Ursprung in den Erkenntnissen von Aristoteles in seinem Werk „Über die Seele".[62] Mit welchem System, also mit welchen Sinnen man am liebsten Informationen verarbeitet, ist individuell unterschiedlich und situationsabhängig. Ob dies auch kulturell unterschiedlich ist, dass also eine Kultur tendenziell eher visuell verarbeitet als auditiv, ist bisher nicht erforscht worden. Was man allerdings sagen kann, ist, dass es Unterschiede in der Wertigkeit der Mündlichkeit und der Schriftlichkeit, also zwischen Auditivem und Visuellem gibt. So werden in Frankreich Absprachen oft mündlich gemacht und Verträge vielfach mündlich bestätigt. In Deutschland hingegen besteht man zwingend auf eine schriftliche Form.

> Wahrnehmnungskanäle:
> V isuell = sehen
> A uditiv = hören
> K inästhetisch = fühlen
> O lfaktorisch = riechen
> G ustatorisch = schmecken

▶ *Hier verweisen wir dazu auf die Übung 5.3.3 „Flexibles Denken"* *und 5.3.4 „Sprache als Anker".*

Hall beschreibt High-context- und Low-context-Kulturen (auf diese Kulturdimensionen kommen wir in Kapitel 3.5.2 noch zu sprechen, hier nur als Beispiel). Zu den Kulturen mit einem schwachen Kontextbezug (Low-context) gehören Amerikaner, Deutsche, Schweizer oder Skandinavier. In diesen Kulturen sind mehr Informationen explizit in den direkten Äußerungen enthalten. Es geht bei ihnen um Logik und Fakten. Daher wird die Kommunikation in Deutschland z.B. als sehr ernsthaft bezeichnet und

---

[62] Aristoteles, Übersetzer Willy Theiler, 1983: Über die Seele. Berlin

der Kommunikationsstil als nüchtern, distanziert und kühl angesehen. Das gesprochene oder geschriebene Wort hat eine hohe Bedeutung nach dem Motto: So wie ich es sage, so meine ich es auch. Man erwartet, dass der andere sein Anliegen präzise und eindeutig ausdrückt. Frankreich gehört zu den High-context-Kulturen. Dort geht man von einem gemeinsamen Hintergrundwissen aus und orientiert sich an Globalzusammenhängen. Die meiste Information ist durch den Kontext erschließbar, indirekt und subtil: Kommunikation dient der Beziehungspflege.

Abbildung 3-10: Müller-Lyer-Täuschung

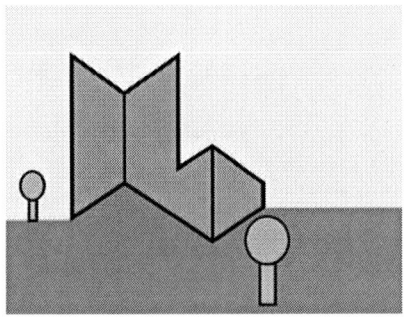

Ein weiteres Beispiel: Afrikaner, die in einer physischen Umgebung ohne rechte Winkel aufgewachsen sind, nehmen die im folgenden Bild ausgedrückte optische Täuschung von Müller-Lyer nicht so stark wahr wie Europäer[63]. Sie sehen die Figur in der Mitte als zweidimensionale Fläche (im Gegensatz zu räumlicher Tiefe mit Ecken). Wie kommt das? Eine optische Täuschung ist eine bildliche Darstellung, die in der Wahrnehmung (Zusammenspiel von Auge, Sehnerv und Gehirn) einen verzerrten Eindruck der objektiv messbaren Gegebenheiten erzeugt. Es ist die mangelnde Übereinstimmung zwischen objektiv-physikalischen Reizgegebenheiten und Empfindungen bzw. Wahrnehmungsurteilen bei der Einschätzung von Beschaffenheit, Größe, Raumlage und Richtung u.ä. einer Reizvorlage. Eine Wahrnehmungstäuschung entsteht aufgrund eines Konfliktes zwischen zwei unterschiedlichen Beschreibungsebenen, z.B. der physikalischen und der visuellen. Eine Täuschung entsteht also dann, wenn wir aufgrund von bestimmten physikalischen Eigenschaften etwas erwarten, unser Wahrnehmungseindruck jedoch von dieser Erwartung abweicht. Kommen wir auf unser Beispiel zurück. Afrikaner, die in einer Umgebung ohne die Existenz von rechten Winkeln aufgewachsen sind, erwarten keine kantige, rechtwinklige, geometrische Figur, weil sie sie nicht kennen. Insofern nehmen Sie die Täuschung nicht so stark wahr, wie diejenigen, die in einer Welt mit rechten Winkeln aufgewachsen sind. Täuschungen können uns daher einen Einblick in die Funktionsweise unserer Wahrnehmungssysteme geben.

In Bezug auf die Kommunikation heißt das: Es gibt drei Hauptkanäle, durch die eine Nachricht von einer Person zur anderen geht: Die gesprochene, die

---

[63] Die Müller-Lyer-Täuschung (siehe Abbildung) basiert auf Erfahrung. Dieses geometrisch-optische Täuschungssystem beschäftigt Wahrnehmungspsychologen bereits seit über 100 Jahren. Vgl.: http://www.kom-p-tenz.de/erklaerung.html Zugriff vom 22.09.03

geschriebene und die nonverbale Sprache. Welchen Kanal wir (bewusst und unbewusst) auswählen, hängt von einer Reihe von Faktoren ab, wie z.b. von unserem

> Wir haben von Geburt an die gleichen Wahrnehmungskanäle. Welchen wir aber bevorzugt nutzen ist abhängig vom Individuum, dem Kontext und der Kultur.

Gesprächspartner, dem Ziel meiner Nachricht, der Zeit und Formalität eines Anlasses usw. Jede Kultur entwickelt in Abhängigkeit dieser Faktoren ihre Lieblingskanäle; d.h., je nach Kontext sucht sich jede Kultur ihre Hauptnachrichtenkanäle aus. Hall[64] sagt z.b., dass durch lautes Sprechen in fast allen Kulturen die Distanz gehalten wird, die angemessen ist – was angemessen ist, bestimmt allerdings jede Kultur selbst. Genauso ist es bei Pausen, die zwischen den einzelnen Wörtern gemacht werden.

Die Fähigkeiten z.b. Unterschiede wahrzunehmen, zu unterscheiden und zu adaptieren, entwickeln wir durch Lernen. Was wir lernen, bestimmen zuerst unsere Eltern, dann die Schule und als übergreifende Instanz der Staat bzw. die Kultur. Wir bilden je nach kulturellem Kontext unterschiedliche Fähigkeiten aus. In Tschechien sollten Schüler gut Auswendig lernen können. Vorgänge, klare Vorschriften und Jahreszahlen lassen sich leichter prüfen und benoten als freie Schulaufsätze. Die Benotung steht an zentraler Stelle in der Schulpolitik. So wundert es nicht, dass tschechische Schüler im Vergleich zu deutschen Schülern sehr gut im Auswendiglernen sind. In Deutschland wird Wert darauf gelegt, eigenständig über Problemstellungen nachzudenken. Ein System, das auf flexible Leistungsnachweise baut wie in Deutschland, und eine individuelle Studienplanung zulässt, wird nur vorsichtig in Tschechien eingeführt.

Jeder hat unterschiedliche Fähigkeiten. Der eine kann gut Handarbeiten und der andere hat „zwei linke Hände". Das liegt daran, wie das Individuum aufgewachsen ist. In einem Haushalt, in dem Basteln und „do-it-yourself" hoch angesehen sind, ist es wichtig, Fingerfertigkeiten zu besitzen. Hieran sieht man, dass die höheren Ebenen des Modells von Dilts die tiefer liegenden beeinflussen. Ein zweiter Aspekt, der zu den Fähigkeiten gehört, sind die Strategien. Leitlinien zum Verhalten gibt es entweder in Form von „Falsch und Richtig Regeln" oder in Form von Strategien. Strategien sind kontextübergreifend und führen zu mehr Verhaltenswahlmöglichkeiten als „Falsch und Richtig Regeln". Strategien sind weitestgehend unbewusst und stiften deshalb in interkulturellen Kontexten Verwirrung. Unser gesamtes Verhalten wird durch interne Strategien hervorgebracht. Jeder Mensch hat Strategien, um morgens aufzustehen, um Sport zu treiben, Sprachen zu lernen oder zu verhandeln oder andere Menschen kennen zulernen. Aber die Kultur, die Familie, die Menschen, von denen wir die Strategien

---

[64] Vgl.: Hall, Edward T., 1982: The Hidden dimension. New York, Doubleday, S.124

lernen, lehren nicht explizit was wir im Inneren machen müssen, um im Äußeren, im Verhalten, die Resultate zu erzielen, die wir wünschen.

Jeder von uns besitzt Strategien, mit denen er sehr erfolgreich durchs Leben geht, und andere, die nur mäßig funktionieren. Z.B. könnte es sein, dass jemand hervorragend anderen Menschen etwas erklären kann, aber sich nur schwer für eine Speise im Restaurant entscheiden kann. Oder: Der Berufsmusiker ist in der Lage, in seinem Repräsentationssystem sehr klare Unterscheidungen zu hören, nicht aber der ungeübte Laie. Jedes

> Das Wort "Strategie" wird im NLP benutzt, um zu beschreiben wie Menschen ihre inneren und äußeren Bilder, Geräusche, Gefühle, den Geruch und den Geschmack in eine bestimmte Reihenfolge bringen, um einen Glaubenssatz, ein Verhalten oder ein Gedankenmuster zu produzieren.

Verhalten hat irgendwann im Leben einmal Sinn gemacht. Hier ein Beispiel: Ein Mädchen wird im Alter von sechs Jahren von einer Wespe in den Hals gestochen und entwickelt panikartige Angst vor Bienen. Sobald sie eine Biene sieht, zieht sie sich zusammen, schreit, läuft weg. Diese Strategie erscheint im Erwachsenenalter unangemessen, obwohl der Körper die gleichen Stresshormone ausschüttet. Durch die NLP-Methode des Re-imprints wird das Trauma aufgelöst und eine neue Strategie entsteht.[65] Heute bleibt sie ruhig stehen und beobachtet wohin die Biene fliegt.

„Eine Strategie ist eine Art und Weise, den kontinuierlichen Fluss innerer Bilder und äußerer Wahrnehmungen im Hinblick auf ein Ziel zu ordnen. Die Elemente einer Strategie sind die verschiedenen Repräsentationssysteme und die Sequenz, in der sie benutzt werden. Wie effektiv jemand beim Erreichen einer bestimmten Aufgabe ist, hängt erstens davon ab, welche Repräsentationssysteme er benutzt, und zweitens davon, welche Unterscheidungen er in jedem Repräsentationssystem vornehmen kann."[66] Für verschiedene Aufgaben gibt es unterschiedliche Strategien, die zum Erfolg führen, die nur einen mäßigen Erfolg bringen oder die überhaupt nicht zweckmäßig funktionieren. So ist z.B. zum Buchstabieren von Worten visuelle Erinnerung hilfreicher als interner Dialog. Damit die Strategie funktioniert, muss diese Person in der Lage sein, im Inneren Buchstabe für Buchstabe zu visualisieren.

Die tschechische Form des Auswendiglernens (welche auch in Frankreich und Spanien üblich ist) ist eine Verstärkung des auditiv erinnerten Repräsentationssystems, d.h. jemand in der Lage ist, etwas Wort für Wort zu wiederholen. Im Vergleich dazu wird in Deutschland das Verständnis eines Sachverhalts über das auditiv konstruierte Repräsentationssystem geprüft, d.h. ob jemand ist in der Lage, den Inhalt in eigenen Worten wieder zu geben. Dies ist ein

---

[65] Wie das im NLP geht, lesen Sie am besten in einem NLP-Fachbuch nach. Wir empfehlen: Grochowiak, Klaus, 1999: Das NLP Master Handbuch. Paderborn, Junfermann
[66] Grochowiak, Klaus, 1999: Das NLP Master Handbuch. Paderborn, Junfermann, S. 144

Beispiel für eine kulturell geprägte Strategie. Eine fehlende oder unpassende Strategie kann auch der Grund für einen Kulturschock sein. Man hat eine gewisse Erwartungshaltung, dass etwas wie erwartet passiert, und verfügt über keine passende Strategie, wenn die Erwartung sich nicht erfüllt.

▶ *Dazu passend gibt es die Übung 5.5.4 „Globaler Markt der Fähigkeiten".*

In vielen der westlichen Kulturen erleben Menschen Gefühle als etwas, das außerhalb ihrer Kontrolle liegt und nicht geändert werden soll und kann. Innere Bilder, die diese Gefühle hervorrufen, lassen sich jedoch ändern, um neue Strategien zu entwickeln. In den indianischen Kulturen ist es gerade umgekehrt. Es ist leicht und sinnvoll, Gefühle zu verändern. Innere Bilder kommen allerdings vom „großen Geist" und sind als Vision heilig.[67]

Man entwickelt Strategien, um ein vorher gesetztes Ziel zu erreichen. Jede Kultur passt ihre eigene Strategie an. Gehen wir von folgender Vorannahme aus: Jedes Verhalten hat eine positive Absicht. Zu irgendeinem Zeitpunkt werden alle Verhaltensweisen, Werte usw. einer Kultur von einem wichtigen Ereignis beeinflusst. Daran hat sich die Kultur ausgerichtet. Das Ereignis wird mit der Zeit in Vergessenheit geraten, aber die positive Handlung und die Werte, vor allem auch die Strategie bleiben (siehe das Beispiel vom Affen und der Bananenstaude, Kapitel 3.2.2 Kultur und System). Das können wir an dem Modell von Graves erkennen (Kapitel 3.5.3): Für gewisse Probleme haben Menschen immer Lösungen gefunden. Wenn dann weitere Probleme kamen, mussten neue Lösungen, d.h. Strategien, gefunden werden. Genauso verhält es sich mit der Entwicklung von Kindern. Wenn eine Strategie zur Problemlösung passend ist, dann wird sie immer wieder genommen.

Fähigkeiten sind auch kulturell vorbestimmt durch Werte, z.B. da den Engländern wichtig ist, höflich zu sein, beherrschen sie Konjunktiv und indirekte Sprachcodes: "Could you...please?", „I would rather....", um Kritik und Verbesserungsvorschläge anzubringen. Die größte Motivation dafür, die Fähigkeiten, die in einer Kultur verlangt werden zu lernen, ist der Wunsch nach Zugehörigkeit zu dieser kulturellen Gruppe.

▶ *Noch eine Übung zu kulturell determinierten Fähigkeiten finden Sie unter 5.5.3 „1+1=3".*

---

[67] Vgl.: Grochowiak, Klaus, 1996: Das NLP Practitioner Handbuch. Paderborn, Junfermann S. 94 ff

3.3.4 Kultur und Glaubenssätze

„Der Glaube eines Menschen kann durch kein
Glaubensbekenntnis, sondern nur durch die
Beweggründe seiner gewöhnlichen Hand-
lungen festgestellt werden." *George Bernard Shaw*

Woran wir glauben in unserem Modell der Welt, sind Motiv und Grund für unser
Verhalten. Auch Strategien werden aufgrund von Glaubenssätzen entwickelt.
Glaubenssätze beeinflussen mit den Werten zusammen die Bedeutung, die wir der
Sprache und dem Verhalten geben. Religiöse
Bücher wie Bibel, Koran usw. oder auch Bücher
wie: „Wie gewinne ich Freunde und Geld?"
führen zu einer Art Glauben, entweder an Gott,
Mohammed oder an Theorien, Strategien und
Autoren. Diesen Glauben kann man nur dann

> Glaubenssätze sind Motive und
> Gründe für unser Verhalten. Sie
> gründen sich u.a. auf Werten,
> welche ein Schwerpunkt der
> Kulturforschung bilden.

entwickeln, wenn der persönliche Wert dies zulässt. Ich kann nur dann glauben, dass
ich mich beeilen muss pünktlich zu sein, wenn mir die Werte Zuverlässigkeit und
Vertrauen (einer anderen Person, die auf mich wartet) wichtig sind. Unser Glaube
bestimmt unsere Reaktionsweisen und führt dazu, dass uns selbst erfüllende
Prophezeiungen widerfahren. Der Glaube wirkt wie ein Wahrnehmungsfilter, der nur
bestimmte Informationen als Grundlage für eine Entscheidung zulässt. Wie man ein
Problem definiert, bestimmt, wie man damit umgeht. Die Realität ist demnach eine
definierte. Um etwas tun zu können, muss man vorher glauben, dass es möglich ist und
dass man selbst in der Lage dazu ist, andernfalls probiert man Neues erst gar nicht aus.
Alles, was wir nicht selbst erlebt haben und nur vom Hörensagen kennen, wird
automatisch in die Kategorie „Glauben" und nicht „Wissen" eingeteilt.

Kulturspezifische Glaubenssätze können z.B. durch Sprichwörter analysiert
werden. „Besser einen Spatzen in der Hand als eine Taube auf dem Dach." Der
dazugehörige Wert ist z.B. Praktikabilität. Dies kann dazu führen, dass dieser Mensch
eher das Mittagessen im Büro zu sich nimmt - auch wenn seine Kollegen in ein
Restaurant gehen und er sie begleiten möchte, - weil es Zeit spart. Andere Kulturen
interpretieren Praktikabilität in diesem Kontext dann eher so, dass sie in einem
Restaurant eine ruhige Ecke haben, um über das Geschäft zu sprechen. Es gibt also zu
jedem Wert Glaubenssätze, die Werte beschreiben und als Handlungsgrundlage dienen.
Hilfsbereitschaft ist ein Wert, aber kein Glaubenssatz. Wenn man jemanden fragt,
warum Hilfsbereitschaft für ihn einen Wert darstellt (bzw. so wichtig ist), dann wird er
dies auf die eine oder andere Art begründen; diese Begründung kann als Glaubenssatz

aufgefasst werden.[68] Ein anderes Beispiel ist, dass man je nach Glauben die IRA als Terroristen bezeichnet oder als Freiheitskämpfer. Auch die Fundamentalisten kann man als Helden und Retter bezeichnen oder als Fanatiker. Das, was nun wichtig ist und worauf auch die Kulturforschung im wahrsten Sinne des Wortes Wert legt, sind die tiefer liegenden Werte.

▶ *Die Einnahme unterschiedlicher Perspektiven und Glaubensweisen kann man in der Übung 5.5.2 „Sechs verschiedene Hüte" ausprobieren.*

3.3.5 Kultur und Werte

> „Mit Geld können wir kaufen: Ein Bett, aber keinen Schlaf; Bücher, aber keine Intelligenz; Essen, aber keinen Appetit; Schmuck, aber keine Schönheit; Häuser, aber keine Gemeinschaft; Medizin, aber keine Gesundheit; Luxusartikel, aber keine Freude! Allerlei, aber kein Glück; Sogar eine Kirche, aber niemals den Himmel!" *aus Guatemala*

Die Frage ist nun, was sind Werte und welchen Einfluss haben sie auf unsere Kultur? Das Wertesystem eines Menschen bildet die Orientierung für sein Handeln. Werte[69] sind eine Art Motivation. Ein Wert entscheidet, was ich haben will, wie ich handeln oder welchen Menschen ich zum Freund haben möchte. „Werte sind uns weitgehend unbewusst und stellen auf der tiefsten Ebene der Persönlichkeit die Triebkräfte für die wahren Ziele eines menschlichen Wesens dar. Werte bestimmen sämtliches menschliches Verhalten."[70] Sie sorgen für den Antrieb in Form von Motivation für unsere Handlungen. Mit Hilfe von Werten urteilen wir darüber, was gut und böse, richtig und falsch, angemessen oder nicht angemessen ist.

> Ein Wert bestimmt, was wir schätzen, begehren oder erreichen wollen.

Wie bereits erwähnt, entstehen aufgrund von Werten Glaubenssätze und weitere Verhaltensregeln. Diese Verhaltensvorschriften, die z.B. eine Kultur ihren

---

[68] Vgl.: Grochowiak, Klaus, 1999: Das NLP Master Handbuch. Paderborn, Junfermann, S. 116 ff. Dilts schreibt, dass Kriterien und Werte eine spezielle Kategorie von Glaubenssätzen sind. Vgl.: Dilts, Robert, 1988: Identität, Glaubenssysteme und Gesundheit. Paderborn, Junfermann, S. 147 ff

[69] Das Thema Werte ist im NLP relativ spät erst thematisiert worden. Eine Vorstellung der „Wertebegriffe im NLP und anderswo" ist bei Klaus Grochowiak unter www.cnlpa.de zu finden.

[70] Grochowiak, Klaus, 1988: Wertebegriffe im NLP und anderswo. http://www.cnlpa.de/frame8.html Zugriff vom 10.06.2005, S.1

Mitgliedern vermittelt, haben Werte als Grundlage. Z.B. sind in Griechenland (neben weiteren) vorherrschenden Werte: Familie, Frieden und Sinn. Ein möglicher Glaubenssatz zu Familie könnte sein: „Der, der nicht nach mir und meiner Familie fragt, ist nicht an mir bzw. meinen Geschäften interessiert." Das angemessene Verhalten könnte in diesem Kontext darin bestehen, auch in Geschäftssituationen nach der Familie zu fragen, auf familiären Veranstaltungen zu erscheinen etc. Ein anderer hoher Wert ist Vertrauen. Ein dazugehöriger Glaubenssatz heißt: „Ich darf meine Frau nicht betrügen, sonst missbrauche ich ihr Vertrauen." Die angemessene Verhaltensregel ist dann: Ich bleibe meiner Frau treu. Natürlich können auch, je nach Kontext, zu Vertrauen viele weitere Glaubenssätze passen, die wiederum unterschiedliche Verhaltensregeln und Strategien benötigen. Wenn eigene Werte verletzt werden, reagieren wir meist

Wert → Glaubenssatz → Regel → Verhalten

emotional. Im Gegenzug verstehen wir oft nicht, warum sich jemand wegen scheinbarer Lappalien ärgert (die seine Werte verletzt haben). Gerade zwischen verschiedenen Kulturen gibt es unterschiedliche Werte. Im NLP gibt es ein Modell, wie man mit Wertekonflikten der unterschiedlichen Kulturen umgehen kann, das Wahrnehmungsmodell.

▶ *Wir verweisen auf die Übung 5.5.8 „Konflikte lösen" als Referenz für Wertehierarchien und zur Behebung von Wertekonflikten.*

Abbildung 3-11: Werte

Die Kulturdimensionen, die wir in Kapitel 3.5.2 vorstellen werden, unterscheiden statt individuellen Werten kulturelle Werte. Hofstede definiert z.B. Individualismus und Kollektivismus. Individualistische Kulturen schätzen den

Wert der Selbstentfaltung, der individuellen Laufbahn und Selbständigkeit, der Eigeninitiative und Autonomie. Kollektivistisch geprägte Kulturen schätzen die Werte, in denen die Gruppe dominiert, bevorzugen Loyalität, Konformismus und Gruppenentscheidungen. Beispiele: Individualistisch: Niederlande, Belgien, USA. Kollektivistisch: Japan, Türkei. Auf die Frage "Wer bist du?" würde beispielsweise ein Individualist seinen Namen, Beruf und Wohnort angeben. Ein Kollektivist dagegen, würde z.B. seinen Namen, den Namen des Vaters und seine Abstammung nennen.

NLP beschreibt den Prozess „vom Wert zur Verhaltensregel zum Verhalten" unabhängig vom kulturellen Inhalt; die Kulturdimensionen beschreiben den Inhalt: Welche Werte in einer Kultur vorherrschend sind. Z.B. hat bei Japanern das soziale

Gefüge Vorrang vor dem Individuum. Daraus resultieren bestimmte Verhaltensweisen. Nehmen wir z.B. den Wert „Respekt in der Begegnung mit anderen Menschen". Ein deutscher Glaubenssatz dazu könnte lauten: Wenn ich jemandem in die Augen schaue, respektiere ich ihn. In Japan bedeutet Respekt aber, jemandem nicht direkt in die Augen zu sehen. Ein Wert kann sehr wohl von Kulturen geteilt werden, der Glaubenssatz und das Verhalten, das dazu passt, aber stark variieren und je nach Mensch, Gruppe und Kultur unterschiedlich sein.

> Ein Wert kann sehr wohl von Kulturen geteilt werden, der Glaubenssatz und das Verhalten, das dazu passt aber stark variieren.

Kulturspezifische Glaubenssätze und Werte werden von einer Gruppe von Personen geteilt. Diese Werte sind oft unausgesprochen und nur durch Beobachten des Verhaltens erkennbar. Wenn wir z.B. in eine neue Firma kommen, beobachten wir die dort üblichen Verhaltensweisen und wundern uns über uns unbekannte Verhaltensweisen oder Regeln. Wir erlernen so die firmeninterne Kultur. Die, die schon länger dabei sind, sind oft „betriebsblind". D.h. jeder entwickelt individuelle Werte in bestimmten Kontexten. Durch Zugehörigkeit zu verschiedenen Gruppen kann ich unterschiedliche Werte erleben, und sie in mein individuelles Werteschema integrieren.

Unsere Grundwerte stammen aus unserer Umgebung (Familie, Schule, Religion, Freunde, geografische Lage, wirtschaftliche Lage, besondere historische Ereignisse, Medien und letztendlich Kultur). Wir eignen sie uns im Laufe unserer Entwicklung an. Zuerst, in der Prägeperiode, werden wir hauptsächlich von unseren Eltern beeinflusst und versuchen dann das Angenommene, Erlernte in der Modellierperiode auszuprobieren und das dazugehörige Verhalten zu übernehmen. Schließlich bekommen wir in der Sozialisationsperiode noch viele weitere Einflüsse auch außerhalb des Elternhauses bewusst mit, nach denen wir dann Regeln und Ordnungen lernen, die in der Gesellschaft gelten, in der wir uns

> Wann Werte erlernt werden:
> - Prägeperiode (0-7 Jahre)
> - Modellierperiode (8-13 Jahre)
> - Sozialisationsperiode (14-21 Jahre)

aufhalten. Jede Generation durchläuft in ihrer Jugend eine Lebensphase, in der überprüft wird, ob die von den Eltern übernommenen Werte auch für sie gelten sollen. Dabei kommt es auch, abhängig von Lebenserfahrungen, zu individuellen Ausprägungen. Die individuellen Wertsysteme der Menschen einer Kultur weisen Unterschiede auf. So ist die kulturelle Anpassung im Alter von ca. sieben Jahren abgeschlossen, d.h. wir haben alle ein Repertoire an Werten verinnerlicht, die mehr oder weniger alle Mitglieder unserer Herkunftskultur in der einen oder anderen Form ebenfalls haben.[71]

▶ *Mit Werten als Grundlage des Handelns beschäftigt sich die Übung 5.6.2 „Werte modellieren"*

Erhebliche Unterschiede weisen Wertesysteme zweier Kulturen auf. Und zwar gerade dann, wenn ihnen unterschiedliche Religionen und Weltanschauungen zugrunde liegen. Ein gutes Beispiel dafür sind China und Deutschland, wenn es um Ehrlichkeit beim Geschäftsabschluss geht. Chinesen schätzen Ehrlichkeit oder Vertrauenswürdigkeit, müssen sich aber Fremden gegenüber - so glauben viele Chinesen - nicht daran halten. Dies hat, wie die meisten Werte und Verhaltensweisen der Kulturen, historische Gründe. Jahrhunderte der Fremdherrschaft, Grausamkeit und Verrat, Willkürherrschaft und Ausbeutung durch eigene Despoten haben ihre Problemlösungsstrategien hervorgebracht.[72] Die Chinesen haben gelernt, sich nur mit der eigenen Familie verbunden zu fühlen und haben sich damit eine Lebens-, und Verteidigungs-gemeinschaft aufgebaut. Außerhalb dieser Bunde zeigen Chinesen selten Loyalität, erst recht nicht gegenüber Fremden. „Kannst du nicht mogeln, bist du kein Kaufmann" – dieser Glaubenssatz führt Chinesen dazu, jede Ware auf Herz und Nieren zu prüfen.

Schauen wir uns die Struktur der Werte an. Sie sind intern hierarchisch organisiert. Die wichtigsten Werte stehen ganz oben oder vorne in einer Rangordnung. Wertekonflikte erkennt man an Inkongruenzen.[73] Wenn es z.B. einem Selbständigen schwer fällt, Tagessätze zu berechnen, die angemessen sind und ihn ernähren können, dann kann ein Wertekonflikt bzw. eine unangemessene hierarchische Ordnung in seinen Werten vorliegen. Angenommen der Wert Geld steht an letzter Stelle, dann ist es sinnvoll zu überlegen, warum der dort steht und

> Wertekonflikte erkennt man an Inkongruenzen. Inkongruenz ist u.a. dann gegeben, wenn die verbalen und die nonverbalen Signale einer Person nicht übereinstimmen. Ein Bekannter sagt z.B. "Ich freue mich, dass ich Dich sehe" und geht dabei mit dem Körper etwas zurück. Oder jemand sagt: "Ich freue mich auf diese Aufgabe" und schüttelt anschließend kaum merklich den Kopf.

welche Veränderungen sich ergeben, wenn er diesen Wert in der Hierarchie weiter nach vorne stellt. Oft gibt es Glaubenssätze, die es nicht erlauben, dass der Wert Geld weiter

---

[71] Das Konzept der Perioden stammt von Morris Massy. Tad James behandelt es in seinem Buch: James, Tad, 1991: Time Line: NLP-Konzepte zur Grundstruktur der Persönlichkeit. Paderborn, Junfermann

[72] Siehe auch Kapitel 3.5.3: Das Wertesystem von Claire Graves und Spiral Dynamics

[73] Vgl.: James, Tad, 1991: Time Line: NLP-Konzepte zur Grundstruktur der Persönlichkeit. Paderborn, Junfermann

vorne steht, oder es tauchen systemische Verstrickungen[74] auf. Dies soll nicht heißen, dass alle Werte zwingend hierarchisch angeordnet sein müssen. Es können sich mehrere Werte auf der gleichen Ebene befinden, also die gleiche Wichtigkeit haben. Werte und ihre Hierarchie lassen sich verändern. Das NLP hat dafür einige effektive Methoden entwickelt, die uns im weiteren Verlauf im Praxisteil, auf den Umgang mit anderen Kulturen vorbereiten können.

▶ *Wir verweisen auf die Übung 5.6.4 „Reframing". Sie lässt den positiven Wert eines jeden Handelns erkennen.*

Um die unbewussten Werte und Glaubenssätze an die Oberfläche, in das Bewusstsein zu holen, können folgende Fragen sinnvoll sein:

- "Was machst du mit deiner Zeit, womit verbringst du deine Zeit?"
- "Wofür gibst du dein Geld aus?"
- "Wo steckst du deine Energie hinein?"

Je genauer diese Fragen beantwortet werden, desto besser weiß man über die realen Präferenzen und damit indirekt über die handlungsleitenden Werte und Glaubenssätze Bescheid. Das, was ein Mensch bewusst über seine Werte und Glaubenssätze zu sagen weiß, wird immer eine Mischung aus Rationalisierung, idealisiertem Selbstbild und einigen Selbstbeobachtungen sein.[75] Dieses Beispiel unterstreicht die Aussage noch genauer: In Ländern, in denen Hunger herrscht, sind dicke Frauen attraktiver als Schlanke, weil dort der Wert „Überleben" an oberster Stelle steht. Nahrung ist Mangelware. So wird eine dicke Frau als wohlhabend und attraktiv angesehen. Davon können Glaubenssätze und Verhaltensweisen abgeleitet werden, z.B. glauben die Frauen, dass sie mit einem dicken Körper attraktiv sind und bewegen sich entsprechend selbstbewusst. Schaut man dagegen deutsche beleibte Frauen an, sieht man oft, dass sie versuchen ihre Fülle verbergen: Sie glauben, dass sie nur attraktiv sind, wenn sie dünn sind und haben danach auch ihre Verhaltensweisen ausgerichtet.

---

[74] Siehe Glossar

[75] Vgl.: Grochowiak, Klaus, 1988: Wertebegriffe im NLP und anderswo. http://www.cnlpa.de/frame8.html Zugriff vom 10.06.2005

3.3.6 Kultur und Identität

„Wenn ein Mensch nichts gefunden hat, für das er sterben würde, so ist er auch nicht fähig zu leben." *Martin Luther King*

Kultur ist das, mit dem wir uns identifizieren. Es ist unser Selbstbild und Selbstwert. Sie beschreibt alles was man über sich glaubt. Wenn wir hoch-chunken (also einen Schritt hinaufgehen, auf eine höhere, allgemeine Ebene), können wir uns alle mit einer Kultur der Menschheit, zu der wir gehören, identifizieren.

> Wir identifizieren uns auf verschiedenen Ebenen mit unterschiedlichen Kulturen und Gruppierungen: Familie, Firma, Land, Region, Nachbarschaft usw..

▶ *Vergleichen Sie hierzu die Übung 5.7.1 „Subkulturen".*

Kulturen kann man nicht nur nach Geografie, sondern auch durch Sprache, Religion, Volkszugehörigkeit, usw. abgrenzen. Kultur macht nicht vor politischen oder religiösen Grenzen halt. Um Mitglied einer der Kulturen zu sein, müssen wir uns nicht zwingend auf allen Ebenen mit dieser Kultur identifizieren. D.h., wir teilen einige Werte, einige Verhaltensweisen oder Fähigkeiten mit den anderen Mitgliedern der Kultur, während wir als Individuum noch eine eigene Wertepyramide haben. Beispiel: Deutsch zu sein kann unter anderem heißen:[76]

Tabelle 3-12: Ein Beispiel für die logischen Ebenen der Werte Sicherheit und Zuverlässigkeit aus deutscher Sicht

Wert:	Sicherheit, Zuverlässigkeit
Glaubenssatz:	Erst die Arbeit dann das Vergnügen
Fähigkeit:	Antizipation der Zukunft, Soll-Ist Vergleich
Verhalten:	Dinge ordentlich machen, Regeln einhalten
Umgebung:	Saubere Vorgärten, Zäune etc.

Identität ist eine Vorstellung, ein inneres Bild, ein Gespür dafür, dass wir Kontinuität besitzen. Es ist auch unser Selbstbild, d.h. die Vorstellung, die wir von uns haben und das, woran wir glauben, was wir "wirklich" sind. Sie prägt unsere Werte und unser Handeln. Wie entsteht Identität und was prägt den Menschen? Der Biologe und Zoologe Konrad Lorenz war einer der ersten, der durch Experimente herausfand, dass

---

[76] Umfrage von Gesa Krämer unter Trainingsteilnehmern auf dem Young Sietar Congress 2005, dem „Interkulturellen Training" für Gaststudenten an der Universität Mainz/Germersheim 2004, keine empirische Nachforschung

die frühesten Kindheitserfahrungen prägend für die Identität und den Aufbau von Beziehungen sind. Entenkinder sahen ihn beim Herausschlüpfen aus dem Ei und glaubten, er sei ihre Mutter. Auch die wirkliche Entenmutter, die nach ein paar Tagen dazu kam, hatte nichts zu melden. Dilts definierte später, dass eine Prägung eine „identitätsformende Erfahrung"[77] ist. Geht man den Fragen nach „Wer bin ich?" und „Wie sehe ich mich?" entstehen Werte, die sich weiter auf die anderen logischen Ebenen auswirken. „Identität bezeichnet so den vermutlich wichtigsten Glaubenssatz jedes Menschen, das Überzeugungs-System, das eine Person für sich selbst für wahr erachtet und das in einer grundlegenden Art und Weise die Wahrnehmung und die inneren Prozesse einer Person strukturiert. NLP konzentriert sich damit auf die personale Identität. Erweiterungen von NLP, wie das soziale Panorama-Modell, betonen demgegenüber die soziale Identität von Menschen, die Art, wie sich Menschen im Vergleich zu anderen Menschen innerlich repräsentieren. Personale und soziale Identität können als zwei Pole in den Identitäts-Konstruktionen von Menschen gesehen werden, die stets gleichzeitig vorhanden sind und sich wechselseitig beeinflussen und bedingen. Das Ziel von NLP ist die Einheit einer Person, ihr innerer Zusammenhalt, ihre Kongruenz. Das Teile-Konzept des NLP legt demgegenüber den Fokus auf innere Widersprüche und widerstrebende Subsysteme in einer Person. Werden die Teile oder Rollen in einer Person betont, dann löst sich die Identität in verschiedene Teil-Identitäten auf, die in verschiedenen Kontexten ihre Wirkung entfalten. Im NLP ist man darauf aus, widersprüchliche Teile zu erkennen und auf einer übergeordneten Ebene zu integrieren."[78]

> Identität wird durch Prägung geformt.

An dieser Stelle soll eine Geschichte illustrieren, wie stark der Glaube an die eigene Identität das Leben beeinflussen kann: Es war einmal... ein Indianermädchen, das beim Streifzug durch die Prärie das Ei eines Adlerjungen fand. Sie brachte es ins Dorf und legte es ins Nest einer Henne. Der Adler wuchs heran und lernte, ein Hühnerleben zu führen - er pickte Körner, hüpfte über den Boden und schlief im Hühnerstall. Eines Tages verdunkelte sich die Sonne und die Henne rief aufgeregt

> In anderen Kulturen prägen wir unsere Kernrollen neu aus. Die Fremdsprache wirkt dabei als Anker.

„Versteckt euch schnell!" Der Adler rannte um sein Leben. Aus seinem Versteck beobachtete er, wie majestätische Vögel durch die Luft schwebten, welche Ruhe und Kraft sie ausstrahlten. „Was sind das für Vögel?" fragte er tief beeindruckt. „Adler, sie sind eine große Gefahr, versprich mir, dass du nie in ihre Nähe gehst". An diesem

---

[77] Vgl.: Dilts, Robert, 1990: Changing Beliefs with NLP. Cupertino, Meta Publications, S.102
[78] NLP-Wörterbuch auf www.nlp.at/Identität

Abend konnte der junge Adler nicht schlafen, ein Gedanke kreiste in seinem Kopf und machte ihn sehr traurig „Ich wünschte, ich wäre ein Adler."[79]

Gibt es multiple kulturelle Identitäten?

Jeder Mensch ist ein Teil verschiedenster Gruppen und Subkulturen. Aufgrund von Sozialisierung haben wir unsere Identität als die Person, die wir sind, im Laufe eines langen Lebens und in Beziehung zu vielen anderen Mitmenschen ausgebildet. Aber von welcher Identität sprechen wir

> Widersprechen sich Rollen, so erleben wir innere Unstimmigkeit.

überhaupt? Sprechen wir von unserer Identität als Frau, als Mann, als Kind, als Eltern, als Freund, als Partner – gibt es eine Gesamtidentität, eine Summe aller Identitäten?

Die Forschungsrichtung der Work-Life-Balance vertritt den Ansatz, dass wir unterschiedliche Rollen haben und diese ständig ausbalancieren. Mit jeder Rolle geht auch ein innerer Zustand einher, den wir im NLP durch sinnliche Repräsentationen wie warm, hell, etc. (Submodalitäten) und Metaprogramme (siehe Kapitel 3.5.1) beschreiben können. Vermischen sich die Rollen, so erleben wir innere Zustände, die dem Kontext nicht angemessen sind und uns Energie rauben, weil wir ein Gefühl der Unstimmigkeit erleben. Jemand, der in der Rolle des Trainers auch noch die Rolle des zweitgeborenen Sohnes einnimmt, erlebt womöglich eine Diskrepanz zwischen „ich leite die Seminarteilnehmer an" und „ich darf mich nicht nach vorne drängen". Bezogen auf den interkulturellen Kontext entsteht die Vermutung, dass wir unsere Rollen (und Identitäten) in jeder Kultur, in der wir leben, neu ausprägen und an Sprache und Körpersprache ankern. Z.B. könnte sich eine Frau am Arbeitsplatz in Deutschland durch gleichberechtigtes Auftreten, Sachlichkeit und neutraler Professionalität hervortun. Ein ähnliches Selbstverständnis würde in Frankreich für Verwirrung sorgen, da „Frau" in Frankreich weiblich auftritt und

> Kulturschock→ reversiver Kulturschock→ Identitätsschock

erwartet, charmant behandelt zu werden. Die Interaktion ist eingebunden in einen Kontext von rollenspezifischem Verhalten.

Des Weiteren lässt sich feststellen, dass zwischen den Identitäten, die wir je nach Kultur ausprägen, Diskrepanz herrschen kann: „Wer bin ich eigentlich und wohin gehöre ich?" Betrachten wir mehrsprachig aufgewachsene Kinder, z.B. die indische Gemeinschaft in England. Im Elternhaus herrschen die Gesetze der indischen Kultur, wie sie zur Zeit der Auswanderung mit nach England gebracht wurde, z.B. fühlt sich eine Frau ganz als Frau, wenn sie sich feminin kleidet, lange Haare hat, weder raucht noch trinkt, Gästen Tee und Kekse serviert und keine körperlichen Zärtlichkeiten vor

---

[79] frei überliefert. Allerdings gibt es eine andere Version dieser Geschichte, in der der Adler es dann wirklich schafft zu fliegen in Boff, Leonardo, 2000: Der Adler und das Huhn. Wie der Mensch Mensch wird. Düsseldorf, Patmos Verlag

der Ehe austauscht. Im schulischen Umfeld oder Freundeskreis verhalten sich englische Frauen anders. Bin ich „in" oder „out" und in welcher Gruppe? Der Kinofilm „Kick it like Beckham" beschreibt ein indisches Mädchen, das in einer Frauenfußballmannschaft mitspielen möchte ohne ihre Familie zu entehren, in dem sie z.b. ihre Knie zeigt, ein Rollenkonflikt von „indischer Frau" und „englischer Frau". Auch bei Austauschstudenten oder internationalen Managern und ihren Familien, kann es Verwirrung zwischen Identitäten geben – durch gestiegene Mobilität und vermehrte Orts- und Landeswechsel ist eine Zunahme dieses Phänomens wahrscheinlich. Die Kulturforschung hat einen Namen für einen anfänglichen Identitätskonflikt im Ausland: Kulturschock. Dieser kann bei Rückkehr ins eigene Land als so genannter Rückkehrschock wieder auftreten. Wir erweitern das Konzept um den Identitätsschock[80], die Inkongruenz von kulturell gelernten Rollen, die zu einer Identitätskrise führt. Die moderne Forschung befasst sich mit diesem Thema des Identitätsschocks, der Patchwork Identity, multiplen Identitäten und der postmodernen Identität.[81] Das Konzept der logischen Ebenen aus dem NLe Integrationsarbeit zu leisten. Die folgende Graphik zeigt, auf wie vielen Ebenen der Mensch als Teil von Gruppen, denen er angehört, übereinstimmen oder abweichen kann.

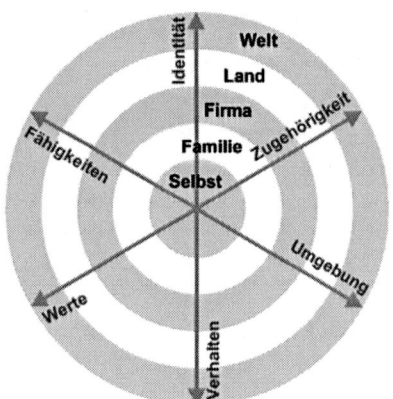

Abbildung 3-13: Systemische Kongruenz

▶ *Hier machen wir Sie auf die dazu passende Übung 5.7.3 „Kongruenz"* *aufmerksam.*

---

[80] Dieser Begriff wird bislang noch nicht in der Kulturforschung verwendet.

[81] Diese Themen können Sie mit folgender Lektüre vertiefen: Keupp, Heiner/Kraus, Wolfgang u.a., 1999: Identitätskonstruktionen. Das Patchwork der Identität in der Spätmoderne. Reinbek, Rowohlt und Bruner, Jerome, 1997: Sinn, Kultur, Ich-Identität. Zur Kulturpsychologie des Sinns. Heidelberg, Carl Auer sowie Coté, James E./Levine, Charles, 2002 : Identity formation, agency and culture. A social psychological synthesis, London, Lawrence Erlbaum und Gergen, Kenneth, 1996: Das übersättigte Selbst. Identitätsprobleme im heutigen Leben. Heidelberg, Carl Auer

3.3.7 Kultur und Zugehörigkeit

> "Gott schläft in den Steinen, träumt in den
> Blumen, erwacht in den Tieren und lebt in den
> Menschen." *Paramahania Jogananda*

Das systemische NLP[82] verweist auf die subjektive Erfahrung Teil eines größeren Systems zu sein, z.b. Familie, Freunde und Weltgemeinschaft. Das höhere Selbst, ein Gefühl des Seins geht über unser Bild von uns hinaus. Veränderungsarbeit auf dieser Ebene wird meist als ein Erwachen erlebt, das unserem Leben Bedeutung und Sinn gibt. Trotz der Geschäftigkeiten, den Alltag zu bewältigen, haben viele Menschen eine gefühlsmäßige Vorstellung davon, dass dieses Leben einen Sinn für sie hat, welches ihr Teil in diesem Miteinander und ihre Lebensaufgabe ist. Wenn diese Vorstellung in Zweifel gezogen wird, entstehen große persönliche Krisen. Gerade im Umgang mit Menschen anderer Kulturen ist es wichtig Übereinstimmungen zu finden und nach Lösungen zu suchen, die ein Miteinander ermöglichen. Dies kann man eine (gemeinsame) Vision nennen. Diesen Begriff sieht Dilts äquivalent zum Begriff „Sinn"[83]. Eine Vision ist ein Leitbild, das alle anderen Maßnahmen bestimmt, die zu dieser Zielerreichung notwendig sind. Es ist wichtig, ein Bild davon zu haben: Was wollen wir erschaffen? Wie genau soll dies aussehen? Wie soll es realisiert werden? Eine Vision spricht sowohl den Intellekt als auch das Gefühl an. Es geht darum, ganzheitlich mit Kopf, Herz und Bauch Ideen zu realisieren. Denn Sinn und Visionen beflügeln und inspirieren den Menschen und machen das Unmögliche möglich.

Viele Menschen wünschen sich, einen bleibenden Beitrag auf dieser Welt zu leisten, etwas zu schaffen, das Bestand haben wird, um so einen kleinen Beitrag geleistet zu haben, dass sich hier auf der Welt etwas ändert. Dies ist eine Sehnsucht im Menschen, die dazu führt, dass er seine Kreativität, seine Energie, seine Zeit dazu verwendet, etwas zu schaffen, das in Erinnerung bleibt. Es geht darum Visionen zu entwickeln, die dem Leben einen persönlichen Sinn geben. Das Thema der Sinnfrage stellt sich je nach Kultur verschiedenartig: In der westlichen Welt glaubt ein Großteil der Bevölkerung selbst für sein Glück verantwortlich zu sein, vielleicht sogar von keiner größeren

> "Man is a meaning seeking being." *David Gordon*

Macht abzuhängen. Wenn es also keinen erkenn- und wahrnehmbaren vorbestimmten Sinn gibt, warum existiere ich dann? Viele New Age Bücher werden geschrieben, seitdem das existentielle (materielle) Überleben gesichert ist. Der Mensch braucht Sinn. In der östlichen Welt glauben viele Menschen an eine Vorbestimmung, die von einer höheren Macht kommt. Wenn sie jemals ihres eigenen Glückes Schmied sind, dann nur

---

[82] Vgl.: Meyer, Annegret/Stender, Jan, 1995: Systemisches NLP. Paderborn, Junfermann

innerhalb vorgegebener Grenzen von Religion, Glaubensrichtung oder der Abfolge von Lebensaufgaben.

Zusammen teilen

Den Sinn des Lebens beschreiben die Kulturen unterschiedlich. Ebenso variieren die Erfüllungskriterien für Zusammengehörigkeit. Wann gehört man zu einer Gemeinschaft, zu einer Kultur? Wenn wir uns Religionsgemeinschaften anschauen, dann haben die unterschiedlichsten Menschen Gemeinsamkeiten: Sie teilen Werte, wie Brüderlichkeit oder Ehrlichkeit. Sie glauben an einen Gott, sie haben Glaubenssätze, wie ein „guter Christ", ein „gläubiger Moslem" zu sein hat. Und sie halten sich an festgesetzte Rituale und Regeln, die ihr Verhalten beeinflussen. D.h., sie teilen immer einen großen Anteil ihrer eigenen logischen Ebenen mit denen der Gemeinschaft. Und dennoch sind diese „Glaubensanhänger" Individuen, mit eigenen Werten oder Verhaltensweisen. Woher kommt es, dass immer wieder Menschen aus der Kirche austreten oder in andere wechseln, auswandern oder sich Kommunen anschließen? Aus Inkongruenz. Inkongruenz entsteht dann, wenn ein innerer Konflikt zwischen den individuellen und den kulturellen (religiösen, gemeinschaftlichen etc.) Glaubenssätzen und Werten stattfindet. Diese Inkongruenzen sind durch aufmerksames VAKOG-Wahrnehmen zu bemerken, d.h. aber auch, dass wir nur zu einer Kultur gehören, wenn wir glauben dazu zugehören. Wir müssen einige Werte, einige Glaubenssätze, Strategien, Verhaltensweisen mit den Mitgliedern der Kultur teilen. Auch die Umwelt muss ich teilen. Denn dadurch wird mein kulturelles Bewusstsein geprägt. Dadurch gehöre ich dazu. Im folgenden Kapitel erfahren Sie, wie die menschliche Wahrnehmung durch Filter funktioniert, die einer kulturellen Konditionierung unterliegen.

---

[83] Vgl.: Dilts, Robert, 1994: Strukturen subjektiver Erfahrung. Paderborn, Junfermann

3.4 Menschliche Wahrnehmung und kulturelle Programmierung

„Jeder Mensch ist ein Teil des Ganzen, das wir Universum nennen; ein Teil, der durch Zeit und Raum begrenzt ist. Er erfährt sich selbst, seine Gedanken und Gefühle als etwas vom Rest Getrenntes, was eine Art optische Bewusstseinstäuschung darstellt. Diese Täuschung, dieser Wahn ist eine Art Gefängnis für uns, welches uns auf unsere persönlichen Wünsche und die Liebe zu wenigen, uns am nächsten stehenden Menschen beschränkt. Unsere Aufgabe muss es sein, uns aus diesem Gefängnis zu befreien." *Albert Einstein*

Wenn Albert Einsteins Annahme wahr sein sollte, dann gäbe es nicht eine einzige Realität. Jeder Mensch würde die Welt anders wahrnehmen und sich bemühen, seine Wahrnehmung anderen verständlich zu machen. Bezogen auf Kultur heißt das, dass an verschiedenen Stellen unserer Erde im Laufe der Zeit unterschiedliche Lösungen erarbeitet wurden, um vom Individuum in der Gruppe eine gemeinsame Realität zu definieren. Wer

> Kultur als Lösung, um eine gemeinsame Realität zu definieren.

gehört zu mir, wer nicht? Dies wird an die Nachkommen und Fremde weitergegeben. Spannend ist zu sehen, wie sich in Zukunft die Vermischung verschiedener Kulturen und ihre Ansätze zur gemeinsamen Lebensführung weiterentwickeln werden.

3.4.1 Kulturelle Programmierung

"Jede Wahrheit durchläuft drei Stufen: Erst erscheint sie lächerlich, dann wird sie bekämpft, schließlich ist sie selbstverständlich." *Arthur Schopenhauer*

Wenn wir in diese Welt hineingeboren werden, haben wir noch keine Vorstellung von richtigem oder falschem Verhalten. Wir erlernen erst im Laufe der Sozialisierung, was „man tut" und was "man nicht tut" durch Übernehmen von unseren Eltern, die Reaktion der Umwelt auf unser Verhalten und durch sekundäre Informationsquellen wie das Fernsehen, Bücher, Erzählungen und schlichtweg Glaubenssätze anderer Menschen. Wie wir bereits im Kapitel 3.3.5 Kultur und Werte beschrieben haben, fängt die Akkulturation bzw. kulturelle Programmierung im Babyalter an und ist mit sieben

Jahren zum größten Teil verinnerlicht.[84] Vielleicht die stärkste Motivation für unsere Entscheidung, was wir glauben oder nicht glauben, ist der von Einstein beschriebene Wunsch nach Zugehörigkeit. Es ergeht uns ein wenig so wie den Flöhen, die für den Flohzirkus erzogen werden.[85] Sie können genau so weit springen, bis sie an einen Glaskasten stoßen und Schmerz empfinden. Wenn sie gelernt haben, ihre Grenzen zu kennen, wird der Glaskasten entfernt. Optisch hat sich nichts geändert, aber in der Wahrnehmung ist die Erinnerung an die Grenzen bereits im Unterbewusstsein verankert. Durch unsere kulturelle Erziehung (Programmierung) sind 98% unseres Verhaltens bereits unterbewusst verinnerlicht. [86]

Allerdings müssen wir uns vor nicht hilfreicher kultureller Programmierung vorsehen. Oft nehmen wir Stereotype und Regeln („das macht man, das macht man nicht") unkritisch an und bewegen uns im Rahmen der breiten Masse. Um Veränderung zu bewirken, müssen wir „außerhalb der Box" denken, d.h. Unkonventionelles erdenken und tun, oder aber uns außerhalb unserer Kultur bewegen, um so eine andere Perspektive bekommen. Weshalb sind Auslandsaufenthalte für junge Menschen attraktiv? Sie ermöglichen es, in einem Umfeld außerhalb der eigenen Kultur kreativ zu sein, Gewohntes zu verlernen und Neues zu erlernen. Es erscheint gelegentlich unverständlich, wieso das Rad an verschiedenen Orten dieser Welt immer neu erfunden wird, anstatt von Erfahrungen und Erfindungen anderer Länder zu profitieren. Im Wirtschaftsbereich sind „Sharing of Best Practise" oder „Benchmarking" solche Ansätze[87]. Allerdings wirken einzelne politische Interessen auch dort als Bremse, Altes aufgeben heißt, vielleicht auch seine eigene Machtstellung (an Wissen, Fertigkeit und finanziellem Einkommen) zu verlieren. Ebenfalls ist eine Anpassung an lokale Gegebenheiten wichtig, um erfolgreich Ideen von einem Ort zum anderen zu übertragen.

> Programmieren bezieht sich auf erwünschte und unerwünschte Verhaltensweisen, die aus erlernten Mustern bestehen und schließt die Chance mit ein, einengende Gewohnheiten systematisch zu ändern.

Aber wie funktioniert Programmierung? Pawlow[88] fand heraus, dass unser Gehirn Verhalten speichert und bei Wiederholung erneut genauso abspult, auch wenn sich der Kontext leicht ändert. Er experimentierte mit Hunden, denen er Fressen anbot und dabei eine Glocke läutete. Nach mehrmaliger Wiederholung setzte der Speichelfluss der Hunde bereits

---

[84] Dahl, Stephan, 2000: Introduction to intercultural communication. In: Dahl, Stephan, 2000: Intercultural Skills for Business. ECE London

[85] freie Überlieferung

[86] Vgl.: Carter, Rita, 1999: Mapping the Mind. University of California Press

[87] Best Practice lässt sich nur durch Anpassung auf den lokalen (kulturellen) Kontext übertragen.

[88] Pawlow, Iwan, Petrowitsch, 1973: Auseinandersetzung mit der Psychologie. München, Kindlerverlag

beim Läuten der Glocke ein, auch wenn es kein Fressen gab (wie ein Anker, der einmal gesetzt wurde). Auf den Menschen übertragen, bedeutet das: Wir haben eine Erwartungshaltung an den Eintritt oder das Ausbleiben eines bestimmten Ereignisses, die in unserem Unbewussten gespeichert ist, und auf der körperlichen Ebene zum Ausdruck kommt. Diese Erwartung von Verhalten wird durch die Erlebnisse in unserem sozialen Umfeld geprägt, also auch in unserem kulturellen Umfeld. Wie ein Kulturschock funktioniert, begründet sich aus unserer kulturellen Programmierung. Wenn z.b. über einen längeren Zeitraum den Erwartungen widersprüchliche kulturelle Programme ablaufen, die nicht akzeptiert und emotional nicht verarbeitet werden können, kann es im Extremfall auch zu körperlichen Reaktionen kommen (Kopfschmerzen, Übelkeit, Mattheit uvm.).[89]

Unsere Gemeinsamkeiten

Ein weiterer Aspekt, warum uns Kultur beeinflusst, liegt im Wesen der menschlichen Informationsaufnahme. Wie wir Informationen aus der Umwelt aufnehmen, hängt von körperlich vorgegebenen und psychologisch gebildeten Filtern ab. Filter bestimmen, welche Informationen wir aus der Welt empfangen. Sie repräsentieren eine Art die Welt zu „sortieren". Filter legen auch fest, was wir mit den Informationen tun, wenn wir

> Durch unsere Modellbildung verleihen wir der Welt Bedeutung, nehmen aber den größten Teil der Welt nicht wahr, schränken unser Erleben also ein.

sie einmal empfangen haben. Wie Watzlawick in der Anleitung zum Unglücklichsein[90] sagt: „Wenn Sie mit einem Hammer in der Hand durch das Leben gehen, werden sie schrecklich viele Nägel antreffen." In der Kulturforschung werden Filter Kulturdimensionen genannt, im NLP heißen sie Metaprogramme und Glaubenssätze. Die folgende Graphik gibt einen Überblick darüber, wie wir Komplexität reduzieren müssen, um Informationen verarbeiten zu können.

---

[89] Vgl.: Wagner, Wolf, 1996: Kulturschock Deutschland. Hamburg, Rotbuch Verlag

[90] Vgl.: Watzlawik, Paul, 2003: Anleitung zum Unglücklichsein, München, Piper. Folgende Geschichte ist die Grundlage: „Ein Mann will ein Bild aufhängen. Den Nagel hat er, nicht aber den Hammer. Also beschließt der Mann, einen Hammer vom Nachbarn auszuborgen. Er beginnt zu zweifeln: „Was, wenn der Nachbar mir den Hammer nicht leihen will? Gestern schon grüßte er mich nur so flüchtig. Vielleicht war er in Eile. Vielleicht hat er die Eile nur vorgeschützt, und er hat was gegen mich. Was wohl? Ich habe ihm nichts getan; der bildet sich da etwas ein. Wenn jemand von mir ein Werkzeug borgen wollte, ich gäbe es ihm sofort. Und warum er nicht? Wie kann man einem Mitmenschen einen so einfachen Gefallen abschlagen? Leute wie dieser Kerl vergiften einem das Leben. Und dann bildet er sich noch ein, ich sei auf ihn angewiesen. Bloß weil er einen Hammer hat. Jetzt reicht´s mir wirklich." - Und so stürmt er hinüber, läutet, der Nachbar öffnet, doch bevor er „Guten Tag" sagen kann, schreit ihn unser Mann an: "Behalten Sie Ihren Hammer"."

Abbildung 3-14: Wahrnehmungsfilter[91]

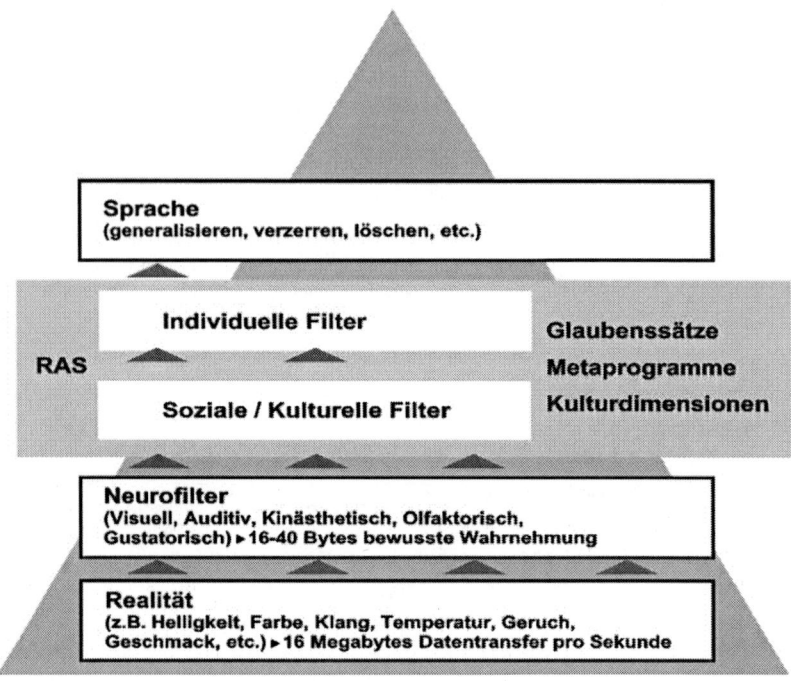

Nach Judith DeLozier sind die Hauptfilter der menschlichen Erfahrung unsere Sinneswahrnehmungssysteme, Sprache und kulturell überlieferte Landkarten.[92] Kulturelle Landkarten bestehen aus Vorannahmen, Werten und Glaubensätzen über das Universum, uns und andere, z.B. was ist wichtig, unwichtig, was ist „richtig" und „falsch", was ist wünschenswert oder ablehnungswürdig etc. Diese Filter sind hauptsächlich unsichtbar und uns selbst unbewusst. In der Sprache kommen sie zum Ausdruck.

> Filter im Kulturbereich: Kulturdimensionen
> Filter im NLP: Metaprogramme, Glaubenssätze

---

[91] erweitert nach Andres, Tom, 1999: NLP Practitioner Ausbildung. Tom Andreas Training, Köln
[92] Vgl.: Delozier, Judith, 1993: Beliefs and Culture. Santa Cruz, NLP University (Skript der NLP University)

3.4.2 Neurofilter[93]

> "Siehst du einen Riesen, so prüfe den Stand
> der Sonne und gib Acht, ob es nicht der
> Schatten eines Zwerges ist." *Friedrich von
> Hardenberg (Novalis)*

Jede Sekunde sind wir von ca. zwei Millionen Informationen umgeben, die auf uns einwirken. Unser erster Kontakt findet über die Sinnesorgane statt. Über unsere Augen, Ohren, Haut, Nase und Mund können wir die Umgebung sehen, hören, fühlen, riechen und schmecken. Alles, was an unsere Rezeptoren andocken kann, wird ans Gehirn weitergeleitet und wahrgenommen. Die Bereiche, für die wir keine Rezeptoren haben, nehmen wir nicht wahr (z.b. Sehschärfe eines Adlers, Geruchsvermögen der Hunde, Geschmacksvermögen der Haie etc.). Zusätzlich können wir ein- und ausblenden, auf welchen Sinn wir uns konzentrieren. Wenn Sie jetzt z.b. ganz still sind, können Sie Ihren eigenen Atem hören. Jeder Mensch entwickelt im Laufe seines Lebens Präferenzen, mit welchem Sinnesorgan er am liebsten wahrnimmt – so gibt es Menschen, die am liebsten durch Bilder und Graphiken klarer sehen, einen visuellen Überblick brauchen (ca. 60% der Bevölkerung)[94]. Andere wollen am liebsten alles erfühlen, ein Gefühl für Stimmungen haben und andere berühren, um Einvernehmen herzustellen (ca. 30% der Bevölkerung). Nur ca. 10% der Bevölkerung erhört sich ihre Welt durch Klänge, Worte, Rhythmen und Resonanzen. Diese Präferenzen spiegeln sich u.a. in unserer Wortwahl wieder: Brauchen Sie „glasklare Ansichten", „verständliche Aussagen" oder „begreifliche Umstände"?[95]

▶ *Hierzu verweisen wir auf die Übung 5.3.4 „Sprache als Anker" und 5.3.5 „Was Sprache über ein Land aussagt"*

---

[93] Siehe Kapitel 3.3.3 Kultur und Fähigkeiten
[94] Vgl.: Gilpin, Adrian, 1999, Unstoppable People. Insitute of Human Development, England. Die Prozentsätze bemessen sich nach Erfahrungen mit englischem Publikum
[95] Zurzeit gibt es noch keine Forschungsergebnisse zu kulturell geprägten Unterschieden in der sinnesspezifischen Wahrnehmung. Die Vermutung liegt aber nahe, dass die unterschiedliche Wertigkeit von Verhalten in den Kulturen auch den Umgang mit den Sinnesorganen beeinflussen (ausgeprägte Emotionalität in der französischen Kultur und in anderen südeuropäischen Kulturen).

3.4.3 Soziale, kulturelle und individuelle Filter

> „Nicht was wir erleben, sondern wie wir
> empfinden, was wir erleben, macht unser
> Schicksal aus." *Marie von Ebner-Eschenbach*
> *(1830-1916), österreichische Dichterin*

Das zweite Filterset stammt aus dem ältesten Teil unseres Gehirns aus der (retikulares Aktivierungssystem) warnt uns vor Gefahr und/oder weist uns auf Signifikantes hin.[96] Wenn Sie z.b. Angst vor Spinnen haben, werden Sie eine sehen, bevor andere es tun. Wenn Sie Mutter eines Säuglings sind, werden Sie nachts bei dem geringsten Laut Ihres Kindes in Alarmbereitschaft versetzt. Dieser Filter funktioniert rund um die Uhr. Alles, worauf wir unsere Aufmerksamkeit richten, gerät ins Zentrum unserer Wahrnehmung. In Verbindung mit kultureller Programmierung leistet dieser biologische Filter Wunder. Wir können diesen Filter mit kulturell geprägten Glaubenssätzen, Vorurteilen und Regeln über die Welt füttern. Diese Glaubenssätze entstehen zum Teil kollektiv, d.h. in der Familie, sozialen Gruppen und der Gesellschaft (kulturelle Filter). Sie beeinflussen worauf wir unsere Aufmerksamkeit lenken, wie wir die Welt beschreiben, welche Beziehungsmuster wir erlernen und was unsere Kultur in den Vordergrund stellt, z.B. „Es ist gefährlich Fehler zuzugeben".

> Retikulares Aktivierungs- System (RAS):
> Alles, worauf wir unsere Aufmerksamkeit richten,
> gerät ins Zentrum unserer Wahrnehmung.

„Jemand, der seine Fehler zugibt, ist ein Schwächling." Diese Regeln zeigen unsere Entscheidungen auf, wie wir die Welt erfahren haben und erfahren wollen. Sie geben uns Orientierung in dem Kollektiv, das die Regeln teilt. Jedoch, wie in der Politik, muss nicht jeder die Linie seiner Partei bei jeder Abstimmung vertreten. Wenn ich dagegen stimme, so kommt dieses Handeln durch mein eigenes Gewissen und Verhalten zustande. Einzelne werden sich für andere Regeln entscheiden (wenn sie für den Flohzirkus scheinbar bestehende Grenzen erkannt haben) und gegen den Strom schwimmen, bis sie sich genug Anerkennung geschaffen haben, damit die breite Masse des Kollektivs die neuen Regeln annimmt.

3.4.4 Filter in der Sprache: Generalisieren, Tilgen, Verzerren

Wir generalisieren (= verallgemeinern), tilgen (= löschen) und verzerren die Realität, indem wir nur Ausschnitte von ihr wahrnehmen. Wenn Sie z.B. beschreiben sollten, was ein „Stuhl" ist, ist die Wahrscheinlichkeit groß, dass Sie in einem Raum voller Menschen mehr als eine Beschreibung finden werden: ein Sitzmöbel, irgendein

---

[96] Vgl.: Crittenden, Paul, 2000: Eagles Program. Peak Organisation, http://www.peakorganisation.com

Gegenstand, der sich zum Sitzen eignet, etc. Sobald ich Ihnen vorschlage, sich einen Stuhl vorzustellen, werden Sie Ihre eigenen Bilder und Bedeutungen erfahren. Um unsere Kommunikation zu erleichtern, kürzen wir all dies mit dem Begriff „Stuhl" ab. Das ist auch gut so, um wertvolle Zeit zu sparen. Die Gefahr besteht jedoch darin, unsere eigenen Erfahrungen zu generalisieren und allgemeingültig zu machen. Wir implizieren damit, dass es nur eine Definition von einem Stuhl gibt und schließen andere Definitionen aus. Worte, die auf Verallgemeinerungen hinweisen, sind: alle, immer, jeder, nie, niemand, sollte, müsste, soll, muss, darf nicht, soll nicht.[97]

Stereotypen
Stereotypisierung ist eine Form der Generalisierung. Anstatt zu beschreiben, bewerten Stereotype ein beobachtetes Verhalten und übertragen es auf die Gruppe, so „als ob" es für alle gilt. Dies hilft uns scheinbar, neue Situationen schnell einzuschätzen und kulturelle Informationen zu systematisieren. Das Risiko ist, dass wir die gelernte stereotypische Bedeutung in das Verhalten anderer hineininterpretieren und andere Informationen außer Acht lassen. Wussten Sie z.B., dass einige der besten Chefköche aus England kommen? Im NLP wird viel Wert auf die Schulung der eigenen Wahrnehmung gelegt. Um Fehlinterpretationen vorzubeugen, ist eine möglichst akkurate Beobachtung und Beschreibung von Verhalten, Körpersprache, Tonlage etc. das A und O für interkulturelles Kalibrieren. So kann die vorsichtige, bedächtig gewählte Ansammlung von stereotypisierten Bildern ein Ausgangspunkt sein, um eine andere Kultur verstehen zu lernen.[98] Wichtig ist, dass Stereotypenbildung bewusst stattfindet und mit Ausnahmen von der Regel inklusiv umgegangen wird.

▶ *Zum Thema Stereotyp und Vorurteil passt die Übung 3.6.5 „Die kulturelle Stereotypenbrille".*

Wir machen in unserem täglichen Leben sehr viele Typisierungen. Aus welchem Grund? Um die vielen Reize, die wir aufnehmen, verarbeiten zu können. Wenn wir immer all das, was unserer Meinung nach zur Kategorie „dominant" gehört, aufschlüsseln würden und komplex beschreiben müssten, würde das die Kommunikation enorm verlängern. So nennen wir eine Typenbezeichnung und jeder weiß meist was damit gemeint ist, zumindest innerhalb einer Kultur, auch wenn jeder diesen Typ dann mit anderen Erfahrungen verknüpft.

---

[97] Zur Auflösung von kulturellen Verallgemeinerungen siehe Kapitel 3.6.1 Das Metamodell der Sprache aus kultureller Sicht.
[98] Vgl. Bausinger, Hermann, 2000: Typisch Deutsch. Wie deutsch sind die Deutschen? München, Verlag C.H. Beck

Abbildung 3-15: Was sehen Sie?

Was sehen Sie auf diesem Bild? Und was sehen Sie zuerst? Die Vase oder die zwei Profile von Gesichtern, die sich anschauen? Unser Gehirn tilgt Teile der Realität, die uns nicht relevant erscheinen. Sie kennen sicher noch andere optische Täuschungen nach dem gleichen Prinzip? Was wir nicht wahrnehmen, wird in unsere Bedeutungsfindung nicht mit einbezogen, d.h. aber nicht, dass die uns unbekannten (oder ausgeblendeten) Informationen nicht vorhanden wären. In der Sprache machen wir das oft z.B., wenn wir sagen „Die Kommunikation ist schlecht hier". Wir wissen wohl wer mit wem spricht und was die Kommunikation für uns schlecht macht, jedoch blenden wir Teile der Realität aus und tilgen sie in unserer Sprache. Denn: Wer kommuniziert wie mit wem?

Abbildung 3-16: Wie viele Dreiecke sehen Sie?[99]

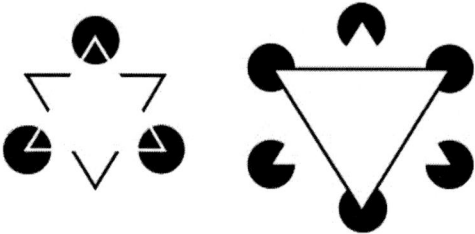

Ein besonderes Attribut der menschlichen Wahrnehmung ist die Verzerrung. Durch Verzerren können wir träumen, kreativ sein, die Zukunft planen und auch die Vergangenheit in unserer Erinnerung auferstehen lassen. Wir schaffen es, Erlebnisse und Dinge in unserer Umgebung zuzuordnen und in unseren eigenen Bedeutungszusammenhang zu bringen, z.B. „Er bringt mir Blumen mit, also liebt er mich" oder „Er bringt mir keine Blumen mit, also liebt er mich nicht". Haben Sie schon mal jemanden geliebt, dem Sie keine Blumen mitgebracht haben?

▶ *Eine weitere Übung zur Entmystifizierung von Stereotypen finden Sie unter 5.4.1 „Mein Verhalten – dein Verhalten".*

---

[99] Auflösung der Dreiecke: Es gibt nur ein vollständiges Dreieck auf diesem Bild (mittig auf der rechten Seite). Alle anderen Dreiecke müssen zur Vollständigkeit von unserer Vorstellung ergänzt werden. Vgl.: Carter, Rita, 1999: Mapping the Mind. University of California Press, S.22 ff

3.4.5 Modelle der Welt

> "Ein jeder hat seine eigne Art, glücklich zu
> sein, und niemand darf verlangen, dass man es
> in der seinigen sein soll." *Heinrich v. Kleist*

Das Ergebnis der menschlichen Wahrnehmung ist ein sehr individueller Ausschnitt aus der objektiv vorhandenen Realität (aus dem Ereignis X wird Ereignis Y)[100]. Nachdem wir aus zwei Millionen Informationen nur einen Bruchteil durch unsere Sinneskanäle aufgenommen und durch unser mit individuellen und kulturellen Glaubensätzen „gefüttertes" RAS gefiltert haben, suchen wir in Gedanken nach ähnlichen Er-

> Anstatt uns wie ein Opfer in einem gedanklichen Teufelskreislauf zu bewegen sind wir in der Verantwortung für unseren inneren Dialog und unsere Glaubenssätze.

fahrungen und Bedeutungen. „Warum hat der Kollege mir vorhin nicht die Hand gegeben?" oder „Welch freundliches Lächeln! Ich glaube, unsere Zusammenarbeit wird gut." Die Fragen, die wir uns stellen und welche Bedeutung wir dem Ereignis geben, entscheidet über unseren Gefühlszustand und über unser Handeln. Dies alles passiert blitzschnell und unbewusst (500 Millisekunden!). Jetzt kommt bei uns die Frage auf, inwiefern wir darauf Einfluss haben?

Abbildung 3-17: Interkulturelles Aktions- und Reaktionsmodell[101]

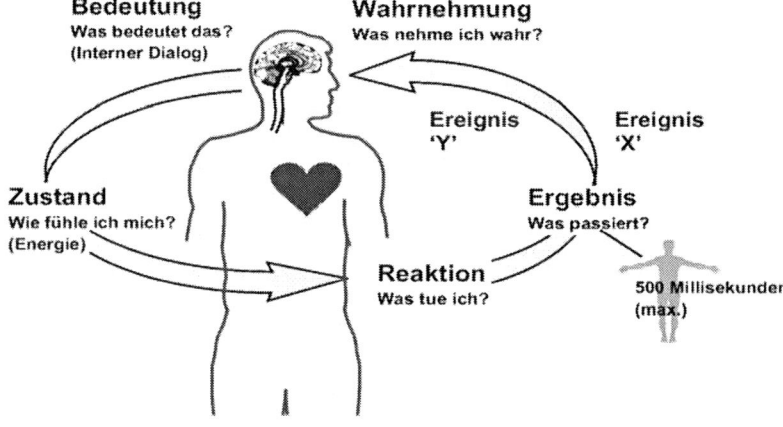

---

[100] „By the time we are adults our mental landscapes are so individual that no two of us will see anything in quite the same way." Carter, Rita, 1999: Mapping the Mind. University of California Press, S. 22

[101] Vgl.: Crittenden, Paul, 2000: Eagles Program. Peak Organisation, http://www.peakorganisation.com

Ein Hauptschwerpunkt des NLP ist die Bewusstwerdung unserer Wahrnehmung und Bedeutungsgebung mit dem Ziel, neue Handlungsmöglichkeiten zu schaffen. Anstatt uns wie ein Opfer in einem gedanklichen Teufelskreislauf zu bewegen, sind wir in der Verantwortung für unseren inneren Dialog und unsere Glaubenssätze. Wenn wir erkennen, welche Filter wir haben, welche in bestimmten Kontexten sinnvoll sind, welche nicht, dann können wir lernen sie zu verändern. Im interkulturellen Kontext bedeutet das, offen für neue Ansichten zu sein, sozusagen das eigene Modell um neue Ansichten zu erweitern. Durch „ungewohnte" oder „befremdliche" Erfahrungen, die wir zunächst wertfrei beobachten, können wir neue Informationen als kulturelles Feedback anstatt als persönlichen Affront deuten. Je länger ein Auslandsaufenthalt, desto wahrscheinlicher wird es, dass sich die Grenzen unseres eigenen Modells erweitern und wir neue Bedeutungen und Handlungsmöglichkeiten entwickeln. Gerade im interkulturellen Austausch ist es wahrscheinlich, dass wir verschiedene Erwartungen haben und Selbstverständlichkeiten nicht selbstverständlich sind. Besondere Aufmerksamkeit und Geduld mit der eigenen Wahrnehmung und der der anderen sind gefragt. Wann immer Sie ein komisches Gefühl haben, fragen Sie sich „Welche meiner Erwartungen ist jetzt nicht erfüllt? Welche Regel, die ich habe, wurde verletzt?" Wenn Sie bemerken, dass der andere stutzt oder emotional reagiert, fragen Sie sich (und je nach kultureller Akzeptanz einer solchen Frage den anderen): „Welche Erwartung wurde verletzt? Welche Regel habe ich gebrochen?"

▶ *Zur Verdeutlichung der subjektiven Wahrnehmung eignet sich die Übung 5.3.7 „Wahrnehmen, Empfinden, Vermuten".*

Weil wir eine multikulturelle Gruppe in einer multikulturellen Welt sind, werden wir an die Grenzen unserer inneren Landkarte stoßen. Dieser Zusammenstoß ist ein Geschenk des Universums. Er eröffnet ein Fenster, durch das wir klettern können, um uns selbst, unsere Kulturen und unsere Welt aus einer anderen Perspektive zu erfahren. Das Wechseln zwischen unterschiedlichen Perspektiven ist der Beginn der Weisheit und der Weltgemeinschaft.[102]

▶ *Zu diesem Modell passt sehr gut die Übung 5.7.3„Kongruenz".*

---

[102] Vgl.: DeLozier, Judith, 2003: Culture & Community. Seminarunterlage 3, NLP in NRW, Bielefeld, S.4

3.5 Kulturelle und Individuelle Filter: Kulturdimensionen, Metaprogramme und Claire Graves

> „Wahrer Tourismus bedeutet nicht neue Orte zu sehen, sondern die Welt so zu sehen wie die anderen." *Marcel Proust*

Kulturdimensionen, die wir im Folgenden vorstellen, sind Gruppenfilter, d.h. die Summe individueller Filter, die von einer Gruppe benutzt werden. Dabei sind alle kulturellen Filter der fortwährenden Evolution unterworfen, sie verändern sich mit den Menschen in der Gruppe. Werden Kulturdimensionen auf ein Individuum angewandt, so beschreiben sie dessen persönliche Filterpräferenzen. Persönliche Filterpräferenzen werden im NLP mit Metaprogrammen beschrieben. Metaprogramme sind ein Typ interner Programme, die wir benutzen um zu entscheiden, worauf wir unsere Aufmerksamkeit lenken.[103] Hierzu zählen z.b. der Fokus auf Gemeinsamkeiten oder Unterschiede, Überblick oder Detail, interne oder externe Referenz, Vermeidung (weg-von) oder der Versuch, ein bestimmtes Ziel zu erreichen (hin-zu). Im

> Parallele Filtersysteme:
> Die Dimensionen aus der Kulturforschung (kulturelle Filter) und die Metaprogramme aus dem NLP-Bereich (individuelle Filter).

Vergleich zu Kulturdimensionen werden Metaprogramme als Orientierungshilfe für individuelles Verhalten genutzt. Untersuchungen, ob es auffallende Ähnlichkeiten zwischen Individuen der gleichen Kultur gibt, sind bisher nicht statistisch erhoben worden.[104]

Kommunikationsstörungen sind oft das Resultat nicht übereinstimmender Metaprogramme, z.B. erklärt jemand etwas im Detail, während es dem Zuhörer auf den Überblick ankommt. Bin ich aber in der Lage, meine Metaprogramme und die meines Gegenübers wahrzunehmen, so kann ich sie entsprechend anpassen, um effektiv zu kommunizieren. „Der effektivste Weg, jemanden zu überzeugen, besteht darin, die Motive und das Weltmodell des anderen zu verstehen und die eigene Botschaft dementsprechend zu präsentieren. Im Allgemeinen haben Menschen immer eine Absicht und handeln selten beliebig. Wenn uns im Rahmen unseres Weltmodells etwas sinnvoll erscheint, werden wir es tun. Die Metaprogramme helfen uns dabei, die Weltmodelle der anderen zu verstehen."[105]

---

[103] Grochowiak, Klaus, 1996: Das NLP Practitioner Handbuch. Paderborn, Junfermann, S.187ff

[104] Shelle Rose Charvet widmet sich in ihrem Buch „Wort sei Dank" kontextbezogenen Filterpräferenzen. Sie beschreibt interkulturelle Unterschiede anhand von Kontextbeispielen, und verzichtet auf allgemeingültige Aussagen. Charvet, Shelle Rose, 2001: Wort sei Dank.. Paderborn, Junfermann

[105] Woodsmall, Wyatt, 1998: Auf dem Weg zu exzellenter Kommunikation. Paderborn, Junfermann, S. 18 ff

Katan[106], der die logischen Ebenen durch eine kulturelle Brille sieht (Siehe Kapitel 3.3), vermutet, dass Kulturdimensionen Metaprogramme sind, die eine Gruppe von Menschen teilt. Diese gemeinsame Orientierung bzw. das kulturelle Metaprogramm beeinflusst, wie die Realität dargestellt wird und welche Aspekte eher getilgt, generalisiert und verzerrt werden. Wir stellen fest, dass sich Kulturdimensionen primär auf Werte und das daraus resultierende Verhalten eines Individuums innerhalb einer Kultur beziehen. Demgegenüber bilden Metaprogramme die Tiefenstruktur, wie Individuen innerlich repräsentieren und äußere Informationen filtern. Betrachten wir z.b. die Kulturdimension der „Unsicherheitsvermeidung". Zum Erleben dieser Orientierung ist es möglich, dass mehrere Metaprogramme aktiviert sind, z.b. eine innere Repräsentation „weg von" Gefahr und starke Ausrichtung auf „Unterschiede" (mismatching). Bevor wir auf die Verbindung dieser zwei Filtersysteme eingehen, möchten wir Ihnen die Kulturdimensionen und Metaprogramme etwas genauer vorstellen.

3.5.1 Die Metaprogramme

> „Es ist gut, daran zu denken, dass die vielleicht größte Kraft der Menschen in ihrer Vielfalt liegt, und ihr stärkstes Band in der gegenseitigen Achtung." *Ho Lin-Lik, Genf*

Metaprogramme können als kontextabhängige Filtersysteme beschrieben werden, die uns mitteilen, auf welche Informationen wir achten müssen. Dilts, der diesen Ausdruck von Filtern geprägt hat, sagt, dass sie unseren allgemeinen Ansatz zu einem bestimmten Thema definieren und nicht wie wir uns im Detail kümmern[107]. Sie bestimmen, wie wir sortieren (z.B. „Gemeinsamkeiten" oder „Unterschiede") oder wie wir uns an Zielen und Problemen ausrichten, bezogen auf Zeit, Informationsorientierung und Sortiergröße[108]. Sie sind der Schlüssel, herauszufinden, wie wir bevorzugt wahrnehmen und die Realität kognitiv abbilden.

Es gibt keine Liste weltweit gültiger Metaprogramme. Die genaue Zahl oder Art der Metaprogramme, die wir zum Modellieren der Wirklichkeit kennen, hängt von der jeweiligen Schule ab. Shelle Rose Charvet[109] folgt mit 14 Metaprogrammen Roger

---

[106] Vgl.: Katan, David, 1999: Translating Cultures. Manchester, St. Jeromes Publishing

[107] Vgl.: Dilts, Robert, 1993: Die Veränderung von Glaubenssystemenen. Paderborn, Junfermann

[108] Vgl.: Katan, David, 2001: When Difference is not dangerous: Modelling Intercultural Competence for Business. In: Cortese, Guiseppa/Hymnes, Dell, 2001: "Languaging" in and across human groups. Perspectives on difference and asymmetry. Textus 14, No.2, S. 287-306

[109] Charvet, Shelle Rose, 2001: Wort sei Dank. Paderborn, Junfermann

Bailey's wirtschaftsorientiertem "Sprach- und Verhaltensprofil".[110] Dies wiederum ist eine Reduzierung der ursprünglich von Leslie Cameron Bandler postulierten 60 Metaprogramme.[111] Welches Metaprogramm wir benutzen, hängt von unserem inneren Zustand und dem Kontext ab, in dem wir uns befinden. Metaprogramme gelten für jeden Menschen, seine Präferenzen werden sich nach Kultur und Kontext unterscheiden. Das Wissen um die Metaprogramme, die eine Person in einem gewissen Kontext nutzt, ermöglicht die Vorhersage von Präferenzen und Abneigungen, von Stärken und Schwächen. Die Frage stellt sich, ob je nach Land bestimmte Meta-

> Es gibt keine guten oder schlechten Metaprogramme, nur solche, die in einer gegebenen Situation effektiver sind als andere.

programme besonders stark ausgebildet sind, d.h. ob die Menschen dort die Realität durch gemeinsame Metaprogramme filtern. Das wäre dann so etwas wie Treiber-Metaprogramme[112], sozusagen die wichtigsten Filter, die es zu lernen gäbe, um diese Kultur wie ein Einheimischer zu erfahren. Andere in dieser Kultur aktivierten Metaprogramme würden sich automatisch mit erschließen.

Shelle Rose Charvet[113] beschreibt die Erstellung eines „Language and Behaviour Profiles." Die Kenntnis dessen hilft „vorherzusagen", wie sich Menschen in bestimmten Kontexten tendenziell verhalten. Sie gibt Beispiele aus verschiedenen Ländern, verzichtet aber auf verallgemeinernde interkulturelle Aussagen. Die Hauptunterscheidung zwischen psychometrischen Profilen und Metaprogrammen ist wie folgt: Metaprogramme beschreiben die Form der Tür (durch die wir in der Welt agieren), was wir je nach Situation hinein- und herauslassen. Psychometrische Profile hingegen machen Generalisierungen über unsere Persönlichkeit. Im Folgenden führen wir die für unsere Arbeit in einem interkulturellen Kontext nützlichsten Metaprogramme (ab hier meist abgekürzt: MP) der Begründer Robert Dilts (in Verbindung mit Richard Bandler) und Judith DeLozier[114] an, die sich seit 1990 der Kulturforschung gewidmet haben. Maryline und Wyatt Woodsmall haben MP zu ihrem Spezialgebiet

---

[110] Bailey, Roger, 2001: Hiring, Managing and Selling for Peak Performance. Ontario, Georgian Bay NLP Centre

[111] Cameron-Bandler, Leslie/Lebeau, Michael, 1993: Die Intelligenz der Gefühle. Grundlagen der "Imperative Self Analysis". Junfermann, Paderborn, Original 1988: The Emotional Hostage. Rescuing Your Emotional Life. Future Pace Inc.

[112] In Analogie zu Treibersubmodalitäten

[113] Charvet, Shelle Rose, 2001: Wort sei Dank. Paderborn, Junfermann

[114] Vgl. aus dem Englischen: Dilts, Robert/DeLozier, Judith, 2000: Encyclopedia of Systemic Neurolinguistic Programming and NLP New Coding. Scotts Valley, NLP University Press, S. 758;

erklärt und detaillierte Beispiele zur Anwendung im Management gegeben.[115] Zuletzt ergänzen wir zwei MP von Klaus Grochowiak, der mit 21 MP nach Cameron Bandler wohl die umfangreichste Liste aufführt.[116] Folgende Hauptunterscheidungen werden im NLP von Robert Dilts und Judith DeLozier vorgenommen (und erweitert von Maryline und Wyatt Woodsmall sowie Shelle Rose Charvet):

1. Hin-zu - Weg-von oder Proaktiv-Reaktiv (Motivationsmuster)
2. Wahrnehmungsherkunft und -größe (Informationsmuster)
3. Interne Referenz oder externe Referenz (Bezugsrahmen)
4. Sinnesspezifische Repräsentation (Überzeugungsmuster)
5. Gemeinsamkeiten-Unterschiede (Vergleichsmodus)
6. Option-Prozess oder Multi-Monotasking (Problemlösungsverhalten)
7. Selbst-Andere-Kontext (Problemorientierung)
8. Personen-Informationen-Aktivitäten-Orte (Primär- und Sekundärinteressen)

Aus den von Klaus Grochowiak[117] vorgestellten Metaprogrammen haben wir die folgenden für den interkulturellen Kontext ausgesucht:

9. Unabhängigkeit-Team (Arbeitsstil)
10. Zeitorientierung, Zeitspeicher, Zeitzugang (Zeit)

Alle Menschen bewegen sich stets zwischen den Positionen. Je nach Situation ändern sich die Vorlieben. „Beim Sortieren von Information gibt es kein „richtig" und „falsch"".[118] Der Schlüssel zu interkultureller Kommunikation liegt in der Flexibilität, andere als die eigenen Metaprogramme auszuprobieren. Erweiterte Wahlmöglichkeiten sind das Ziel.[119] Hier nun die wichtigsten Metaprogramme im Einzelnen:

1. Hin-zu - Weg-von oder Proaktiv-Reaktiv (Motivationsmuster)

Bei dem Muster „Hin-zu - Weg-von" geht es um die Motivationsrichtung. Es erklärt, wie Menschen ihre Konzentration, ihren Fokus halten. Hin-zu-Menschen bleiben auf ihre Ziele fokussiert und sind durch Leistung motiviert. Weg-von-Menschen fokussieren sich darauf, dass Probleme

> Motivationsrichtung: Hin-zu - Weg-von
> Motivationsaktivität: Proaktiv-Reaktiv

vermieden werden, statt darauf, dass Ziele erreicht werden. Sie sind sehr klar in dem, was sie nicht wollen. Es ist leicht dieses Muster an der Sprache einer Person zu erkennen. Spricht sie darüber, was sie will, erreicht oder gewinnt? Oder erzählt sie

---

[115] Woodsmall, Wyatt, 1988: Auf dem Weg zu exzellenter Kommunikation. Paderborn, Junfermann

[116] Grochowiak, Klaus, 1996: Das NLP Master Handbuch. Paderborn, Junfermann, S.188 ff

[117] Vgl.: Grochowiak, Klaus, 1996: Das NLP Master Handbuch. Paderborn, Junfermann, S.188 ff

[118] Grochowiak, Klaus, 1996: Das NLP Master Handbuch. Paderborn, Junfermann, S.188

[119] Vgl.: Woodsmall, Wyatt, 1988: Auf dem Weg zu exzellenter Kommunikation. Paderborn, Junfermann

Ihnen von der Situation, die sie vermeiden möchte und von Problemen, denen sie aus dem Weg geht? Wie bei allen Metaprogrammen ist dieses Muster jedoch kontextabhängig. Hin-zu-Menschen fühlen sich im Arbeitskontext wohl, wenn es darum geht, Ziele zu erreichen. Menschen, die in einem Arbeitskontext „Weg-von" sortieren, werden erfolgreich eine Position bekleiden, bei der es darum geht, auf Risiken aufmerksam zu machen.

Bei dem Muster „Proaktiv-Reaktiv" geht es um Motivationsaktivität. Die proaktive Person initiiert, sie springt hinein und führt durch. Sie wartet nicht, dass andere die Handlungen in Gang bringen. Die reaktive Person wartet darauf, dass andere eine Aktivität initiieren oder wartet ab, bis ein passender Zeitpunkt kommt. Sie braucht lange, um sich zu entscheiden, und kommt vielleicht auch gar nicht zum Handeln. Wenige Menschen handeln allerdings nur nach einem dieser Muster. Bei den meisten kann man eine Mischung beider Charakteristika erkennen.

2. Wahrnehmungsherkunft und -größe (Informationsmuster)

Hier wird auf die Form und die Struktur der Kommunikation eingegangen.

2.1 Wahrnehmungsherkunft: 66% der Menschheit nehmen tangible Informationen wahr. Das sind konkrete Fakten, Empirie, Pragmatik, Wunsch nach Indizien und Beweisen. Diese Verarbeitung trifft tendenziell für die Kulturen der USA und Deutschland zu. Durch Intuition (intangibel) nehmen 34% der Menschen Informationen wahr. Dazu gehören auch ein sechster Sinn und vielfältige Möglichkeiten und Bedeutungen von Situationen. Sie betrachten den übergeordneten Rahmen und nähern sich einer Situation auf abstrakte und ganzheitliche Weise, der Fokus liegt auf der Zukunft. Das trifft tendenziell z.B. in der französischen Kultur zu.

2.2 Wahrnehmungsgröße (Überblick und Detail): „In der Regel können wir zu jedem Zeitpunkt nur sieben (plus oder minus zwei) Informations-Größen aufnehmen, sonst sind wir verwirrt oder verärgert. Bei zu wenig Information werden wir gelangweilt oder abgelenkt" [120] (wichtiger Aspekt für ein gelungenes Training). 60% der Menschen versuchen, aus Details das Wesentliche herauszufiltern. Projekte werden in großen Linien

> Wahrnehmungsherkunft: Tangibel-Intangibel
> Wahrnehmungsgrösse: Detail-Überblick

präsentiert, oft neigen sie zur Über- oder Unterschätzung und falscher Zeiteinteilung. Sie haben eine Präferenz für Umfang und den Überblick, sie denken eher global. Präferenz für Tiefe, also spezifisch, detailliert brauchen ca. 15% der Menschen die Informationen zu besseren Verarbeitung. Hier ist es wichtig, Informationen in hierarchisch geordneten Schichten zu präsentieren. Nebensätze und Eigennamen stören

---

[120] Woodsmall, Wyatt, 1988: Auf dem Weg zu exzellenter Kommunikation. Paderborn, Junfermann, S. 88

nicht. Mit einer ausgewogenen Einstellung kann man sowohl herauf- als auch herunterchunken (25% der Menschen): abwärts-, seitwärts- und aufwärtschunken, also systemisch denken.

„Ein sehr bekanntes Beispiel für an extrem unterschiedlichen Chunkgrößen gescheiterte Verhandlungen waren die Gespräche zwischen dem amerikanischen Präsidenten Ronald Reagan und dem israelischen Premierminister Menachem Begin. Reagan war ein Mega-Global-Chunker. Er war einzig daran interessiert, dass die Araber und die Israelis Frieden schließen wollten. Aus seiner Perspektive mussten jetzt nur noch die nebensächlichen Details festgelegt werden. Für Begin gab es demgegenüber keine unwichtigen Details. Für ihn konnte es keinen dauerhaften Frieden geben, solange nicht alle Einzelheiten festgelegt waren. Das trieb wiederum Präsident Reagan zur Verzweiflung. Er sah nur, dass Begin versuchte, den Friedensprozess mit Nebensächlichkeiten aus der Bahn zu werfen. Dieser aber hielt Reagans Standpunkt für naiv und widersetzte sich allen Pressionen von Seiten der Vereinigten Staaten."[121]

3. Interne Referenz oder externe Referenz (Bezugsrahmen)[122]

Bei diesem Muster geht es darum, wie Menschen ihren Maßstab finden. Eine nach innen orientierte Person hat ihren Maßstab verinnerlicht (internalisiert) und benutzt ihn, um Handlungsverläufe zu vergleichen und zu entscheiden, was zu tun ist. Auf die

> Interne Referenz: intrinsisch motiviert
> Externe Referenz: extrinsisch motiviert

Frage: „Wie weißt du eigentlich, dass du gerade eine gute Arbeit gemacht hast?" wird sie wahrscheinlich antworten: „Ich weiß es einfach". Nach außen orientierte Menschen brauchen andere, um den Maßstab und die Richtung zu finden. Sie wissen, dass sie eine Arbeit gut gemacht haben, wenn es ihnen ein anderer sagt. Werbung mit Prominenten spricht Menschen mit starker Außenorientierung an. Kulturunterschiede gibt es auch hier: F. Scott Fitzgerald sagte einmal: „die große Krankheit der Amerikaner bestehe darin, gemocht werden zu wollen."[123]

---

[121] Woodsmall, Wyatt, 1988: Auf dem Weg zu exzellenter Kommunikation. Paderborn, Junfermann, S. 104

[122] Robert Dilts spricht bei diesem Metaprogramm zusätzlich von proaktivem (interne Referenz) und reaktivem (externe Referenz) Verhalten. Vgl. aus dem Englischen: Dilts, Robert/DeLozier, Judith, 2000: Enzyclopedia of Systemic Neurolinguistic Programming and NLP New Coding. Scotts Valley, NLP University Press, S. 758

[123] Woodsmall, Wyatt, 1988: Auf dem Weg zu exzellenter Kommunikation. Paderborn, Junfermann, S. 108

4. Sinnesspezifische Repräsentation (Überzeugungsmuster)[124]

„Die meisten Menschen halten ihre eigenen Entscheidungen für logisch begründet. Entweder sieht etwas richtig aus, hört sich gut an, fühlt sich richtig an oder erscheint von der Logik her sinnvoll."[125] Denken Sie an eine Verkaufssituation. Was braucht der Kunde, um überzeugt zu sein, dass es sich lohnt, das Produkt zu kaufen? Die Antwort hängt mit dem primären Repräsentationssystem einer Person zusammen. Ca. 40% der Menschen müssen den Beweis sehen oder einen Bericht lesen (visuell). Andere müssen es hören (auditiv). Diese Form bevorzugen 5-10 % der Käufer. Wieder andere müssen aber auch etwas tun, um das Produkt zu bewerten (kinästhetisch). Sie wollen es erst

Visuell: lesen, sehen
Auditiv: hören, sagen
Kinästhetisch: berühren, ausprobieren

ausprobieren, anfassen oder begutachten bevor sie eine Kaufentscheidung treffen. Zur Überzeugung gehört aber ebenfalls noch dazu, in welcher Häufigkeit man etwas sehen, hören, lesen oder ausprobieren muss, um überzeugt zu sein. Man unterscheidet also die repräsentationssystemabhängige Überzeugung und die demonstrationsabhängige Überzeugung. Je nach Schulsystem einer Kultur unterscheidet sich auch die Präferenz der Überzeugungsart.

▶ *Hierzu verweisen wir auf die dazu passende Übung 5.3.2 „Interkulturelle Zustände kalibrieren" und 5.3.5 „Sprache als Anker".*

5. Gemeinsamkeiten-Unterschiede (Vergleichsmodus)

Bei diesem Muster geht es um Vergleiche. Einige Menschen achten darauf, worin bei Dingen die Gemeinsamkeiten liegen. Gemeinsamkeiten herstellen nennt man „Matching" (aus dem Englischen „to match" = passen). Leute, die „mismatchen" achten bei Vergleichen eher auf Unterschiede. Ein wichtiges Metaprogramm für interkulturelle Kompetenz ist das "Unterscheidungsmuster". Sicherlich bedarf interkulturelle Kompetenz der Offenheit für Unterschiede. "Menschen, die offen sind, tendieren dazu, empfänglich für neue Ideen zu sein (neues Denken) und sich für Menschen zu interessieren, die anders sind als sie selbst (Fremde willkommen heißen). Sie akzeptieren ebenso die Art und Weise, wie andere Menschen Arbeiten erledigen (Akzeptanz), auch wenn die Einstellungen und Verhaltensweisen anders als ihre eigenen sind. Die Orientierung, auf die sich dieses Verhalten bezieht meint weder

---

[124] Robert Dilts nennt dieses Metaprogramm „Denkstile". Er merkt an, dass sich eine Vorliebe zu einem bestimmten Denkstil in Gruppen oder Kulturen herausbilden kann. Vgl. aus dem Englischen: Dilts, Robert/DeLozier, Judith, 2000: Enzyclopedia of Systemic Neurolinguistic Programming and NLP New Coding. Scotts Valley, NLP University Press, S. 758

[125] Woodsmall, Wyatt, 1988: Auf dem Weg zu exzellenter Kommunikation. Paderborn, Junfermann, S. 123

"Unterschiede" noch "Gemeinsamkeiten", sondern "Gemeinsamkeit mit Ausnahmen und Unterschiede (das Doppelmuster)": Menschen mit diesem Doppelmuster mögen Veränderung und revolutionäre Wechsel, fühlen sich aber ebenso wohl, wenn Dinge langsam wachsen. Sie sind zufrieden mit Revolution und Evolution"[126].

Gemeinsamkeits-Menschen (5-10% in Industrienationen, in Entwicklungsländern und ländlichen Gebieten ist der Anteil höher) stellen nur Übereinstimmungen fest. Unbeachtet hingegen bleiben meist Unterschiede. Diese Menschen macht jemand, der z.B. im Detail erzählt, worin sich eine Briefmarke von der anderen unterscheidet, verrückt. Eingeschränkte Gemeinsamkeits-Menschen (55% Einwohner der Industrienationen) stellen erst Übereinstimmungen und dann Unterschiede fest. Menschen mit der Tendenz zu eingeschränktem Unterschied (25%), stellen erst Unterschiede und dann Gemeinsamkeiten fest. „Unterschieds-Menschen" (5-10%) stellen nur Unterschiede fest. Sie sind Meister darin, das Haar in der Suppe und das Risiko bei einer Investition zu finden.

„Es gibt doppelt so viele „Gemeinsamkeits-Menschen" wie „Unterschieds-Menschen". Eine erzwungene Veränderung im Beruf kann von einem „Gemeinsamkeits-Menschen" eher als

Gemeinsamkeiten finden: matching
Unterschiede suchen: mismatching

traumatisch erlebt werden. Er ist sehr loyal, lehnt vieles ab, was neu und anders ist und liebt die Routine. „Unterschieds-Menschen" sehen voraus, was passieren wird und suchen sich einen neuen Job. Wenn ein Manager „Gemeinsamkeits-Mensch" ist, werden Veränderungsvorschläge als Abweichung von der anerkannten Verhaltensweise interpretiert. Seit Jahrzehnten sind die Japaner Meister der Imitation. Oder um es anders auszudrücken: Sie haben die Kunst perfektioniert, bereits bestehende Produkte noch zu verbessern. Hier haben wir es mit einer echten eingeschränkten „Gemeinsamkeits-Mentalität" zu tun."[127]

6. Option-Prozess oder Multi-Monotasking (Problemlösungsverhalten)
Bei dem Metaprogramm Problemlösungsverhalten geht es um die Vorliebe für Routine, Richtlinien und das schrittweise Vorgehen im Gegensatz zur Suche nach Alternativen, neuen Lösungen und simultanen Vorgängen. „Die einen können nichts tun, bevor man ihnen nicht gezeigt hat, wie es geht. Die anderen können nichts so tun, wie es ihnen gezeigt wurde."[128]

[126] Charvet, Shelle Rose, 2001: Wort sei Dank. Paderborn, Junfermann
[127] Woodsmall, Wyatt, 1988: Auf dem Weg zu exzellenter Kommunikation. Paderborn, Junfermann, S. 47
[128] Woodsmall, Wyatt, 1988: Auf dem Weg zu exzellenter Kommunikation. Paderborn, Junfermann, S.227

Menschen, deren kognitive Herangehensweise linear ist, bevorzugen Probleme „logisch" zu lösen im Sinne von Erstens, Zweitens, Drittens, aus A folgt B, aus B folgt C. Demzufolge wissen sie, an welcher Stelle des gesamten Vorganges sie sich befinden und was als nächstes kommt. Sie glauben, dass es einen „richtigen" Weg gibt, etwas zu tun. Der Fokus liegt auf einer Sache zu einer Zeit. Inhaltsverzeichnisse, Tagesordnung sowie Übungsanweisungen auf Flipcharts unterstützen diese Herangehensweise. Optionsmenschen halten sich kognitiv nicht an Handlungsabläufe in der vorgegebenen Reihenfolge, um ein Problem „logisch" zu lösen. Sie können an verschiedenen Problemen gleichzeitig arbeiten und sind motiviert, wenn sie

> Option-Multitasking: Veränderungspotenzial
> Prozess-Monotasking: Korrektheit

die Gelegenheit und Möglichkeit dazu haben, etwas auf neue Weise zu machen. Prozesse zu initiieren ist im Sinne von Optionsmenschen, sie umzusetzen von Prozessmenschen. Die Verteilung für den Arbeitskontext sieht nach Roger Bailey[129] folgendermaßen aus: Optionen 40%, gleichermaßen Optionen und Prozeduren 20%, Prozeduren 40%. „Um effektiver zusammenzuarbeiten und die Gelegenheit für Konflikte zwischen optional und prozedural orientierten Abteilungen (Kulturen) zu verringern, müssen alle Beteiligten die Aufgabe und Arbeitsweise der jeweils anderen verstehen."[130]

7. Selbst-Andere-Kontext (Problemorientierung)
Das Metaprogramm der Problemorientierung erfasst, inwiefern wir unsere Umgebung gedanklich in unser Erleben einbeziehen. Bei einer Ausrichtung auf mich „selbst" werden neue Informationen nach der Wirkung auf mein eigenes Leben gewertet. Als individueller Mitarbeiter frage ich mich bei einer Reorganisation, was bedeutet das für mich und meine Zukunft? Bei einer Ausrichtung auf die „anderen"

> Selbst:: Ich, mein, mir
> Andere: Du, dein, dir
> Kontext: Wir, unseres, uns

werden neue Informationen nach dem Einfluss des Verhaltens der anderen gewertet. Was werden die anderen tun oder von mir brauchen? Bei einer Ausrichtung auf den Kontext oder die Gruppe frage ich mich nach der Bedeutung dessen, was geschieht für meine Abteilung, meine Firma oder den Markt, in dem ich tätig bin. Dieses Metaprogramm ist der Kulturdimension Individualismus/Kollektivismus[131] ähnlich.

---

[129] Bailey, Roger, 2001: Hiring, Managing and Selling for Peak Performance. Ontario, Georgian Bay NLP Centre
[130] Charvet, Shelle, Rose, 2001: Wort sei Dank. Paderborn. Junfermann, S.95
[131] siehe Kapitel 3.5.2: Die Kulturdimensionen

8. Personen-Informationen-Aktivitäten-Orte (Primär- und Sekundär-interessen)

Hierbei geht es um die Dinge im Leben, die uns am meisten interessieren, um den Fokus unseres Interesses und unserer Aufmerksamkeit. Wenn man jemanden neu kennen lernt und feststellt, dass man sofort gut miteinander zurechtkommt, dann liegt das meist an einer gewissen Übereinstimung der Interessen. Dabei spielen Geschlecht, Religion oder Hautfarbe nicht die ausschlaggebende Rolle.[132] Wir fühlen uns wohl bei Menschen, die nach ähnlichen Primärinteressen filtern. Landestypische Interessen erlernen (z.B. Golfspielen in England oder Weinkunde in Frankreich) verbindet. Japaner scheinen viel Wert auf Ästhetik, die Optik, den Ort zu legen (Feng Shui). „Das Konsumverhalten der Menschen liefert zur Identifizierung von Primär- und Sekundär-

> Primär- und Sekundärinteressen:
> Das, was uns im Leben am meisten interessiert, worauf wir unsere Auf-merksamkeit lenken

interessen einen guten Indikator. Man kann darauf achten, ob jemand sein verfügbares Einkommen eher für Menschen, Aktivitäten und Reisen oder für den Kauf von Gegenständen wie Büchern ausgibt.“[133] Z.B. gibt man in Frankreich „tendenziell“ viel Geld für „Menschen“ aus. Denn Essen zusammen mit Freunden ist gesellschaftlich sehr wichtig, um Kontakte zu pflegen. In den USA z.B. wird eher mehr Geld für Gegenstände ausgegeben. Sammeln und Statussymbole zu pflegen, scheint hier wichtig zu sein.

Je nachdem, ob wir z.B. im Kontext Arbeit eher aufgaben-, also sach- oder menschenorientiert sind, kann das in unterschiedlichen Kulturen durchaus zu Problemen führen. In einigen Kulturen wird es als normal betrachtet, wenn Menschen, die miteinander zusammenarbeiten, sich dabei hauptsächlich auf ihre Aufgaben und sachliche Themen konzentrieren. Dabei steuert das Sachthema das gemeinsame Miteinander und die Kommunikationsprozesse. Menschen, die sich an Aufgaben orientieren, werden im Allgemeinen oft als distanziert und sehr sachorientiert wahrgenommen. In anderen Kulturen wiederum stellt die Etablierung einer guten Arbeitsbeziehung zwischen den einzelnen Teammitgliedern eine wichtige Voraussetzung dar, um gemeinsam kommunizieren zu können, Vertrauen aufzubauen und zu kooperieren. Sie betrachten sozialen Austausch, der oftmals auch private Gedanken und Gefühle mit einschließt, als wesentlich. Beziehungsorientierte Personen wirken meistens lebhaft und persönlich engagiert, da sie auch in Arbeitsbeziehungen einen informellen Kommunikationsstil zum Ausdruck bringen.

---

[132] Vgl.: Woodsmall, Wyatt, 1988: Auf dem Weg zu exzellenter Kommunikation. Paderborn, Junfermann, S. 58

[133] Woodsmall, Wyatt, 1988: Auf dem Weg zu exzellenter Kommunikation. Paderborn, Junfermann, S. 74

Dieses Metaprogramm kommt der Einteilung von Trompenaars hinsichtlich der neutralen bzw. affektiven Dimension[134] sehr nahe. Nisbett benutzt das NLP-Metaprogramm dazu, einen der Unterschiede zwischen der westlichen und asiatischen Denkweise zu illustrieren.[135] Objekte, die man zu Kategorien zusammenzählen kann, werden eher durch Substantive ausgedrückt, während man Beziehungen zu anderen Menschen mit Adjektiven, aber hauptsächlich mit Verben beschreibt, weil man etwas tut oder ist. Beim Satzbau im Chinesischen fällt auf, dass die Verben zu Beginn vorkommen, während im Englischen die Verben meist in der Mitte oder am Ende stehen. Schon die chinesischen Babys lernen, wenn Sie eine andere Person sehen, von ihrer Mutter eher die richtige Verhaltensweise (also Winken, Hand geben) als den Namen der Person, wie es tendenziell eher in Amerika der Fall ist: Eine interessante Anwendung der Metaprogramme auf einen Kulturunterschied.

9. Unabhängigkeit-Team (Arbeitsstil)

Mit diesem MP kann man herausfinden, wie und wo wir jemanden am besten einsetzen können und wie er in einem Team am besten aufgehoben ist. Es sagt etwas über das Verhältnis des Einzelnen zur Gruppe aus. Es ist kulturabhängig, ob eine Kultur eher eine Tendenz zu Teamplayern oder Unabhängigen hat (Bsp.: Japan gehört eher zu den Teamplayern).

10. Zeitorientierung, Zeitspeicher, Zeitzugang (Zeit)[136]

Das MP Zeit beschreibt den Umgang mit Zeit und das Zeitempfinden. Es untersucht durch Fragen, wie die Zeit in ihrem Erleben empfunden wird: Richtung, Dauer, Orientierung, Kontinuierlich-Diskret, Wie speichert man Erinnerungen? Wie machen wir uns Erinnerungen zugänglich?. Bei der Unterscheidung „Zeitorientierung" wird überprüft, auf welche Zeit sich jemand bezieht bzw. in welcher Zeit jemand hauptsächlich lebt. So „leben" z.B.

> In der Zeit: zyklisch, durch den Körper
> Durch die Zeit: chronologisch, außerhalb des Körpers

Konservative eher in der Vergangenheit und Ideenentwickler eher in der Zukunft. Bei dem Zeitspeicher kann man ermitteln, wie die Zeit und Erinnerungen bzw. Zukunftsvorstellungen gespeichert werden: Durch die Zeit, in der Zeit. Durch die Zeit heißt, diese Menschen speichern ihre Zeit von links nach rechts oder von oben nach unten ab, sie erleben die Dauer der Zeit (bildlich vor dem Körper). Ihr Entscheidungsprozess dauert meist relativ lange. Menschen, die in der Zeit leben,

---

[134] siehe Kapitel 3.5.2 Die Kulturdimensionen
[135] Nisbett, Richard, 2004: The Geography of thought. How Asians and westerners think differently. New York, Simon & Schuster
[136] Das Thema Zeit wird als Exkurs noch genauer in der Übung 5.5.5 „Zeitlinie" erklärt.

speichern ihre Zukunft vor sich und die Vergangenheit hinter sich. Sie können sich schnell entscheiden und leben in der Gegenwart „in time". Der Zeitzugang handelt davon, wie wir uns an vergangene Ereignisse erinnern.

In jedem Fall hat dieses MP eine kulturelle Komponente. In unserer Geschichtsschreibung versuchen wir die Vergangenheit entlang der Zeitachse bis in die Gegenwart so zu erzählen, wie sie war. Die Inka schreiben die Vergangenheit von den Interessen der Gegenwart. Für sie ist die Zeit zyklisch. Die Geschichte teilt sich in Viertausend-Jahres-Zyklen, unterteilt in vier Epochen von jeweils Tausend Jahren. Der Wandel alle viertausend Jahre ist gleichzeitig eine Rückkehr zur alten Zeit. Im Vergleich dazu: Die angloamerikanische Zeitlinie (durch die Zeit) ist eine, die zur Zeit der industriellen Revolution ihre stärkste Ausprägung erreicht hat[137] und analog zum Fließband von rechts nach links und umgekehrt ein Ereignis ans andere reiht. Pünktlichkeit ist auch eine Empfindung dieser Zeitauffassung. Wenn wir zwei Verabredungen haben, eine um neun und eine um zehn Uhr, beenden wir die erste rechtzeitig, um zur zweiten pünktlich zu sein, unabhängig davon, ob wir alles regeln konnten, was wir uns vorgenommen hatten. Dies ist z.B. in Italien und Südamerika meist nicht üblich. In den islamischen Ländern und in warmen Klimazonen, wie in Indien oder im Südpazifik, herrscht grundsätzlich ein anderes Verständnis von Zeit. Die Menschen leben in der Zeit. Der Schwerpunkt ihres Denken und Handelns liegt auf dem Hier und Jetzt. Auch die asiatischen Philosophen vertreten diese Zeiteinteilung.

▶ *Wir verweisen auf die Übung 5.5.5 „Zeitlinie"*

Wie helfen Metaprogramme bei der Interkulturellen Kommunikation?

Wenn man sich auf die Vorannahme stützt, dass die Bedeutung der Kommunikation in der Reaktion liegt, die man bekommt, so kommt es auf die Wahrnehmung des Kommunizierten durch mein Gegenüber an. „Der effektivste Weg, jemanden zu überzeugen, besteht darin, die Motive und das Weltmodell des anderen zu verstehen und die eigene Botschaft dementsprechend zu präsentieren. Im Allgemeinen haben Menschen immer ein Motiv und eine Absicht und handeln nur ganz selten rein beliebig. Wenn jemandem eine bestimmte Verhaltensweise im Rahmen seines Weltmodells sinnvoll erscheint, wird er sie leben oder übernehmen. Metaprogramme helfen uns dabei, die Weltmodelle der anderen zu verstehen."[138]

Interessant ist die Fragestellung, wie Metaprogramme aus dem NLP mit den Kulturdimensionen vergleichbar sind. Ergänzen sie sich gegenseitig oder lassen sie sich

---

[137] Vgl.: Hall, Edward T., 1983: The Dance of life. New York, Doubleday

[138] Woodsmall, Wyatt, 1988: Auf dem Weg zu exzellenter Kommunikation. Paderborn, Junfermann, S. 18

integrieren zu einem „individualisierten Kulturmodell"? Was haben Metaprogramme mit Kulturdimensionen gemein, worin liegen die Unterschiede und vor allem, wie kann diese Erkenntnis praktisch angewandt werden?

▶ *Die Übung 5.5.7 „Kultureller Mentor" können Sie sowohl auf Metaprogramme, als auch auf Verhaltensweisen, Fähigkeiten und Glaubenssätze beziehen.*

3.5.2 Die Kulturdimensionen oder Länder, Menschen, Unterschiede

> "Der Weg von Mensch zu Mensch ist oft weit und schwieriger als der Weg von der Erde zum Mond." *Franz Koenig*

Was sind Kulturdimensionen?
Einer der Schwerpunkte interkultureller Forschung ist die Suche nach kulturellen Dimensionen durch systematische Erforschung und Abstrahierung kultureller Unterschiede. Diese Dimensionen vereinfachen die Klassifizierung von Kulturen und erleichtern so die Analyse von kulturellen Unterschieden und ihren Auswirkungen.[139] Für uns sind sie interessant, da sie eine kulturspezifische „Einteilung" von Gruppen vornehmen, während im NLP eine Struktur des individuellen Verhaltens beschrieben wird. Das Wissen beider „Schemata" hilft dabei, die Menschen, mit denen wir kommunizieren, aus mehreren Perspektiven zu sehen. Nicht nur die Persönlichkeit an sich wird berücksichtigt, sondern auch deren Beeinflussung, die durch die Kultur auf das Individuum einströmt. Kurz: NLP bietet Charakterisierungen und Strukturen hinsichtlich („der Kultur") des Individuums, während die Kulturwissenschaften ihren Fokus auf Kultur als Gruppenphänomen richten. Eine Zusammenführung beider kann unser Weltmodell nur bereichern.

Die Grundlagen der kulturellen Dimensionen sind von verschiedenen Autoren geschaffen worden. Am bekanntesten und somit auch sehr verbreitet sind die Dimensionen von Geert Hofstede, Fons Trompenaars und Hampden-Turner sowie Edward T. Hall[140].[141] Die Kritik, die aus unserer Sicht zu Recht an diesen Dimensionen gemacht wird, ist die der Fokussierung auf Unterschiede, anstatt auf Gemeinsamkeiten.

---

[139] Vgl.: www.intercultural-network.de/einfuehrung/kulturelle_dimensionen.shtml, Zugriff vom 10.04.2005

[140] Vgl. hierzu: Hall, Edward T., 1976: Die Sprache des Raumes. Düsseldorf und Hall, Edward T., 1977: Beyond culture. New York, Anchor und Hall, Edward T./Hall, Mildred R., 1990: Understanding cultural differences. Yarmouth.

[141] Vgl.: www.intercultural-network.de/einfuehrung/kulturelle_dimensionen.shtml Zugriff vom 10.04.2005

Zudem stammen viele der Untersuchungen aus den 70er Jahren und sind seitdem so gut wie nicht mehr aktualisiert worden. Da wir aber davon ausgehen, dass sich Kultur durch die Menschen weiterentwickelt, müssen die bestehenden Ergebnisse kritisch hinterfragt werden. Eine Langzeitstudie im Umfang eines Hofstede oder Trompenaars wird derzeit in Amerika durchgeführt. Im so genannten GLOBE Projekt (Global Leadership and Organizational Behaviour Effectiveness)[142] untersuchen vier Universitäten der USA und Kanadas kulturelle Werte und Praktiken in 61 Nationen (zehn Cluster) auf ihre Wirkung bezüglich Organisationsverhalten und Leadership.

Geert Hofstede (1991)

Hofstede ist der am häufigsten zitierte Experte auf dem Gebiet interkultureller Vergleiche. Er untersuchte als Organisationspsychologe den Einfluss nationaler Kultur auf die Organisationskultur. Hofstede befragte von 1968-1972 rund 117.000 IBM-Mitarbeiter in 72 Ländern. Erst nur für das Unternehmen, dann für allgemeine Zwecke eingesetzt, ist diese Untersuchung heute Grundlage für viele weiteren Kategorisierungen. Nachteilig ist leider, dass es keine Nachfolgeuntersuchungen[143] gibt, auch ökonomische Bedingungen und Entwicklungen sind nicht berücksichtigt. Länder sind ebenfalls nicht mit Kulturräumen gleichzusetzen, so werden Multi-Kulturen der dreisprachigen Schweiz oder im vielsprachigen Indien nicht

Geert Hofstede (1991):
- Machtdistanz
- Unsicherheitsvermeidung
- Individualismus-Kollektivismus
- Maskulinität-Femininität
- Langzeit und Kurzzeitorientierung

differenziert, ebenso wie länderübergreifende Kulturen (wie die kurdische, armenische oder chinesische Kultur) nicht berücksichtigt sind. Leider sind für heutige Begriffe die vor ca. 30 Jahren erhobenen Daten aufgrund der rasanten gesellschaftlichen, technischen und sozialen Entwicklungen nicht mehr ganz aktuell. Hofstede unterscheidet in seinen Kulturvergleichsstudien fünf Dimensionen: Individualismus (als Ausmaß der Betonung von Eigeninitiative, Selbstversorgung oder staatlicher Fürsorge in der Gesellschaft), Machtdistanz (als Ausmaß der gesellschaftlichen Akzeptanz von Macht), Unsicherheitsvermeidung (als Ausmaß des Gefühls der Bedrohung durch

---

[142] Das Globe-Project hat seine Homepage mit frei herunterladbaren Kapiteln aus dem entstehenden Buch unter http://www.thunderbird.edu/wwwfiles/ms/globe/publications_2004.html, Zugriff vom 01.03.2004

[143] Eine Ausnahme ist dabei Hofstede, der 1991 zu seinen bereits bestehenden vier Dimensionen eine fünfte hinzufügte, die Langzeitorientierung. Die Praxis zeigt aber, dass diese Dimension kaum relevant erscheint, ganz im Gegenteil zu den bewährten vier Dimensionen, diese kann man als grobe Orientierungsrichtung nehmen. Wir verstehen auch deshalb diese Einteilungen als Tendenz und nicht als „dogmatische Wahrheit".

unsichere Situationen und Vermeidung durch Regeln), Maskulinität (als Ausmaß der Dominanz maskulin-materiellen gegenüber feminin-sozialen Werten einer Gesellschaft) und Zeitorientierung (als Ausmaß der kurz- oder langfristigen Planung und Umgang mit der Vergangenheit). Was ist konkret damit gemeint?

Individualismus-Kollektivismus

Tabelle 3-18: Individualismus - Kollektivismus

Individualismus	Kollektivismus
Individuelle Autonomie	Einheit und Harmonie in der Gruppe
Selbstorientierung: Jeder kümmert sich zunächst um sich, seine Interessen und seine unmittelbare Familie	Gruppenorientierung: Jeder kümmert sich um den anderen
Lockere soziale Bindungen	Relativ stabile Beziehungen
Jeder trifft seine eigenen Entscheidungen	Entscheidungen werden gemeinsam getroffen
Individuelle Verrichtung der Arbeit	Verrichtung der Arbeit nach Abstimmung mit der Gruppe
Die Tätigkeit ist wichtiger als die Beziehungen zu anderen	Die Beziehung zu den Mitgliedern der Gruppe ist wichtiger als die Tätigkeit, die sie ausführen
Man redet offen über seine Gefühle	Man redet nicht offen über seine Gefühle
	Es ist wichtig, sich innerhalb einer Gruppe zu verstehen, weshalb Konflikte vermieden werden
Direkte verbale Kommunikation	Indirekte Kommunikation
	Achten auf Normen und Verpflichtungen

Die Niederlande, Belgien und die USA werden, laut der Untersuchung, z.B. eher zu den individualistischen Kulturen gezählt, während z.B. Japan und die Türkei eher kollektivistische Tendenzen vorweisen. Robert Levin fand heraus, dass Menschen sich in individualistischen Kulturen schneller bewegen als in kollektivistischen. Er stellte in einer Untersuchung in 31 Ländern fest, dass das Grundwertesystem einer Kultur sich auch in ihren Tempo-Normen spiegelt.[144] Welches Metaprogramm passt nun ehesten zu dieser Dimension? Die Problemorientierung (Selbst-Andere-Kontext) weist Parallelen zu dieser Kulturdimension auf. Auch das Metaprogramm Arbeitsstil, Team oder Individuum von Klaus Grochowiak ist ähnlich. Man könnte vermuten, dass individualistische Kulturen eher Einzelkämpfer im Kontext Arbeit sind und Probleme im persönlichen Kontext mit sich selbst ausmachen.

---

[144] Levine, Robert, 1998: Eine Landkarte der Zeit. München, Piper

Machtdistanz

Tabelle 3-19: Hohe Machtdistanz - Niedrige Machtdistanz

Hohe Machtdistanz	Niedrige Machtdistanz
Großer Unterschied in Status und Macht	Größere Gleichrangigkeit und Gleichberechtigung zwischen Mitarbeitern und Führungspersonen
Mitarbeiter machen, was ihnen der Vorgesetzte sagt	Größere Interaktion zwischen Mitarbeitern und Führungspersonen. Mitarbeiter haben eine größere Autonomie
Mitarbeiter haben keinen Einfluss auf Entscheidungen. Führungspersonen treffen sie alleine	Mitarbeiter geben den Führungspersonen Anregungen

Ergebnisse der Untersuchung zeigen, dass z.b. Griechenland, Belgien und Deutschland zu Kulturen mit hoher Machtdistanz gezählt werden können, während die Menschen z.b.: Schweden und Dänemark eher eine niedrige Machtdistanz vorweisen. Welches Metaprogramm passt am ehesten zu dieser Dimension? In Kulturen mit hoher Machtdistanz werden die Menschen mit externer Referenz im Arbeitskontext wahrscheinlich besser zurechtkommen als diejenigen, die nach einer inneren Referenz handeln.

Unsicherheitsvermeidung

Tabelle 3-20: Hohe Unsicherheitsvermeidung - Geringe Unsicherheitsvermeidung

Hohe Unsicherheitsvermeidung	Geringe Unsicherheitsvermeidung
Man fühlt sich bei ungewissen oder unbekannten Situationen bedroht und versucht sie zu vermeiden	Man ist offen gegenüber innovativen Ideen und Verhalten
Man vermeidet Risiken und plötzliche Veränderungen und benötigt mehr Regeln	Man braucht wenige Regeln
Es ist schlimm, wenn jemand die Regeln nicht beachtet	Man toleriert eine Missachtung der Regeln
Man wünscht sich Übereinstimmung, Formalität, Struktur und die Beherrschung von Situationen	

Japan und Belgien werden tendenziell eher zu Kulturen mit hoher Unsicherheitsvermeidung gezählt, während die Menschen z.B. in Schweden und Großbritannien eher eine niedrige Unsicherheitsvermeidung vorweisen. Welches Metaprogramm passt am ehesten zu dieser Dimension? Menschen mit Metaprogrammausprägung in Richtung Intuition und nicht tangibel benötigen nicht viel Sicherheit und brauchen sich in Kulturen mit niedriger Unsicherheitsvermeidung nicht viel umzustellen. Möglicherweise ist es für Menschen mit externer Referenz schwieriger in Kulturen mit niedriger Unsicherheitsvermeidung zu leben, da es weniger Regeln gibt, die auch eine (externe) Richtung weisen können.

Maskulinität-Femininität

Tabelle 3-21: Feminine Kulturen – Maskuline Kulturen

Feminine Kulturen	Maskuline Kulturen
Die Geschlechterrollen überschneiden sich	Die Aufteilung der Geschlechterrollen ist klar abgegrenzt
Konzentration auf die Wahrung der Lebensqualität, die soziale Wärme und Pflege	Streben nach materiellen Erfolgen, wie ein hohes Einkommen und Beförderungen
Bescheidenheit und Toleranz, man zeigt Mitgefühl und Sympathie für den Schwächeren	Durchsetzungsfähig, streng, stark, bestimmt und Behauptung im Leistungswettbewerb

Ergebnisse der Untersuchung zeigen, dass z.b. Deutschland und Japan eher zu den maskulinen Kulturen gezählt werden können, während z.b. die Menschen in den Niederlanden und in den skandinavischen Länder eher feminine orientiert sind.

Langzeitorientierung und Kurzzeitorientierung

Diese Dimension gibt die Orientierung einer Gesellschaft nach Zeit als Tugend an. Hofstede hat sie zusammen mit Bond[145] nach einer Studie, die Studenten in 23 Ländern in der Welt betraf, 1991 aufgestellt. Sie basiert auf Konfuzius, der als einflussreicher chinesischer Philosoph um 500 v. Chr. Lebte, und bezeichnet das Verständnis, mit dem Kulturen mit Zeit umgehen und der Bedeutung der Vergangenheit (Tradition) für die Kultur. Langzeitorientierte Kulturen findet man vor allem in ostasiatischen Ländern, z.B. in China, Hong Kong, Taiwan, Japan und Südkorea. Kurzzeitorientierte Kulturen sind tendenziell Kanada, Philippinen, Nigeria und Pakistan. Welches Metaprogramm passt am ehesten zu dieser Dimension? Die Kultureinteilung von Hofstede stimmt mit der Charakterisierung des Zeitzugangs von Grochowiak überein. Die Menschen leben in den islamischen Ländern und in warmen Klimazonen in der Zeit. Der Schwerpunkt ihres Denken und Handelns liegt auf dem Hier und Jetzt. Hofstede teilt diese der Kurzzeitorientierung zu.

Wofür sind diese Tendenzen gut? Sie sind aus der Sicht einiger Forscher entstanden, die vermutlich eine tendenziell hohe Unsicherheitsvermeidung für wichtig halten. Denn diese Dimensionen helfen Verhalten einzuteilen und zu erklären. Dieses kann als Vorbereitung auf eine andere Kultur hilfreich sein und so Unsicherheit in der Interpretation von Handlungen vermeiden. Wie jeder Mensch seine internen Strukturierungsvorlieben, seine Metaprogramme für bestimmte Kontexte hat, so haben Menschengruppen auch gemeinsame Handlungsvorlieben entwickelt. Diese sind durch die natürlichen Umgebungen, Geschichte und Einflüsse entstanden. Das zeigen auch die logischen Ebenen aus kultureller Sicht.

---

[145] Hofstede, Geert/Bond, M. H., 1998: Confucius & economic growth: New trends in culture's consequences. In: Organizational Dynamics, Amsterdam 16 (4), S. 4-21

Fons Trompenaars und Hampden-Turner (1997)

| Fons Trompenaars (1997)
1. Beziehung der Menschen untereinander
• Universalismus-Partikularismus
• Individualismus-Kollektivismus
• Neutral-Affektiv
• Spezifisch-Diffus
2. Die Beziehung zur Umwelt
• Erworbener Status-zugeschriebener Status
• Dominant-Untergeordnet
3. Der Bezug zur Zeit
• Vergangenheits-, Gegenwarts- und Zukunftsorientierung
• Sequentiell-Synchron | Trompenaars, ein weiterer Forscher auf diesem Gebiet, geht von der Annahme aus, dass jede Kultur ihre eigene Antwort auf universelle Fragen kennt. Dabei beruft er sich auf eine Befragung von 18000 Managern aus 23 verschiedenen Ländern. Er analysierte, wie Menschen mit Zeit, Natur und anderen Menschen umgehen. |

1. Die Beziehungen der Menschen untereinander

Universalismus-Partikularismus

Diese Dimension gibt an, wie wir das Verhalten anderer Menschen beurteilen. Dabei gibt es zwei Alternativen: Universalismus und Partikularismus.

Tabelle 3-22: Universalismus-Partikularismus

Universalismus	Partikularismus
Universelle Gesetze: Gesetze und Regeln können demnach immer ohne Ausnahmen angewandt werden. Jeder wird gleich behandelt	Es gibt nicht nur eine richtige Version. Regeln können verändert werden, z.B. weil der andere ein Freund oder Familienmitglied ist
Man ist stärker auf Regeln als auf Beziehungen eingestellt; „Vertrag ist Vertrag"	Man ist stärker auf persönliche Beziehungen als auf Regeln eingestellt; Beziehungen sind sehr eng und dauern an
Hohes Bedürfnis nach einer Institution, die die Wahrheit schützt und Verträgen, die festhalten was die einzelnen Parteien abgemacht haben	Man vertraut den Menschen mehr und unterstützt und schützt denjenigen, der einem persönlich wichtig ist, auch wenn man damit gegen das Gesetz handelt

Danach sind beispielsweise die USA eine besonders universalistisch geprägte Kultur, ebenso wie Deutschland. Frankreich hingegen ist eher eine partikularistisch ausgeprägte Kultur. Ein Beispiel dafür ist die rote Fußgängerampel. In Deutschland bleiben Fußgänger in der Regel stehen, selbst wenn kein Auto kommt. Wenn jemand doch die Straße bei rot überquert und Kinder auf das grüne Licht warten, könnte er von anderen darauf hingewiesen werden. In Frankreich lässt sich das Gegenteil beobachten: Bei Rot die Strasse zu überqueren, wenn kein Auto kommt, ist durchaus akzeptabel.

Individualismus-Kollektivismus

Diese Dimension ist nahezu identisch mit der Individualismus-Kollektivismus-Dimension von Hofstede. Wie wichtig der Einzelne im Verhältnis zur Gruppe ist, ist die zentrale Frage dieser Kulturunterscheidung. Wenn ich die individuelle Verschiedenheit jedes einzelnen Menschen wertschätze, benutze ich ‚ich' öfter als ‚wir' und befinde mich in einem eher lockeren Gefüge der Gesellschaft, das durch persönliches Schuldempfinden zusammengehalten wird. Wenn ich meine Identität durch den Bezug zu den mir wichtigen ‚Gruppen' definiere (Familie, soziale Klasse, Kaste etc.), mich loyal verhalte und Gruppenkonsens suche, findet Kontrolle durch Angst vor Ausschluss und Schande statt. Das ist in Kulturen in Asien und Lateinamerika, Südamerika und dem Mittleren Osten üblich.

Neutral-affektiv

Eine weitere Dimension ist die neutrale-emotionale Dimension, die sich mit dem Zeigen von Emotionen beschäftigt.

Tabelle 3-23: Neutral - Affektiv

Neutral	Affektiv
Man kontrolliert seine Emotionen und versucht sie nicht zu zeigen	Man zeigt anderen gegenüber Emotionen offen und natürlich, viel Gestik und Mimik
Man erwartet eine direkte Antwort	Man erwartet eine indirekte emotionale Antwort
Der körperliche Kontakt, eine offene Gestik und Mimik sind oft Tabu	Körperlicher Kontakt, Gestik und Mimik sind etwas ganz Normales
Die Kommunikation ist eher verbal und direkt	Die Kommunikation ist eher nonverbal und indirekt

Bei der Untersuchung stellte sich heraus, dass beispielsweise Deutschland die neutralste unter den europäischen Kulturen ist und Frankreich zu den emotionalsten Kulturen gehört. Dazu ein Beispiel: Ein Workshop im beruflichen Kontext. Als während des Workshops ein Witz erzählt wurde, lachte niemand von den Deutschen. Später in der Bar dagegen lachten sie darüber. Die Ursache dafür war, dass Deutsche sich im beruflichen Kontext kontrollierter verhalten und mehr die Form wahren wollten, als die Franzosen.[146]

---

[146] Vgl.: Trompenaars, Fons/Hampden-Turner, C., 1997: Riding the waves of culture: understanding cultural diversity in business. London, Nicholas Brealey

Spezifisch – Diffus

Diese Dimension gibt den Grad an, inwieweit sich bestimmte Lebensbereiche überschneiden, bzw. wie man sich außerhalb der gewohnten Umgebung verhält.

Tabelle 3-24: Spezifisch - Diffus

Spezifisch	Diffus
Kleiner privater Bereich, großer öffentlicher Bereich	Privater und öffentlicher Bereich haben die gleiche Größe
Trennung des privaten Bereichs vom Arbeitsbereich	Privater Bereich ist eng mit dem Arbeitsbereich verbunden
Kennen lernen ist einfach, jedoch ist es schwerer enge Freundschaften zu knüpfen	Schwerer jemanden kennen zu lernen, aber wenn man erst einmal jemanden kennen gelernt hat, kommt man sich schneller näher.
Direkt	Indirekt: Kritik kann als ein Vertrauensbruch verstanden werden
Man erzählt schnell Privates, auch Fremden gegenüber	Man bewahrt seinen öffentlichen Bereich
Man kommt direkt auf den Punkt und ist offen zielgerichtet in der Beziehung	Erst will man jemanden in mehreren Bereichen kennen lernen (Schule, Freunde etc.) und kommt dann auf den Punkt in einer Diskussion Indirekt; anscheinend ziellos in der Beziehung

Zu den eher diffusen Kulturen gehört z.B. Frankreich, denn hier ist eine Vermischung von Privatem und Arbeit durchaus normal, während das in anderen Kulturen, wie z.B. in Russland nicht unbedingt der Fall ist.

▶ *Zur Klärung von verschiedenen Rollen in unterschiedlichen Kontexten (z.B. Beziehungen, Familie, Beruf, einmalige interkulturelle Situationen) kann die Übung 5.7.2 „Rollenklärung" dienen.*

2. Die Beziehungen zur Umwelt

Eworbener Status und zugeschriebener Status

Tabelle 3-25: Erworbener Status – Zugeschriebener Status

Erworbener Status	Zugeschriebener Status
Menschen werden danach beurteilt, wie gut sie ihre Aufgaben erfüllen	Der Status des Menschen hängt davon ab, wer und was er ist (abhängig von Alter, Geschlecht, Bildung, Beziehungen und Beruf)

Der zugeschriebene Status ist typisch für den indischen Kulturraum (Kastensystem), während der erworbene Status hauptsächlich für westliche Kulturen zutrifft (Leistungsgesellschaft). Der Glaube einer Kultur, ob Autorität durch ‚Zuschreibung', sprich Geburt oder Delegation erworben wird oder auf eigener ‚Leistung' beruht, unterscheidet, wer, wann und wie in eine Machtposition kommt. Im Westen glauben wir tendenziell an persönliche Leistung, während im Mittleren Osten, Asien und Lateinamerika die Herkunft und das Alter eine größere Rolle spielen.

Dominant – Unterordnen

Tabelle 3-26: Dominant - Unterordnen

Dominant	Unterordnen
Mensch > Natur (Menschen fühlen sich der Natur und der Gesellschaft überlegen)	Mensch < Natur (Menschen im Einklang mit der Natur)

Diese Dimension ist mit der Machtdistanz von Hofstede zu vergleichen.[147]

3. Der Bezug zur Zeit

Vergangenheits-, Gegenwarts- und Zukunftsorientierung

Diese Dimension gibt an, wo der zeitliche Rahmen für Tätigkeiten beginnt. Orientiert sich mein Zeitverständnis an der Gegenwart oder hält es stark an der Vergangenheit fest? Wie sind Vergangenheit, Gegenwart und Zukunft jeweils miteinander verknüpft?

Tabelle 3-27: Vergangenheits-, Gegenwarts- und Zukunftsorientierung

Vergangenheitsorientiert	Gegenwartsorientiert	Zukunftsorientiert
Man spricht über Geschichte, Herkunft der Familie, des Geschäftes und des Landes	Gegenwärtige Aktivitäten und Freuden sind am wichtigsten	Man spricht viel über Vorhaben, Möglichkeiten, zukünftige Leistungen
Motivation ist Wiederherstellung eines vergangenen goldenen Zeitalters (z.B. "goldene" nationale Vergangenheit)	Man hat nichts gegen Pläne, führt sie nur meist nicht aus ("about tomorrow")	Man plant und organisiert enthusiastisch
Man zeigt Ehrfurcht vor Ahnen, Vorgängern und alten Leuten	Man zeigt großes Interesse an momentanen Beziehungen	Großes Interesse an der Jugend und zukünftigem Potential
Alles sieht man im Licht von Tradition und Geschichte	Man sieht alles in Bezug auf seine momentane Bedeutung	Vergangenheit und Zukunft werden möglichst für zukünftige Vorteile genutzt

Deutsche sind z.B. eher zukunfts- als vergangenheits- oder gegenwartsorientiert. Sie werden daher beispielsweise eher Geld sparen, als es sofort ausgeben oder sie finanzieren eine Lebensversicherung. Dass Deutsche auch eher das Metaprogramm Zeitorientierung Zukunft aktiviert haben, scheint ebenso logisch wie, dass sie eher durch die Zeit leben und pünktlich sind. In anderen Kulturen, wie z.B. in Afrika, hat die

[147] Viele Beispiele dazu sind in Trompenaars, Fons/Hampden-Turner, C., 2004: Managing people across cultures. Chichester, Capstone zu finden

Zukunft eine geringe Bedeutung. Sie orientieren sich mehr an der Vergangenheit. Ältere Menschen werden bei ihnen als weiser angesehen. Man befolgt häufig ihren Rat. Das Metaprogramm Zeitorientierung ist bei afrikanischen Menschen meist auf die Vergangenheit ausgerichtet und sie leben im Bezug zur Zeit eher gegenwartsorientiert.[148]

Sequentiell und synchron

Tabelle 3-28: Sequentiell - Synchron

Sequentiell	Synchron
Man erledigt eine Aufgabe nach der anderen	Man erledigt mehrere Aufgaben gleichzeitig
Man hält Verabredungen genau ein und hält sich an Pläne	Man ist nicht immer pünktlich
Zeit wird auf einer Linie laufend betrachtet	Zeit wird zyklisch betrachtet
Die Vergangenheit ist nicht wichtig, sondern die Gegenwart und ihre Pläne für die Zukunft	Die Vergangenheit spielt eine wichtige Rolle
Das Einhalten von Zeitplänen ist wichtiger als Beziehungen	Beziehungen sind wichtiger als die Beachtung der Zeit

Trompenaars knüpft die Unterscheidung zwischen der sequentiellen und der synchronen Erledigung von Aufgaben eng an die polychrone und monochrone Zeitdimension von Hall (s.u.) an. Gerade diese Kulturdimension besitzt die fast identischen Pole wie das Metaprogramm Zeitorientierung und Zeitzugang.

Edward T. Hall (1977, 1990)[149]

Edward T. Hall (1977,1990):
- Bezug zum Raum
- Zeit: Monochron-Polychron
- Kontext: High-context - Low-context

Obwohl Hall sich nicht direkt mit kultureller Werteforschung beschäftigt, hat er zusätzlich drei weitere Dimensionen (mit Unterkategorien) identifiziert.

Der Bezug zum Raum

1. Umgang mit Territorien, Raumordnungen, Sitzordnungen

Der Begriff "Territorium" stellt einen Indikator für Macht dar, mit dem je nach Kultur unterschiedlich umgegangen wird. Je mehr Raum einer Person zur Verfügung steht,

---

[148] Eine gute Ergänzung zum Thema Zeit aus der NLP-Sicht finden Sie im Kapitel 3.5.1 Metaprogramme und als Exkurs in der Übung 5.5.5 „Zeitlinie".

[149] Vgl.: Hall, Edward T., 1977: Beyond culture. New York, Anchor und Hall, Edward T./Hall, Mildred R., 1990: Understanding cultural differences. Yarmouth.

desto höher ist ihr gesellschaftlicher Rang. Büros des Führungspersonals in Deutschland und den USA befinden sich z.b. eher in den oberen Etagen, in Frankreich hingegen meist im Zentrum zur Kontrolle und zum Informationsfluss.

2. Verhältnis von Privatsphäre und Öffentlichkeit

In Deutschland herrscht beispielsweise ein sehr großes Bedürfnis nach Privatsphäre. Deutsche sind z.b. sehr geräuschempfindlich und schirmen sich ab, wenn sie konzentriert arbeiten wollen. Oft besitzt jeder sein eigenes Büro. Die Bürotüren werden geschlossen. So signalisieren sie, dass sie ungestört sein wollen. Sie versuchen damit ihre Privatsphäre zu schützen, denn nach Hall empfinden die Deutschen ihren eigenen Raum als Fortsetzung ihres Egos und versuchen ihn mit allen Mitteln zu wahren. Franzosen dagegen begünstigen die ständige Zirkulation von Informationen. In Frankreich gibt es daher oft Großraumbüros, offene Türen und Treffen an "zentralen Orten" wie Flur, Kopierer oder Kaffeeautomaten.[150]

3. Bedeutung von räumlichen Entfernungen

Hier ist der fassbare, räumliche Abstand gemeint. Deutsche wahren beispielsweise die physische Distanz stärker als Franzosen. Es ist in Deutschland weniger üblich, sich zu berühren (sich z.b. im freundschaftlichen und familiären Kontakt auf die Wange zu küssen), und man hält während des Gesprächs größeren Abstand. Die Überschreitung der Grenze verunsichert den Deutschen. Auch diese Einteilungen sind natürlich dem Wandel unterlegen. Seit einiger Zeit sieht man mehr Menschen in Deutschland, die sich z.B. bei einer Begrüßung umarmen. Folgende Beispiele sind ebenfalls charakteristisch: Die japanische Raumverteilung reflektiert eine andere, harmonische und weniger auf Trennung bedachte Beziehung zwischen Menschen. Die amerikanische Kultur hingegen verdeutlicht in ihrer Raumnutzung die größeren privaten Ansprüche. Es werden dementsprechend die in beiden Ländern herrschenden geografischen Lebensbedingungen ausgedrückt. Kulturelle Werte bezüglich der Raumaufteilung reflektieren einerseits die unterschiedlichen Rahmenbedingungen, andererseits aber auch die Beziehung zu den anderen: Wann schenkt man Vertrauen, wie nah kommt man auf die andere Person zu, wann geht man vom „Sie" zum „Du" über.

---

[150] Vgl.: Barmeyer, Cristoph. I./Stein, Volker, 1998: Deutschland denkt's, Frankreich tut's? Die virtuelle Personalabteilung im Kulturvergleich. In: Barmeyer, Cristoph. I./Bolten, Jürgen, 1998: Interkulturelle Personalorganisation. Berlin, Sternenfels: Wissenschaft & Praxis, (Schriftenreihe Interkulturelle Wirtschaftskommunikation; Bd. 4), S. 71-105

Der Bezug zur Zeit: monochron - polychron

Die Einstellung bzw. der Bezug zur Zeit ist nach Hall ebenfalls kulturell determiniert und kann monochron oder polychron sein.[151] In angloamerikanischen Kulturen beispielsweise wird Zeit als eine begrenzt vorhandene Ressource gesehen, sie wird linear aufgeteilt, mit ihr wird gerechnet. Diesen eindimensionalen Umgang mit der Zeit nennt Hall monochron. In Lateinamerika wird Zeit dagegen als unbeschränkt, mit offenem Ende und als simultan einsetzbar gesehen (Mexiko mit dem berühmten „mañana"). Begegnungen, z.B. auf dem Gang werden auch nicht, wie oft in den monochronen Kulturen wegen dringender Termine abgewürgt, sondern diese Beziehung wird gepflegt.

Tabelle3-29: Monochron - Polychron

Monochron	Polychron
Zeit spielt eine große Rolle	Zeit spielt eine geringe oder nur eine untergeordnete Rolle
Segmentierte und lineare Organisation der Zeit; Erledigung der Aufgaben der Reihe nach	Simultane Organisation der Zeit, mehrere Aufgaben werden gleichzeitig erledigt

Untersuchungen haben gezeigt, dass hoch industrialisierte Gesellschaften, vor allem in Nordeuropa, germanophonen und angelsächsischen Ländern, eine Tendenz zur Monochronie haben. Demgegenüber sind südeuropäische und südamerikanische Gesellschaften eher polychron orientiert.

▶ *Eine Ergänzung zum unterschiedlichen Zeitempfinden und Zeiteinteilen ist die Übung 5.5.5. „Zeitlinie".*

Kontext: High-context - Low-context bzw. Schwacher - Starker Kontextbezug

Kulturspezifische Unterschiede im Kommunikationsstil resultieren nach Hall aus dem jeweiligen Kontextbezug sprachlicher Äußerungen. Hall versteht unter "Kontext" den Anteil der gespeicherten Informationen, von denen der Sender annimmt, dass der Empfänger über sie verfügt. Aussagen können demnach nur "im Kontext" richtig verstanden werden. Hall[152] unterscheidet zwischen Kulturen mit einem starken Kontextbezug (High-context) und Kulturen mit einem schwachen Kontextbezug (Low-context).

---

[151] Vgl.: Hall, Edward T., 1982: The Hidden Dimension, New York, Doubleday
[152] Vgl.: Hall, Edward T., 1977: Beyond culture, New York, Anchor

Tabelle 3-30: Low-context – High-context

Schwacher Kontextbezug (Low-context)	Hoher Kontextbezug (High-context)
Man sammelt Informationen über das Verhalten, Emotionen etc. anderer	Suchen nach sozialer Information (z.B. Schule, Unternehmen)
Man trennt die einzelnen Lebensbereiche (z.B. Privatsphäre und Berufliches) strikt voneinander	Man hat ein großes Beziehungsnetz, wobei Beziehungen zu Berufspartnern und Privatbeziehungen nicht getrennt werden
Man braucht zum Verständnis zusätzliche Detailinformationen, da wenig informelle Informationsnetze existieren	Durch das große Hintergrundwissen ist man über viele Themen informiert; man geht von einem gemeinsamen Hintergrundwissen aus, orientiert sich an Globalzusammenhängen und benötigt wenige zusätzliche Informationen
Kommunikationsstil: Sachlich, ernsthaft, nüchtern, distanziert, kühl, formell, direkt, explizit und verbal; weniger ausschmückende Wörter; Logik und Fakten sind wichtig	Kommunikationsstil: Indirekt, formal, nonverbal, implizit und weniger sachlich; Kommunikation nicht nur zur Übermittlung von Informationen, sondern auch zur Herstellung einer persönlichen Beziehung; Kommunikation enthält: Assoziationen, Mehrdeutigkeit, Anspielungen, Andeutungen und Wortspiele
Schwacher Kontextbezug: Wörter und Zeichen haben eine große Bedeutung, weshalb man beim Sprechen ins Detail geht; der Gesprächspartner soll den anderen "beim Wort" nehmen (explizit)	Starker Kontextbezug: Die Information ist durch den Kontext erschließbar (implizit)

Zu den Kulturen mit einem schwachen Kontextbezug gehören beispielsweise Amerikaner, Deutsche, Schweizer oder Skandinavier. Dass die Deutschen nach Hall einen schwachen Kontextbezug und Franzosen einen starken Kontextbezug haben, zeigt der französische Professor für Interkulturelles Management Jacques Pateau[153] an einem Beispiel: Wer in einem deutschen Bus den Knopf drückt, dem antwortet ein Schild "Bus hält". In Frankreich leuchtet "Arrêt demandé", d.h. "Halt verlangt", also wird der Bus halten. Demnach sind Deutsche direkter als Franzosen, die viele Dinge implizit meinen, aber oft nicht deutlich aussprechen. Ein seit vielen Jahren in Deutschland lebender Franzose sagte in einem Interview: "In Frankreich signalisieren wir einen Wunsch, und der Empfänger muss intelligent genug sein, um ihn zu verstehen. Wir gehen also davon aus, dass die Botschaft auf den Weg gebracht wurde und der andere entsprechend handeln wird. Wenn Sie jedoch in Deutschland einen Zweifel im Raum stehen lassen, hält der Deutsche Sie für nicht präzise genug und gibt Ihnen nichts."[154]

---

[153] Vgl.: Pateau, Jaques, 2000: Interkulturelle Aspekte der Kooperation in deutschen und französischen Unternehmen. In: DOKUMENTE - DOCUMENTS: Die deutsch-französischen Beziehungen, Chronologie und Dokumente 1948 – 1999. Bonn, Europa Union Verlag, S. 172- 177

[154] Pateau, Jaques, 2000: Interkulturelle Aspekte der Kooperation in deutschen und französischen Unternehmen. In: DOKUMENTE - DOCUMENTS: Die deutsch-französischen Beziehungen, Chronologie und Dokumente 1948 – 1999. Bonn, Europa Union Verlag, S. 172- 177

Diese Dimension gleicht der Dimension der diffusen und spezifischen Kulturen von Trompenaars. Die Kennzeichen von diffusen Kulturen ähneln denen der Kulturen mit einem hohen Kontextbezug und die Kennzeichen von spezifischen Kulturen ähneln denen der Kulturen mit einem schwachen Kontextbezug. Menschen in Low-context-Kulturen haben oft das Metaprogramm Informationsgröße „Detail" aktiviert, weil sie viele Informationen faktisch brauchen. Tendenziell bevorzugen dementsprechend Menschen in High-context-Kulturen oftmals das Metaprogramm „Überblick".

Die vorgestellten Dimensionen sind nicht statisch, so wie es die Kulturen und Menschen, die in ihr leben ebenso wenig sind. Stetig entwickeln Forscher und Unternehmen weitere praktische Einteilungen, die die Sprachentschlüsselung vereinfachen soll. So z.B. das Unternehmen Transnational Management Associates (TMA). Ihr Modell ist insofern eine Weiterführung der Modelle von Trompenaars, Hofstede und Hall, weil es noch feinere Dimensionen (12) aufführt und auch Teile der Metaprogramme des NLP enthält.[155] Interessant erscheint uns ebenfalls die Vorstellung des einzigen dynamischen Kulturmodells, welches derzeit existiert: Der amerikanische Forscher Claire Graves geht davon aus, dass Menschen zur Lösung von Problemen Strategien und Werte entwickelt haben müssen, um damit umgehen zu können. Sobald ein Problem erfolgreich gelöst ist, wird die Strategie ins Repertoire und in die Verhalten und Werte aufgenommen; so lange bis Probleme auftauchen, für die wiederum neue Lösungen gefunden werden müssen.

3.5.3 Das Wertesystem von Claire Graves und Spiral Dynamics

> "Freiheit ist immer auch die Freiheit der anderen." *Rosa Luxemburg (dt. Politikerin, 1870-1919)*

Sowohl Robert Dilts als auch Woodsmall knüpfen im NLP an das Wertemodell von Claire Graves an. Das Modell baut auf verschiedenen Entwicklungsstadien der Werte und Handlungsweisen von Menschen, Organisationen und Kulturen auf, die wertneutral zueinander in Beziehung gesetzt werden. Das Hauptkriterium ist, inwiefern Werte, Strategien, Handlungen zu den jeweiligen Umweltbedingungen passen.[156] Claire Graves ging davon aus, dass sich in der Menschheit bis heute acht verschiedene Wertesysteme als Reaktion auf die jeweiligen Umweltbedingungen entwickelt haben. Jedes von ihnen kann als Antwort auf existentielle Probleme verstanden werden. So

---

[155] World Prism Profiler in http://www.tmaworld.com/solutions/ps.cfm?psid=16

[156] Steufmehl, Ingo. A., 2001: Das Modell der Entwicklungsstufen von Personen und Organisationen nach Claire Graves. Skriptum Wissens- und Medienmanagement für Pädagogen, www.unibw-muenchen.de, Zugriff vom 07.02.2004

entstehen mit neuen Problemen auch neue Wertesysteme als "coping mechanismus". Wertesysteme sind in diesem Sinne Mechanismen, welche die Psyche entwickelt hat, um mit bestimmten Umweltsituationen angemessen umgehen zu können. Daraus folgt, dass die Veränderung von Problemen und Herausforderungen, denen sich ein Mensch oder eine Kultur gegenüber sieht, zu einer Veränderung ihres Wertesystems führen muss. Sie sind dann angemessen, wenn sie ein kongruentes Problemlösungsverhalten ermöglichen. Wertesysteme kann man nicht unabhängig vom Kontext miteinander vergleichen. Sie können als ein Schema oder eine Art und Weise des Denkens betrachtet werden und sind nicht mit dem Inhalt des Denkens zu verwechseln. Häufig sind Wertesysteme, die inhaltlich komplett entgegengesetzt sind, wie z.B. eine fundamentalistische Religion und der so genannte "atheistische Kommunismus", nur Ausformungen ein und desselben, des absolutistischen Wertesystems.[157]

Das Modell kann auf den einzelnen Menschen und seine derzeitige Wertehaltung angewandt werden sowie auf die Entwicklung seiner Wertehaltungen über einen längeren Zeitraum. Ähnlich wie andere Modelle, die sich mit der Tiefenstruktur menschlichen Verhaltens beschäftigen, hat dieses Modell sowohl Erklärungs- als auch Vorhersagewert. Es erklärt individuelles Verhalten und ebenso internationale politische Interaktionen. Menschen mit verschiedenen Wertesystemen denken unterschiedlich über Religion, den Sinn der menschlichen Existenz, Ökonomie, Politik, Familie, Ausbildung, Gesundheit und Freizeit und haben unterschiedliche Muster in ihrer Tiefenstruktur im Bezug auf Ziele, Ethik, Motivation, Lebensstil und Organisation. Wertesysteme, die sich ähneln, haben eine Entwicklungsfolge, die zwingend in einer bestimmten Reihenfolge abläuft.

Die Entwickler der Kulturdimensionen gehen von einem ähnlichen Hintergrund aus: „Über Jahrtausende hinweg haben die verschiedenen Gesellschaften ihre eigenen Lösungen für die Probleme entwickelt, die von einer Generation auf die andere übertragen werden."[158] In der Diskussion der Kulturdimensionen ist aber keine Rede von bestimmten Evolutionsstufen, die von allen Gesellschaften durchlaufen werden. Im Folgenden geben wir eine Übersicht der acht heute existierenden Evolutionsstufen:

---

[157] Grochowiak, Klaus, 1988: Wertebegriffe im NLP und anderswo, http://www.cnlpa.de/frame8.html, Zugriff vom 10.06.2005

[158] Hofstede, Geert, 1993: Interkulturelle Zusammenarbeit: Kulturen, Organisationen, Management. Wiesbaden, S. VII Vorwort

1. Survival Sense (Der Existierende), beige, Prinzip: Darwinismus

Reflexhaftes, instinktives Handeln treibt den Menschen zur Befriedigung seiner existentiellen Bedürfnisse an. Dieser hat dabei ein noch kaum ausgeprägtes Selbst, unterscheidet sich diesbezüglich also nur wenig vom Tier. Die Kommunikation dient der Überlebenssicherung. Als „Organisationsform" gilt das Recht des Stärkeren. Die Fähigkeit, vorrauszudenken und in die Zukunft zu planen, ist noch nicht ausgeprägt.

> Beige: Instinkt
> → Überleben um jeden Preis!
> Arterhaltung als oberstes Lebensziel, der Mensch als Herdentier, Naturabhängigkeit

Der Fokus ist auf Leben und Überleben als Individuum oder Gruppe durch Anpassung und Gewöhnung gerichtet.

2. Kinspirit (Der Stammesmensch), violett, Prinzip: Stammesdenken

Es entwickelt sich eine Haltung, die in allen Bereichen des Lebens auf das Erfüllen des Begehrens mystischer Geisteswesen abzielt. Die Menschen organisieren sich in fest zusammengehörigen Klans, in denen Treue gegenüber den Alten und das Wahren der Sitten besondere Priorität haben. Heilige Stätten und Objekte sowie Rituale erlangen in der Gesellschaft einen besonderen Stellenwert. Es bildet sich erstmals ein fest zusammengehöriges Kollektiv, dem sich die Einzelmenschen unterordnen, um sich im Leben zu behaupten und Sicherheit zu finden. Möglicherweise

> Violett: Klan-orientiert
> → Es gibt keinen Zufall!
> Hierarchisches, mystifiziertes Klandenken zwecks Harmonie und Sicherheit

zeigen sich auch erste Ansätze, mit den Mächten der Natur in Harmonie zu leben. Die Welt ist unverständlich, mysteriös und bedarf Erklärung und Interpretation.

3. Power God (Der Einzelkämpfer), rot, Prinzip: Egoismus

In einer Welt der Armen und Reichen ist es gut, reich zu sein. Es gilt, Schande zu vermeiden, seinen Ruf zu verteidigen und Respekt einzufordern. Impulse und Sinne werden in dieser Gesellschaft sofort befriedigt. Gleichzeitig wird ohne Gnade und ohne Schuldgefühle gekämpft, um Einschränkungen zu durchbrechen. Die Gesellschaft wie auch jeder Einzelne reflektiert aus der Grundhaltung heraus, dass mögliche Konsequenzen vielleicht nie eintreten werden, nicht über ihre bzw. seine Handlungen. Es stehen nur begrenzte Ressourcen zur Verfügung. Das eigene

> Rot: Egozentrisch → Ich will alles! Jetzt!
> Freude am Selbstgenuss, Impulsivität

Potenzial und eigene Bedürfnisse werden durch die Gruppe, die Regeln und Traditionen eingeschränkt, die Welt ist ein Dschungel. Eigeninitiative ist notwendig, um Ziele zu erreichen. Stärke setzt sich durch, die Schlagwörter sind fressen oder gefressen werden, impulsives Verhalten, Macht sammeln und erhalten.

4.Truth Force (Der Loyale), blau, Prinzip: Absolutismus

Die Gesellschaft beginnt, nachdem sie sich aus der 3.Phase, die an ihren Schwachstellen (übermäßige Impulsivität, Aggression) scheiterte, hinausbewegt, nach dem Sinn und Zweck des Lebens zu suchen. Man möchte sich bewusst einer höchsten Direktive unterordnen, um so Ordnung und Stabilität in die weltlichen Dinge und somit in sein Leben zu bringen. Impulsivität wird bewusst kontrolliert, Schuld akzeptiert und auf sie reagiert. Vielleicht lässt sich diese Phase mit der des Biedermeier in Deutschland verdeutlichen, in der sich jeder Bürger - teilweise gezwungenermaßen - dem herrschenden System unterordnete, um nach den Kriegs- und Aufstandsjahren wieder ein wenig Ruhe in sein Leben zu bringen.

Es gelten die Prinzipien des rechten Lebenswandels strengstens einzuhalten, d.h. einen zugeschriebenen, im religiösen

> Blau: Sinnerfüllt → Ich opfere mich!
> Loyalitätstreue, Selbstbeherrschung, Frömmigkeit, Solidarität

Sinne durch eine höhere, göttliche Macht zugewiesenen Platz einzunehmen und diesen dann, nicht aber seine eigenen Begierden, als für sich letztlich maßgeblich zu betrachten. Aber auch dieses System hat seine Schwachstellen, wie gut es auch für bestimmte Bereiche und Lebenssituationen ist; Fortschritt und die wirtschaftliche Weiterentwicklung kamen in diesem System ins Stocken. Das System, im Prinzip jedes bisher bekannte System, ist sich daher selbst der größte Feind, da es die Probleme der vorherigen Phase lösen kann, aber selbst wieder Probleme aufwirft, für die ein neues System notwendig ist. Aus dieser Erkenntnis heraus lässt sich ein geschlossenes Evolutionsmodell nicht mehr tragen; deshalb ist „Spiral Dynamics" ein nach oben offenes Modell, das keiner Stufe eine universale Brauchbarkeit zuschreibt.

5. Strive Drive (Der Erfolgssucher), orange, Prinzip: Materialismus

Die Menschen streben in dieser Phase nach Erfolg und Unabhängigkeit. Um dies zu erreichen, entwickeln sie Strategien, die im empirischen Sinne auf gemachten Erfahrungen beruhen. Sind noch keine für gut befundenen Erfahrungen vorhanden, versucht man, durch Austesten die besten Lösungen herauszufinden. Dabei werden kalkulierte Risiken eingegangen, um die Chancen zu nutzen. Es herrscht der Glaube, dass derjenige, der an sich glaubt und seine Chancen nutzt, Erfolg haben wird. Zwar sucht jeder den eigenen Erfolg, doch soll der Fortschritt allen zugute kommen, und um ihn zu erreichen,

> Orange: strategisch, innovativ, materialistisch → Ich will gewinnen!
> wissenschafts- und ergebnisorientiert, die Welt als rationaler, durchschaubarer Mechanismus, wettbewerbsorientierte, pragmatische Herrschaft

werden auch die hierarchischen Strukturen durchlässiger für Kommunikation von unten nach oben. Die Welt bietet eine Fülle von Gelegenheiten und Chancen. Wenn man es geschickt angeht, dann kann man alles erreichen. Nur Leistung wird belohnt.

Der Fokus richtet sich auf Verbesserungen, Technologie, Innovation, die die Werkzeuge des Erfolges sind.

6. Human Bond (Der Teammensch); grün, Prinzip: Soziales Denken

Die Menschen haben in dieser Phase erkannt, dass menschliche Wesen eine Gemeinschaft bilden sollten. Damit diese Gemeinschaft funktionieren kann, muss das Individuum zunächst sein eigenes Inneres, als auch das der Gemeinschaft erkunden. Es gibt keine Anführer, Entscheidungen werden ausschließlich durch Konsens erzielt. Die Ressourcen der Gesellschaft werden unter allen aufgeteilt. Ziel ist es weiterhin, die Menschen von Gier und Dogmen zu befreien und dadurch die Spiritualität zu erneuern und eine neue Form der Harmonie herbeizuführen. Ein übertriebenes Motto könnte sein: „Frieden und Liebe für alle".

> Grün: Sozialpluralistisch
> → Gemeinsam schaffen wir's!
> Kollektivverantwortung,
> Demokratieverständnis,
> kommunikativ, Relativismus

7. Flex Flow (Der Möglichkeitensucher), gelb, Prinzip: Systemdenken

Die ersten sechs Phasen bilden gewissermaßen eine Stufe (man bezeichnet sie als „first tier"). Ab der siebten Phase, die den Beginn der „second tier" darstellt, treten (vermutlich) alle Probleme, die in der „first tier" gelöst wurden, in veränderter Charakteristik in der „second tier" nochmals auf. Die erste Phase der „second tier" besitzt einen ähnlichen Probleminhalt wie die erste Phase der „first tier". Da aber alle Phasen bis zur siebten unweigerlich durchlaufen wurden, und damit auch alle ihre Erfahrungen in der siebten inhärent sind, besitzt die Gesellschaft in der siebten Phase die Fähigkeit, teilweise „über den Dingen zu stehen." Die Unvermeidbarkeit der Ströme und Formen der Natur wird akzeptiert, der Fokus wird auf Funktionalität, Kompetenz, Flexibilität und Spontaneität gelegt. Es wird auch eine natürliche Mischung von widersprüchlichen Wahrheiten und Ungewissheiten geduldet. Es muss allerdings gesagt werden, dass diese Art der Weltsicht bis heute nur in Ansätzen vorhanden ist. Der Fokus ist im Leben auf der Suche nach der höchsten Funktionalität, Individualität und persönlicher Freiheit. Kompetenz ist wichtig.

> Gelb: systemisch, liberal, funktional
> → Es gibt viele Möglichkeiten und Ansätze!
> Integratives Prozessverständnis (Global-verantwortung), persönliche Unabhängigkeit (Flexibilität), Informations-gesellschaft, Individualität

8. Global View (Der Globalist), türkis, Prinzip: Globales Denken

Ist schon die siebte Phase sehr wenig ausgeprägt, so kann man von der achten Phase behaupten, dass sie nur in Nuancen angedeutet und im Prinzip noch sehr futuristisch ist. Diese Phase lässt sich wohl am ehesten als eine ideale Globalisierung vorstellen; alle

Kompetenzen arbeiten zusammen, um ein oder mehrere Ziele, beziehungsweise Probleme oder Gefahren, die die Weltgesellschaft bedrohen, zu eliminieren. Globale Probleme erfordern neue,

Türkis: global integrativ
→ Alles hängt zusammen!
Soweit absehbar: Integration auf Makro-ebene

komplexe und ganzheitliche Lösungen, nämlich das Leben und die Vielfalt auf dem gesamten Globus sichern.

Jedes System entwickelt sich bei steigender Komplexität der Umwelt langfristig nach oben. In den Anfangsphasen führt der erhöhte Stress in den Systemen jedoch oft zu Regressionstendenzen auf niedrigerem Level. So kann z.B. bei Rezession oder Arbeitslosigkeit zunächst das soziale Denken (Level 6) zurückgehen und harter Konkurrenzkampf entstehen (Level 5 oder 3), bis langfristig ggf. erkannt wird, dass diese Probleme doch nur kollektiv oder durch völlig neue Ansätze zu lösen sind.

Ausprägungen niedrigerer Evolutionsstufen werden meist als „primitiv" oder oder „unterentwickelt" erlebt. Im Gegenzug erscheinen Ausprägungen höherer Stufen unverständlich, es gibt keine Referenz, folglich auch keine Diskussionsgrundlage oder logische Einsicht. Darum ist es in der interkulturellen Arbeit wichtig, sich flexibel zwischen Wertesystemen bewegen zu können, von einer in die andere Werte „Sprache" zu übersetzen, in anderen Wertigkeiten denken zu können. Ein einfaches Beispiel: Wo Entwicklungshilfe keine Hilfe zur Selbsthilfe darstellt, sondern (nur!) den Mangel überbrückt, wird weiterhin die Hilflosigkeit der Betroffenen reproduziert.[159] Ein Anreiz zur Veränderung erfolgt über das Habitat (Umweltbedingungen), z.B. durch die Einführung neuer gesellschaftliche Strukturen, Technologien etc. Die Ausprägung einer jeden Stufe kann „gesund" oder „pathologisch" (wenn sie mir und anderen schadet) sein. Die Lösung von Problemen liegt meist in neuen Ansätzen aus der nächsten Entwicklungsstufe. Wendet man diese Theorie auf das Dritte Reich an, so kann man sagen, dass Hitler (er selbst ist dominiert von der roten Stufe) die Menschen als violettes Herdentier betrachtete und diesen Kollektivismus ausnutzte, um sich zum Leitwolf zu machen. Die violette Stufe begünstigt folglich Diktatur, wenn sie mit der roten Stufe polarisiert wird. Mittlerweile dominiert im gängigen Weltbild Deutschland die orangefarbene und grüne Stufe. Damit einher geht eine wesentlich komplexere Selbstreflexion des Individuums, so dass ein derart unausgewogenes Gesellschafts-modell wie die Diktatur in weite Ferne gerückt ist.[160] Die einzelnen Entwicklungsstufen erfordern unterschiedliche Management- Führungs-, Beratungs- und Kommunikations-stile sowie unterschiedliche Vorgehensweisen. In Kommunikationssituationen sollte

---

[159] Steufmehl, Ingo. A., 2001: Das Modell der Entwicklungsstufen von Personen und Organisationen nach Claire Graves. Skriptum Wissens- und Medienmanagement für Pädagogen, www.unibw-muenchen.de, Zugriff vom 07.02.2005

[160] Vgl.: http://www.rossleben2001.werner-knoben.de, Zugriff vom 23.9.03

man sich drei Fragen stellen: Auf welcher Entwicklungsstufe befinde ich mich selbst schwerpunktmäßig?[161] Welchen Level haben meine Interaktionspartner? Kann ich „passend" auf sie eingehen? Berücksichtigen meine Handlungen die unterschiedlichen Entwicklungsstufen der Beteiligten?

In Bezug auf unsere Thematik „Einfluss von Werten auf Kultur" dient das Graves-Modell als Grundlage eines jeden menschlichen Handelns. Menschen auf unterschiedlichen Entwicklungsstufen denken anders über Religion, Gesundheit, Familie etc. und haben unterschiedliche Muster in ihrer Tiefenstruktur im Bezug auf Ziele, Lebensstil usw. Dementsprechend kann dieses Modell auf alle Aspekte des biologischen, psychologischen und soziologischen Verhaltens angewandt werden. Aus dieser, auch empirisch nachgewiesenen Theorie des Graves-Modells[162], entstand das Modell der Spiral Dynamics.[163] Es geht davon aus, dass Entwicklung keine gerade Linie, sondern fließend ist mit Spiralen, Wirbeln, Strömungen und Wellenbewegungen und offenbar mit einer fast unendlichen Anzahl multipler Modalitäten.

Abbildung 3-31: Spiral Dynamics

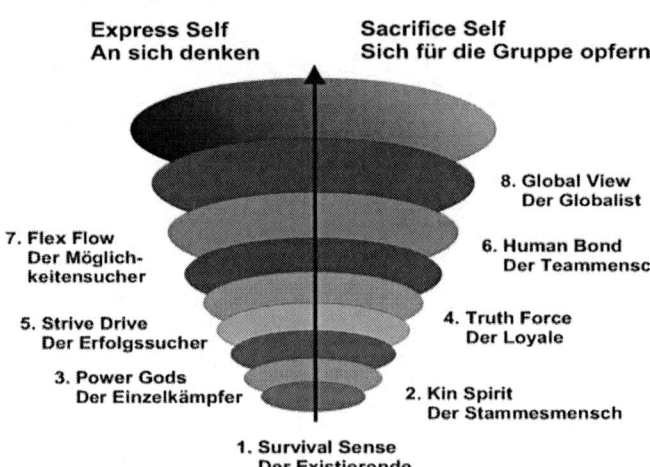

Express Self
An sich denken

Sacrifice Self
Sich für die Gruppe opfern

8. Global View
Der Globalist

7. Flex Flow
Der Möglich-
keitensucher

6. Human Bond
Der Teammensch

5. Strive Drive
Der Erfolgssucher

4. Truth Force
Der Loyale

3. Power Gods
Der Einzelkämpfer

2. Kin Spirit
Der Stammesmensch

1. Survival Sense
Der Existierende

---

[161] Einen Selbsttest und weitere Erklärungen zum Graves Modell bietet Steufmehl, Ingo. A. 2001: Das Modell der Entwicklungsstufen von Personen und Organisationen nach Claire Graves. Skriptum Wissens- und Medienmanagement für Pädagogen, www.unibw-muenchen.de. Hier werden auch noch Einteilungen nach Managementtypen und Lernstilen für die einzelnen Stufen hergeleitet.

[162] Vgl.: http://www.rossleben2001.werner-knoben.de, Dokumentation: Körper Rede Geist, Zugriff vom 23.09.03

[163] http://www.rossleben2001.werner-knoben.de, Dokumentation: Körper Rede Geist, Zugriff vom 23.09.03, zu den Prinzipien gibt es die offizielle Homepage: http://www.spiraldynamics.com

Der Spiral Dynamics-Autor Dr. Don Beck[164] erfindet zwar die Welt durch dieses Modell nicht neu, aber er fasst den Forschungsstand der letzten Jahrzehnte zur psycho-sozialen Evolution praxisorientiert zusammen und macht ihn somit einer breiteren Masse zugänglich. Man lernt z.b. Meinungsverschiedenheiten zu analysieren und dieses Wissen für Konfliktsituationen zu nutzen.[165] Diese Erkenntnis lässt sich auf das politische Geschehen übertragen, wo grün dominierte Entwicklungshelfer in Ländern der Dritten Welt innerhalb kürzester Zeit ein demokratisches System einführen wollen, dabei aber völlig vernachlässigen, dass „violette" Ureinwohner in einer mystischen Welt leben, die nach gänzlich anderen Werten, Regeln und Prinzipien funktioniert. Genauso kann „Spiral Dynamics" aber auch in anderen Disziplinen wie der Psychologie zur Anwendung kommen. Dabei ist es wichtig zu erkennen, dass jedes Individuum im täglichen Leben auf ein komplexes Set von Werten zurückgreift, das situativ, d.h. je nach fluktuierenden Lebensbedingungen, veränderlich ist. Dieses Wellenmodell wurde bislang bei mehr als 50.000 Menschen in der ganzen Welt getestet.

In „Spiral Dynamics" werden Regelmäßigkeiten zwischen Individuen statistisch zu Länderauswertungen zusammengefasst und so mit Kulturdimensionen vergleichbar. Mit jeder evolutionären Stufe ändern sich Verhaltensweisen und Wertigkeiten der Individuen, so dass sie im Chart der Kulturdimensionen (Siehe Abbildung auf der nächsten Seite) je eine andere Position bekommen, z.B. Europa hauptsächlich auf den „Human Bond" oder Menschenbund (kollektivistisch) ausgerichtet, im Gegensatz zu Amerika, das nach individueller Leistung strebt – „Strive Drive" (individualistisch). Ergebnisse des QuickSCAN[166] zeigen, dass in der Welt das orange Wertesystem derzeit die größte Einflussnahme hat (31,7%). Bezogen auf den Bevölkerungsanteil folgt das orange Wertesystem allerdings mit 24,8% dem blauen (30,2%), welches derzeit den größten Teil der Menschheit repräsentiert. Grün und gelb als Wertesysteme machen weniger als 5% der globalen Bevölkerung aus und sind darum eine Minderheit. Als nächster Schritt in Richtung positive Veränderung auf globalem Niveau ist es wichtig, den Trend zum integralen Gelb zu fördern. Menschen in Führungspositionen mit gelbem Wertesystem entsprechen 1,5% der Weltbevölkerung. Klar ist, dass die heute in der Welt existierenden Demokratien folgende Phasen durchlaufen: Autoritäre Demokratie (Singapur - blau), Mehrparteien Demokratie (US/UK – orange), soziale Demokratie (Europäische Union – grün), integrale

---

[164] Vgl.: www.spiraldynamcis.net, www.globalvaluesnetwork.com, www.onlinepeoplescan.com, www.humanemergence.org

[165] Eine Diskussion, sowie kritische Stimmen zu Sprial Dynamics, findet man unter www.ak-kenwilber.de, Zugriff vom 28.09.03

[166] Vgl.: Tonkin, Alan, 2003: Different Values: Different Democracy. Global Values Network, http://www.globalvaluesnetwork.com Zugriff vom 01.08.2005

Demokratie (gelb – in Entstehung). Eine Übersicht über die getesteten Kulturen und die festgestellten Entwicklungsstufen ist hier zu sehen:

Abbildung 3-32: Werte-Systeme-Mosaik[167]

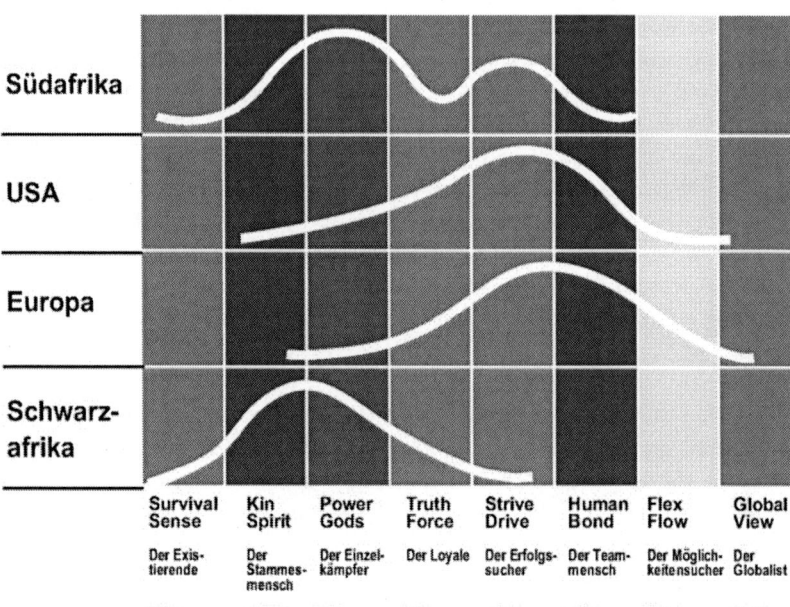

	Survival Sense	Kin Spirit	Power Gods	Truth Force	Strive Drive	Human Bond	Flex Flow	Global View
	Der Exis-tierende	Der Stammes-mensch	Der Einzel-kämpfer	Der Loyale	Der Erfolgs-sucher	Der Team-mensch	Der Möglich-keitensucher	Der Globalist
	beige	purpur	rot	blau	orange	grün	gelb	türkis

Kulturdimensionen und Graves-Modell
Graves ist ein Entwicklungsmodell (dynamisch), die Kulturdimensionen sind vornehmlich Differentialmodelle (statisch). Graves unterscheidet nicht nach bestehenden Kulturen (z.b. die Franzosen sind alle Möglichkeitensucher (Stufe sieben), seine Phasen können jedoch sowohl auf Individuen und Organisationen als auch auf Kulturen angewandt werden.

Metaprogramme und Graves-Modell
Jede Evolutionsstufe stellt eine Aktivierung aller Metaprogramme dar, z.B. ist das Metaprogramm Motivation auf allen Evolutionsstufen relevant, bei „Strive Drive" ist

---

[167] Das Werte-Systeme-Mosaik stellt beispielhaft des Ergebnisses eines Werte-Mix-Tests (Global Value Monitor) für die oben genannten Regionen dar. Der Test kann in gleicher Weise verwendet werden wie der World Competitiveness Report, um neue Ansätze für positive wirtschaftliche, soziale und politische Veränderungen zu finden. Siehe http://www.globalvaluesnetwork.com/.

die Motivation ausgerichtet auf individuelle Leistung, bei „Human Bond" auf die Gemeinschaft etc. Wir wissen nicht, ob „Truth Force" mehr „hin-zu" oder „weg-von" organisiert ist. Da Claire Graves darüber keine Aussage macht, müssen wir vermuten, wie Metaprogramme und Evolutionsstufen inhaltlich zusammengehören. Spannend wäre es herauszufinden, welche inneren Metaprogramme in jeder Stufe aktiviert sind, z.B. ob mehr hin-zu oder weg-von-Motivation herrscht, je nachdem, in welcher Evolutionsstufe man sich befindet.

Metaprogramme und Kulturdimensionen

Die Metaprogramme dienen als Zugang zur unbewussten, individuell im Körper gespeicherten Kultur. Durch die Verknüpfung von Metaprogrammen und Kulturdimensionen ergeben sich neue Ansätze, Kultur auf allen logischen Ebenen sinnlich konkret zu erlernen. Die Fragestellung ist dabei: Welche Metaprogramme sind bei bestimmten Wertevorstellungen aktiviert? Welche Metaprogramme könnten zu welchen Kulturdimensionen passen? Der Kollektivismus als Kulturdimension lässt sich z.B. hinsichtlich der inneren Repräsentation untersuchen, die aktiviert sein muss, um kollektivistisch zu denken. Welches Metaprogramm könnte ich verändern, um mich auf einen bestimmten Auslandsaufenthalt vorzubereiten? Wie bekomme ich vorab einen „körperlichen" Zugang zu der interkulturellen Erfahrung? Wie kann ich meine Wahrnehmung und innere Repräsentation erweitern, um ein neues Modell der Welt kennen zu lernen? Diese Untersuchungen sind im Interkulturellen Training mit NLP möglich. Allerdings sind empirische Auswertungen notwendig, um Regelmäßigkeiten aufzuzeigen und eine zuverlässige Orientierungshilfe anzubieten.

In der folgenden Tabelle sind Metaprogramme, Kulturdimensionen und das Graves-Modell gegenübergestellt. Einzelnen Metaprogrammen sind jeweils die Kulturdimensionen zugeordnet, die sich anbieten, im interkulturellen Training mit Hilfe des Metaprogramms zu erschließen. Wie zuvor erwähnt, sind für die Graves-Stufen sämtliche Metaprogramme von Interesse; einige Stufen haben wir Metaprogrammen zugeordnet, die uns besonders relevant erschienen.

Tabelle 3-33: Beziehung von Kulturdimensionen, Graves-Modell und Metaprogrammen[168]

Metaprogramme	Hofstede	Trompenaars	Hall	Graves
1. Hin-zu - Weg-von oder Proaktiv-Reaktiv (Motivationsmuster)	Unsicherheitsvermeidung, Machtdistanz	Universalismus - Partikularismus, Status		Stammesmensch, Loyaler, Erfolgssucher, Möglichkeitensucher
2.1 Wahrnehmungsgröße (Informationsmuster)	Machtdistanz, Langzeit-Kurzzeitorientierung	Synchron - Sequentiell, Vergangenheits-, Gegenwarts- und Zukunftsorientierung	Monochron - Polychron, High-context - Low-context	Globalist, Möglichkeitensucher
2.2 Wahrnehmungsherkunft (Informationsmuster)	Unsicherheitsvermeidung	Universalismus - Partikularismus	High-context - Low-context	Stammesmensch, Möglichkeitensucher
3. Interne Referenz oder externe Referenz (Bezugsrahmen)	Machtdistanz, Unsicherheits-vermeidung	Status, Universalismus - Partikularismus	High-context - Low-context	Stammesmensch, Einzelkämpfer, Loyaler, Teammensch
4. Sinnesspezifische Repräsentation (Überzeugungsmuster)	Neutral - Affektiv		Der Bezug zum Raum	Existierenda
5. Gemeinsamkeiten-Unterschiede (Vergleichsmodus)	Individualismus - Kollektivismus, Unsicherheitsvermeidung, Maskulinität - Femininität	Status, Individualismus -, Kollektivismus, Universalismus - Partikularismus	Der Bezug zum Raum, High-context - Low-context	Einzelkämpfer, Teammensch, Möglichkeitensucher, Globalist
6. Option-Prozess oder Multi-Monotasking (Problemlösungsverhalten)	Machtdistanz, Unsicherheits-vermeidung	Universalismus - Partikularismus, Spezifisch - Diffus	Monochron - Polychron, High-context - Low-context	Loyaler, Erfolgssucher, Möglichkeitensucher
7. Selbst-Andere-Kontext (Problemorientierung)	Individualismus - Kollektivismus, Machtdistanz, Maskulinität - Femininität	Individualismus - Kollektivismus, Spezifisch - Diffus, Status, Dominant - Unterordnen	Der Bezug zum Raum, High-context - Low-context	Stammesmensch, Einzelkämpfer, Teammensch, Globalist
8. Personen-Informationen-Aktivitäten-Orte (Primär- und Sekundärinteressen)	Maskulinität - Femininität	Spezifisch - Diffus, Dominant - Unterordnen	Der Bezug zum Raum	Erfolgssucher
9. Unabhängigkeit-Team (Arbeitsstil)	Individualismus - Kollektivismus, Machtdistanz, Maskulinität - Femininität	Individualismus - Kollektivismus, Spezifisch - Diffus, Status	High-context - Low-context, Der Bezug zum Raum	Einzelkämpfer, Loyaler, Erfolgssucher, Teammensch
10. Zeitorientierung, Zeitspeicher, Zeitzugang (Zeit)	Langzeit - Kurzzeitorientierung	Vergangenheits-, Gegenwarts- und Zukunftsorientierung, Synchron - Sequentiell	Monochron - Polychron	Stammesmensch, Globalist

Nun haben wir uns mit Theorie und verschiedenen Modellen und Sichtweisen beschäftigt. Sie verstehen jetzt vielleicht unterschiedliche Positionen besser oder sind hinter Ihre eigenen Werte gekommen? Im nächsten Teil beschäftigen wir uns mit der Sprache als Ausdruck von individuellen und kulturellen Prägungen.

---

[168] Diese Übersicht stellt unsere Erfahrung und einen für uns logischen Zusammenhang der vorgestellten Modelle dar. Es kann aber nur eine erste Annäherung sein.

3.6 Sprache und Kultur

> "Gesagt ist nicht gehört, gehört ist nicht verstanden, verstanden ist nicht ein-verstanden." *Konrad Lorenz*

Ein Reporter interviewt einen Saudi, einen Russen, einen Nordkoreaner und einen Franzosen: „Entschuldigen Sie bitte, welche Meinung haben Sie zum Fleischmangel?" Der Saudi fragt daraufhin: „Was ist Mangel?", der Russe hingegen: „Was ist Fleisch?", der Nord-Koreaner: „Was ist eine Meinung?" und der Franzose: „Verzeihen Sie, aber was ist „Entschuldigen Sie bitte?"...dies war ein kleiner „interkultureller" Witz, in der die Sprache und ihre Bedeutung eine große Rolle zum Verständnis der Aussage spielt.

Abbildung 3-34: Eine Reise nach Dubai...

Jeder wird heute mit den Folgen der Globalisierung konfrontiert, daher ist es angebracht darüber nachzudenken, wie wir den Notwendigkeiten der Kommunikation mit anderen Menschen in unterschiedlichen Gesellschaften und Kulturen begegnen.

Wir alle kommunizieren jederzeit. Eindeutige Kommunikation ist unser Wunsch, aber nicht immer möglich. Eine NLP-Vorannahme ist, dass eine Nachricht nur so gut ist, wie das was beim Empfänger ankommt. Wenn unser Ziel eine gelungene Kommunikation ist, müssen wir so lange die Botschaft verändern bis Übereinstimmung zwischen dem, was wir sagen wollen, und dem, was verstanden wird, herrscht. Das ist doch immer so, werden Sie sagen. Erstaunlich oft jedoch, geben wir uns mit viel weniger zufrieden. Das liegt daran, dass beide Seiten meinen, sie hätten sich verstanden, bis sie feststellen müssen, dass die gewählten Worte und die Körpersprache scheinbar eine ganz andere Bedeutung hatten. Wie kann das sein? Laut den Forschungsergebnissen des ameri-kanischen Psychologen Albert Mehrabian zur Wirkung nonverbaler

> Eine Nachricht ist immer nur so gut wie das, was beim Empfänger ankommt.

Kommunikation hängen 55% der Wirkung einer Botschaft von der Körpersprache ab (Auftreten, Bewegungen, Gestik, Mimik) und 38% von der Stimme (Tonfall, Betonung, Artikulation). Der Inhalt unserer Kommunikation zählt nur zu 7%.[169] Es liegt also nicht

---

[169] Mehrabian, Albert, 1981: Silent messages: Implicit communication of emotions and attitudes. Belmont, CA, Wadsworth

nur daran, die Worte richtig zu dekodieren, um uns zu verstehen, sondern auch alle anderen komplexen Signale richtig zu verstehen.

Stellen Sie sich bitte eine Feder vor: Ist Ihre Feder weiß und weich oder vielleicht an der Spitze eines Füllers oder aus Metall und in Ihrem Stoßdämpfer? Solche

> „Wir lügen zwar mit dem Mund, aber sagen mit dem Maul, das wir dabei machen, doch die Wahrheit." *Friedrich Nietzsche*

„Teekesselchen" sorgen im interkulturellen Kontext, gerade mit Englisch als gemeinsamer Sprache (ESL = English as a second language) für unbewusste Missverständnisse, weil hier Worte, Redewendungen, Tonalität und Körpersprache eine andere Bedeutung haben als bei uns. „Es hat keinen Sinn, über Ihre Erfahrungen zu sprechen, wenn Sie nicht mit denen Ihres Gesprächspartners zusammenpassen. Er wird Sie einfach nicht verstehen. Natürlich wird er den Inhalt des Gesagten verstehen, doch es ist die Art und Weise Ihres Kommunizierens, die zählt. Wie Sie etwas sagen, ist genauso wichtig wie das, was Sie sagen. Leider legt unsere Kultur auf Form keinen besonderen Wert. Wirkungsvolle Kommunikatoren wissen aber, dass der Inhalt nur zweitrangig ist. Tatsächlich kommt es darauf an, sich auf das Weltmodell des Kommunikationspartners einzustellen; und wenn Sie das gut machen, geschieht es völlig außerhalb der bewussten Wahrnehmung des anderen."[170]

Alle Menschen werden von Gewohnheiten regiert. Gewohnheiten führen zu konsistenten Verhaltensmustern. Unsere gesamte Sprechweise und unsere Handlungen zeugen von diesen Mustern, da Sprache im Laufe der Sozialisierung entwickelt wurde (sich permanent weiterentwickelt) und kulturspezifische Wahrnehmung ausdrückt. Z.B. repräsentiert die Struktur der Sprache kulturelle Landkarten und vertieft sie auch.

> Wir kommunizieren, indem wir uns unserer Körpersprache bedienen, ohne uns dessen bewusst zu sein. In vielen sprachlichen Metaphern und Redewendungen sind Körper und Körperwahrnehmung präsent, etwa wenn jemandem "eine Laus über die Leber" oder "die Galle überläuft. Man sagt auch: „Es steht jemandem im Gesicht geschrieben."

Welche Worte eine Sprache enthält, hängt davon ab, was die Sprecher der jeweiligen Sprache kommunizieren wollen. Eskimos haben für Schnee mehr als 10 verschiedene Ausdrücke. Oft können Vorstellungen, die in einer Sprache ausgedrückt werden nicht in eine andere übersetzt werden, so gibt es z. B. den deutschen „Zeitgeist" und „Gemütlichkeit", das französische „savoir vivre" etc.. Worte geben Aufschluss über die Referenzerfahrung, z.B. beziehen sich die Worte auf Gemeinsamkeit oder Unterschiede zwischen Menschen. Wie verhält es sich mit dem Fokus auf die Zeit? In Indonesien

---

[170] Woodsmall, Wyatt, 1988: Auf dem Weg zu exzellenter Kommunikation. Paderborn, Junfermann, S. 14

gibt es nur die Gegenwartsform. Probieren Sie mal einen Tag lang nur Sätze mit Verbenformen in der Gegenwart zu benutzen… Wie erleben Sie diesen Tag?

► *„Was Sprache über ein Land aussagt" – diese Übung 5.3.5 passt zu diesem Kapitel.*

3.6.1 Das Metamodell der Sprache aus kultureller Sicht

> Es gibt zwei Arten von Menschen: Die einen schauen morgens aus dem Fenster in die Welt und fragen: "Warum?" Die anderen schauen auch aus dem Fenster in die Welt und fragen: "Warum nicht?" Ich möchte den Anteil der Menschen ein bisschen vergrößern, die "Warum nicht?" fragen. *Daniel Goeudevert*

Bandler und Grinder sind davon ausgegangen, dass ihr Metamodell für Menschen jeglicher Herkunft gültig sei. Sie entwickelten dieses Modell für Therapeuten, die sich mit Generalisierung, Verzerrung und Tilgung in der Sprache beschäftigen. Es ermöglicht den Klienten, bewusst Sprache mit dem Erlebten zu verbinden und so die individuelle Landkarte zu erweitern. Als Trainingsinstrument für Inter-

| Das Metamodell ermöglicht, Sprache mit Erleben zu verbinden. |

kulturelle Kommunikation leistet es folgenden Beitrag: Unpräzise Sprache für andere verständlich zu machen, die Intention des Gesprächspartners herauszufinden und ein reichhaltigeres Erleben des Gesagten zu erreichen. Durch Präzisierungsfragen werden potenzielle Missverständnisse abgewendet. Es ist dabei sehr wichtig, guten Rapport zu haben und zu behalten. Aufgrund kultureller Verschiedenheit gilt es „Extra-Fallen" zu berücksichtigen, die im Folgenden dargestellt werden. Sobald man diese sprachlichen Phänomene entdeckt hat, kann man durch Nachfragen hinter die genaue Bedeutung der Worte, die verborgenen Einstellungen und Werte des Menschen kommen. Es gibt kulturell bedingte [171]

1. Nominalisierungen: Wenn wir ein Verb benutzen, welches in ein Nominalwort umgewandelt wurde und keinen Aufschluss mehr über das wie und wer gibt, z.B. „Respekt ist mir wichtig." Wer respektiert wen und wie geschieht das? Wir geben damit persönliche Verantwortung für den Prozess ab. Nominalisierungen verursachen keinen

---

[171]Katan, David/Trickey, David, 2001: Negotiating Meaning across Cultures. Bologna, TCO, www.tco-international.com/articles.asp

Schaden, solange man nicht denkt, dass sie tatsächlich existieren. Sie tilgen so viele Informationen, dass kaum etwas übrig bleibt.

→ Eine Nominalisierung wird geklärt, indem man sie in ein Verb verwandelt und nach der fehlenden Information fragt, z.B. Woran erkennst du, dass dich jemand respektiert?

2. Substantive und Verben: Wenn wir Wörter gebrauchen, die auf kulturelle Konzepte hinweisen, die nicht für alle verständlich sind, z.B. was genau bedeutet „Freund", „einen Vertrag machen", „ausgehen" etc. Eventuelle Missverständnisse sind vorprogrammiert.

→ Diese Missverständnisse können vermieden werden, wenn man im Umgang mit Menschen einer anderen Kultur Substantive kurz erklärt.

3. Verpflichtungen und Regeln bzw. Modaloperatoren der Notwendigkeit: Wenn wir behaupten, dass etwas, das für uns gilt, auch gleichzeitig für alle anderen gelten muss, z.B. durch den Gebrauch von Wörtern wie müssen, dürfen, sollen, nicht dürfen etc., verletzen wir damit vielleicht Regeln einer anderen Kultur.

→ Die Konsequenzen einer Regelübertretung werden z.B. deutlich gemacht, indem man fragt: Was würde passieren, wenn Sie dies täten bzw. nicht täten?

▶ *Zu den Modaloperatoren passt sehr gut die Übung 5.6.1 „Wollen oder Müssen?", die sehr einfach kulturelle Ge- und Verbote erkennen lässt.*

4. Bewertungen: Bewertungen sind eng mit Vergleichen verknüpft. Wenn „die Deutschen sehr ordentlich sind" dann ist es interessant zu wissen, wessen Meinung das ist. Durch allgemeingültige Aussagen wird eine Bewertung gemacht, z.B. natürlich, gut, schlecht, besser, ohne auf die Quelle hinzuweisen. Wir gehen also einfach davon aus, dass diese Ansichten von den Gesprächspartnern geteilt werden. Und das ist gerade in anderen Kulturen nicht der Fall und schon gar keine Voraussetzung.

→ Es ist nützlich zu wissen, wer die Bewertung trifft und welche Gründe er für die Bewertung hat. Bewertungen hängen sich oft an den Rockschoß von Adverbien: „Offensichtlich ist der Mann ein idealer Kandidat." Für wen ist dies offensichtlich? Und was genau macht ihn ideal?

5. Stereotypisierungen oder Generalisierungen: Wir bewerten eine Gruppe und machen generalisierende Aussagen, die wir für die einzig richtige Tatsache halten, z.B. „Das Essen in England schmeckt nicht", „Deutsche haben keinen Humor". Es schränkt uns ein zu sehen, was wirklich da ist. Worte wie „immer", „jeder", „nie", „die" (Männer, Amis, Buchhalter etc.) zeigen Stereotypisierungen an.

➔ Stereotypisierungen werden in Frage gestellt, wenn man nach der Ausnahme der Regel fragt "Immer? Niemals? Gab es mal jemanden, der nicht...?"[172]

6. Subjektive Logik oder komplexe Äquivalenz: Wir meinen, dass aus A B folgt, z.b. „Du siehst mich nicht an, also traust du mir nicht." Damit unterstellen wir anderen unsere eigenen Verhaltensweisen, obwohl sie vielleicht ganz anders denken und handeln. Dass dies in einem interkulturellen Kontext nicht gewinnbringend ist, scheint offensichtlich. Denn solange ich mit meiner Logik an eine andere Kultur herangehe, kann ich nur scheitern. Es ist sicher, dass es in einer anderen Kultur auch andere Orientierungssysteme und Logiken gibt.

➔ Subjektive Logik wird geklärt, indem man fragt: „Wieso bedeutet dies gleichzeitig das andere?"

7. Vorannahmen: Wir unterstellen, dass jemand etwas bewusst getan hat, z.B. „Du hast unseren Vorschlag ignoriert" oder „Wenn du klug bist, wirst du verstehen" (du bist nicht klug). Damit lassen wir unsere Glaubenssätze durch die Hintertür ins Gespräch einfließen. Sätze, die Wörter wie „weil", „wenn", und „falls" enthalten, beinhalten für gewöhnlich auch eine Vorannahme. Diese sind im interkulturellen Kontext besonders gefährlich. Denn damit setzt man eine Information oder Bewertung voraus, die der andere nicht kennt oder nur erahnen kann und die wohlmöglich auch noch falsch ist.

➔ Vorannahmen können ans Licht gebracht werden, indem man fragt: „Was führt dich dazu anzunehmen, dass...?" und dabei die Vorannahme einfügt.

8. Gedankenlesen: Wir gehen davon aus, zu wissen, was ein anderer denkt oder fühlt, oder dass er unsere Intention erraten kann, ohne dass wir es überprüfen. Wir tun das oft. Manchmal ist es eine intuitive Reaktion auf nonverbale Hinweise, die wir auf einer unbewussten Ebene wahrnehmen. Gerade dies passiert oft im Kontakt mit anderen Kulturen. Wir nehmen wahr, dass unser Gegenüber lächelt und den Kopf leicht schräg hält. In unserem Orientierungssystem bedeutet das ganz oft: „Ich bin glücklich und frage, wie es dir geht." In einer anderen Kultur könnte es aber auch als Unstimmigkeit und Unsicherheit gedeutet werden.

➔ Gedankenlesen wird entschlüsselt, indem man fragt: „Woher genau weißt du...?"

Das Metamodell verbindet Sprache mit Erfahrungen und kann für folgende Zwecke angewendet werden: Informationen sammeln, Bedeutungen klären, Einschränkungen

---

[172] In der Provokativen Therapie würde der Therapeut die Generalisierung noch verstärken, damit der Klient selbst auf seine Tilgung aufmerksam wird und Gegenpartei ergreift (Alle Frauen reden ja wirklich die ganze Zeit wie ein Wasserfall).

identifizieren und Wahlmöglichkeiten eröffnen. Es ist ein amerikanisches Modell und geht offen mit der Möglichkeit des Hinterfragens von Bedeutungen und Feedback um. Dies ist nicht in allen kulturellen Kontexten angemessen. Beispielsweise sind Harmonie und Übereinstimmung in Japan wichtig, so dass als kritisch empfundene direkte Fragen die Geschäftsbeziehung negativ beeinflussen können.[173] Das Wissen um die Metamodellverletzung hilft jedoch, einen kulturell angemessenen Versuch zu unternehmen und Klärung herbeizuführen (vielleicht über Dritte etc.).

► *Die Übung 5.4.3 „Interkultureller Irrgarten" bildet diese Fähigkeit aus.*

3.6.2 Rapport im interkulturellen Dialog

> „Mit einer geballten Faust kann man keinen Händedruck austauschen." *Indira Gandhi*

Eine Hauptvorrausetzung effizienter Kommunikation ist ein gutes Einvernehmen oder - mit NLP Fachvokabular ausgedrückt - Rapport (= franz.: Beziehung) zueinander. Rapport entsteht spontan durch Sympathie, wenn wir z.b. im Restaurant gleichzeitig aus unseren Gläsern trinken, gemeinsam lachen oder eine ähnliche Haltung einnehmen. Wir schaffen natürlicherweise Einklang über gemeinsame Vorlieben, ähnliche Erfahrungen, gleiche Hobbies, Interessen oder Überzeugungen, ähnliche Lebensstile etc. Rapport können wir selbst entwickeln, indem wir uns in andere Menschen einfühlen, genau zuhören, uns auf sie einstellen. Im NLP heißt das Pacen (= engl.: an Tempo bzw. Schritt anpassen). Untersuchungen zu interkultureller Kompetenz zeigen,

> Grundvoraussetzungen für interkulturelle Kommunikation:
> • Flexibilität, auf andere einzugehen
> • Genaue Wahrnehmung
> • Einfühlungsvermögen und Empathie

dass Flexibilität, sprich: Auf andere einzugehen und genaue Wahrnehmung, Einfühlungsvermögen und Empathie Grundvoraussetzungen für interkulturelle Kommunikation sind.[174] Pacen ist somit eine wichtige Fähigkeit, um tief und ganzheitlich in Kontakt mit anderen Menschen zu kommen auch und besonders im interkulturellen Kontext.

---

[173] Vgl.: Steeger, Oliver, 1998: Hamburg Tokio. Künzell, Neuland Verlag für lebendiges Lernen, S. 16 ff

[174] Vgl.: Thomas, Alexander/Hagemann, Katja: Training interkultureller Kompetenz. In: Bergmann, Niels/Sourisseaux, Andreas (Hrsg.), 1992: Interkulturelles Management. Heidelberg, Physica Verlag

Besonders wichtig ist es uns zu betonen, dass Pacen eine Einstellung ist, aus vollem Herzen mit anderen in Kontakt treten zu wollen. Wenn Sie echtes Interesse daran haben, andere zu verstehen, und offen und neugierig sind, werden Sie ganz unbewusst das Richtige tun. Pacen kann man auf allen Ebenen menschlichen Verhaltens finden. Sie passen z.b. Ihr Sprechtempo und die Stimmlage an die Stimme Ihres Gegenübers an oder atmen im gleichen Rhythmus. Sie laufen im gleichen Tempo oder lachen gemeinsam – das Ziel ist es, sich in den anderen so tief hineinzuversetzen, dass man die gleichen Empfindungen und Wahrnehmungen wie der andere erfahren kann und versteht.

Abbildung 3-35: Spiegeln oder Pacen

Aber selbst mit dem Herzen am richtigen Fleck müssen wir im interkulturellen Kontext beim Pacen auf die unterschiedliche Bedeutung von Körpersprache achten. Das Spiegeln von Verhalten, z.B. gleicher Sitzhaltung, Tonlage, Blickrichtung, das wir aus einem Land kennen, muss nicht unbedingt kompatibel mit den Sitten und Gebräuchen eines anderen Landes sein. So kann eine längere Sprachpause z.B. vornehme Zurückhaltung und Respekt (Japan, China, Taiwan), ruhiges Nachdenken (Finnland) oder fehlendes Interesse (USA) bedeuten. Luftholen in Finnland deutet auf Übereinstimmung hin, in Italien ist die betreffende Person vermutlich geschockt. Lächeln bedeutet im Westen meist Übereinstimmung (je nach Land mehr oder weniger stark), in Japan kann es auch Wut oder Peinlichkeit signalisieren. Wenn zwei Gesprächspartner sich in die Augen schauen, ist es ein Zeichen von Ehrlichkeit in Deutschland. In Japan oder Finnland würden sich die Beteiligten vermutlich beschämt fühlen, vorausgesetzt der Finne hat nicht im Umgang mit vielen Ausländern ein anderes Verhalten gelernt. In arabischen Ländern kann in die Augen schauen zwischen verschiedenen Geschlechtern u.U. eine Sittenwidrigkeit bedeuten. Aus diesen Gründen sitzen sich Geschäftspartner in den USA gegenüber, während sie in Japan nebeneinander sitzen und in die gleiche Richtung schauen können. Berührung kann Vertrauen signalisieren (Afrika – Hand halten, Spanien – Arm berühren), unhygienisch wirken (Japan) oder gegebenenfalls als persönliche Annäherung verstanden werden (Deutschland, England, Finnland, Schweden). Wir kennen Pacen als NLP-Übung z.B., indem wir uns gegenüberstehen, den anderen beobachten und uns genauso verhalten, wie im Bild oben zu sehen. In einem NLP-Trainingskurs in Indien pacen die Teilnehmer, indem sie nebeneinander stehen und in die gleiche Richtung blicken. Hier kommt die Bedeutung des Kalibrierens zum Tragen. Im NLP heißt kalibrieren, sich auf

Kalibrieren bezeichnet den Prozess, mit dem man sich auf die nonverbalen Signale einstimmt, die beim Gegenüber einen bestimmten Zustand anzeigen. Kalibrieren verlangt die Fähigkeit, nonverbale Signale genau wahrzunehmen und die Physiologie innerer Zustände äußeren Anzeichen zuzuordnen.

die Bedeutung der Körpersprache eines anderen einzustellen. Wenn wir einige Zeit in einem Land verbracht haben, passen wir uns unbewusst der Körpersprache seiner Einwohner an. Vielleicht merken wir es erst, wenn wir wieder in unserem Heimatland sind und die anderen sich über unser Verhalten wundern, z.B. ist räumliche Nähe von ca. einem halben Meter unabdingbar, um in Brasilien ins Geschäft zu kommen, während der als normal empfundene Gesprächsabstand in England und Deutschland ca. 1,20 Meter beträgt.[175] Deshalb sind landeskundliche Informationen unabdinglich. Nur mit NLP kommt man im interkulturellen Bereich nicht weiter.

▶ *Zu diesem Thema haben wir folgende Übungen vorgesehen: 5.3.7 „W-E-V", 5.6.2 „Werte modellieren", 5.3.2 „Interkulturelle Zustände kalibrieren" und 5.3.8 „Komfortzone*

---

[175] Vgl.: Lewis, Richard, 2000: When cultures collide – Managing successfully across cultures. London, Nicholas Brealey Publishing

4 Interkulturelles Lernen und Training

> „Menschen wehren sich nicht gegen
> Veränderung, sie wehren sich dagegen
> verändert zu werden." *Peter Senge*

Kultur ist erlernbar. Wenn Menschen sich in anderen Kulturen befinden, können sie sich psychisch und physisch zu einem großen Teil neuen Gegebenheiten anpassen – vorausgesetzt, dass die Einsicht, dass es sich um eine andere Kultur handelt, und der Wille, sich damit auseinander zu setzen, vorhanden sind.[176]

Abbildung 4-1: Interkulturelles Training: Die Welt im Gepäck

Jedes Individuum versucht sich unbewusst und bewusst an seine Umwelt anzupassen bzw. den Anforderungen der Gesellschaft gerecht zu werden. Auf diesem Grundsatz baut unser praktischer Ansatz auf. Deshalb stellen wir denjenigen, die „NLP-orientiert" sind, die Methoden und Formen des Interkulturellen Trainings vor und geben den „interkulturell Versierten" einen Überblick, über das, was die bereits bestehenden Ansätze ausmacht. Zum Schluss möchten wir die Bereicherung dieser beiden Blickrichtungen, NLP und Interkulturelles Training hervorheben, um damit auf den Praxisteil mit Übungen vorzubereiten. Wir beantworten die Fragen: „Was lernen wir im Ausland?", „Warum lernen und verlernen wir?" und „Wie lernen wir?" sowie weitere Hintergründe des Lernens. Viel Spaß damit!

---

[176] Vgl.: Blom/Meier, 2002: Interkulturelles Management. Berlin/Herne, Verlag neue Wirtschaftsbriefe, S.35

4.1 Was ist Interkulturelles Training?

> "Alle denken nur darüber nach, wie man die
> Menschheit ändern könnte, doch niemand
> denkt daran, sich selbst zu ändern." *Leo Tolstoi*

Interkulturelles Training „umfasst alle systematisch durchgeführten Trainingsmaßnahmen [...], die der Vermittlung interkultureller Kompetenz dienen. Sämtlichen Trainingskonzepten liegt zugrunde, dass Kultur nicht angeboren, sondern erlernt ist und damit auch gelehrt und trainiert werden kann. Interkulturelles Training kann den Prozess des interkulturellen Lernens erheblich vereinfachen und beschleunigen"[177] Diese Definition haben wir unter vielen anderen ausgewählt, da sie universell auf alle Arten und für alle Zielgruppen des Interkulturellen Trainings anwendbar ist. Hervorzuheben sind vor allem zwei Ziele: Die Erreichung interkultureller Kompetenz und der Prozess des interkulturellen Lernens. An dieser Stelle möchten wir auch noch einmal darauf hinweisen, dass alle folgenden Definitionen darauf ausgerichtet sind, unseren Ansatz zu verdeutlichen. Es gibt natürlich noch viele andere.[178]

Ziele und Nutzen Interkulturellen Trainings

„Die Kenntnis kultureller Unterschiede und Gemeinsamkeiten in der Wahrnehmung, im Denken, Werten, Empfinden und Handeln ermöglicht ein besseres Verständnis des fremdkulturell geprägten Partners, erleichtert die Akkulturation dort, wo sie erforderlich ist und ermöglicht die Entwicklung kultureller Synergie. Interkulturelle Handlungskompetenz, also die Fähigkeit auch ein fremdkulturelles Orientierungssystem effektiv zur Handlungssteuerung in kulturellen Überschneidungssituationen einzusetzen, erfordert neben interkulturellem Verstehen, fremdkulturelles Akzeptieren und einen intensiven interkulturellen Lernprozess."[179] Es geht darum, das Bewusstsein für interkulturelle Unterschiede zu schaffen und gleichzeitig Fertigkeiten zu vermitteln, um mit dem eigenen und fremdkulturellen Regelungssystem flexibel umgehen zu können.[180] Interkulturelles Training fördert die Entwicklung von Fähigkeiten, die für

---

[177] Herbrand, Frank, 2002: Fit für fremde Kulturen: Interkulturelles Training für Führungskräfte. Bern, Haupt, S. 47

[178] zu finden u.a. in Blom/Meier, 2002: Interkulturelles Management, Berlin/Herne, Verlag neue Wirtschaftsbriefe

[179] Alexander, Thomas, 1990: Anforderungen interkulturellen Lernens-Verstehens-Handelns im intereuropäischen Management. In: Methner, H./Gebert, A. (Hrsg), 1990: Psychologen gestalten die Zukunft. Bad Dürkheim, S. 191

[180] Vgl.: Barmeyer, Christoph. I., 2000: Interkulturelles Management und Lernstile. Frankfurt, Campus Verlag, S. 317

Interkulturelles Handeln relevant sind. Positive Effekte[181] sind nachgewiesen für den Aufbau von Selbstmanagementfähigkeiten (Umgang mit Stress und Kontrollverlust), die Entwicklung von Interaktionsfähigkeiten zur Initiierung und Aufrechterhaltung positiver Beziehungen mit Angehörigen der Gastkultur und den Aufbau kognitiver Fähigkeiten zur adäquaten Wahrnehmung und Interpretation fremdkultureller Ereignisse. Demnach unterstützt Interkulturelles Training dabei, sich in eine fremde Kultur einzuleben und Vertrautheit mit dieser Kultur aufzubauen – all dies führt letztendlich zu einer Steigerung der beruflichen Leistung im In- und Ausland. Einige empirische Belege weisen

> Wichtig ist das Wissen um die Berechtigung des Andersseins des anderen und die Berücksichtigung des Andersseins in unserem Handeln.

allerdings auch eine Art Bumerangeffekt auf, dass die nach einem Interkulturellen Training gemessene Ethnozentrismusneigung (= auf sich selbst, auf die eigene Kultur gerichtet) nicht wie beabsichtigt geringer, sondern größer geworden ist.[182] Diesen Effekt möchten wir durch unsere ganzheitlichen, individuellen Methoden vermeiden.

4.2 Interkulturelle Kompetenz

> „Innere Bewegung. Dazugehören, aber nicht um jeden Preis. Ein Stück weit fortgehen, aber nicht für immer. Das alte Gleis verlassen, aber nicht entgleisen. Schweigen, aber nicht ohne Aussage. In Offenheit da sein, aber das Geheimnis der Mitte wahren. Aufstrebender Lebenslichtfunke sein, aber auch Rückkehr zu den Wurzeln. Klang sein im eigenen Kreis, aber auch große Stille." *Maryse Bodé*

Sucht man in der Literatur nach Beschreibungen dessen, was interkulturelle Kompetenz beinhalten kann, stößt man auf eine Vielzahl unterschiedlicher Begrifflichkeiten für einen scheinbar stets identischen Sachverhalt. Meist werden Begriffe wie „internationale Qualifikationen", „internationale Kompetenz", „Schlüsselqualifikationen" oder sogar

---

[181] Zur Wirksamkeit von Interkulturellen Trainings gibt es Studien von Black, J./Mendenhall, M., 1990: Cross culture Efffectiveness. A review and a theoretical framework for future researchers. In: Academy of Management Review, 15,1 und Gudykunst, W.B./Hammer, M.R, 1983: Basic Training Design. Approaches to intercultural Training. In: Landis, D/Brislin, R.W.: Handbook of Intercultural Training, Vol.1, New York, Pergamon, S. 118-154 sowie Krewer, Bernd, 1994: Interkulturelle Trainingsprogramme–Bestandsaufnahme und Perspektiven. In: Nouveaux Cahiers d'allemand. Nr. 2, S. 139-149

[182] Die Effektivität von interkulturellen Trainings muss zurückhaltender bewertet werden als dies bisher in der einschlägigen Literatur vorgenommen wurde: Ehnert, Ina, 2004: Die Effektivität von interkulturellen Trainings. Hamburg, Personalwirtschaft Bd. 5

„Fremdsprachenkenntnisse" dafür synonym verwendet. Bei genauerem Hinsehen verbergen sich dahinter häufig unterschiedliche Bildungsbegriffe, Zielgruppen und Kontexte.[183] Interkulturelle Kompetenz ist - aus unserer Sicht - die Fähigkeit (=Kompetenz im übergeordneten Sinne), sich

Interkulturelle Kompetenz
• Sozialkompetenz
• Methodenkompetenz
• Handlungskompetenz

zwischen (=inter) Kulturen, die als komplexes Gefüge den Menschen determinieren, zurechtzufinden, zu handeln und zu leben.[184] Welche Fähigkeiten braucht man aber dazu? Auch hier beschreibt eine Vielzahl von Autoren ein enorm unterschiedliches Fähigkeitsbündel.[185] Wir fassen die wichtigsten Fähigkeiten zusammen:

1. Sozialkompetenz: Toleranz, Akzeptanz anderer Arbeits- und Lebensstile, Offenheit, Kooperationsbereitschaft, Kommunikationsfähigkeit. Dies ist die wichtigste Komponente. Hier kommt es darauf an, hauptsächlich durch Einstellungen, Glaubenssätze und Werte unvoreingenommen Verhaltensweisen kontextspezifisch angemessen zu deuten. Sozialkompetenz betrifft vor allem die Ebene der Werte, Glaubenssätze und des Verhaltens.

2. Methodenkompetenz: Dies bedeutet vor allem das Finden von Lösungswegen auch und gerade im interkulturellen Kontext. Analytisches Denken und Flexibilität, sich in verschiedenen Modellen der Welt zurechtzufinden und Rapport herzustellen, gehören ebenso dazu, wie verschiedene Strategien parat zu haben, um mit der Andersartigkeit individuell umzugehen. Methodenkompetenz kann man vor allem durch Arbeit auf den Ebenen der Strategien, des Verhaltens und der Umwelt entwickeln. Aus diesen zwei Kompetenzen besteht die Handlungskompetenz.

3. Handlungskompetenz: Man ist sich seines eigenkulturell geprägten Verhaltens bewusst und weiß, welche kulturellen Werte und Glaubenssätze das Verhalten prägen können.[186]

---

[183] Eine Übersicht erhält man bei der Lektüre von Wordelmann, Peter, 1995: Internationale Qualifikationen. Inhalte, Bedarf und Vermittlung. Berlin/Bonn, Bundesinstitut für Berufsbildung
[184] Vgl.: Krämer, Gesa, 2000: Interkulturelle Kompetenz in der Ausbildung. Unveröffentlichte Magisterarbeit, Universität Saarbrücken
[185] Vgl.: Gertsen, W., 1990: Intercultural competence and expatries. In: The international journal of Human Resources Management, Vol.1, 12/1990, S. 341-362
[186] Howard Gardner (Gardner, Howard, 1983: Frames of mind. The theory of multiple intelligence. New York, Basic Books) teilt diese Kompetenzen in „Intelligences" auf, darunter die interpersonal-, intrapersonal-, bodily-kinesthetic-, special-, musical-, logic-mathematical- und linguistic-intelligence. Dieses Model kommt aus den Erziehungswissenschaften der USA und ist

▶ *Die Fähigkeit, sich in andere Denkweisen hineinzuversetzen, wie in der Übung 5.5.1 „Disneystrategie" ist ein gutes Beispiel für eine Methodenkompetenz.*

Im Interkulturellen Training werden diese drei Kompetenzen durch unterschiedlichen Lernziele erreicht: Das kognitive Lernziel (z.B. das Wissen über die Geschichte und Sprache der anderen Kultur), das affektive Lernziel (hier geht es um Ambiguitätstoleranz, den Umgang mit den eigenen Werten und kulturellen Prägungen) und das verhaltensorientierte Lernziel (Veränderungen auf der Eben des Verhaltens und der Strategien).

Interkulturelle Kompetenz aus NLP-Sicht bedeutet nicht nur, die unterschiedlichen Standards einer fremden Kultur kennen zu lernen. In „echter" interkultureller Kommunikation oder Begegnung erschaffen die Beteiligten etwas Neues. Sie bringen eine gemeinsame Welt hervor. Wenn zwei Menschen, die nichts voneinander wissen, in Kontakt kommen, miteinander agieren, dann taucht jeder für den anderen in dessen Welt ein. Beide machen sich Vorstellungen voneinander – ausgelöst von dem, was sie sehen und hören. Sie messen diese Wahrnehmungen nach ihren eigenen Kriterien und machen sich aufgrund ihrer eigenen Werte Gedanken über angemessenes oder unangemessenes Verhalten. Am Erfolg ihres Umgangs miteinander können sie sehen, ob sie sich passende oder unpassende Vorstellungen vom anderen gemacht haben. Sie fühlen sich einander verbunden, wissen, was sie vom anderen erwarten können und wie sie sich auf den anderen zu bewegen. Kommunikation behält diese Struktur immer bei, ob die Teilnehmer aus unterschiedlichen Kulturen kommen oder nicht. Wenn keine gemeinsame kulturelle Welt, keine gemeinsame Sprache, keine gemeinsam erlernten emotionalen und praktischen Reaktionen, keine gemeinsamen Werte vorliegen, ist es in dieser Kommunikation ungleich schwerer eine gemeinsame Welt hervorzubringen.

Die meisten Menschen gehen davon aus, dass ihre eigene Welt die Wirklichkeit darstellt, ihre Wahrnehmungen objektiv gültig sind und ihre Werte „wahr" sind. Auf dieser Basis ist eine interkulturelle Kommunikation nur eingeschränkt möglich. Interkulturelle Kompetenz kann abhelfen: Wichtig ist das Wissen um die Berechtigung des Andersseins des anderen und die Berücksichtigung des Andersseins in unserem Handeln. Eine gemeinsame Welt aufzubauen, ist nur dann möglich, wenn wir erkennen, dass das Anderssein des anderen und die Gewissheit seiner Wahrheit genauso legitim und gültig sind, wie die Gewissheit unserer Wahrheit. Eine gemeinsame Welt aufzubauen ist nur dann möglich, wenn wir den Anspruch darauf, immer Recht zu haben und überlegen zu sein, aufgeben. Interkulturelle Kommunikation ist aber auch deshalb oft schwierig, weil man nicht davon ausgehen kann, dass der andere seine

---

kein rein interkulturelles Modell; es wird aber durchaus als solches verwandt, z.B. im Centre for Intercultural Communication an der University of British Columbia.

Einsicht teilt und in der Lage oder bereit ist, eine gemeinsame Welt aufzubauen. Vielmehr muss man davon ausgehen, dass sich nur einer Mühe gibt, auf den anderen einzugehen, und man sich als Ausländer den Gepflogenheiten des Gastlandes anzupassen hat. In diesem Fall wird Interkulturelle Kommunikation aber nur von einer Seite praktiziert.

So besteht der erste Schritt zur Erlangung der Interkulturellen Kompetenz darin, sich die Kenntnisse über das andere Land anzueignen, Verhaltensweisen und Geschichte kennen zu lernen und das Warum der Normen und Regeln zu hinterfragen (kognitive Dimension).

Der zweite Schritt ist dann, seine Verhaltensweisen denen der Einwohner des Gastlandes anzugleichen, soweit die jeweilige kulturelle Prägung dies erlaubt (die Verhaltensdimension). Spiegeln (oder Pacen) aus dem NLP ist der psychologische Fachausdruck für das Angleichen eigener Verhaltens- und Reaktionsformen an die anderer Menschen. Spiegeln ist jedoch nicht ungefährlich. So kann es in einigen Kulturen vorkommen, dass Sie die in der Kultur vorherrschenden einzuhaltenden Klassenunterschiede in Frage stellen, wenn Sie sich ähnlich verhalten wie das Gegenüber. Eine Verbeugung in Japan unterscheidet sich in Länge und Tiefe je nach Rang und Status. Deshalb ist es auch wichtig, vor

> Spiegeln ist der psychologische Fachausdruck für das Angleichen eigener Verhaltens- und Reaktionsformen an die anderer Menschen.

dem Anpassen erst die Hintergründe der Kultur zu verstehen und zu verinnerlichen. Es muss geprüft werden, was vom Eigenen in Richtung auf das Fremde geändert werden kann, inwieweit man sich anpassen soll, aber auch wie das Fremde in Richtung Eigenes verändert werden kann. Man sollte abwägen, welche produktiven und destruktiven Auswirkungen diese Änderungsbemühungen auf das Fremde und auf das Eigene haben. Ist es sinnvoll mein Verhalten im Gastland vollständig anzupassen in einer deutschen Firma, die im Ausland stationiert ist? Oder verliere ich dann vielleicht den bislang guten Kontakt mit der deutschen Geschäftsleitung? Gerade die Frage, wie stark man sich im Ausland anpassen soll, wird in der Literatur immer wieder diskutiert. Hier erscheint uns der Ökologiegedanke aus dem NLP sehr passend.[187]

Der dritte Schritt ist, Fähigkeiten zu erwerben, die das Leben in der anderen Kultur erleichtern (die affektive und kognitive Dimension). Sie müssen über wirksame Selbstmanagementmethoden verfügen. Dazu gehören Vorgehensweisen, die Sie beispielsweise befähigen, Geduld zu haben, mit Unsicherheit umzugehen, andere Werte gelten zu lassen oder Stress zu überwinden. Wichtige Methoden sind auch solche, die Sie in die Lage versetzen, innere Einstellungen ihrem Gastland gegenüber zu erwerben, die Sie bislang nicht hatten oder auch kulturelle Bedeutungen für sich selbst

---

[187] Siehe Glossar

umzudeuten. Diese interkulturelle Kompetenz wollen wir durch unsere Übungen im Praxisteil dieses Buches hauptsächlich vorstellen. Um den Umgang mit fremden Kulturen zu erleichtern, kulturellen Missverständnissen vorzubeugen und den Schwierigkeiten des interkulturellen Lernens entgegenzuwirken, um also interkulturelle Kompetenz zu erreichen.

Angepasst an Wissen und Erfahrung jedes einzelnen, können wir mit dem Entwicklungsmodell von Bennett passende Trainingsmethoden auswählen. Die Grundlage von Bennetts[188] Theorie ist die subjektive Erfahrung des Einzelnen und seine Art, eine Wirklichkeit zu konstruieren und zu deuten. Das Bewusstsein, dass Menschen anderer Kulturen auch ihre Wirklichkeit anders konstruieren, kann durch den Kontrast und das Erleben der Unterschiede hervorgehoben werden. „Der Lernende soll mit diesem Modell seine eigene Entwicklung nachvollziehen, die ihn von einer sehr auf die eigene Kultur bezogene Grundhaltung, dem Ethnozentrismus, zu einer toleranten, respektvollen Offenheit, dem Ethnorelativismus, führt."[189]

Abbildung 4-2: Das Entwicklungsmodell von Milton Bennett[190]

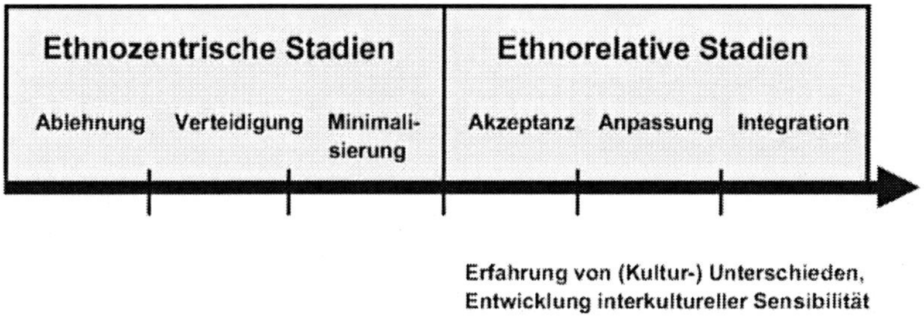

Ethnozentrische Stadien			Ethnorelative Stadien		
Ablehnung	Verteidigung	Minimali-sierung	Akzeptanz	Anpassung	Integration

Erfahrung von (Kultur-) Unterschieden,
Entwicklung interkultureller Sensibilität

Bennetts Ansatz beruht, ebenso wie ein Großteil der Forschungsrichtung, auf der Hervorhebung der Unterschiede, zum Nachteil für die Fokussierung auf die Gemeinsamkeiten von Kulturen.[191] Jede Stufe seines Modells ist durch einen Wandel in den Glaubenssätzen über kulturelle Unterschiede gekennzeichnet. Von besonderem Interesse ist es, wie Menschen diesen kulturellen Unterschied konstruieren.

---

[188] Vgl.: Bennett, Milton, 1993: Towards Ethnorelativism: A Development Model of Intercultural Sensitivity. In: Paige, R. Michael (Hrsg.): Education for the intercultural Experience. Yarmouth, Intercultural Press, S.21-71

[189] Barmeyer, Christoph. I., 2000: Interkulturelles Management und Lernstile. Frankfurt, Campus Verlag, S. 302

[190] übersetzt in Anlehnung an: Bennett, Milton, 1986: A developmental approach to training for intercultural sensitivity. In: International Journal for Intercultural Relations. Nr. 2, S. 179-200.

[191] Vgl.: Grosch, Harald/Leenen, Wolf R., 1998: Bausteine zur Grundlegung interkulturellen Lernens. In: Bundeszentrale für die politische Bildung: Interkulturelles Lernen. Bonn, S.29-46

Ethnozentrische Stadien

1. Phase: Ablehnung oder Denial: Leugnen kultureller Differenz: Es werden nur sehr wenige Unterschiede bewusst wahrgenommen. Sprachlich kann man vieles noch nicht kontextualisieren. Die Unterschiede, die wir wahrnehmen, werden verzerrt, damit sie in unsere Vorstellung, unsere Landkarte hineinpassen, bzw. unsere Interpretationen basieren darauf, dass sie unsere eigenen Erwartungen erfüllen.

2. Phase: Verteidigung oder Defense: Verteidigung, Abwehr, offene Ablehnung kultureller Unterschiede: Langsam kommen emotionale Reaktionen auf die Desorientierung auf. Wir nehmen den Unterschied zwischen unseren eigenen Erwartungen und der Realität schmerzlich wahr, sie können nicht mehr geleugnet werden. Eine natürliche Reaktion auf die Unterschiede ist, das Bekannte zu verteidigen, gerade auch deshalb, weil das Andere unsere Bewertung, was gut bzw. falsch ist etc., angreift. „Richtig und falsch ist richtig falsch" – ein Spruch der dem individuellen Bewerten Rechnung tragen sollte.

3. Phase: Minimalisierung oder Minimisation: Bagatellisierung, Unterschiede scheinen unbedeutend: Hier wird verallgemeinert und gelöscht, um die eigene Sichtweise aufrecht zu erhalten und in eine „gleiche" Welt hineinzupassen. Diese Form ist mit Verallgemeinerung, Löschen und Verzerren aus dem Metamodell der Sprache zu vergleichen: Unterschiede werden in Sprache und Erleben umgedeutet, d.h. verallgemeinert („Die Chinesen sind immer so"), gelöscht (wenn der erste Eindruck eines tunesischen Viertels die wahrgenommene Armut ist und im späteren Beschreiben, wird nur mehr von den tollen kleinen Straßenhändlern erzählt) oder verzerrt; z.B. die Armut wird heruntergespielt („ solche Viertel gibt es bei uns auch").

Beim Übergang von der ethozentrischen zur ethnorelativen Phase entsteht interkulturelle Kompetenz. „Forscher haben herausgefunden, dass „Expatriates" (das sind Menschen, die von ihrer Firma eine längere Zeit ins Ausland geschickt werden), die sich gut anpassen können, das Verhalten der Einheimischen nicht wertend oder bewertend interpretieren. Diese „Expats" haben, was Gudykunst „mindfulness" nennt: die Fähigkeit, bewusst damit aufzuhören, automatisch Informationen zu verarbeiten. Diese Fähigkeit hängt von der Fähigkeit ab, den Rahmen oder die Wahrnehmungsposition zu verändern und „darüber" zu stehen."[192] Um interkulturelle Kompetenz zu entwickeln, ist es unabdingbar zu wissen, dass Menschen Unterschiede

---

[192] Katan, David, 2001: When Difference is not dangerous: Modelling Intercultural Competence for Business. In: Cortese, Guiseppa/Hymnes, Dell, 2001: "Languaging" in and across human groups. Perspectives on difference and asymmetry. Textus 14, No.2, S. 290 ff

durch ihr persönliches Modell der Welt wahrnehmen (siehe Kapitel 3.4.5 Modelle der Welt). Wie Sie aus dem Kapitel 3.2.1 (Die NLP-Vorannahmen aus kultureller Sicht) wissen, hat Alfred Korzybski[193], einer der Urgroßväter des NLP, bereits die Metapher der Landkarte benutzt. Die Landkarte ist nicht das Territorium, welches sie repräsentiert, sondern hat nur eine ähnliche Struktur wie das Territorium. Diese Metapher ist für die Interkulturelle Kommunikation besonders nützlich, weil kartographische Landkarten eine Repräsentation der topographischen Realität sind. Sie zeigen uns, was wir zu erwarten haben und z.T. auch was wir brauchen, wie wir uns verhalten sollen etc. Interpretieren und Evaluieren können wir nur dann, wenn wir auch auf unserer internen Landkarte zu der externen Wahrnehmung eine Repräsentationserfahrung haben. Kultur ist nur einer unserer sozial-genetischen Filter (die alle Menschen haben, die zu einem sozialen System gehören, die haben bestimmte Wahrnehmungsformen haben etc.).

Realität wird, wenn sie nicht gelöscht wird, verzerrt oder vereinfacht, so dass sie in unser Weltmodell hineinpasst. Menschen haben alle Ressourcen in sich, die sie benötigen, um ihr Leben erfreulich zu gestalten und/oder sich zu verändern. Probleme beruhen nicht auf fehlenden Ressourcen, sondern auf der momentan fehlenden Fähigkeit, sie zu erkennen. Wenn ressourcenerweiternde Erfahrungen hinzugefügt werden, dann hat der Klient neue Wahlmöglichkeiten. Jemand, der beginnt interkulturell zu arbeiten, hat auch nur ein limitiertes Weltmodell und wenige Möglichkeiten angemessen zu kommunizieren. Aber genau das ist ein großer Vorteil: Wir müssen nicht alles komplett neu lernen. Wir können mit unseren bisherigen Erfahrungen Zusammenhänge herstellen und diese jederzeit erweitern. Unser Kognitionssystem macht automatisch „Links" zu dem, was gesehen bzw. wahrgenommen wird (die Wahrnehmung), zu der Bedeutung (unserer Interpretation) und der logischen Antwort (der Evaluation). Unsere Realität ist also die, die unsere Landkarte uns zeigt. Insofern sind die weiteren Stufen selbsterklärend.

Ethnorelative Stadien

4. Phase: Akzeptanz oder Acceptance: Wertfreie Anerkennung interkultureller Unterschiede: In dieser Phase merken die Menschen, dass es unterschiedliche Landkarten gibt, zuerst auf dem Level des Verhaltens, dann auch auf der Ebene der kommunikativen Normen und Strategien.

5. Phase: Anpassung oder Adaptation: Die Identität bleibt, Hinzunehmen von Verhalten und Werten.

---

[193] Vgl.: http://www.hyperkommunikation.ch/personen/korzybski.htm, Zugriff vom 01.12.04

Neue Fähigkeiten werden aufgrund neuer Erfahrungen erlernt – die Verhaltensmöglichkeiten werden erweitert. Diese neuen Fähigkeiten können aber nur dann erlangt werden, wenn Glaubenssystem und Wertesystem dies zulassen.

6. Phase: Integration: kontextbezogene Wertung, konstruktive Marginalität: Auf dieser Ebene wird die Identität lockerer. Die Menschen sind eher Weltmitglieder als Mitglieder eines Landes, einer Kultur. Sie sind flexibel, erkennen schnell Kulturstandards und passen sich an.

Dieses Modell bietet sozusagen eine Hilfe herauszufinden, inwieweit interkulturelles Bewusstsein und Sensibilität unter Berücksichtigung der individuellen Aspekte bei den jeweiligen Personen entwickelt sind. Dieses Wissen ist die Ausgangsbasis für Training und Beratung.[194] Wichtig für unseren Gebrauch ist die Einteilung in die verschiedenen Ebenen. Man kann durch gezielte Übungen mit NLP-Veränderungstechniken die einzelnen Phasen vorbereiten bzw. dazu verhelfen, mit den eigenen Gefühlen und Verhaltensweisen angemessen umzugehen. Worin bestehen jedoch weitere Schwierigkeiten beim interkulturellen Lernen? Für jedes Individuum scheint es oft schwer, selbstverständliche Elemente der bisherigen Weltsicht zu relativieren und neue Bedeutungsperspektiven zu entwickeln. Genau das muss aber im interkulturellen Kontakt, beim Lernen und Begreifen anderer Kulturen geleistet werden. Das interkulturelle Lernen kann allgemeine und spezifische Lernwiderstände auslösen: Angst vor Orientierungsverlust, Identitätsverlust und vor Verlust der Gruppen-unterstützung. Aus unserer Sicht sollte der Lernprozess des interkulturellen Lernens folgendermaßen in einem Training oder Coaching ablaufen:

Zunächst ist es wichtig, die Motivation und Ziele des Trainings/Coachings für den Auslandsaufenthalt zu klären. Dabei werden Glaubenssätze und Einstellungen überprüft und die bisherigen Erfahrungen in Zusammenhang zu den Zukünftigen gesetzt. In einem zweiten Schritt sollten bei kulturspezifischer Vorbereitung, die „hard facts" folgen, d.h. landesspezifische Informationen

> Interkultureller Lernprozess
> - Klärung der Motivation und Ziele
> - Landesspezifische Informationen
> - Praktische Erfahrung mit begleitendem Coaching

kognitiv vermittelt werden. Dies wird zu einer erneuerten Selbsterkenntnis führen, bei der die vorhandenen Werte überprüft und möglicherweise neu angeordnet werden.

---

[194] Wie bei jedem Modell gibt es auch an diesem einige Mängel festzustellen: Es ist nicht quantitativ empirisch überprüft und erforscht, man kann sich auch in mehreren Stadien je nach Land und Kontext befinden und auch wieder zurückfallen. Es ist gut anwendbar für den Aufenthalt im Ausland, weniger gut für eine Entwicklung bei „Daheimgebliebenen".

Dann kommt es zu Erfahrungen „am eigenen Leibe". Kompetenz trainieren ist in hohem Maße eine affektive Komponente des Trainings, da hierbei die eigenen Verhaltensweisen ausprobiert und in verschiedenen Kontexten (verändert) angewendet werden müssen.[195] Wenn wir nicht vorbereitet sind, wir uns innerlich noch nicht auf ein anderes Orientierungssystem eingestellt haben, dann sind wir so verunsichert und orientierungslos, dass wir nicht mehr wissen, was zu tun ist. „Wir verstehen die Welt nicht mehr" – nämlich unsere eigene Sicht der Welt, die in der fremden Kultur, nicht mehr gültig ist. Dieses Phänomen nennen wir Kulturschock. Als Begleitung bietet sich ein Post-Departure Coaching an.

▶ *Zur Unterstützung während eines Kulturschocks und zur Relativierung hilft die Übung 5.5.8 „Konflikte lösen".*

4.3 Aufgabe und Ursprung Interkulturellen Trainings

> „Willst Du im laufenden Jahr ein Ergebnis sehen, so säe Samenkörner. Willst Du in zehn Jahren ein Ergebnis sehen, so setze Bäume. Willst Du das ganze Leben lang ein Ergebnis sehen, so entwickle die Menschen."
> *Kuan Chung Tzu*

Die Wurzeln des Interkulturellen Trainings liegen in den USA. Nach Ende des Zweiten Weltkrieges waren die Amerikaner in verschiedene Wiederaufbauprogramme involviert und erkannten, dass sie oft unvorbereitet auf die Arbeit in der Fremde waren. Aus den militärischen Ansätzen der 60er Jahre entwickelten sich viele Strömungen. In Europa begannen langsam auch deutsche Entwicklungshilfeorganisationen dem Faktor Kultur mehr Aufmerksamkeit zu geben. Die zunehmende wissenschaftliche und wirtschaftliche Auseinandersetzung mit der Globalisierung führte schließlich zu einer immer breiteren Anwendung von Interkulturellen Trainings auch im Wirtschaftsbereich mit Modellen die immer lernorientierter und vielfältiger wurden. Interkulturelle Trainingsansätze werden mit vielen synonym verwendeten Begriffen diskutiert: Das Spektrum reicht von Cross Cultural Training, International Management Training, Multinationalem Training über Culture Awareness Training und Diversity Training (umfasst zusätzlich zu nationaler Kultur auch die Vielfalt im Sinne von Alter,

---

[195] Breuer, Jochen/de Bartha, Pierre,1993: Managen mit Franzosen: Vive la difference. In: Harvard Business Manager Jg. 15, Nr. 2, 1993, S. 15-17

Geschlecht, Behinderungen, Sexualität, sozialem Status etc.).[196] Diese Konzepte stehen mehr oder weniger nebeneinander und sind typisch für die Interdisziplinarität dieses Bereiches.

Das erste Handbook of Intercultural Training[197] beschreibt Interkulturelles Training folgendermaßen: "We would view intercultural behaviour as action that produces a significant change in the judgement of the actors social or skill competence by people from another cultural background [...]: Training can then be informed as to what manipulations are likely to produce positive changes in intercultural behaviour."[198] Interkulturelles Training zielt auf die innere Einstellung (Verständnis, Verzicht auf Stereotypen), die Emotionen (sich wohler fühlen unter Menschen mit fremder Kultur) und das Verhalten (Anpassung, Wahlmöglichkeiten).

4.4 Wer braucht Interkulturelles Training?

Für wen macht es Sinn Interkulturelle Kompetenz zu erlernen? Welche Fähigkeiten sollten einzelne Berufsgruppen haben? Welche Menschen könnten davon profitieren? Anwendungsbereiche für Interkulturelles Training sind:

- Interkulturelles Training zur Integration ausländischer Mitarbeiter
- für internationale Arbeitsteams
- für Mitarbeiter in Marketing und Produktmanagement
- für den Bereich Öffentlichkeitsarbeit
- für Ausländerbehörden und Migrationsinstitutionen
- bei internationalen Verhandlungen
- für virtuelle, internationale Teams
- für Ärzte, Dienstleister usw., die in engerem Kontakt mit ausländischen Mitbürgern stehen.

Erfahrungsgemäß ist die Wirtschaft erst in den letzten Jahren für die Tatsache interkultureller Unterschiede und die Wichtigkeit des Erkennens zum Arbeitserfolg verstärkt sensibilisiert worden.[199] Deshalb ist es wichtig, einen Lernbedarf zu schaffen, um die Sensibilisierung voranzutreiben. Die Teilnehmer sollen erkennen, dass sie interkulturelle Missverständnisse erst vermeiden, wenn sie besser über Konzepte und Verhaltensweisen der fremden Kultur Bescheid wissen. Den Mitarbeitern sollte bewusst

---

[196] Aus dem Ursprungsland USA kommen nach wie vor die meisten Trainingsmodelle zur Ausbildung interkultureller Kompetenz. Siehe Glossar: Universitätsmodell, Linguistic Awareness of Culture, Culture Assimilator, Culture Awareness.

[197] Vgl.: Landis, D/Brislin, R.W.: Handbook of Intercultural Training. Vol.1, New York, Pergamon

[198] Landis, D/Brislin, R.W.: Handbook of Intercultural Training. Vol.1, New York, Pergamon, S. 1

[199] Zu Wirksamkeit und Effektivität interkultureller Trainings Siehe Fußnoten 181 und 182 auf S. 123

werden, dass sie in einer interkulturellen Situation normalerweise nicht alle Verhaltensmöglichkeiten ausschöpfen, sondern sich mehr oder weniger ähnlich verhalten wie in ihrem Heimatland. Im Ausland befindet man sich oft im „survival state" (physilogical needs) der Maslow-Pyramide.[200] Denn die physiologischen Grundbedürfnisse müssen zuerst gestillt werden, bevor man sich um die weiter höher liegenden Bedürfnisse (Sicherheit, Soziales, Wertschätzung, Selbstverwirklichung) kümmert. Je sicherer man im Ausland d.h., im neuen Orientierungssystem wird, desto mehr erkennt man z.b. die Regeln für Wertschätzung. Wenn man in Großbritannien mit vielen Gesten und ausdrucksstarker Mimik spricht wird das vielleicht nicht in dem Maße anerkannt, wie das in Spanien der Fall sein könnte. Wenn diese Zusammenhänge vor einem Auslandsaufenthalt nicht bekannt sind, kann man schnell auf die unterste Stufe der Pyramide zurückfallen und dadurch nur eine geringe Auswahl an Verhaltensmöglichkeiten zur Verfügung haben. Oftmals ist es für Teilnehmer Interkultureller Trainings frustrierend zu erkennen, dass man unter anderen Rahmenbedingungen ganz anders mit einer bestimmten Situation umgehen kann, soll oder muss, vielleicht sogar mit gleichem oder höherem Erfolg.

Das Training nimmt hier eine Erfahrung vorweg, die Auslandsmitarbeiter ebenfalls beschreiben: Deutsch wird man erst im Ausland. Denn im Kontrast mit der anderen Kultur wird deutlich, wie stark man von der eigenen Kultur geprägt ist: Dadurch kommen Themen auf wie z.B. die eigene Identität oder das Verhältnis von Angeborenem versus Angelerntem. Wie bin ich der/die geworden, der/die ich bin? Wichtig ist auch, gewohnte Bewertungen zu relativieren. Oft sind die Teilnehmer mit Situationen konfrontiert, in denen sie wenig bereit sind, sich dem Standard des Einsatzlandes anzupassen, weil sie die eigene Vorgehensweise für demokratischer, menschlicher, ehrlicher usw. halten. Jetzt ist es notwendig, den Teilnehmern deutlich zu machen, dass das interkulturelle Problem nicht aus der Fragestellung besteht, ob man eine Visitenkarte mit zwei Händen oder nur mit einer überreicht, es geht hier um die Relativierung von verinnerlichten Werten. Dies berührt die Identität der Teilnehmer. Bei der Wertediskussion ist es wichtig festzuhalten, dass das Verhalten eines jeden Menschen für ihn persönlich für etwas gut ist (ebenso ein Grundsatz des NLP), also eine individuelle positive Absicht hat. Mit diesem Ansatz ist auch die Ökologie eines jeden gewürdigt. Dann gilt es die lokalen Bewertungen partiell zu übernehmen. Die Teilnehmer müssen lernen zu verstehen, das Kulturen Gestaltcharakter besitzen, also sich in logischen Ganzheiten darstellen, in denen alles mit allem zusammenhängt, weshalb es nicht möglich ist, einzelne Bestandteile beliebig auszutauschen. Den Teilnehmern wird so deutlich, dass ihre eigenen Einflussmöglichkeiten auf die lokale Kultur erheblich geringer sein werden, als viele von ihnen erwarten. Wichtig ist es,

---

[200] Vgl.: Stevens, Frans u.a., 2003: Handbuch Managementmodelle. Chichester/Weinheim, Wiley

positive Erfahrungen mit Unterschieden und Reaktion zu ermöglichen und eine Orientierung zu bieten.[201]

4.4.1 Lernziele Interkultureller Trainings[202]

Man kann auf den logischen Ebenen mit verschiedenen Formen und mit unterschiedlichen Lernzielen trainieren (siehe auch unter Interkulturelle Kompetenz).

1. **Affektive Lernziele:** Ambiguitätstoleranz, Flexibilität, Selbstvertrauen, Interkulturelle Lernbereitschaft usw., d.h. auch Reduktion von Angst, positive Einstellung gegenüber fremden Kulturen, Akzeptieren fremder Denk- und Verhaltensweisen, Sensibilität für Synergiepotenziale, Abbau unzutreffender Stereotype der anderen Kultur, intrinsische Motivation zum interkulturellen Leben. Vor allem zählt hierzu auch der Umgang mit Stress bei Unsicherheit, die Kontextualisierung der eigenen Werte, kurz: Das Erlernen von Sozialkompetenz.

2. **Kognitive Lernziele:** Interkulturelles Wissen, Verständnis für fremdkulturelle Zusammenhänge, Metakommunikationsfähigkeit, Verständnis der eigenkulturellen Geprägtheit, Verständnis von Kulturkonzepten (Kulturmodell), Wissen über die eigene Kultur, Kommunikationsregeln der fremden Kultur (Orientierungssystem), Verhaltenserwartungen, Rollenbilder, Kenntnis der Problempotenziale Interkultureller Kommunikation, länderspezifisches Wissen, Strategien zum Umgang mit Kulturschock, kurz: Das Erlernen von Methodenkompetenz.

3. **Verhaltensorientierte Lernziele:** Handlungssicherheit durch ein erweitertes Verhaltensrepertoire, Abbau von konfliktfördernden Verhaltensweisen, kulturadäquates (Kommunikations-)Verhalten, Befähigung zum Konfliktmanagement, Kommunikationswille und -bereitschaft, Kommunikationsfähigkeit, Soziale Kompetenz (Beziehungen aufbauen), kurz: Das Erlernen von Sozial- und Handlungskompetenz.

Wir arbeiten hier hauptsächlich affektiv, d.h. mit einem affektiven Lernziel. Eine Studie zur Evaluation Interkultureller Trainings zeigt, dass die meisten Interkulturellen Trainings mit kognitiven und verhaltensorientierten Inhalten zu den „affektiven Komponenten interkultureller Kompetenz z.B. „ Abbau von Vorurteilen" und "Mut

[201] Bittner, Andreas: Psychologische Aspekte der Vorbereitung und des Trainings von Fach- und Führungskräften auf einen Auslandseinsatz. In: Thomas, Alexander (Hrsg.), 1994: Psychologie interkulturellen Handelns. Göttingen, Hogrefe, S. 326 ff

[202] Vgl.: Götz, Klaus, 2000: Interkulturelles Lernen/Interkulturelles Training. Managementkonzepte Band 8, München, Hampp, S. 68 ff

machen" oft nicht beitragen konnten."[203] Die innere mentale Programmierung, wie Hofstede Kultur definiert, findet emotional und unbewusst statt. Diese Ebene wird hauptsächlich durch das affektive Lernziel angesprochen. Das ist auch der Mehrwert, den das NLP leistet: Ein starker Fokus auf die Wahrnehmung und das eigene innere Erleben. Durch den und mit dem Körper finden effektive Verhaltensänderungen und wirkliches Erleben der Werte statt. Sobald

> Mentale Programmierung wird hauptsächlich durch affektives Lernen erreicht. Dies ist der Mehrwert, den NLP für Interkulturelles Training leistet.

wir eine Veränderung vornehmen, die einen hohen Wert betrifft, verändern sich mit der Zeit auch die darunter liegenden Ebenen, z.b. das Verhalten.

▶ *Als Beispiel sei hier die Übung 5.8.3 „Zielintegration" genannt.*

Dementsprechend haben die meisten unserer Übungen ebenfalls ein verhaltensorientiertes Lernziel besonders die, die auf der Ebene des Verhaltens und darüber liegen. Aus unserer Sicht ist es aber ebenso wichtig, sich auf die Fakten, z.B. die Geschichte eines Landes vorzubereiten. So gelangt man mehr zu den Erklärungsansätzen, die unabdingbar sind für das Zurechtfinden in einer unbekannten Kultur. Dementsprechend halten wir das kognitive Lernziel für das Interkulturelle Training für wichtig, legen aber hier keinen Fokus darauf.

4.4.2 Trainingsmethodik und Didaktik

In Deutschland hat sich die Unterscheidung von Methodik und Didaktik durchgesetzt. Wir werden unsere Praxisübungen auch diesem Muster anpassen, um eine leichtere Anwendung und Clusterung zu erreichen. Die Methodik und Didaktik unterscheiden sich beim Interkulturellen Training wie folgt:[204]

Methodik: interaktionsorientiert-informationsorientiert
Didaktik: kulturallgemein-kulturspezifisch

> **Methodik:** wie etwas gelehrt wird: Interaktionsorientiert, Informationsorientiert
> **Didaktik:** was gelehrt wird: Kulturallgemein, kulturspezifisch

Interaktionsorientiert kulturallgemein
Zielgruppe: Dieser Fokus ist besonders für multikulturelle Gruppen geeignet.
Trainingsart: Simulationen, (Gruppen)rollenspiele, Self-Assessmentfragebögen

---

[203] Vgl.: Kinasth, Eva, 1998: Evaluation Interkultureller Trainings. Lengerich
[204] Vgl.: Neuner/Hunfeld, 1999: Methode des fremdsprachlichen Deutschunterrichts. Berlin, Langenscheidt, S.14

Vorteil: Interkulturalität wird bei gemischkulturellen Gruppen erfahrbar.
Nachteil: Simulationen oft fiktiv.

Interaktionsorientiert kulturspezifisch
Zielgruppe: Dieser Fokus ist besonders für bikulturelle Gruppen geeignet.
Trainingsart: Bikulturelle Workshops, Verhandlungsrollenspiele, Simulationen.
Vorteil: Semiauthentische Erfahrung von interkulturellem Handeln, sofern das Training bikulturell ist.
Nachteil: Kulturspezifische Kenntnisse werden in der Regel nicht vermittelt.

Informationsorientiert kulturallgemein
Zielgruppe: Dieser Fokus ist für alle geeignet.
Trainingsart: Culture assimilator, Trainingsvideos, Fallstudienbearbeitung.
Vorteil: kognitiver Lerneffekt, Verständnisausweitung.
Nachteil: Eher akademischer Ansatz, bei Führungskräften oft zu abstrakt.

Informationsorientiert kulturspezifisch
Zielgruppe: Dieser Fokus ist für alle geeignet.
Trainingsart: Culture Assimilator, Fremdsprachenunterricht, Fallstudienseminar, rein landeskundliche Inhalte.
Vorteil: tiefgehendes Verständnis und Erklärung des fremden, unbekannten Verhaltens.
Nachteil: Oft Reduktion von Do's and Don'ts, Gefahr der.

Gerade für erfahrungsorientierte Trainingsverfahren gibt es bisher wenige Studien, die konsistente Ergebnisse hervorgebracht haben. Weit besser untersucht sind die informationsorientierten Trainingsmethoden. Der Culture Assimilator beispielsweise zeigt eindeutig, dass er zu einem besseren Verständnis fremder Kulturen führt. Vieles spricht daher dafür, dass erfahrungsorientierte (also interaktionsorientierte) und informationsorientierte Methoden miteinander kombiniert werden, um effektiv interkulturelle Kompetenz auszubilden.[205]

NLP = inhaltsfrei / prozessbezogen
IK = inhaltsbezogen

Vielleicht werden Sie sich fragen: Wie lerne ich genau bzw. wie sieht der Prozess des Lernens im Ausland aus? Wir halten diesen Punkt ebenfalls für wichtig, um die Verbindung zwischen zwei unterschiedlichen Lern- und Veränderungsansätzen

[205] Vgl.: Thomas, Alexander/Hagemann, Katja: Training interkultureller Kompetenz. In: Bergmann, Niels/Sourisseaux, Andreas (Hrsg.), 1992: Interkulturelles Management. Heidelberg, Physica Verlag, S.260 ff

herzustellen: NLP und Interkulturelles Training. NLP umfasst viele Methoden zur persönlichen Veränderung, inhaltsfrei und prozessbezogen. Im Kontext einer Therapie z.b. braucht der Klient nicht Inhalte seines Problems zu schildern, sondern es reicht zu sagen, welche Auslöser und welche Konsequenz eine Handlung oder ein Gefühl hat. Es bringt das Wissen direkt in den Körper. Das Interkulturelle Training umfasst ebenfalls mehrere Methoden, aber inhaltsbezogen. Hier ist der Inhalt wichtig, um zu verstehen, in welcher Kultur man welche Dimension braucht usw. Die

> Eine Kombination aus erfahrungs-orientierten und informations-orientierten Methoden ist effektiv, um interkulturelle Kompetenz auszubilden.

unterschiedlichen bekannten Methoden des Interkulturellen Trainings werden NLP-Ansprüchen nicht immer umfassend gerecht. Aus NLP-Sicht ist das Unterbewusstsein wichtig. Veränderung können effektiv und lang anhaltend durch das innere Erleben stattfinden: "reprogramming of the mind".

4.5 Was ist Lernen?

> „Es ist zu wünschen, dass jeder, der uns die Wahrheit zeigen will, sie nicht in Worten ausdrückt, sondern uns die Möglichkeit gibt, sie selbst zu erkennen." *José Ortega y Gasset*

Lernen ist eine Veränderung, die mit der Zeit sichtbar wird. Dazu gehören ein Lernsubjekt (der Mensch), ein Lernobjekt (das, was der Mensch lernen will, soll, kann), das dazugehörige Verhalten und die Situation, in der der Mensch lernt. Man lernt entweder quantitativ, d.h. man lernt zum bisherigen Wissen, zu Fähigkeiten etc. noch etwas hinzu oder man lernt qualitativ (d.h. man lernt um auch Veränderungslernen genannt). Das Lernstadienmodell von Albert Bandura[206] findet im NLP vielfach Anwendung. Es beschreibt die Aneignung gewohnheitsmäßiger Fähigkeiten und Eigenschaften in einem vierstufigen Prozeß: 1. unbewusste Inkompetenz, 2. bewusste Inkompetenz, 3. bewusste Kompetenz, und 4. unbewusste Kompetenz. Das erste Stadium bezeichnet eine Phase, wo wir (bewusst) nicht wissen, daß wir nichts wissen. Viele Menschen wissen z.B. nicht, daß es möglich wäre, ihr eigenes Verhalten in Gegenwart von Personen, die für sie problematisch scheinen (z.B. eine Person, die sie einschüchtert), frei wählen zu können. Sie glauben, dass ihr eigenes Verhalten nur eine Reaktion auf das Verhalten von dieser Person ist. Würde sie sich ändern (z.B. freundlicher sein), dann könnten man ihr gegenüber freier agieren. Die eigene kommunikative Inkompetenz erscheint dabei nicht als "Problem". In der zweiten Phase

---

[206] Vgl.: O'Connor, Joseph/Seymour, John, 1996: Gelungene Kommunikation und Entfaltung, Freiburg, VAK-Verlag für angewandte Kinesiologie, S. 32 ff

wird das "Problem" als eigenes Problem erkannt: der Fokus verlagert sich von "aussen" (von der Person) nach "innen", zu den eigenen Möglichkeiten. Man "entdeckt" z. B., dass andere Kollegen überhaupt kein Problem mit dieser Person haben und ist neugierig zu lernen, was diese Kollegen tun, wie sie auf das unfreundliche Verhalten von dieser Person reagieren. In dieser Phase wächst das Bewusstsein, dass es etwas zu lernen gibt, es formulieren sich auch schon erste Ziele, es fehlen aber noch die Fähigkeiten, um diese Ziele in praktisches Verhalten umzusetzen. In der dritten Phase ist dann das Ziel klar (z.b. weniger Streitgespräche mit dieser Person) und es sind Methoden zur Zielerreichung bekannt, sie werden trainiert und zu einem gewissen Grad beherrscht. Bewusste Kompetenz bedeutet, dass sich der Mensch in seiner Kommunikation mit dieser Person bewusst auf seine neuen Fähigkeiten konzentriert und sie anwendet. Nach einiger Zeit kann das Kommunikationsverhalten verändert sein. Der Mensch hat z.b. gelernt, Meinungsverschiedenheiten mit der anderen Person ohne Streit auszutragen - und all dies geschieht automatisch und unbewusst (unbewusste Kompetenz). Unser Ziel ist es, Ihre unbewusste Inkomeptenz durch die Übungen bewusst zu machen, um dann bewusst kompetent neue Verhaltensmöglichkeiten zu lernen, die in „Fleich und Blut", d.h. in eine unbewusste Kompetenz übergehen.

Den Lernprozess bestimmen kognitive, psychomotorische und affektive Faktoren.[207] Wichtig für das Lernen ist die Größe der Lerneinheiten bzw. Lernschritte (Chunkgröße). Nicht jeder Mensch kann die gleiche Menge an Informationen gleich schnell verarbeiten und aufnehmen. Jeder hat unterschiedliche Vorraussetzungen, Kenntnisse und Erfahrungen, die den Lernfortschritt beeinflussen. Die so genannten Lernstile[208] sind auch kulturell bedingt.[209]

4.5.1 Lernstile aus kultureller Sicht

Lernen ist ein kontinuierlicher lebenslanger Prozess. Internalisierte (innerliche) Vorstellungen und Begriffe sind nicht fixiert. Lernen basiert auf Erfahrungen, die zur Beeinflussung und Modifizierung von zukünftigem Denken und Handeln beitragen. Daraus ergibt sich, dass jedes Individuum einen eigenen Lernstil hat. Lernen ist ein ganzheitlicher Prozess aus Denken, Fühlen, Wahrnehmen und Verhalten, der zur bestmöglichen Adaptation des Einzelnen an die soziale und physische Umwelt führt.[210]

---

[207] Vgl.: Entwistle, Noel, 1990: Learning Styles. In: Eyseneck, M.W., 1990: The Blackwell Dictionary of Cognitive Psychology. Oxford, Blackwell, S. 123 ff
[208] Lernstile sind ausführlich im Glossar beschrieben.
[209] Vgl.: Barmeyer, Christoph I., 2000: Interkulturelles Management und Lernstile. Frankfurt, Campus
[210] Vgl.: Kolb, David A., 1984: Experiental Learning. New York, Prentice Hall S. 26-38

Demnach versucht jeder in Lernprozessen bewusst oder unbewusst den Anforderungen der Gesellschaft gerecht zu werden. Dabei richtet sich der Mensch danach, welche Haltungen und welches Verhalten innerhalb der sozialen Beziehungen von Gesellschaft, von der Gruppe, vom Lehrer oder vom Unternehmen erwartet, unterstützt, belohnt oder verworfen werden. Weit mehr als die Inhalte, ist der Prozess der Informationsaufnahme und des Lernens folglich kontextabhängig. So kristallisieren sich Lernstile auch durch die Schulbildung und die Werte einer Kultur heraus. Wenn z.b. der Wert einer Kultur darin besteht, abstrakt formulieren zu können, dann werden unterschiedliche Formen des Lernens gefunden, um dem Rechnung zu tragen.

Je nach Landeskultur herrschen unterschiedliche Lernstile[211]. Nach unserer Erfahrung ist es in Frankreich oft unüblich, die Worte des Trainers in Frage zu stellen. Trainer heißt auf Französisch „Animateur", so wird bereits an der Übersetzung deutlich, dass es eher um das Motivieren als das Trainieren geht. Es ist wichtig, geeignete Lernformen zu finden, die speziell auf die Bedürfnisse, kulturellen Werte und Persönlichkeitsprofile der Teilnehmer zugeschnitten sind. Anpassungsfähigkeit und Interkulturelle Kompetenz sind in hohem Maße vom Persönlichkeitsprofil[212] abhängig. Auch unsere Übungen müssen an den kulturellen Hintergrund der Teilnehmer angepasst werden. Hinsichtlich sprachlicher Direktheit, erfahrungsmäßiger Offenheit und dem Berühren anderer Personen beispielsweise gibt es unterschiedliche kulturelle Richtlinien. Wir überlassen es Ihrem eigenen Erfahrungs- und Wissensschatz die passende Auswahl für Ihre Klienten und Gruppen zu treffen bzw. in Erfahrung zu bringen. Deshalb sind auch Lernstile und –methoden kulturell abhängig. Wichtig im interkulturellen Kontext ist außer dem Lernen durch Erfahrung[213], die emotionale Einstellung. Dieser wird im Modell der Stadien interkulturellen Lernens von Bennett[214] Rechnung getragen. Das in Kapitel 4.2 beschriebene Modell ist für viele eine oft zitierte Grundlage Interkulturellen Trainings.

[211] Vgl.: Barmeyer, Christoph I., 2000: Interkulturelles Management und Lernstile. Frankfurt, Campus

[212] Es gibt veschiedene allgemeine Lerntypen, die sich an Persönlichkeitsmerkmalen ausrichten. Dazu finden Sie mehr im Glossar unter dem Stichwort Lernstile.

[213] Interkulturelles Lernen kann und muss ein reines Erfahrungslernen sein, denn nur theoretische Inhalte (ohne das eigene Erleben) hätten zur Folge, dass der Lernende das Interkulturelle Training etwa mit diesem Satz kommentiert: „Der Dozent hat gesagt dass alle Spanier lange Pausen brauchen" - ohne die affektive Ebene, das Erleben, kann keine Interkulturelle Kompetenz erreicht werden. Insofern kann eine theoretische Basis einen Orientierungsrahmen für eine Kultur bieten, sie ersetzt aber bei weitem nicht die Erfahrung des eigenen Gefühls, des eigenen Verhaltens in unbekannten interkulturellen Situationen.

[214] Vgl.: Bennett, Milton, 1993: Towards Ethnorelativism: A Development Model of Intercultural Sensitivity. In: Paige, R. Michael (Hrsg.): Education for the intercultural Experience. Yarmouth, Intercultural Press, S. 21-71

4.5.2 Interkulturelle Feinheiten

Deutsche sind eher an Theorie und logischen Erklärungen interessiert, praktische Beispiele dienen als Ergänzung. Reflexion und Analysen sind dem deutschen Lerner wichtig. Ein oft gebrauchter Satz: „Das ist in der Theorie so, ist es auch praktisch so?" Diese Reihenfolge des Lernens nennt sich deduktiv (Theorie-Praxis). Heutzutage werden an Fachhochschulen mehr Fallstudien bearbeitet als früher. Vorbild dafür waren die USA, die schon sehr früh die Tendenz hatten induktiv (Praxis-Theorie) an Probleme und Fragestellungen heranzugehen. Briten z.b. interessieren sich mehr für aktuelle Forschungsergebnisse, sie langweilen sich eher wenn es zu theoretischen Diskussionen kommt. Sie sind sehr zufrieden mit einem allgemeinen Überblick („overview") und brauchen weniger die theoretische Tiefe. Sie sind sehr erfahrungsorientierte Lerner und können auf tiefgreifende Erklärungen bzw. Analysen durchaus verzichten. Hier ist das Hauptziel „real-life-experiences" zu schaffen. Sie gehen eher anders vor (induktiv): „Es funktioniert praktisch so, gibt es dafür auch eine Theorie?" Gründe für die jeweiligen Vorlieben liegen im Bildungssystem beider Länder. Während an deutschen Universitäten sehr viel Wert auf Theorie und ergänzende Literatur, z.b. bei Prüfungen, gelegt wird, haben die Briten einen pragmatischeren Ansatz. Sie lösen während des Semesters viele Fallstudien, aus deren Ergebnissen sich schon ein großer Teil der Examensendnote ergibt. Deutsche gehen ein Problem mit Aufarbeitung des theoretischen Hintergrundes an und entwickeln daraus Lösungsstrategien, Briten starten mit einer „Brainstorming Session", entwickeln Ideen und schauen, ob eine Theorie dazu passt. Britisches Motto: Besser eine temporäre Lösung als keine Lösung. Deutsches Motto: Lieber keine Lösung als eine schlechte. In einigen asiatischen Ländern kann es vorkommen, dass Fragen stellen dem Trainer gegenüber nicht ehrerbietig ist, daher rezitieren die Studenten lieber und schreiben mit. Lehrende aus den ehemaligen Ostblockstaaten und auch China sind vorsichtig mit der Meinungsäußerung wegen der politischen Umstände. Es fällt ihnen schwer, die „ehrliche" Meinung wiederzugeben, manchmal wollen sie es deshalb auch nicht. Verhalten und Kleidung des Trainers sind in Asien wichtig, denn wer zu leger gekleidet ist oder sich locker informell verhält (z.b. auf dem Tisch sitzen), der wird in schockierte Gesichter blicken. Der Lehrer und Trainer ist eine Respektperson.[215] Niederländer möchten nach unserer Erfahrung gerne die zur Verfügung stehende Zeit komplett in Anspruch nehmen, so lange wie möglich Training, während es in Deutschland kaum möglich scheint, am Freitagnachmittag nach 15 Uhr noch weiter zu trainieren.[216] So gibt es unzählige weitere Beispiele für kulturell geprägte Lernstile und –gewohnheiten.

---

[215] Vgl.: Dresser, Norine, 1996: Multicultural manners: New rules of etiquette for a changing society. New York, Wiley, S. 38-51

[216] Vgl.: Banks, James A.., 2001: Multicultural education: Issues and perspectives. New York, Wiley

Die Forscher haben, unserer Recherche nach, noch nicht viele Studien und empirischen Nachweise veröffentlicht.[217] Ein umfassender Überblick würde den Rahmen dieses Buches sprengen. Fragen Sie Menschen aus anderen Ländern, wie ein Training bei ihnen abläuft. Wie genau ist das Programm? Welcher Wert wird auf Pausen gelegt? Wie wird gelernt? Was ist wichtig um zu überzeugen? Welche Rolle spielt die Praxis? Wie ist der Stellenwert der Seminarunterlage? usw.

Lernen lehren – der Weg zur Praxis

"Es gibt nichts gutes, außer man tut es." *Erich Kästner*

Wir wünschen Ihnen viel Spaß beim Anwenden der Übungen. Lassen Sie uns wissen, welche Erfahrungen Sie sammeln, was funktioniert, was Sie ergänzt und verändert haben. Genauso lebendig wie die systematische Zusammenführung mehrerer Schulen im interkulturellen Bereich stellen wir uns auch den Austausch mit Ihnen, den Lesern vor. Wir veranstalten in Deutschland und den USA auch Workshops, in denen wir die Übungen vorstellen und durchführen. Informationen dazu: culture-coaching-training@email.de.

Abbildung 4-3: Hier geht es nun zur Praxis

---

[217] Einen Überblick über Meetings, Zuhören und Führungsverständnis in mehr als 30 Ländern gibt Lewis, Richard, 1999: Cross Cultural Communication. A visual approach. Hampshire, Transcreen

5 Praxis: Coaching und Training interkultureller Kompetenz anhand der logischen Ebenen

5.1 Ziele der praktischen Übungen

Methoden des interkulturellen Trainings bieten aus unserer Perspektive selten[218] eine ganzheitliche Trainingsmethodik (Siehe Kapitel 4.4.2 Trainingsmethoden und Didaktik). Deshalb sprechen die hier vorgeschlagenen Übungen alle logischen Ebenen - also den Menschen ganzheitlich - an. Lernen findet bei NLP-Methoden im und mit dem Körper statt. Die dadurch erzielte Verankerung von Erlebnisse, Gefühlen und auch Ängsten macht die Probleme und Lösungen fühl- und sichtbar: Man lernt mit Kopf, Herz und Körper. Unser Ansatz fängt bei der Selbstbeobachtung an. Wie werden Sie von Kultur beeinflusst und welchen Einfluss hat dies auf die Kommunikation mit anderen? Andere verstehen kann man erst, wenn man sich selbst versteht. So heißt unsere Erkenntnis und gleichzeitig unser Motto für diesen Teil des Buches. Wir möchten Ihre Beobachtungsgabe schärfen, um Stereotypisierung und vorschneller Interpretation vorzubeugen.

Wir kennzeichnen Übungen nach Zielsetzung und Zielgruppe, damit sowohl Kulturerfahrene als auch Menschen ohne Auslandserfahrungen profitieren können. Der Grossteil der Übungen verlangt keine besonderen Vorkenntnisse. Die mit * Sternchen gekennzeichnete Übungen sind für NLP-Fortgeschrittene, da sie entsprechende Erfahrung voraussetzen. Ebenso machen wir Angaben zu dem aus unserer Sicht notwendigen NLP-Know-how. Sollten Sie Fragen zu Begriffen in den Übungen haben,

---

[218] D.h. nicht, dass den bisherigen Trainingsformen und –methoden etwas fehlt. Der Fokus liegt dort jedoch meistens auf dem Thema Kultur und weniger auf dem Individuum, wie es im NLP schwerpunktmäßig der Fall ist. Das Intercultural Sourcebook: Cross-Cultural Training Methods (Fowler, Sandra M./Mumford, Monica G., 1995, Maine, Intercultural Press) verweist auf integratives affektives Lernen (ebenenübergreifende simulative Übungen). Nur die Reflexion und Aufarbeitung hinsichtlich der Verhaltensweise und Werte des Individuums finden dort nicht statt – diese Verbindung stellen wir hier her.

werden Sie im Glossar zusätzliche Erklärungen finden. NLP-Übungen funktionieren nach dem „Als ob"-Prinzip. Sie ermöglichen ein inneres Erleben, als ob es Wirklichkeit wäre. Sie verhelfen zu Gefühlen, die den Gefühlen in interkulturellen Situationen ähnlich sind. Wir möchten, dass Sie mit den Übungen Ihr Modell der Welt erweitern können, ohne erst die ganze Welt bereist haben zu müssen. Was wir nicht leisten können, ist eine kulturspezifische Vorbereitung. Sie erfordert fundiertes Wissen über Werte und Verhalten, Sinn und Glauben der unbekannten Kultur. Meist wird dies mit Hilfe von kognitiven Trainingsmethoden und landespezifischen Fachbüchern[219] vermittelt. Solch eine Vorbereitung kann gut mit den hier vorgestellten kultursensibilisierenden Übungen verbunden werden.

Die Übungen sind so interkulturell, wie Sie sie gestalten. Je internationaler die Teilnehmer einer Gruppenübung, desto reichhaltiger können Sie aus den Erfahrungen und Beispielen der Runde schöpfen. In Kulturen, in denen nicht offen über Gefühle gesprochen wird, könnten einige Übungen an die Grenzen der kulturellen „Komfortzone" stoßen (z.B. die Übungen Stereotype). NLP ist ein Denkmodell, welches aus dem amerikanischen Sprachraum stammt. Durchführung und Erreichen des Lernziels bauen auf (westlichen) Vorannahmen zu erfolgreichem Lernen auf: Eigen-Initiative, Kreativität, Selbstreflektion, Bereitschaft sich einzulassen und Nähe zu zulassen. Informieren Sie sich vor Trainingsbeginn: Inwiefern kann ich Fragen stellen, ohne dass die Teilnehmer ihr Gesicht verlieren? Inwieweit lassen sich Gefühle in der Gruppe thematisieren, wenn es dafür ein kulturelles Tabu gibt? Auch Auswertungen oder Feedback sollten an den kulturellen Kontext der Teilnehmer angepasst werden. Dazu gehören ein unterschiedliches Verständnis von Geschlechterrollen und die damit verbundene Rollenverteilung und -erwartungen, Verhalten in Gruppen (Individualismus-Kollektivismus) und die Machtverteilung bzw. -ausübung (Rolle des Leiters, des Coachs etc.). Es ist sinnvoll, in multikulturellen Gruppen mit mehreren aus den Kulturen stammenden Trainern zu arbeiten. Die Erfahrung zeigt, dass auch in Kulturen, in denen eigene Reflektionen oder Gefühlsäußerungen nicht ausgedrückt werden, Offenheit und Austausch über persönliche Themen möglich und begrüßt wird. Es ist eine Frage der Zeit und des Drucks: Wird ein Interkulturelles Training in einem Tag veranstaltet, um die Teilnehmer zu einer persönlichen Änderung zu bringen, wird man damit wenig Erfolg haben. Geht man jedoch davon aus zunächst Vertrauen untereinander zu schaffen und sich dann Themen, Unterschiede und eigene Erfahrungen anzuschauen, wird man auf offene Ohren und Beteiligung stossen.

---

[219] Zu den verschiedenen Landeskulturen gibt es z.B. aus dem Verlag Beck, die Beck'sche Reihe „Länderkunden", die eine landeskundlich fundierte Aussage über die jeweilige Kultur machen. Oder aus dem Piper Verlag die Reihe „Gebrauchsanweisungen". Oder spezifische Literatur, wie z.B. über Frankreich: Große, Ernst/Lüger, Heinz, 1993: Frankreich verstehen. Darmstadt, Wissenschaftliche Buchgesellschaft

Abbildung 5-1: Viel Spaß mit den Übungen!

5.2 Wie sehen die Übungen aus?

Es handelt sich bei den von uns bewährten bzw. recherchierten Übungen um eine Mischung aus NLP-Methoden und interkulturellen Trainingsmethoden. Wurde der Hintergrund noch nicht im theoretischen Teil erwähnt, geht den Übungen ein Einführungstext voran.

Format der Übungsbeschreibung

Ziel: Resultate und Ziele der Übung
Typ: Hinweis auf die Anwendbarkeit des interkulturellen Trainings bzw. Coaching, z.B. Auslandsvorbereitung, Sensibilisierung, Nachbereitung usw.
Trainingsform und Lernziel: Interaktionsorientiert, informationsorientiert, kultur-spezifisch, kulturallgemein, affektiv, kognitiv, verhaltensorientiert.[220] Manche Übungen sind gleichzeitig kulturspezifisch und kulturallgemein d.h., sie lassen sich sowohl mit interkulturellen Gruppen als auch ohne Fokus auf eine bestimmte Kultur durchführen.
Erfahrungsstand der Teilnehmer: Kulturneulinge = haben wenig Erfahrung mit Kultur, Interesse an Sensibilisierung; Kulturerfahrene = haben mit und in anderen Kulturen gearbeitet, Interesse an weiteren Informationen; Kulturprofis = haben bereits im Ausland gelebt, beherrschen die jeweiligen Landessprachen; dazu gehören auch die, die zweisprachig und in verschiedenen Kulturen aufgewachsen sind.

---

[220] Siehe Kapitel 4.4.1 und 4.4.2

NLP-Know-how: NLP-Kenntnisse des Metamodells, Milton-Modell (Trance-Induktionen), Ankern etc.

Dauer: Erfahrungswerte, die wir mit diesen Übungen gemacht haben, abhängig von Gruppengröße, Motivation, Kontext, Tempo und Temperament der Teilnehmer, Mitspieler bzw. Klienten.

Material: Materialien, die benötigt werden oder Musik, die den Prozess aus unserer Erfahrung unterstützen kann.

Anmerkungen: Wichtige Hinweise für das Gelingen der Übung oder Unterstützung durch einen Handlungsrahmen

Anleitung oder Beschreibung: Essenz der Übung. Der Text kann teilweise vorgelesen werden, ist grundsätzlich aber als Anleitung gedacht, die vom Trainer ausformuliert wird. Übungsskizzen und Tabellen können Sie kopieren und an Teilnehmer verteilen. Bei der Beschreibung der Übungen haben wir uns an folgenden Rahmen gehalten:

- Definition

  A – der Gecoachte, Klient oder Teilnehmer

  B – der Coach oder Trainer

  C – der Berater, Beobachter oder Feedbackgeber von B

- Ablauf

  1. B stellt Rapport zu A her
  2. A formuliert das Problem / Ziel mit Unterstützung von B
  3. Übung/Veränderungstechnik
  4. Ökologie-Check
  5. Future-Pacing
  6. Debriefing mit A, B, C

Wichtig ist es, bei den Übungen und Praktiken Unstimmigkeiten in Aussage und Verhalten des Klienten wahrzunehmen. Dies kann mit folgenden Fragen geschehen:[221]

- „Wie könnte es Ihnen noch besser gehen?" (A sagt offensichtlich inkongruent, es gehe ihm gut)
- „Was fehlt noch?"
- „Wenn Ihre verschränkten Arme noch einen Kommentar zu der gewünschten Änderung hätten, welcher wäre das?"
- „Ist Ihr linkes Bein dergleichen Meinung?" (A sitzt noch nicht symmetrisch, sagt aber, er sei vollkommen zufrieden.)[222]

---

[221] Hier fasst vor allem der Ökologiegedanke aus dem NLP, Siehe Kapitel 3.2.1 Die NLP-Vorannahmen aus kultureller Sicht und im Glossar

[222] in Anlehnung an Schmidt-Tanger, Martina, 2001: NLP Modelle. Das Basiskurs-Begleitbuch. VAK

5.3 Themengebiet Umgebung: Sich und seine Umwelt wahrnehmen

Im Umgang mit Menschen ist die genaue Wahrnehmung innerer Prozesse beim anderen von großer Wichtigkeit, gerade im Ausland und im Ungang mit Menschen aus einer anderen Kultur. Menschen teilen nicht immer alles mit, was sie denken und fühlen, was in ihnen vorgeht. Innerhalb der eigenen Kultur kann man davon ausgehen, die nonverbalen Signale anderer ziemlich genau deuten zu können. Man schließt von äußerlich wahrnehmbaren körpersprachlichen Signalen auf innere Vorgänge. So kann man tendenziell interpretieren, dass die Arme vor der Brust verschränkt ein Zeichen von Verschlossenheit oder Abwarten darstellen können. Allerdings ist eine solche Interpretation schon innerhalb einer Kultur problematisch, da die Person, die diese Haltung zeigt, sich so auch ganz einfach nur wohler fühlen kann. Das muss noch lange kein Zeichen von Verschlossenheit sein, d.h., unsere Mimik und Gestik sowie alle Formen der nonverbalen Sprache sind mehrdeutig. Und doch nehmen wir das, was wir sehen, fühlen, riechen, schmecken und hören, als etwas „Wahres" an, wir „nehmen wahr". Genau das ist auch die Gefahr!

So ist es klar, dass z.B. Europäer nicht unbedingt in den Gesichtern der Japaner „lesen" können. Denn die Menschen aus dem „Land des Lächelns" zeigen scheinbar keine Regungen. Das ist jedoch so nicht wahr. Die Japaner sind kulturell so erzogen worden, persönliche Regungen, Gefühle in der Öffentlichkeit und auch im Privaten nicht offensichtlich (im wahrsten Sinne des Wortes) zu zeigen. Natürlich zeigen auch Japaner Gefühle, haben nonverbale Verhaltensweisen, nur ist es für Europäer ungewohnt und anfänglich schwer diese zu „entziffern", weil unsere Sinneskanäle nicht geschult genug für diese Feinwahrnehmungen sind. Wenn Sie die folgenden Übungen machen, werden Sie Ihre Wahrnehmung schulen und auch die kleinen Unterschiede im Ausdruck erkennen lernen. Wir bieten Ihnen hier verschiedene Übungen zur Wahrnehmung auf allen Sinneskanälen an. Jede dieser Übungen ist nach Ziel und Anwendbarkeit unterteilt. Generell kann man aber sagen, dass die genaue Wahrnehmung zum Grundwerkzeug für erfolgreiche (interkulturelle) Kommunikation gehört.

\

Die Lüge

g schärfen. Lernen, dass Kommunikation non-verbal und verbal

. Teamtraining, Icebreaker, Kennenlernübung

Trainingsform und Lernziel: interaktionsorientiert kulturallgemein, verhaltensorientiert

Erfahrungsstand der Teilnehmer: Kulturelle Neulinge, Kulturerfahrene, Kulturprofis

NLP-Know-how: keine Besonderheiten

Dauer: je nach Gruppengröße, zwischen 65-220 Minuten

Material: keines

Anmerkungen: Diese Übung nimmt zu Beginn viel Zeit ein. Sie ist jedoch eine sehr gute Grundlage, auf die man sich immer wieder beziehen kann. Zudem ermöglicht sie den Teilnehmern einen schnellen und intensiven Kontakt und die Erinnerung aneinander. Man muss pro Person mit 12-15 Minuten rechnen, multipliziert mit der Anzahl der Teilnehmer kommt die ungefähre Zeit, die man für die Übung braucht, heraus, inklusive eines kurzen Feedbacks, aber ohne eine abschließende Besprechung.

Anleitung oder Beschreibung:

1. Bitten Sie die Teilnehmer, sich in Zweier-Gruppen zusammen zu finden, möglichst Menschen verschiedener Kulturen bzw. solche, die sich noch nicht kennen. Sie können auch abzählen oder eine andere Auswahlform treffen. Wichtig ist, dass sich die zwei Personen noch nicht kennen.

2. Die Aufgabe lautet, sich in zehn Minuten (am besten Sie stoppen die Zeit und geben einen Wechsel nach fünf Minuten an) dem anderen vorzustellen: Woher man kommt, was man gerne mag, welche Ausbildung man hat? Kurz zusammengefasst, alles, was man gerne preisgeben möchte: Familie, Freunde, Job, Interessen usw. Sie können noch die Erwartungen dadurch abfragen, indem Sie die Aufgabe geben, auch darüber zu sprechen oder die Frage beantworten, mit welcher Intention die Teilnehmer zu diesem Kurs gekommen sind und was sie am Ende des Tages an Erfahrungen und Lernerlebnissen mit nach Hause nehmen möchten.

3. Das Interessante an dieser Übung ist nun, dass die Teilnehmer sich jetzt gegenseitig der Gruppe vorstellen werden und derjenige, der spricht die Aufgabe haben wird, eine Lüge, in die Geschichte des anderen einzubauen. Diese Information geben Sie jetzt der Gruppe. Vielleicht geben Sie dazu den Kommentar, dass es nicht darauf ankommt, wer die tollste Lüge einbaut, sondern woran man erkennt, wo und wann eine Lüge eingebaut war. Es geht

hier um die Wahrnehmung, um das Kalibrieren, sowohl des Inhalts als auch des nonverbalen Ausdrucks.

4. Nach zehn Minuten kommen alle in der Großgruppe wieder zusammen und das erste Pärchen beginnt: Einer setzt sich auf einen Stuhl vor die Gruppe, der andere steht hinter dem Stuhl und legt die Arme auf seine Schulter (Je nachdem aus welcher Kultur die Teilnehmer kommen, kann man das auch weglassen. Jedoch ist diese Geste schön, um die Verbindung zu zeigen).

5. Dann stellt der Stehende den Sitzenden vor (in der ersten Person: Ich bin..., ich komme aus... Er erzählt all das, was er von dem Zweier-Gruppengespräch behalten hat. Die Zeit pro Vorstellung beträgt max. fünf Minuten, meistens sind die Teilnehmer aber schneller fertig. Danach stellt der Leiter zuerst die Frage an das Publikum: Wo war eine Lüge und woran habt Ihr das festgemacht/gesehen/bemerkt?

6. Man sammelt die zunächst Rückmeldungen und befragt dann den Sprecher. Danach werden die Rollen getauscht. Und so weiter...

Alle Teilnehmer haben aus Erfahrung viel Spaß dabei. Es ist ein witziger Einstieg in das Thema Wahrnehmung und gleichzeitig eine ausführliche Vorstellungsrunde. Am Schluss der Vorstellung können Sie noch ein Feedback machen, wie die Teilnehmer diese Übung empfunden haben. Je nach Bedeutung des Wertes Ehrlichkeit oder der kulturellen Herkunft der Teilnehmer kommen möglicherweise noch Diskussionen auf hinsichtlich der eingebauten Lügen, der Wichtigkeit der Wahrnehmung o.ä.

5.3.2 Übung: Interkulturelle Zustände kalibrieren

Ziel: Erlernen Sie die Körpersprache eines anderen Landes, erkennen Sie welche inneren Zustände in diesem Land welcher Körpersprache entsprechen

Typ: (Team-)Training, Vor- und Nachbereitung

Trainingsform und Lernziel: interaktionsorientiert kulturspezifisch/kulturallgemein, affektiv

Erfahrungsstand der Teilnehmer: Kulturelle Neulinge

NLP-Know-how: keine Besonderheiten

Dauer: ca. 30 Minuten

Material: keines

Anleitung oder Beschreibung: Stellen Sie eine möglichst interkulturelle Gruppe zusammen (Man kann diese Übung auch mit monokulturellen Gruppen zur Wahrnehmungsschulung machen: Dann nehmen Sie nur Variante eins und drei). Teilen Sie diese in Dreiergruppen, die sich in A, B und C aufteilen (Siehe 5.1.1 Wie sehen die Übungen aus). Die Gruppen beginnen und fragen A, aus welchem Land er kommt. Dann folgen eine oder mehrere der unten angegebenen Varianten. Beim Debriefing am

Ende der Übung können Sie besprechen, inwiefern innere Zustände öffentlich ausgedrückt werden dürfen und warum und welche Unterschiede Sie zwischen den Ländern erkannt haben. Körpersprache ist individuell sehr verschieden, dennoch lassen sich nationale Tendenzen feststellen.

Variante 1: Positive und negative Physiologie [223]:

- A, denken Sie an eine Person, die Sie gerne mögen. B und C merken sich die Physiologie. A, denken Sie an eine Person, die Sie nicht so gerne mögen. B und C merken sich die Physiologie.

- Nun stellen B und C abwechselnd Fragen wie: Wen von beiden haben Sie zuletzt gesehen? Wer von beiden sieht besser aus? Wer ist größer?

- A denkt an die entsprechende Person, ohne die Antwort zu verraten. B und C erraten nur anhand der Physiologie, um wen es sich handelt. A bestätigt nach jeder Frage, welche Person gemeint war.

Variante 2: Kulturelle positive und negative Physiologie:

- A, erinnern Sie sich an eine Situation, in der Sie ??? waren (z.b. fröhlich, glücklich, zufrieden, entspannt). A, erinnern Sie sich an eine Situation, in der Sie ??? waren (z.b. traurig, unglücklich, unzufrieden, gestresst). B und C merken sich jeweils die Physiologie.

- Nun stellen B und C abwechselnd Fragen wie: Denken Sie an Ihre Schulzeit: Welches nationale Familienfest kommt Ihnen als erstes in den Sinn? Welches Gefühl ist Ihnen vertrauter?

- A denkt an die entsprechende Situation, ohne seine Stimmung zu verraten. B und C erraten nur anhand der Physiologie, um welchen Zustand es sich handelt. A bestätigt nach jeder Frage, worum es ging.

Variante 3: Spiegeln von Physiologien[224]:

- A, Denken Sie an eine Situation in der Vergangenheit, in der Sie starke Emotionen empfunden haben (besonders glücklich oder traurig oder wütend). Sagen Sie nicht, woran Sie denken, aber behalten Sie Ihren Zustand bei. Sie können sich stellen oder setzen, wichtig ist, dass Sie sich nicht mehr bewegen, sobald Sie in diesem Zustand sind.

- B versucht nun, genau die gleiche Körperhaltung anzunehmen, während C ihn coacht und z.B. auf eine leicht veränderte Atmung hinweist, bis A und B identische Zustände ausdrücken. B achtet auf Körperempfindungen und

---

[223] in Anlehnung an Andreas, Tom, 1999: NLP Practitioner Ausbildung. Tom Andreas Training, Köln

[224] in Anlehnung an Gilpin, Adrian, 1998: Leadership Training. Institute of Human Development, England

andere Wahrnehmungen (Bilder, Töne, Gefühle etc.), die er in diesem Zustand hat.

• Jetzt fragt C B, was dieser empfindet und wahrnimmt. Dann fragt C A, was dieser empfindet und wahrnimmt. Manchmal ist es ganz erstaunlich, dass B sogar in der Lage ist, Erinnerungen von A zu beschreiben.

5.3.3 Übung: Flexibles Denken[225]

Ziel: Lernen Sie Probleme, Ärgernisse oder Verhalten, die Sie nicht verstehen, in andere Zusammenhänge zu setzen, um die Bewertung dessen zu relativieren.

Typ: Training und Coaching, Vor- und Nachbereitung

Trainingsform und Lernziel: interaktionsorientiert kulturspezifisch/kulturallgemein, affektiv

Erfahrungsstand der Teilnehmer: Kulturelle Neulinge, Kulturerfahrene und Kulturprofis

NLP-Know-how: NLP-Submodalitäten

Dauer: 30 Minuten

Material: Musik aus dem jeweiligen Kulturkreis kann den Prozess gut unterstützen

Anmerkungen: Diese Übung ist besonders für Situationen im Ausland direkt oder für Rückkehrer geeignet. Sie lässt sich allerdings auch auf allgemeine Situation ohne interkulturellen Fokus anwenden.

Anleitung und Beschreibung: Versuchen Sie eine Angelegenheit von einem anderen Umfeld aus zu betrachten: Machen Sie sich dazu ein mentales Foto von einem Problem und bewegen sie es in Ihrer eigenen Vorstellungswelt. Verlagern Sie es z.B. in ein Museum des Landes, in das Sie gehen wollen. Stellen Sie sich eine Situation vor, die Sie geärgert hat auf einem orientalischen Bazar, bei einer chinesischen Teezeremonie oder mit den Menschen, die aus einer anderen Kultur kommen. Was fällt Ihnen auf? Beurteilen und bewerten Sie nichts, nehmen Sie nur wahr.

Variante: Sie sind gerade von einem Auslandseinsatz aus der Türkei zurückgekommen. Sie sind wieder in Ihrem eigenen Land und regen sich gerade über das Verhalten eines Türken auf. Sie kennen das Verhalten bereits aus Situationen, die Sie in der Türkei erlebt haben. Führen Sie sich das, was Sie gerade wahrnehmen als Bild vor Ihr geistiges Auge und lassen Sie sich von dem Gefühl beherrschen, dass Sie gerade aufregt. Stellen Sie nun dieses Bild an einen Platz in der Türkei, der Ihnen passend erscheint. Was bemerken Sie? Wieso passt es dort besser als in Ihrer Heimat? Welcher Wert Ihrer Heimat wurde durch dieses Verhalten verletzt? Was genau hat dieses Verhalten in

---

[225] oder kulturelles Kontextreframen

diesem aktuellen Kontext unangemessen gemacht und was macht es stimmig in dem Kontext, in den Sie es „zurückgestellt" haben?

5.3.4 Übung: Sprache als Anker

Ziel: Wahrnehmungsverbesserung, sinnesspezifische Verankerung von kulturellen Erfahrungen kennen lernen
Typ: Training und Coaching, Nachbereitung, multikulturell und mehrsprachig
Trainingsform und Lernziel: interaktionsorientiert kulturspezifisch, affektiv
Erfahrungsstand der Teilnehmer: Kulturelle Neulinge und Kulturerfahrene
NLP-Know-How: VAKOG Wahrnehmen, Metamodell
Dauer: ca. 30 Minuten
Material: Tabelle s.u.
Anmerkungen: Menschen, die mehrere Sprachen sprechen, entwickeln für jede Sprache ein eigenes Klangbild, ein spezielles Tempo und eine eigene Lautstärke. Diese Klanggestalt macht es leichter, nicht aus Versehen in eine andere Sprache hinüberzuwechseln. Zu jeder Sprache gehört ebenfalls eine entsprechende Physiologie. Sprache ist sozusagen ein Anker für einen bestimmten körperlichen und geistigen Zustand, der Ansichten und Werte einer Kultur beinhaltet. Wir repräsentieren, was wir sagen, innerlich durch Bilder (60% der westlichen Bevölkerung) Töne (5-10%), Gefühle (30%), Gerüche oder Geschmack (<5%), je nach dem, welcher Wahrnehmungskanal uns der liebste ist. In die anderen Kanäle müssen wir Nachrichten erst übersetzen. Bei der inneren Repräsentation gibt es individuelle Unterschiede, nicht jedoch landesspezifische. Reizt es Sie nicht herauszufinden, ob es eine Mehrheit visueller (Bilder sehen), auditiver (Töne hören) oder kinästhetischer (fühlen) Menschen in einzelnen Ländern gibt und warum das so ist? Wir vermuten, dass z.B. Kulturen, die viel Zeit am Küchentisch (Italien) oder im Restaurant (Frankreich) verbringen, stärker kinästhetisch, olfaktorisch und gustatorisch ausgeprägte Sinneswahrnehmungen haben. In Nordeuropa[226] herrscht das visuelle System vor. Die Menschen achten mehr auf das Äußere ihrer Umgebung, nicht unbedingt ihrer Kleidung, die Städte sind „sauber". Zum Ausgleich der „visuellen Natur" reisen die Menschen der nördlichen Länder gerne in andere Repräsentationssysteme, z. B. nach Südeuropa (wie Portugal, Spanien, Italien). Hier finden sie hauptsächlich das auditive System, was am Geräuschpegel der Städte zu hören ist. Die Menschen nehmen sich Zeit, miteinander zu reden; Lebensart ist es, die Zeit nicht so genau zu nehmen, irgendwann wird „derjenige sich schon

---

[226] aus der Erfahrung einer NLP-Kollegin: Post, Elke, Ergotherapeutin & NLP Lehrtrainerin, ergo.post@t-online.de

melden". Die Kommunikation spielt eine große Rolle: Klein und Groß sind wichtig, Emotionen werden zum Ausdruck gebracht. Je näher wir dem Äquator kommen, desto kinästhetischer wird das Land: Afrika mit seinen ursprünglichen Facetten ist hier ein gutes Beispiel. Deutlich kann jeder Besucher anderer Repräsentationssysteme spüren, wie die afrikanische Kultur mit ihrem Rhythmus, dem Tanz und den oftmals per Hand gegessenen kulinarischen Spezialitäten durch und durch den Körper erfasst.

Abbildung 5-2: Eine Zwei?!

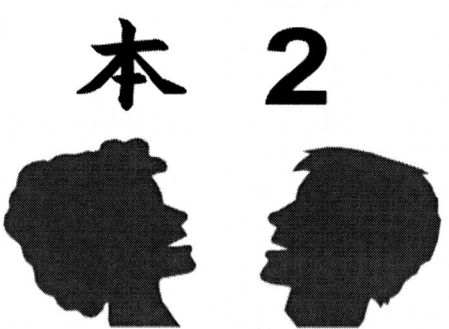

Anleitung und Beschreibung: Für die Übung bietet es sich an mit jemandem eine Zweiergruppe zu bilden der zwei Sprachen spricht, die Sie auch sprechen (z.B. Deutsch und Englisch).

1. Suchen Sie sich eine ruhige Ecke, halten Sie einen Stift bereit und die unten stehende Tabelle. Tragen Sie die zweite Sprache (nach Deutsch), die Sie sprechen wollen, in die Spalte Muttersprache[227] ein. Übersetzen Sie die deutschen Begriffe aus Spalte eins und tragen Sie sie in Spalte drei ein. Jetzt kann die Übung beginnen. Zunächst führt ein Teilnehmer den anderen durch die Übung.

2. Beginnen Sie mit Spalte zwei. Lesen Sie mehrmals ein Wort in dieser Sprache laut vor und fragen Sie nach der inneren Wahrnehmung Ihres Gegenübers. Welche Assoziationen hat er bei dem Begriff? Erhalten Sie die Information, dass er zu dem Klang des Wortes etwas sieht, tragen Sie V (visuell) ein, wenn er etwas hört A (auditiv), wenn er etwas fühlt K (kinästhetisch), wenn er

---

[227] Der Begriff Muttersprache ist deshalb so gewählt, da die Übung für Ausländer, die in Deutschland leben, besonders effektiv ist. Wenn Sie zweisprachig aufgewachsen sind, werden die Unterschiede in der inneren Repräsentation frappierender sein, als wenn Sie drei Jahre lang eine Fremdsprache in der Schule gelernt haben, aber nie wirklich in der Kultur des Landes gelebt haben.

etwas riecht O (olfaktorisch) und wenn er etwas schmeckt G (gustatorisch). Vervollständigen Sie die Liste von oben nach unten, bevor Sie in die andere Sprache wechseln.

3. Wechseln Sie zu Spalte drei, indem Sie auch die Sprache ändern. Lesen Sie mehrmals ein Wort in dieser Sprache vor und fragen Sie nach der inneren Wahrnehmung Ihres Gegenübers. Welche Assoziationen hat er bei dem Begriff? Erhalten Sie die Information, dass er zu dem Klang des Wortes etwas sieht, tragen Sie V (visuell) ein, etwas hört A (auditiv), etwas fühlt K (kinästhetisch), etwas riecht O (olfaktorisch), etwas schmeckt G (gustatorisch). Vervollständigen Sie die Liste von oben nach unten, bevor Sie in die andere Sprache wechseln.

4. Am Ende der Übung vergleichen Sie ob es Unterschiede in der inneren Repräsentation je nach Sprache gibt und woran es liegen könnte (z.B. Gewohnheiten und Erlebnisse, die mit diesem Wort verbunden sind).

Diese Übung kann als Vorbereitung auf die Übung 5.7.3 „Kongruenz" gemacht werden, bei der Erlebnisse aus verschiedenen kulturellen Kontexten auf der Ebene der Identität integriert werden.

Tabelle 5-3: Sprache als Anker

Deutsch	VAKOG	Muttersprache	VAKOG
Auto	V	motorgaddi	VA
Winter	K	invierno	O
Vater	A	père	V
Katze			
Musik			
Glas			
Draussen			
Einwanderung			
Decke			
Spielen			
Wasser			
Telefon			
Sommer			
Spazieren			
Wald			
Luftballon			
Schönheit			
Team			
CD			

5.3.5 Übung: Was Sprache über ein Land aussagt

Ziel: Erkennen, wie Wörter und Sprache Personen unterschiedlich beeinflussen; Sensibilisierung für die Möglichkeiten von Sprache

Typ: Coaching, Vor- und Nachbereitung,

Trainingsform und Lernziel: Informationsorientiert kulturspezifisch, kognitiv

Erfahrungsstand der Teilnehmer: Kulturelle Neulinge, Kulturerfahrene und Kulturprofis

NLP-Know-how: Metamodell

Dauer: kontext- und klientenspezifisch

Material: keines

Anmerkungen: Die Sprache ist der Schlüssel zu unseren Gefühlen. Denn alles, was wir erlebt und erfahren haben, speichern wir in einer kodierten Form aus Sprache = Bedeutung und Gefühl ab. In unterschiedlichen Sprachen, die wir auch in verschiedenen Kontexten (z.B. im Ausland) gelernt haben, empfinden wir sehr differenziert, je nachdem, welche Worte wir mit welchem Gefühl in Verbindung bringen (können).[228]

Anleitung und Beschreibung: Finden Sie Wortpaare in Ihrer Muttersprache und Englisch und vergleichen Sie die Erlebnisse und Erfahrungen (z.B.: Englisch: sicher-unsicher, Muttersprache: in Gefahr, nicht in Gefahr.), welche Sie mit den Wortpaaren verbinden. Welches Gefühl haben Sie dabei? Wie unterscheiden sie sich und was haben sie gemeinsam? Vergleichen Sie die Reihenfolge der Wörter, die einen Satz bilden. Finden Sie kulturell einzigartige Referenzwörter (z.B. Gemütlichkeit, Zeitgeist, Schadenfreude), die man schlecht ins Englische übersetzen kann. Stellen Sie eine Liste zusammen und reflektieren Sie, welche Werte oder kulturellen Besonderheiten einer Übersetzung entgegenstehen.

Variante zum Üben: Nehmen Sie sich z.B. einen Abend lang vor, nur die Gegenwart bei Verbformen zu benutzen. Erleben Sie, wie das Ihre Wahrnehmung verändert.

Variante für ein firmeninternes Teamtraining: Sie können diese Übung natürlich auch mit firmenspezifischen Wörtern durchführen in einem (interkulturellen) Team einer Firma: Dies dient der Sensibilisierung der Menschen, wenn Sie z.B. als Nicht-Muttersprachler englisch als gemeinsame Sprache verwenden.

---

[228] Siehe dazu Kapitel 3.6 Sprache und Kultur

5.3.6 Übung: Innerer Dialog

Ziel: Durch Fragen hinter die Oberfläche von Wahrgenommenem kommen und sich den kulturellen Hintergrund von Wörtern oder Dingen in einer fremden Kultur erschließen, ist eine wichtige Methode und Strategie für interkulturelles Lernen.

Typ: Training und Coaching, Vorbereitung

Trainingsform und Lernziel: interaktionsorientiert kulturspezifisch/kulturallgemein, kognitiv und verhaltensorientiert

Erfahrungsstand der Teilnehmer: Kulturelle Neulinge und Kulturerfahrene

NLP-Know-how: keine Besonderheiten

Dauer: ca. 30 min

Material: Hier könnte die Musik von Carla Bruni: Quelqu'un m'a dit, Label: V2, 22.März 2005 als Hintergrundmusik (wenn für den französischen Kulturkreis bestimmt) eingesetzt werden.

Anmerkungen: Für Bedeutungsrecherchen interkultureller Kontexte hat Bernd-Dietrich Müller zu einem Gedächtnisprotokoll einer Alltagssituation ein Frageraster erstellt. Hier zunächst das Protokoll[229] und dann die Fragen:

„Eine Viertelstunde nach der Ankunft mit dem Nachtzug in Paris. Uff, ich ließ mich im Café auf einen schmalen Hocker fallen, warf einen Blick auf die Karte und bestellte schließlich die lang ersehnten Croissants, Butter, Marmelade und einen Milchkaffee. Während ich auf mein Frühstück wartete, kam ein Mann herein, tauschte mit den Umstehenden ein paar Floskeln aus und spielte dann an dem Flipper-Automaten. Endlich mal wieder ein französischer Kaffee und Croissants, habe ich lange nicht gegessen. Ein Blick auf die Karte genügte um zu wissen, dass mein Frühstück, drei Croissants und Aufstrich, teuer werden würden. Ich rufe den Ober - hier kann man ja ein bisschen lauter sein - und bestelle. Einen Moment später fällt mein Blick auf einen sehr elegant angezogenen Herrn - aber vielleicht bedeuten sein gepflegter Haarschnitt, sein anliegender Anzug, seine Bewegungen nur für mich Eleganz und nicht unbedingt für einen Franzosen? Vielleicht, jetzt werde ich fast sicher, ist das nur sein Alltagsauftritt? Also, der Mann kommt herein, ohne Mantel. Was, wieso eigentlich? Es ist immerhin Mitte Oktober und es nieselt draußen. Also, auch wenn er unbedingt elegant erscheinen will, sollte er auch an seine Gesundheit denken und sich einen Mantel kaufen. Vielleicht ist es aber nur für mich ein Zeichen von Ärmlichkeit, ohne Mantel herumzulaufen, wenn es draußen kühl ist? Also, dieser Mann, ich weiß nicht, ob elegant oder durchschnittlich, ob arm oder wohlhabend, er kommt jedenfalls in das Café - warum eigentlich, was hat er morgens um acht Uhr in einem Café zu suchen, arbeitet er etwa nicht? Na ja, das kann ich jetzt nicht entscheiden, er begrüßt gerade ein paar Freunde oder Bekannte. - Er scheint ein ziemlich unhöflicher Typ zu sein, hält ihnen nur die Fingerspitzen hin und guckt sie nicht an, eben schlecht erzogen. Oder? Wieso scheint das seine Freunde nicht zu stören? Sie hauen ihm freundlich wie Kumpels untereinander auf die Schulter. Bei der Beobachtung der ziemlich lauten Begrüßung könnte man meinen, dass sie sich lange nicht gesehen haben, aber da bin ich mir nun schon nicht mehr so sicher. - Vielleicht haben sie sich das nur angewöhnt oder vielleicht machen das viele so, vielleicht ist es sogar sehr französisch oder nur pariserisch? Da ruft der Mann über mehrere Köpfe hinweg dem Ober hinter der Theke seine Bestellung zu. - Was, Wein am frühen Morgen? Frühschoppen an einem Wochentag? Oder aber Alkoholiker? Hm, halt, vielleicht interpretiere ich schon wieder zu viel. Aber nicht interpretieren, das geht ja auch nicht. Mich hat einmal ein Franzose in einer Weinstube gefragt, ob ich Alkoholiker sei. Ich war platt, aber er vermutete das, weil ich nur ein Glas Wein trank, ohne etwas dabei zu essen; vielleicht gibt es sogar für Alkoholiker kulturelle bestimmte Ausdrucksformen? Da kommt ja schon sein Wein - naja, nur 1/8 Liter und bestimmt eine leichte Sorte, da wendet sich der Mann um, fingert in der Jackett-Tasche nach einem Geldstück und wirft es in den Flipper-Automaten. Ich kann nicht mehr, wie kann ein erwachsener Mensch am frühen Morgen!? Ich wende mich meinem Frühstück zu, das steht nun ganz konkret vor mir, da weiß man, was man hat."

Anleitung und Beschreibung: Nun kann man sich und/oder in der Gruppe diese Fragen stellen. Dies kann natürlich auf jede andere beliebige, kulturelle Situation übertragen werden, in der es wichtig ist, Bedeutungen zu hinterfragen. Die Fragen[230]:

- **Innen/Außenperspektive**: Ist X (=Café) ein privater oder öffentlicher Ort? Ist X eher ein geschlossener oder öffentlicher Raum? Ist man dort allein oder in der Gruppe?

- **Soziologische Perspektive**: Welchem sozialen Milieu gehören die Menschen an, die in X gehen? Ist der Inhaber Angestellter oder Besitzer? Gehen eher junge oder ältere Menschen dorthin?

- **Distributionsperspektive**: Wann, zu welcher Tageszeit geht man dorthin? Was isst, trinkt man? Wie häufig? Wo liegt X (Land, Ort)? Wie lange hält man sich dort auf?

- **Historische Perspektive**: Gab es X schon immer? Ist X gerade in Mode? Als was hat es X früher gegeben? Wie entwickelt sich X?

---

[229] Müller, Bernd-Dietrich, 1981, In: http: www.tu-dresden.de/sulifg/daf/landeskunde/bsp2.htm Zugriff vom 22.09.03

[230] Müller, Bernd-Dietrich, 1994: Wortschatzarbeit und Bedeutungsvermittlung. Berlin, Langenscheidt-Verlag (= Fernstudienprojekt Deutsch als Fremdsprache des DIFF, der GhK und des GI, Fernstudieneinheit 8), S. 82.

- **Emotionsperspektive:** Löst X positive oder negative Emotionen aus? Kann man mit X solche Emotionen auslösen?
- **Intrakulturelle Perspektive:** Wie grenzt sich X von Y ab, das eine ähnliche Bedeutung hat?
- **Interessenperspektive:** Welche Ziele, sekundären Ziele haben die Personen, die sich in X aufhalten?
- **Symbolperspektive:** Wie wird X angesehen? Wofür steht es, X zu benutzen? Welcher sozialen Gruppe wird X zugeordnet?

Eine Auflösung geben wir hier nicht, vielmehr kann damit eine Diskussion beginnen. Oder man lässt Teilnehmer eine Situation beschreiben, in der sie sich über Verhaltensweisen, Umgebungen oder Ausdrücke gewundert haben und geht in Kleingruppen den angegebenen Fragen nach.

5.3.7 Übung: Wahrnehmen, Empfinden, Vermuten

Ziel: Erleben der verschiedenen Unterscheidungsmöglichkeiten zwischen Wahrnehmen, Empfinden und Vermuten; die Sensibilität für einen automatisch ablaufenden Prozess, der im Ausland Probleme bereiten kann, wird geschaffen.

Typ: Training und Coaching, Vorbereitung

Trainingsform und Lernziel: interaktionsorientiert kulturallgemein, affektiv

Erfahrungsstand der Teilnehmer: Kulturelle Neulinge und Kulturerfahrene

NLP-Know-how: keine Besonderheiten

Dauer: ca. 20 Minuten

Material: keines

Anmerkungen: Wenn wir über Wahrnehmung sprechen, verstehen wir oft ganz unterschiedliche Dinge. Manche berichten von Sinneseindrücken, andere über Vermutungen und wieder andere sprechen dabei über ihre Empfindungen. Aus unserer Sicht kann man Wahrnehmen – Empfinden - Vermuten folgendermaßen definieren:

- Wahrnehmen: Der Prozess des rein sinnlichen Aufnehmens von Informationen; es wird keine Bewertung des Wahrgenommenen gemacht.
- Empfinden: Hier bewerten wir unsere eigenen Körperempfindungen. Meist bezeichnen wir diese als Gefühle, wie z.B.: Müdigkeit, Freude, Ärger, Frust
- Vermuten: Eine Art Interpretation und Erklärung für Empfindungen; wenn ich eine Aussage über die Gedanken und Gefühle meines Gegenübers mache oder Erklärungen dafür anstelle, warum dies so ist, dann vermute ich.

Aus diesen Definitionen ergibt sich, dass Empfindungen und Vermutungen schon Phantasien oder Bewertungen und damit sehr subjektiv sind. Gerade im Kontakt mit anderen, ausländischen Menschen versucht man schnell von den Sinneseindrücken aus seiner Welt heraus Interpretationen zu suchen. Diese Interpretationen können aber nur

Vermutungen sein, denn ich sehe diese Eindrücke ja aus den Augen meiner Welt und setze sie in Beziehung zu meinen Erfahrungen. Mit dieser Übung wollen wir den normalerweise automatisch ablaufenden Prozess des Wahrnehmens-Empfindens-Vermutens in Einzelschritte unterteilen. Damit üben wir Empfindungen und Vermutungen von der reinen Wahrnehmung zu trennen und somit den interpretativen Spielraum zu vergrößern, so dass wir mehr Möglichkeiten der Vermutung als unsere eigene sehen.

Anleitung oder Beschreibung: Stellen Sie sich einer Person gegenüber und beschreiben Sie was Sie sinnlich wahrnehmen. Dann beschreiben Sie, was Sie dabei empfinden – und nur was Sie selbst empfinden. Zuletzt beschreiben Sie was Sie über die andere Person vermuten. Nun macht Ihr Gegenüber dasselbe bei Ihnen. Man kann auch noch ein gegenseitiges Feedback - je nachdem, ob die kulturellen Standards dies erlauben – anschließen, um zu schauen wo und wie bei dieser Beobachtung die Unterschiede nicht klar heraus kamen. Auch eine anschließende Reflektion in der Großgruppe ist gewinnbringend. Die Aussprache dessen, was wir wahrnehmen, dabei empfinden und dann vermuten ist eine sehr direkte Form von Feedback, die in einigen Kulturen unangemessen ist. Zur Verdeutlichung ein Beispiel: „Ich nehme ein rotes T-Shirt, blonde Haare, offene Augen und einen geschlossenen Mund wahr. Ich empfinde dabei Offenheit und Interesse" (Ich empfinde mich gerade als offen und interessiert). „Ich vermute, dass der geschlossene Mund bedeutet, dass Sie nicht viel reden wollen und ich vermute, dass Sie laut lachen können... oder Trainerin sind oder.. .ich vermute Sie haben schlechte Laune..." Man wird sich darüber klar, dass man neutraler wahrnehmen kann, dass man seine Gefühle äußern kann und dass man über eine andere Person fast immer direkt eine Vermutung anstellt. Das sind drei verschiedene Erfahrungen, die sehr schnell bei uns automatisch ablaufen: Ich nehme wahr und sofort kommt die Vermutung – eigenen Empfindungen lässt man außen vor bzw. übergeht sie in diesem schnellen Prozess – dabei ist die genaue Trennung wichtig, um in einer anderen Kultur nicht Fehlinterpretationen zu erliegen.

5.3.8 Übung: Komfortzone[231]

Ziel: Diese Übung sensibilisiert für das Empfinden von räumlichem Abstand. Wer die Erfahrung selbst einmal gemacht hat geht im Ausland oder in Kontakt mit Ausländern auf eine andere Art und Weise auf sie zu und reagiert nicht abweisend, wenn Ausländer näher kommen oder weiter weg sind. Sie nähern sich so sensibel aneinander an.

Typ: (Team-)Training, Vorbereitung

---

[231] Richard Bandler hat das Feld des Design Human Engineering gegründet, welches die Interaktion der Menschen auf energetischer Ebene beschreibt. Dies ist eine typische Übung dafür.

Trainingsform und Lernziel: interaktionsorientiert kulturallgemein/kulturspezifisch, affektiv

Erfahrungsstand der Teilnehmer: Kulturelle Neulinge

NLP-Know-how: keine Besonderheiten

Dauer: ca. 20 Minuten

Material: keines

Anmerkungen: Jeder Mensch hat einen Bereich, in dem er sich wohl fühlt. Das drückt sich auf der einen Seite rein räumlich dadurch aus, dass Menschen unterschiedlich nah an einen Menschen herantreten dürfen. Oft ist es so, dass Freunde, also Menschen, die wir kennen und schätzen, uns näher kommen dürfen als Arbeitskollegen. Fremde Männer halten zu Frauen oft eine angemessene Distanz ein.[232] Was ist angemessen? Auf der übertragenen Ebene bedeutet diese Komfortzone auch unsere eigene Landkarte, unser eigenes Modell der Welt. Es gibt Werte, Verhaltensweisen, die nicht innerhalb unserer Komfortzone sind, weil wir sie nicht kennen, weil einer unserer Werte gegen dieses Verhalten spricht usw. Ein Beispiel: Ein spanischer Mann fasst eine deutsche Frau, die er kurz kennen gelernt hat am Arm an und will sie umarmen. Die Frau weicht zurück. Das konnten wir beobachten. Was empfinden wir dabei? Einen Mismatch oder fehlende Übereinstimmung. Ob der Mann der Frau zu nahe kam? Das ist unsere Vermutung: Aufgrund seiner Kultur, in der der Abstand zu anderen Menschen geringer ist als in Deutschland und das „Anfassen" zu einer Begrüßung dazu gehört, agiert dieser Mann so. Für ihn ist dies ganz normal und die Reaktion der Frau verwundert ihn. Die Frau fühlt sich höchstwahrscheinlich durch das Nahekommen, das Eintreten in ihre Komfortzone bedroht, „angemacht" oder falsch behandelt. Gerade die körperliche Entfernung und die Art wie wir uns zueinander verhalten, haben einen wesentlichen Einfluss auf das Ergebnis unserer Kommunikation. Wenn wir uns für die Komfortzone unseres Gegenübers sensibilisieren und aufmerksam die Reaktionen des Gegenübers wahrnehmen, können wir Nähe herstellen, ohne dem anderen gleich zu nahe zu kommen. Richard Lewis hat folgende Komfortzonen (im öffent-lichen/geschäftlichen Umgang) ermittelt[233]:

- GB, USA, Japan, Nordische Länder, Deutschland: 1,2 m
- Frankreich, Belgier, China, Portugal: 1,1 m
- Italien, Griechenland, Philippinen: 90 cm
- Mexiko, Spanien, Brasilien, Arabische Länder: 50-80 cm

---

[232] Beispiel: Hall beschreibt unterschiedliches Raumempfinden; siehe Kapitel 3.5.2 Die Kulturdimensionen oder Länder, Menschen, Unterschiede.

[233] Lewis, Richard D., 1990: Cross Culture. The Lewis Model. Richard Lewis Communications, UK

Anleitung oder Beschreibung: Es finden sich Paare zusammen, die sich in ca. fünf Meter Entfernung gegenüberstehen. Das Paar stellt sich so auf, dass jeder dem anderen direkt gegenüber steht und den anderen dabei ansieht. Man einigt sich darauf, wer auf den anderen zu geht und wer stehen bleibt. Beide nehmen dann den Blickkontakt auf. Einer bewegt sich langsam Schritt für Schritt auf den anderen zu. Beide halten Blickkontakt und beobachten die jeweilige Reaktion des anderen. Die andere Person nimmt wahr, bis zu welchem Abstand die Kommunikationssituation noch angenehm ist und signalisiert dies. Es geht darum, ein Gespür für die körperliche Nähe und Distanz zu entwickeln, seinen Gefühlen zu vertrauen und diese dem anderen mitzuteilen. Der passende Abstand ist situations-, personen- und kulturabhängig. Der angemessene Abstand ist die Grundlage dafür, dass sich die Gesprächspartner sicher, nah und wohl fühlen. Wenn der Punkt, an dem es unangenehm wird, klar herausgekommen ist, kann man diese Übung noch wiederholen, indem man dann bewusst diesen Punkt über- oder unterschreitet und spürt, wie es sich anfühlt. Dies kann man nachher auch im Sitzen ausprobieren. Sinnvoll ist es, während dieser Übung möglichst nicht zu sprechen, um sich ganz auf das Wahrnehmen des Abstandes und des eigenen Gefühls zu konzentrieren.

Erweiterung: Zur Sensibilisierung des Energieempfindens, die Übung mit verbunden Augen machen. Selbst wenn wir nichts sehen, empfinden wir räumliche Nähe!

Abbildung 5-4: Meine Komfortzone und das Unbekannte

Kommentar: Wir bewegen uns meist, viele Menschen ein Leben lang nur in der Komfortzone, in der wir wissen, was, wie, wann, wo... funktioniert. Hier erleben wir absolute Sicherheit (und danach strebt der Mensch), fühlen uns geborgen, sind einfach in unserer Welt, auf unserer "Insel" heimisch ... und wollen meist nichts anderes mehr kennen lernen. Persönliches Wachstum findet allerdings überwiegend (manche Erfolgstrainer meinen sogar "nur") außerhalb dieser unserer eigenen Komfortzone statt. Wir müssen die Grenzen der engen Komfortzone überschreiten, was mitunter schmerzhaft sein kann, aber neue Erkenntnisse und Erfahrungen bringt. Und dieses - über den eigenen Tellerrand schauen und gehen - ist auf Dauer der einzige Weg seine persönliche Komfortzone zu erweitern, persönlich zu wachsen, selbstbewusster und erfolgreicher zu werden.

5.4 Themengebiet Verhalten: Wahlmöglichkeiten

Mit Verhalten ist jede menschliche Lebensäußerung innerer und äußerer Art gemein. Es umfasst beobachtbare und nicht beobachtbare Elemente wie das innere Sehen oder Führen eines inneren Dialogs. Es zeigt sich im Verhalten, ob ich selbst offen bin und mein Gegenüber in seiner Andersartigkeit akzeptiere. Es ist deshalb wichtig, auf das eigene Verhalten und das des Gegenübers zu achten und nachzufragen, wenn wir unsicher sind.

5.4.1 Übung: Mein Verhalten – dein Verhalten

Ziel: Stereotypen entmystifizieren, den Blick öffnen für kulturell bedingtes Verhalten, menschlich universelles und individuelles Verhalten
Typ: Training und Coaching, Vorbereitung
Trainingsform und Lernziel: interaktionsorientiert kulturallgemein, affektiv/ verhaltensorientiert
Erfahrungsstand der Teilnehmer: Kulturelle Neulinge, Kulturerfahrene
IK-Know-how: Kulturdimensionen bzw. Hofstedes Theorien
Dauer: ca. 45 Minuten
Material: Papier, Stifte
Anleitung oder Beschreibung: Teilen Sie die Gruppe in Kleingruppen von ca. zwei-drei Teilnehmern auf. Die Teilnehmer sollen ca. 15 Verhaltensweisen aufschreiben, aus ihrer oder anderen Kulturen (z.B.: Mit den Händen essen, nicht in Gegenwart von Älteren laut reden, pünktlich sein usw.), es kann auch jede beliebige Liste von Verhaltensweisen sein. Bitten Sie die Teilnehmer diese Verhaltensweisen zu kategorisieren nach:

- Universal: Die Verhaltensweisen, die ihrer Meinung nach alle Menschen haben können.

- Kulturell: Die Verhaltensweisen, die von der Kultur beeinflusst oder kulturelle Gebräuche sind.

- Individuell: Die Verhaltensweisen, die jeder einzelne für sich treffen kann nach seinen Wünschen und Vorlieben: Individuell spezifische Verhaltensweisen.

Die Unterscheidung dieser Verhaltensweisen führt zum Umdenken: Man kann nie sagen: „Die Deutschen sind so", denn jeder Mensch hat universelle, kulturelle und individuell beeinflusste Verhaltensmöglichkeiten, die nebenbei außerdem erweiterbar sind. Zudem nimmt das manchen Teilnehmern auch die Angst, die ihre eigene Identität von kulturellen Stereotypen unterdrückt sehen. Die Liste und Vorschläge der einzelnen Kleingruppenmitglieder sollten in der Kleingruppe auch diskutiert werden, um zu einem Konsens zu kommen. Dann werden diese Vorschlagslisten in der Großgruppe vorgestellt, gleiche gestrichen und erneut geschaut, ob alle mit diesen Kategorisierungen einverstanden sind. Aus unserer Erfahrung waren in fast allen Gruppen mehr als 50% der gelisteten Verhaltensweisen kulturell bedingt. Diese Tatsache öffnet den Blick für Kulturunterschiede gerade bei den Gruppen der „kulturellen Neulinge". Nun bietet sich die Gelegenheit Hofstedes Kulturdimensionen anzubringen, der ja ebenfalls herausgefunden hatte, dass 50-60% des Verhaltens kulturell beeinflusst wird. Diese Tatsache lässt gleichzeitig den Freiraum, dass es immer auch einen großen Anteil individuellen Verhaltens in einer Kultur gibt. Das macht den Begriff der Stereotype weniger bedrohlich und absolut.

Abbildung 5-5: Stereotype

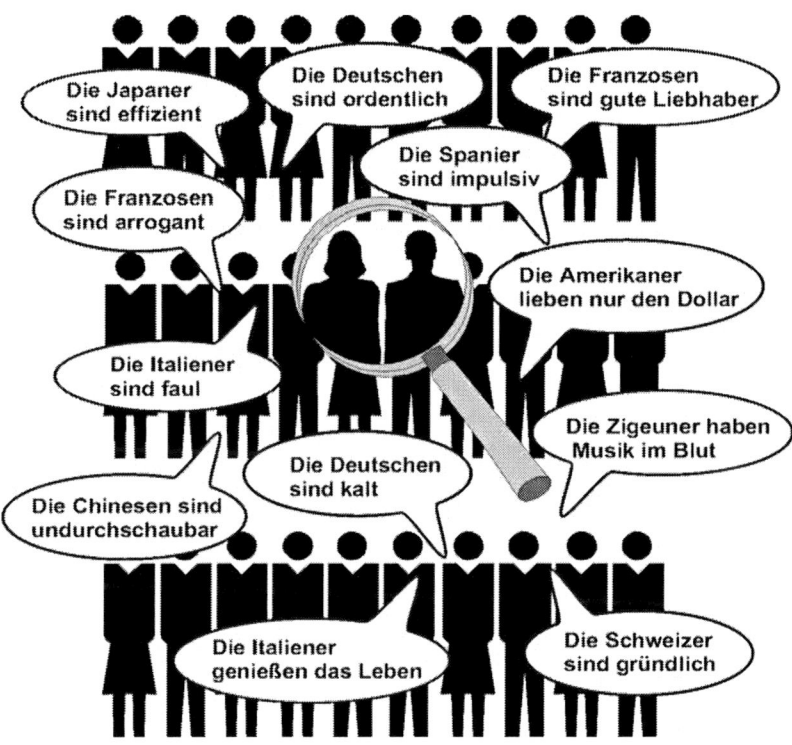

5.4.2 Übung: Das Johari-Fenster

Ziel: Das Johari-Fenster bietet eine Möglichkeit, bewusstes und unbewusstes Verhalten zu entschlüsseln und den Fokus auf die Wahrnehmung zu legen. Es bietet die Gelegenheit, die Fremdwahrnehmung von der Selbstwahrnehmung zu trennen und Feedback zu geben. Es kann ein Modell sein, um auf kulturelle Unterschiede aufmerksam zu machen, die man selbst nicht bewusst wahrnimmt.

Typ: Training und Coaching, Vorbereitung

Trainingsform und Lernziel: informationsorientiert/interaktionsorientiert kulturallgemein, kognitiv/verhaltensorientiert

Erfahrungsstand der Teilnehmer: Kulturelle Neulinge, Kulturerfahrene, Kulturprofis

NLP-Know-how: keine Besonderheiten

Dauer: ca. 30-90 Minuten

Material: keines

Anmerkungen: Ein gutes Modell zu erkennen, was vom Verhalten unbewusst und bewusst ist und wie wir dies entschlüsseln, bietet das Johari-Fenster[234]. Das "Johari-Fenster" (nach den amerikanischen Sozialpsychologen Joseph und Harry Ingham) verdeutlicht, dass es Bereiche des Verhaltens gibt, in denen anderen unbeabsichtigt Mitteilungen über die eigene Person gemacht werden, während große Bereiche der eigenen Wahrnehmung verborgen bleiben, d.h., dass "Selbstwahrnehmung" und "Fremdwahrnehmung" sich nicht entsprechen. Was vom Verhalten einer Person jeweils wahrgenommen wird, ist also nur ein Bruchteil dessen, was für sie in einer sozialen Situation Bedeutung hat. Auch dem Einzelnen selbst sind wesentliche Aspekte des eigenen Verhaltens nicht bekannt und bewusst oder zugänglich. Wann immer wir es mit anderen Menschen zu tun haben, machen wir uns spontan ein Bild von ihnen, welche Eigenschaften sie besitzen, welche Bedeutung sie für uns haben.

Jeder Freund, Bekannte, Nachbar, aber auch Personen, die uns auf der Strasse begegnen, werden in irgendeiner Form, sei es im Bezug auf ihr Aussehen und Auftreten, von uns beurteilt. Für Menschengruppen wie die eigene Familie, den Kollegenkreis oder Menschen anderer Kulturen gilt das Gleiche. Im Alltag treffen wir oft mit uns unbekannten Menschen zusammen von denen wir erfahren möchten, welche Absichten und Motive sie verfolgen, welche Interessen sie haben. Letzteres ist für uns häufig sehr wichtig. Zu wissen, welche Interessen andere haben, hilft, uns adäquat zu verhalten, uns auf sie einzustellen, ihr Verhalten zu verstehen, es vielleicht vorauszusehen. Das Johari-Fenster[235] ist in vier Bereiche unterteilt:

---

[234] Vgl.: www.personalseite.de/aufsatz/steinert3.htm, Zugriff vom 12.03.2004
[235] Vgl.: www.teachsam.de/psy/psy_pers/selbstbild/selbstb_3-Dateien/image002.gif, Zugriff vom 01.03.2004

Abbildung 5-6: Das Johari-Fenster

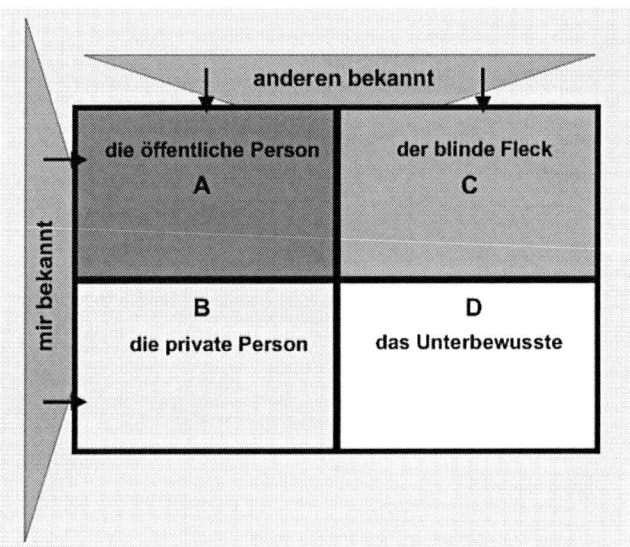

Bereich **A** umfasst den Teil unseres Verhaltens, der uns selbst und den anderen Mitgliedern einer Gruppe oder meiner Kultur bekannt ist, und in dem uns unser Handeln frei, unbeeinträchtigt von Ängsten und Vorbehalten erscheint. Hier sind wir quasi die "öffentliche Person". Ein Abteilungsleiter möchte z.B. bei den Mitarbeitern gerne den Eindruck des kollegialen Vorgesetzten erwecken, der sie fördert und mit Handlungsfreiheiten ausstattet.

Bereich **B**, der des "Blinden Flecks", bezeichnet den Anteil unseres Verhaltens, den wir selbst wenig, die anderen Mitglieder der Gruppe dagegen recht deutlich wahrnehmen: Die unbedachten und unbewussten Gewohnheiten und Verhaltensweisen, die Vorurteile, Zu- und Abneigungen. Hier können uns die anderen Hinweise auf uns selbst geben. Dieser Bereich wird meist nonverbal, etwa durch Gesten, Kleidung, Klang der Stimme, Tonfall usw. anderen kommuniziert. Ein Beispiel ist etwa der Tonfall und die Mimik, mit der die Führungskraft zu den Mitarbeitern spricht. Oder die Gestik mit der der Franzose seinen Freunden zeigen möchte, was er von dem deutschen Gast zu halten hat.

Bereich **C** umfasst den Bereich unseres Denkens und Handelns, den wir vor anderen bewusst verbergen: die "heimlichen Wünsche", die "empfindlichen Stellen", quasi die "private Person". Durch Vertrauen und Sicherheit zu anderen, kann dieser Bereich erheblich eingegrenzt werden. Z.B. hält sich jemand selbst in einem bestimmten Wissensgebiet für nicht kompetent und möchte das verbergen.

Bereich D dagegen ist weder uns noch anderen unmittelbar zugänglich. Verborgene Talente und ungenützte Begabungen sind Beispiele hierfür. Möglicherweise ist ein Abteilungsleiter ein talentierter Verkäufer, hatte aber im Rahmen seiner bisherigen Tätigkeiten noch nie mit dem Vertrieb von Produkten zu tun und infolgedessen kennen weder er, noch seine Vorgesetzten und Mitarbeiter seine Begabung in diesem Bereich.

Anleitung oder Beschreibung: Neben der Erklärung des Modells, welches die Teilnehmer zur Selbstreflektion anregt, kann man von hier aus eine Art Feedbackrunde starten. Besonders die Bereiche A und B können dazu genommen werden. Folgende Fragen können Sie anleiten, das Feedback zu starten und beliebig auszudehnen.[236]

- Welches Verhalten ist mir als z.b. holländischer Manager bekannt, erscheint normal?
- Wie wird dieses Managementverhalten von Deutschen, Franzosen etc. wahrgenommen?
- Was fällt Ihnen besonders auf?
- Was ist daran für Sie besonders gut und was ist etwas schwer zu verstehen?
- Wofür könnte das Verhalten, das Sie nicht so verstehen, gut sein? Was hat das für Nachteile? Wie würden Sie stattdessen agieren/reagieren?

5.4.3 Übung: Interkultureller Irrgarten

Ziel: Mit den Fragen aus der unten stehenden Tabelle kann man interkulturellen Konflikten direkt und zielgerichtet auf den Grund gehen. Ausgehend von der Theorie des Metamodells der Sprache sind die Fragen ausgeweitet worden, um in einem kulturspezifischen Kontext auf die Tiefenebene des Klienten zu kommen.
Typ: Training und Coaching, Vorbereitung
Trainingsform und Lernziel: informationsorientiert kulturallgemein, kognitiv
Erfahrungsstand der Teilnehmer: Kulturelle Neulinge, Kulturerfahrene und Kultur-profis
NLP-Know-how: Metamodell
Dauer: kontext- und klientenspezifisch

---

[236] Achtung! Je nach Kultur gibt man kein Feedback oder nur indirektes. Seien Sie also informiert und sensibel, wie Sie diese Übung anleiten bzw. die Fragen stellen. Gerade diese Tatsache kann allerdings auch gut zum Verständnis beitragen…!

Material: keines

Anmerkungen: Wie Sie aus 3.6 Sprache und Kultur wissen, macht der Inhalt, also die Wörter der Sprache nur 7% unserer Kommunikation aus (93% Körpersprache und Stimme). Sprache generalisiert, tilgt und verzerrt durch Begriffe, die für uns mehr bedeuten, als das Wort allein aussagt (z.B. Kommunikation). Jeder Begriff ist verbunden mit einer bestimmten Auffassung, Erlebnissen, Regeln und Ausprägungen, die wir erläutern müssen, damit der andere genau versteht, was wir meinen. Zwischen Kulturen (Nation, Firma, Berufsgruppe, Abteilung etc.) ist dies umso wichtiger, weil wir oft das implizierte Wissen um die Bedeutung als alltäglich voraussetzen. Zu den sprachlichen Generalisierungen, Tilgungen und Verzerrungen sind in der folgenden Tabelle Fragestellungen aufgeführt, die Ihnen helfen können, die Kommunikation zwischen Kulturen zu verbessern. Beim interkulturellen Irrgarten geht es um das spielerische Lernen von Fragen zur Auflösung der kulturellen Generalisierung, Tilgung und Verzerrung.

Anleitung oder Beschreibung:

1. Markieren Sie auf acht Kopien der Tabelle fünf bis sieben je eine der Kategorien (z.B. Nominalisierung) und bereiten Sie einen Parcours mit Stühlen und Tischen im Raum vor, den Sie als Irrgarten verwenden.

2. Verteilen Sie acht Kursteilnehmer an verschiedenen Stellen im Irrgarten mit je einer Kopie der Tabelle. Jeder ist für die markierte Kategorie auf seinem Zettel verantwortlich. Aufgabe dieser Personen ist es, sich interkulturelle Generalisierungen, Tilgungen und Verzerrungen auszudenken, die der Kategorie ihres Zettels entsprechen (z.B. Ursache-Wirkung: Wir können den Betriebsausflug nicht machen, da unser Chef krank geworden ist).

3. Die anderen Kursteilnehmer wandern durch den Irrgarten und dürfen erst dann weiter ziehen, wenn sie eine Lösungsfrage gefunden haben, die die interkulturelle Generalisierung, Tilgung oder Verzerrung auflöst (z.B. Hat jemals ein Betriebsausflug ohne den Chef stattgefunden? Was würde das bedeuten? Ist der Betriebsausflug vom Chef abhängig?).

Tabelle 5-7: Sprachliche Filter: Generalisieren, tilgen und verzerren

Generalisierung (G) / Tilgung (T) / Verzerrung (V)	Beispiel	Lösungsfragen
1. Nominalisierung (V)	Respekt ist mir wichtig. (Er schenkt mir keine Beachtung. Die Kommunikation ist schlecht.)	Wer soll wen, wie genau respektieren? Woran erkennst du, dass du respektiert wirst? Wie respektierst du jemanden? Woran erkennst du, dass sich jemand respektiert fühlt?
2. Kulturspezifische Hauptworte und Verben (T), versteckte Tilgungen	Er hat mich ignoriert. (Wir werden bei einem Geschäftsessen verhandeln. Das klären wir unter Freunden)	Wie genau hat er dich ignoriert, in welcher Situation? Was bedeutet das in deiner Kultur? Wie würdest du es stattdessen tun?
3. Verpflichtungen und Regeln (T)	Man muss höflich sein. Du darfst nicht unterbrechen. Er kann seinen Chef nicht kritisieren.	Was würde passieren, wenn du es nicht bist? Was hält dich davon ab? Wer sagt das?
4. Bewertungen und Vergleiche (V und G)	Das ist unmöglich. Natürlich, typisch, falsch, richtig, gut, schlecht, besser	Für wen ist es ...? Was könnte passieren, wenn es nicht ... wäre? Besser als was?
5. Stereotypisierung (G)	Alle Deutschen sind ... Immer machen sie ... Nie passiert ...	Wirklich alle? Gab es eine Zeit, in der das (nicht) stimmte ...?
6. Subjektive Logik oder Ursache-Wirkung (G)	Sie schaut mir nicht in die Augen, also vertraut sie mir nicht. (Mein Chef hat mich höflich um etwas gebeten, also ist es nicht dringend.)	Heißt es immer, dass du einer Person nicht traust, wenn du ihr nicht in die Augen schaust? Warum glaubst du, dass jemandem nicht in die Augen schauen, jemandem nicht trauen heißt? Was könnte es in dieser Kultur heißen?
7. Vorannahmen (V)	Warum kannst du dich nicht an die normalen Absprachen halten? (Du hast meine Empfehlungen ignoriert.)	Was veranlasst dich zu glauben, dass ich mich nicht daran gehalten habe? Was sind die normalen Absprachen?
8. Gedankenlesen (V)	Ich weiß, was ihm fehlt. (Er war sehr interessiert. Du verstehst doch, was ich meine.)	Woher weißt du das? Aus seiner kulturellen Sicht, was könnte es sonst noch bedeuten?

5.5 Themengebiet Strategien und Fähigkeiten: Lernfähig sein und Strategien erkennen

Abbildung 5-8: Verschiedene Fähigkeiten, Dinge im Kopf zu ordnen

Jeder hat im Prinzip alle Fähigkeiten, sie sind nur unterschiedlich stark ausgeprägt. Der eine kann z.B. besonders gut Strassenkarten lesen, während dem anderen fremde Sprachen sehr leicht von der Zunge gehen. Fähigkeiten sind erlernbar, aber nicht alle in der gleichen Intensität. Uns geht es hier darum, Fähigkeiten auszubauen, die im Kontakt mit Menschen anderer Kulturen nützlich sein können. Wichtig sind aber auch Strategien, die wir einmal gelernt haben, evtl.

für den Umgang mit fremden Menschen effektiver zu machen. Auch Strategien sind ver- und erlernbar.

5.5.1 Übung: Disneystrategie

Ziel: Kreativität, Lösungsstrategien entwickeln und Träume verwirklichen

Typ: (Team-)training und Coaching, Vorbereitung

Trainingsform und Lernziel: interaktionsorientiert kulturallgemein, affektiv/verhaltensorientiert

Erfahrungsstand der Teilnehmer: Kulturelle Neulinge, Kulturerfahrene, Kulturrofis

NLP-Know-how: keine Besonderheiten

Dauer: ca. 60 Minuten

Material: Zettel und Stifte. Hier hat sich bewährt zu jeder Position eine bestimme Musik zu spielen, um den Zugang zum Kritiker, Träumer oder Handelnden leichter herzustellen. Für den Kritiker passt einer der Titel z.B. aus Amistad, Original Motion Picture Soundtrack, Dreamworks, 9. Dezember 1997. Den Träumer kann man am besten mit Musik von Helmut Eisel & JEM: Midnight Dreamer, Westpark, 31. Januar 2005 unterstützen. Und der Handelnde bekommt so richtig Schwung bei Helmut Eisel & JEM: Hot Klezmer Clarinet, Westpark, 13. Januar 2003.

Anmerkungen: Oft ist man im Ausland vor Probleme gestellt, für die es direkt keine Lösung gibt. Oder aber man hat Ideen, wagt aber nicht, sie zu verwirklichen. Mit dieser Übung kann man kreativ seinen Ideen freien Lauf lassen, verschiedene Möglichkeiten vor seinem geistigen Auge ausprobieren und Neues entdecken. Diese Übung kann man ebenso in interkulturellen Teams anwenden (Siehe Variante für interkulturelle Teams).

Anleitung oder Beschreibung:

1. Stellen Sie sich ihr Problem konkret vor, ein Projekt oder einen Wunsch. Verteilen Sie drei Karten auf dem Boden: Eine für den Träumer, eine für den Handelnden und eine für den Kritiker. Sie werden später Ihre Idee, Ihr Problem o.ä. durch diese drei Zustände sehen und spüren.

2. Versetzen Sie sich jetzt zuerst in den Zustand des Träumers und erinnern sich an eine Situation, in der es Ihnen leicht gefallen ist zu träumen. Spüren Sie, wie sich das anfühlt, was Sie sehen, hören und riechen. In diesem Zustand ist das Unmögliche möglich und hier können die Ideen sprudeln.

3. Strecken Sie sich nun und gehen in den nächsten Zustand, den des Handelnden. Erinnern Sie sich an eine Situation, in der Sie etwas umgesetzt haben, indem Sie es einfach „angepackt" haben. Spüren die Aktivität in sich, schauen Sie sich um und hören wie einfach es ist etwas umzusetzen.

4. Verlassen Sie diese Position und gehen zur nächsten, den Kritiker. Dieser überlegt sich gut, was er tut, und wägt ab. Erinnern Sie sich an eine Situation, in der Sie genau dies auch schon einmal ausführlich getan haben. Sie haben Verbesserungsvorschläge entwickelt. Hier ist auch die Position des inneren Dialogs: Sie sprechen mit sich selbst die Vorschläge und Möglichkeiten durch.

5. Jetzt nehmen Sie eine Position im Raum ein, von der Sie alle drei Positionen sehen können. Hier sind Sie Beobachter. Sie sehen die Beziehungen dieser drei Zustände bzw. Positionen. Vielleicht ist der Kritiker übermächtig oder der Träumer geht unter? Das Ergebnis sollte eine ausgeglichene Beziehung zwischen den drei Positionen sein.

6. Stellen Sie sich jetzt das Problem oder das Projekt noch einmal konkret vor und betrachten es aus allen drei Positionen, indem Sie die jeweilige Position einnehmen und dem Problem o.ä. nachspüren, hören und schauen. Lassen Sie beim Träumer Ihre ganzen Träume, Ideen, Visionen hochkommen. Beim Kritiker wägen Sie alles ab und beim Handelnden stellen Sie sich die Umsetzung vor. Sammeln Sie alle Ideen und Möglichkeiten.

7. Jetzt nehmen Sie die Beobachterposition ein und prüfen, ob alle Positionen wirklich voneinander getrennt sind und ob es Einwände gibt, die einer möglichen Lösung im Wege stehen. Falls es diese geben sollte, untersuchen Sie diese mit Hilfe des Kritikers erneut.

8. Gehen Sie nun noch einmal schneller alle Positionen durch, spüren nach und schauen, welche Möglichkeiten sich herauskristallisieren. Diese Möglichkeiten stellen Sie sich jetzt in einer zukünftigen Situation vor und spüren, wie Sie das Problem lösen, die Idee verwirklichen oder das Projekt umsetzen.

Variante für interkulturelle Teams:

Abbildung 5-9: Die Disney-Strategie

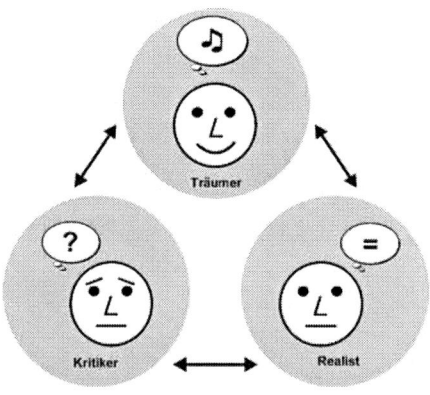

Mit dem gleichen Vorgehen können Sie in interkulturellen Teams auch ein kreatives Brainstorming machen oder Begriffe, Vorgehensweisen und Strategien klären. Dazu geht jedes Teammitglied, wie beschrieben, die Schritte durch, mit dem Unterschied, dass, wenn eine Position beendet ist, ein anderes Teammitglied auf die gleiche Position geht, um möglicherweise andere Ideen und Lösungen zu bekommen. Es geht also nicht jeder alle Positionen ein Mal durch, sondern das ganze Team geht eine Position nach der anderen durch. Der Rundgang durch die Positionen geht natürlich auch gemeinsam als ganze Gruppe.

5.5.2 Übung: Sechs verschiedene Hüte

Ziel: In dieser Übung geht es um die Einnahme unterschiedlicher Perspektiven. Diese Perspektiven verdeutlichen die vielen verschiedenen Welten, in der gerade auch Menschen fremder Kulturen leben. Sie haben oft eine Perspektive, die der unseren ähnelt, aber nicht vollständig gleicht, oder die ganz anders ist. Oft fällt es uns schwer, das Verhalten und das Denken der anderen zu verstehen, sich hineinzuversetzen und vor allen Dingen dies auch zu würdigen. Diese Fähigkeit wird durch diese Übung trainiert.

Typ: Training und Coaching, Vor- und Nachbereitung

Trainingsform und Lernziel: interaktionsorientiert kulturallgemein/kulturspezifisch, affektiv/verhaltensorientiert

Erfahrungsstand der Teilnehmer: Kulturelle Neulinge, Kulturerfahrene und Kultur-profis

NLP-Know-how: keine Besonderheiten

Dauer: 30-90 Minuten

Material: sechs unterschiedliche Hüte: Auch hier kann man, wie bei der Disneystrategie, jeden der Hüte mit unterschiedlicher (kulturspezifischer) Musik „unterlegen".

Anmerkungen: Edward de Bono ist „Erfinder" dieser Hüte.[237] Er schlägt vor, dass wir die verschiedenen Programme und Denkweisen unterschiedlicher Menschen nutzen sollen, anstatt sie als unterschiedlich und falsch zu bekämpfen. Er hatte auch die Idee, die Problemstellungen einfach umzudrehen, nicht geradeaus zu denken, sondern lateral, z.b. haben sich Manager die Frage gestellt, wie man einen fremden ausländischen Markt bearbeiten könnte. Bei jeglichen Kreativmethoden kamen nicht die zündenden Ideen zutage. Bis einer von ihnen auf die Idee kam die Frage umzudrehen: Was müsste man machen, um in diesem ausländischen Markt überhaupt keinen Fuß zu fassen? Sofort sprudelten die Ideen, die dann einfach nur umgedreht werden mussten: Ein gutes Beispiel für laterales Denken und die Wichtigkeit des „Um-denkens".

Anleitung oder Beschreibung:

Erklären Sie das Konzept von Edward de Bonos sechs Hüten, die jeweils für ein anderes Denkmuster stehen:

- Der weiße Hut: objektiv, sachlich. Unter diesem Hut gelten bloße Fakten und Informationen.
- Der rote Hut: Gefühle. Hier werden Emotionen ausgedrückt, Intuitionen haben hier Vorrang.
- Der schwarze Hut: Es werden die negativen Aspekte und Urteile, die „ja-aber"- Regeln eingeführt, und warum das Projekt misslingen kann und wird.
- Der gelbe Hut: Sonnig, heiter, positiv, optimistisch. Er stellt heraus, was in jedem Fall funktioniert.
- Der grüne Hut: Förderung neuer Ideen, Wachstum, Provokation und Träume.
- Der blaue Hut: Steuerung, Überwachung des Denkprozesses. Organisation der Regeln.

Geben Sie der Gruppe eine Aufgabe, die es zu lösen gilt. Jeder Teilnehmer sucht sich einen Hut aus, und muss sich in seiner ganzen Argumentation, seinem Handeln, Denken und Fühlen darauf konzentrieren, dieses Denkmuster zu vertreten. Verteilen Sie die Hüte gleichmäßig, bis alle einen haben, aus dessen Perspektive sie an die Lösung herangehen. Besprechen Sie, wie die Teilnehmer ihren Hut empfunden haben, und wie schnell oder leicht sie zu einer Lösung gekommen sind. Hierbei wird schnell deutlich,

---

[237] Vgl.: de Bono, Edward, 1984: Lateral Thinking for Management. Harmondsworth, Middlesex, Penguin Books

dass keiner der Hüte allein für die Lösung des Problems ausreicht. Jeder Hut bekommt seinen Platz und wird geschätzt als wichtiger Beitrag, ganzheitlich Probleme zu lösen. Geben Sie der Gruppe eine zweite Aufgabe. Diesmal überlassen Sie es der Gruppe, welchen Hut sie aufsetzen wollen. Macht es Sinn, sich als Gruppe gemeinsam auf einen Hut zu einigen? In welcher Reihenfolge ermöglichen die Hüte eine schnelle Problemlösung?

Abbildung 5-10: Sechs verschiedene (kulturelle) Hüte

Kulturspezifische Erweiterung der Übung: Die farbigen Hüte stehen nach wie vor für Eigenschaften, aber nicht für beliebige, sondern für die Kulturdimensionen und -standards verschiedener Kulturen. Dazu identifiziert man, welche Stärken unterschiedliche Kulturen haben (mit verschiedenen Hilfsmitteln wie den Dimensionen von Hofstede, Hall, Graves oder Metaprogrammen). Nun nimmt man pro Hutfarbe ca. drei bis fünf positive Eigenschaften oder Fähigkeiten einer Kultur und benennt den Hut dementsprechend. Sollte diese Übung in einem multikulturellen Projektteam stattfinden und z.B. die Zeitplanung ein problematisches Thema sein, so könnte der britische Hut z.B. für Pünktlichkeit stehen. Der Moderator oder ein Teammitglied kann sagen: „Lasst uns einmal den deutschen Hut aufziehen... wie müssten wir nun weitermachen, um im Zeitplan zu bleiben?" Oder Sie setzen in einer Diskussion der Reihe nach, als gesamtes Team, je einen kulturellen Hut auf um zu erleben, wie die Diskussion sich entwickelt. Dabei ist unbedingt auf den angemessenen Umgang mit Stereotypen hinzuweisen: Wie erleben es Teilnehmer, wenn ihre Kultur von anderen gespielt wird? Welche Fähigkeiten, die einer Kultur zugeschrieben werden, besitzt vielleicht ein Teilnehmer aus einer anderen Kultur ebenso? Aus unserer Erfahrung ist es sinnvoll, das Thema „Stereotypen" als Einführung zu dieser Übung besprochen zu haben. Sie finden den theoretischen Background dazu im Kapitel 3.4.4 Filter in der Sprache. Sie können diese Übung ebenso anhand (kultureller) Werte durchführen.

,.5.3 Übung: 1+1=3*

Ziel: Erweiterung von Denk-, Fühl- und Verhaltensmustern, die auf eine fremde Kultur vorbereiten
Typ: Vorbereitung, Sensibilisierung, Coaching
Trainingsform und Lernziel: interaktionsorientiert kulturallgemein, affektiv
Erfahrungsstand der Teilnehmer: Kulturerfahrene und Kulturprofis
NLP-Know-how: Anker, Metamodell
Dauer: ca. 60 Minuten
Material: keines
Anmerkungen: Über Physiologien können wir auf innere Denk-, Fühl- und Verhaltensmuster zugreifen. So sind wir im entspannten Zustand z.b. kreativ, während wir beim Wettlaufen mit geschärfter Sinneswahrnehmung die Ziellinie fokussieren. Wie können wir es schaffen, die an einen Zustand gebundenen Denk-, Fühl- und Verhaltensmuster auch in anderen Kontexten zur Verfügung zu haben? Wäre es nicht spannend, Physiologien zu integrieren, die normalerweise getrennt voneinander ablaufen – und so eine Brücke zu anderen Kulturen zu schlagen?
Anleitung oder Beschreibung[238]: Probieren Sie in Zweiergruppen folgende Physiologien aus:

- die Muttersprache sprechen – eine Fremdsprache sprechen
- auf dem Boden essen – am Tisch essen
- aufmerksam zuhören – innerlich den nächsten Kommentar vorbereiten
- Schuhe tragen – barfuss gehen
- Berührung zur Begrüßung – keine Berührung zur Begrüßung

Es kann auch jeder erdenklich andere Gegensatz eingebaut werden. In jedem Fall sollten die Gegensätze den unterschiedlichen Gepflogenheiten eines Landes entsprechen.

Erste Physiologieinduktion: „Gehen Sie bitte innerlich in eine Situation, die typisch für Sie ist, in dem Zustand bzw. der Befindlichkeit (die Muttersprache sprechen). Machen Sie sich klar, dass..., Lassen Sie sich überraschen, wie es sich anfühlt, wenn... Was sehen Sie, hören Sie, fühlen Sie?" Ankern Sie diesen Zustand körperlich z.B., indem Sie die linke Hand zur Faust zusammenballen o.ä.

Zweite Physiologieinduktion: „Gehen Sie bitte innerlich in eine Situation, die typisch für Sie ist, in dem Zustand bzw. der Befindlichkeit (eine fremde Sprache sprechen),

---

[238] in Anlehnung an: Schmidt-Tanger, Martina, 2001: NLP Modelle. Das Basiskurs-Begleitbuch. VAK

machen Sie sich klar, dass…, Lassen Sie sich überraschen, wie es sich anfühlt, wenn… Was sehen Sie, hören Sie, fühlen Sie?" Ankern Sie diesen Zustand körperlich z.B., indem Sie die rechte Hand zur Faust zusammenballen o.ä. Integrieren Sie beide Physiologien, indem Sie beide Anker gleichzeitig auslösen (beide Hände zur Faust zusammenballen): „Welche Fähigkeiten, Erlebens- und Wahrnehmungsmöglichkeiten erleben Sie in der Integration? Welchen Sinn und Nutzen beider Verhaltensweisen erkennen Sie?" Future-Pace und Öko-Check: „Wo könnte in der Zukunft diese Fähigkeit/das Erlebte für Sie wichtig sein?"

5.5.4 Übung: Globaler Markt der Fähigkeiten

Ziel: Welche Misserfolgsstrategie, die Sie von sich kennen, könnte vielleicht in einem anderen Land/Kontext als Erfolgsstrategie helfen?

Typ: (Team-)training, Nachbereitung

Trainingsform und Lernziel: interaktionsorientiert kulturallgemein, verhaltensorientiert

Erfahrungsstand der Teilnehmer: Kulturerfahrene und Kulturprofis

NLP-Know-how: keine

Dauer: ca. 60 Minuten

Material: Kärtchen und Schreibstifte

Anmerkungen: In Deutschland unpünktlich zu sein, wird oft als schlecht angesehen, weil Pünktlichkeit ein wichtiger Wert vieler Deutscher ist. In Frankreich hingegen ist solch ein Verhalten eher passend. Es ist wichtig, den Teilnehmern zu vermitteln, dass ihr Verhalten nicht falsch ist, sondern nur in diesem Kontext unangemessen. Es geht darum, eine globale Perspektive einzunehmen und zu erfahren, dass Fähigkeiten in einem Land Schwäche und in einem anderen Stärke sein können.

Abbildung 5-11: Globaler Markt: Jedes Gewand - eine andere Fähigkeit

Anleitung und Beschreibung:
Schreiben Sie drei Fähigkeiten bzw. Verhaltensweisen auf, die Ihrer Meinung nach unangemessen in einem oder mehreren Kontexten sind. Was missfällt Ihnen dabei bzw. an Ihrem eigenen Verhalten im kulturellen Kontext? (z.B. in Großbritannien stets höflich zu sein und Kritik nicht offen zu

sagen). Alle Zettel, auf denen die bestimmten Fähigkeiten vermerkt sind, werden nun auf einen Platz mitten in der Gruppe gelegt und zum Tausch angeboten. Jeder kann sich einen Zettel aussuchen mit einer Fähigkeit, die er gebrauchen kann und gern hätte. Reihum erklären die Teilnehmer, warum Sie sich diese Fähigkeit ausgesucht haben, was Sie daran schätzen und wie dieser Fähigkeit ihr Leben bereichern würde. Oftmals wollen die Teilnehmer, die eine Fähigkeit/Verhalten zum Tausch angeboten, diese nicht mehr hergeben, nachdem andere Teilnehmer sie in einem für sie neuem Licht beschrieben haben.

5.5.5 Übung: Zeitlinien*

Ziel: Einstellen auf das Zeitempfinden in unterschiedlichen Kulturen
Typ: Training und Coaching, Vorbereitung
Trainingsform und Lernziel: interaktionsorientiert kulturspezifisch, affektiv
Erfahrungsstand der Teilnehmer: Kulturerfahrene und Kulturprofis
NLP-Know-how: Timeline
Dauer: ca. 60 Minuten
Material: Kärtchen und Schreibstifte
Anmerkungen: Die folgenden Ausführungen beinhalten eine gute Ergänzung zur Theorie von E.T. Hall (Siehe Kapitel 3.5.2 Die Kulturdimensionen): Mit Hilfe dieser Übungen kann man sich flexibler auf ein anderes Zeitempfinden einstellen. Man bringt mehr Verständnis für das Verhalten anderer Menschen und Kulturen auf. Wahrscheinlich sind wir Menschen die einzigen Lebewesen, die überhaupt über das Phänomen „Zeit" nachdenken können. Die innere Organisation unserer Gedankenwelt erlaubt uns, zwischen Erinnerungen und Zukunftsbildern zu unterscheiden. Wir können uns vergegenwärtigen, was sich vor vier Jahren ereignet hat oder wie sich der nächste Tag gestalten wird, weil unser Gehirn die Zeit räumlich kodiert.[239] Zeitliche Abstände (Ereignisse in der Vergangenheit und mögliche in der Zukunft) werden in räumliche übersetzt. Die Art der Zeitrepräsentation macht sich auch durch die Sprache bemerkbar: „Das liegt hinter mir." Oder: „Die Vergangenheit holt mich ein." Und: „Da kommt noch was auf mich zu." In jedem Fall sprechen wir von einer Zeitlinie (Timeline), die jeder Mensch in seiner inneren Welt unbewusst oder bewusst hat. „Vergleicht man die Zeitlinien von Menschen verschiedenen Alters, Herkunft und Nationalität, kann man einige grundlegende Unterschiede beobachten. Der wichtigste dabei ist die, dass einige Zeitlinien durch den Körper der jeweiligen Person

---

[239] Vgl.: Grochowiak, Klaus, 1999: Das NLP Master Handbuch, Paderborn, Junfermann, S. 46 ff

hindurchgehen und andere vollständig außerhalb des Körpers verlaufen."[240] Bei diesem Zeitdenken handelt es sich um einen kollektiven Trend und nicht um eine für jeden Menschen des entsprechenden Kulturkreises feststehende Gesetzmäßigkeit. Wundern Sie sich also nicht, wenn Ihre Zeitlinie anders ist.[241] Untersuchungen haben gezeigt, dass hoch industrialisierte Gesellschaften, vor allem in Nordeuropa, germanophonen und angelsächsischen Ländern, eine Tendenz zur Monochronie haben. Demgegenüber sind südeuropäische Länder, also teilweise auch Frankreich und Südamerika eher polychron orientiert. Ein grundsätzlich anderes Verständnis von Zeit herrscht in arabischen Ländern und in warmen Klimazonen (z.B. Indien) vor. Die Menschen leben „in der Zeit", von „uns Deutschen" oft belächelt.

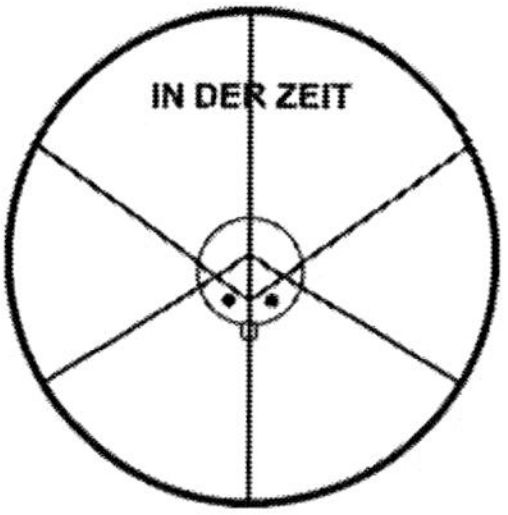

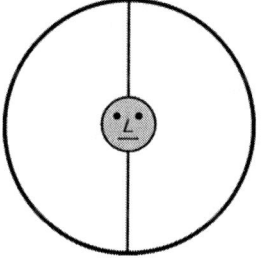

Abbildung 5-12: Arabische Zeitlinie[242]

In Deutschland wird mit Unpünktlichkeit vielfach direkt eine Missachtung der Person gleichgesetzt, d.h. der höhere, damit verbundene Wert ist fehlende Anerkennung und Akzeptanz. In Spanien z.B. ist Verspätung oft normal und kein negativer Wert wird damit verbunden. Dieses Verhalten wird dann eher so gedeutet, dass der andere diese Zeit gebraucht hat, um die bestehenden Beziehungen zu pflegen. Die asiatischen Kulturen und die damit verbundenen Philosophien beruhen in erheblichem Maße auf einem anderen Zeitempfinden als dem Westlichen, man nehme nur das Zen: „die Gegenwart leben." Die japanische Zeitlinie geht z.B. ganz durch den Körper. „Die Vergangenheit geht von der Geburt (Füße) bis zur Gegenwart (Kopf) und über ihn hinaus in die Zukunft." [243]

Abbildung 5-13: Japanische Zeitlinie[244]

Die anglo-europäische Zeitlinie hatte zur Zeit der industriellen Revolution ihre stärkste Ausprägung. Sie geht sozusagen analog zum Fließband und herrscht auch heute noch vor. Das merkt man z.B. an der Erledigung von Arbeiten: Viele Menschen

---

[240] Grochowiak, Klaus, 1999: Das NLP Master Handbuch, Paderborn, Junfermann, S. 46

[241] Siehe Kapitel 3.5.1 Die Metaprogramme/10. Zeitorientierung, Zeitspeicher, Zeitzugang (Zeit)

[242] mit freundlicher Genehmigung aus: Grochowiak, Klaus, 1999: Das NLP Master Handbuch, Paderborn, Junfermann, S. 48

[243] Grochowiak, Klaus, 1999: Das NLP Master Handbuch, Paderborn, Junfermann, S. 47

[244] mit freundlicher Genehmigung aus: Grochowiak, Klaus, 1999: Das NLP Master Handbuch, Paderborn, Junfermann, S. 49

müssen erst eine Aufgabe erledigt haben, bevor sie eine andere beginnen. Was bedeutet dieses unterschiedliche Zeitempfinden in der Praxis? Ein Deutscher kommt nach Asien, wo ein anderes Zeitempfinden herrscht als im Westen. Wie kann dieser sich an diesen Umgang gewöhnen? Wie kann er eine andere, kulturelle Zeitlinie einnehmen?

Abbildung 5-14: Anglo-europäische Zeitlinie (in diesem Fall „durch die Zeit")[245]

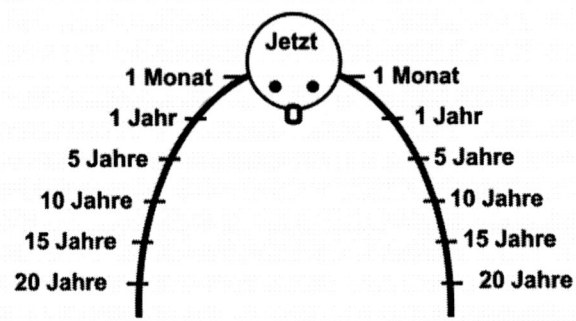

Anleitung oder Beschreibung: Es geht darum, verschiedene Zeitlinien einnehmen zu können und nachzuempfinden. Dazu muss man zuerst seine eigene Zeitlinie kennen und dann auch unterschiedliche Zeitlinien bei sich selbst „installieren" können:

1. Zeitlinien ermitteln: Zeitlinien werden ermittelt, indem man den Teilnehmer bittet, sich verschiedene Ereignisse, vor zehn Jahren, vor fünf Jahren, in zwei Monaten, in acht Jahren etc. vorzustellen. Die Ereignisse sollten eher alltäglich sein, als extrem emotional. Bei jeder Erinnerung bittet man den Teilnehmer anzugeben, wo im Raum er dieses Ereignis sieht. Man kann nun am Ende der Abfrage eine Zeitlinie von der Geburt bis zur Zukunft legen und sehen wo sich der Mensch befindet: darauf, dahinter o.ä.[246]

2. Installation von unterschiedlichen Zeitlinien[247]: Vom Standpunkt des NLP betrachtet, sind diese Zeitlinien gleichwertig, aber unterschiedlich. Wenn man beispielsweise ein langes Projekt hat, kommt es durchaus auf das

---

[245] mit freundlicher Genehmigung aus: Grochowiak, Klaus, 1999: Das NLP Master Handbuch, Paderborn, Junfermann, S. 47

[246] Hier sei auf die Zeitlinie als therapeutischen Ansatz verwiesen. Zeitlinienarbeit wird im Allgemeinen dazu benutzt, eine Nichterreichung von Zielen zu erklären und durch „Geradeziehen" von für den einzelnen „unökologischen" Zeitlinien eine Zielerreichung und Leben in Gegenwart zu erreichen.

[247] Die Installation von unterschiedlichen Zeitlinien hat in dieser Übung nichts mit „Geradeziehen" o.ä. zu tun, sondern mit einer Erweiterung der Möglichkeiten.

unterschiedliche Zeitempfinden an, wer durchhält und wer früh aufgibt. Für Menschen, die „in der Zeit" leben, ist es schwierig, „bei der Stange" zu bleiben. Die Menschen, die dagegen „through time" leben, sehen kein Problem darin, längere Projekte durchzuhalten. Diese können oft den aktuellen Moment weniger intensiv wahrnehmen und erleben.

3. Stellen Sie sich vor, Sie würden im arabischen Raum leben, mit einer dementsprechenden Zeitlinie (Siehe Abbildung). Bitten Sie jemanden seine Hand dorthin zu halten, wo Sie auf der arabischen Zeitlinie Ihre Ereignisse sehen. Stellen Sie sich dort Ihre Vergangenheit, Gegenwart und Zukunft vor. Wenn es Ihnen schwer fallen sollte, stellen Sie sich Dias als Bilder in der Form der arabischen Zeitlinie vor oder stellen Sie sich eine Wäscheleine vor, an der die einzelnen Ereignisse als Bilder aufgehängt sind.

4. Gehen Sie nun aus der Vorstellung und dem Bereich der „neuen" Zeitlinie heraus. Denken Sie an Ihr heutiges Frühstück (Separator). Werfen Sie dann einen Blick in die Zukunft (Futur Pace) auf der neuen Zeitlinie: Stellen Sie sich vor, jemand fragt Sie, ob sie morgen um zehn Uhr an einem bestimmten Ort sein können. Versetzen Sie sich nun in das „Morgen" und schauen, ob Sie pünktlich sind bzw. wie sie handeln. Haben Sie automatisch ein schlechtes Gewissen, weil Sie unpünktlich sind? Wie reagiert Ihr Gegenüber? Mit diesen Zeitlinien kann man immer gedanklich spielen.

Sinnvoll ist es, sich z.B. vor der Reise in eine andere Kultur, in der auch eine andere Zeitlinie vorherrscht, eine zweite Zeitlinie für diese Zeit zu verinnerlichen, damit die Anpassung schneller und einfacher geht.

5.5.6 Übung: Ressourcen von einem ins andere Land mitnehmen*

Ziel: Spielerisch wird die innere Wahrnehmung eines positiven Zustandes in einen anderen kulturellen Kontext übertragen (im NLP heisst das Mapping Across). So werden neue Ressourcen und Optionen in einer negativen Situation frei. Zur Vorbereitung auf Herausforderungen in einem anderen Land, für die der Betroffene bisher keine Lösungsansätze hatte.

Typ: Training und Coaching, Vorbereitung

Trainingsform und Lernziel: interaktionsorientiert kulturspezifisch, affektiv

Erfahrungsstand der Teilnehmer: Kulturelle Neulinge, Kulturerfahrene und Kulturprofis

NLP-Know-how: Metaprogramme, VAKOG, Submodalitäten, Anker

Dauer: ca. 30 Minuten

Material: Bodenanker (Papier, Stifte)

Anmerkungen: Bestimmte Metaprogramme sind in einem Land ausgeprägter als in anderen Ländern, z.b. Weg-von in Deutschland im Vergleich zu Hin-zu in den USA. Jedem der Metaprogramme entspricht eine innere Repräsentation in Submodalitäten. Wenn ich mir also vorstelle, in einer Situation in Deutschland „Weg-von Gefahr" zu denken, habe ich eine bestimmte Gefühls-, Bild-, oder Geräuschqualität. Die folgende Übung arbeitet mit Bodenankern für jedes Land, die als Bezugsquelle für das Aktivieren bestimmter Metaprogramme dienen. Bei Kulturerfahrenen können Ressourcen aus dem eigenen Erleben der Kulturen genutzt werden. Bei Kulturneulingen sollte B in der Lage sein, Angebote zur Metaprogrammveränderung zu machen, die Kenntnisse des Landes voraussetzen. Das Fantastische an Metaprogrammen ist, das wir unsere Wahrnehmung damit verändern können, ohne unsere Persönlichkeit oder Glaubenssätze zu „verbiegen". Es ist ein „so tun, als ob"-Experiment. Man kann eine andere kulturelle Wahrnehmung ausprobieren und sehen, wie dies das eigene Leben beeinflusst. Probieren Sie z.B. einmal „positives, lösungsorientiertes Denken"!

Abbildung 5-15: Ressourcen finden

Anleitung und Beschreibung:

A entscheidet, in welcher Situation er gerne mehr Ressourcen hätte (z.B. als Teamleiter in Frankreich) – Zustand eins. Er wählt zusätzlich einen Zustand voller Ressourcen (egal in welchem Land), mit dem er diese Situation „betanken" kann – Zustand zwei. Jetzt beginnt B zu fragen: Zustand eins: Welche MP haben Sie hier aktiviert? B hilft A dabei bestimmte Metaprogramme aus der Liste (Kapitel 3.5.1) zu identifizieren, eventuell auch Submodalitäten (visuelle, auditive und kinästhetische Qualitäten). B macht Angebote:

- Fühlen Sie sich hier zu etwas hingezogen oder möchten Sie eher etwas vermeiden?
- Was nehmen Sie um sich herum wahr: Bilder, Töne oder Gefühle?
- Sind Sie auf die Zukunft oder die Vergangenheit orientiert?
- Interessieren Sie sich hier für das Detail oder einen größeren Zusammenhang?

180

- Geht es darum, Dinge auf eine bestimmte Art und Weise zu tun oder Alternativen zu finden?

Dann fragt B, wenn A im Zustand zwei ist: Welche Metaprogramme haben Sie hier aktiviert? Wiederholen Sie die gleichen Fragen wie im ersten Schritt und ankern Sie das Erleben durch Berühren einer Schulter.

- B führt A wieder in Zustand eins hinein, indem der Anker ausgelöst wird.
- B hilft A, mit den Informationen, die er im zweiten Zustand bekommen hat, die MP zu verändern. Welche MP können Sie verändern, um zusätzliche Ressourcen zu aktivieren, die Sie aus dem anderen Zustand kennen?

Als Beispiel: Verändern Sie Ihre Aufmerksamkeit von der Aufgabe, die Sie jetzt gerade tun auf den größeren Zusammenhang hin, in dem diese Aufgabe steht. Was wird Ihnen gerade durch Ihr momentanes Handeln möglich? Auf welche andere Art und Weise könnte man auch noch zum Ziel gelangen?

Variante für Kulturerfahrene:

- A, Nennen Sie zwei Länder, in denen Sie gelebt oder viel gearbeitet haben. Markieren Sie diese durch Bodenanker.
- Nun überlegen Sie, für welche Situation in einem der Länder (L2) Sie eine Ressource aus dem anderen Land (L1) gebrauchen könnten.
- Nun denken Sie an eine typische ressourcenreiche Situation in Land 1 und betreten Sie Bodenanker 1. Wie nehmen Sie hier die Welt wahr? Möchten Sie etwas tun oder eher vermeiden? Was interessiert Sie – Menschen, Orte, Informationen oder Aktionen? Sehen Sie das große Ganze oder sind Sie auf ein Detail konzentriert?
- B fragt verschiedene Metaprogramme ab und ermittelt die wichtigsten Metaprogramme. B setzt dafür dann einen Anker. Nach dem Separator geht B wieder auf die Metaposition.
- A, bitte denken Sie an die Situation in Land 2 für die Sie die Ressourcen aus Land 1 gebrauchen können. Betreten Sie Bodenanker 2. Wie nehmen Sie die Welt hier wahr?
- B bittet A, die in Land 2 beschriebenen Metaprogramme durch Qualitäten der Metaprogramme aus Land 1 zu verändern. Dann löst B bei A den Anker aus. Wie verändert sich jetzt die Qualität des Erlebens?
- Am Ende: Futurepace. Zum Schluss kann man auf der Metaebene nun die Erkenntnisse sammeln.

5.5.7 Übung: Kultureller Mentor

Ziel: Zugang zu neuen Ressourcen finden, auf einen Auslandsaufenthalt vorbereiten

Typ: Training und Coaching, Vorbereitung, kulturallgemein

Trainingsform und Lernziel: interaktionsorientiert kulturallgemein, affektiv/ verhaltensorientiert

Erfahrungsstand der Teilnehmer: Kulturelle Neulinge, Kulturerfahrene

NLP-Know-how: Metamodellieren, Ankern

Dauer: ca. 60 Minuten

Material: Bodenanker (mehrere DINA4-Blätter und Stifte)

Anmerkungen: Wir bewundern oft andere Menschen, weil sie eine Fähigkeit haben, die wir noch lernen möchten oder gerne schon könnten. Manchmal haben wir auch das Glück, von diesen Menschen unterstützt zu werden, sie nehmen uns an die Hand und ermutigen uns zu lernen. In der folgenden Übung können wir uns die Fähigkeiten anderer aneignen, ohne dass sie dabei sein müssen. Fürs Interkulturelle Training sind landesspezifische oder gruppenkulturelle Fähigkeiten interessant. Jeder, der sich an Situationen erinnern kann, in denen sich jemand so verhalten hat, wie man sich selbst verhalten möchte, kann an dieser Übung teilnehmen. Sie können diese Übung sowohl auf Metaprogramme, als auch auf Verhaltensweisen, Fähigkeiten und Glaubenssätze beziehen.

Abbildung 5-16: Plan der Mentorenübung

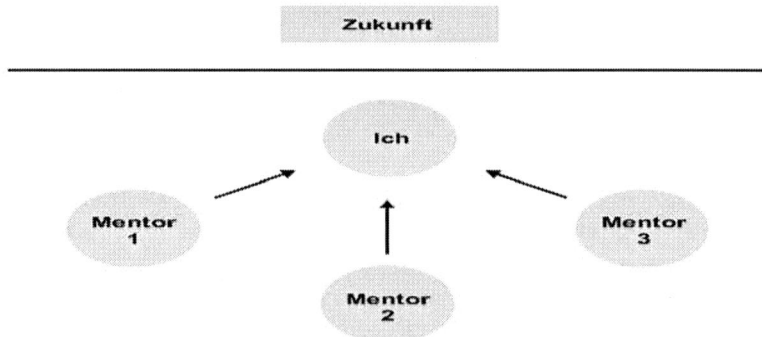

Anleitung oder Beschreibung: Bitten Sie A fünf Zettel auf den Boden zulegen: für (A1) sich selbst, (B2, C3, D4) drei Ressourcenzustände von Mentoren, die er gerne hätte, und eine (E5) Zukunftssituation. Für die Zukunft bietet sich eine Situation im Ausland an, die vorhersehbar ist und ein bestimmtes Datum/einen bestimmten Kontext hat (z.B. eine Präsentation vor Kollegen). Fragen Sie A auf welche Situation (im Ausland) er sich vorbereiten möchte, welche Ressourcen er gerne hätte und wen er kennt, der dafür Mentor sein könnte, weil er diese Ressource besitzt (z.B. weil er Inländer ist und sich mit den Geflogenheiten des Landes auskennt). Schreiben Sie Namen und Ressource auf die Bodenanker. Nun führen Sie A zunächst in A1 als die Ausgangssituation. Dann bitten Sie ihn, sich den Mentor auf B1 vorzustellen. Bitten Sie ihn, voll und ganz zu B1 zu werden, sich einzufühlen und zu erleben, wie B1 die Welt erlebt. Beachten Sie dabei die physische Veränderung. Nun fragen Sie B1, ob er bereit ist, dem Gecoachten etwas von der Ressource X abzugeben. Wenn ja (meistens), bitten Sie ihn auf seine eigene Art und Weise diese Ressource zu übertragen. Wenn das geschehen ist, bitten Sie A die Ressource auf die Position A1 zu legen. Verfahren Sie genauso mit Mentor C3 und D4. Zum Schluss fordern Sie A auf dem Bodenanker A1 noch ein besonderes Geschenk in Empfang zu nehmen. Die Mentoren B2, C3 und D4 haben sich noch eine zusätzliche Ressource überlegt, die ihm in der Zukunftssituation helfen wird. A soll sich überraschen lassen, was er empfängt. Nun machen Sie ihm Mut, mit den neuen Ressourcen gewappnet in die Zukunft zu treten (auf den Bodenanker E5) und sie zu erleben. Lassen Sie ihn sinnlich konkret wahrnehmen, wie und was er tut. Ankern Sie dieses Gefühl.

5.5.8 Übung: Konflikte lösen

Ziel: Perspektivenwechsel, Flexibilität. Durch das Einnehmen verschiedener Positionen werden Unterschiede und Gemeinsamkeiten der (interkulturellen) Gesprächspartner bewusst.

Typ: Training und Coaching, Vor- und Nachbereitung

Trainingsform und Lernziel: interaktionsorientiert kulturallgemein, affektiv

Erfahrungsstand der Teilnehmer: Kulturelle Neulinge, Kulturerfahrene und Kultur-profis

NLP-Know-how: keine Besonderheiten

Dauer: ca. 60 Minuten

Material: Karten und Schreibmaterial

Anmerkungen: Diese Übung unterstützt das Lernen aus vergangenen Kommunikationssituationen und die Vorbereitung auf zukünftige Gespräche, indem man die möglichen fehlenden Ressourcen mobilisiert. Gerade auch durch den Positionswechsel kann man einfach lernen, sich in die Welt des anderen hineinzuversetzen und aus seiner „Brille" auf die jeweilige Situation zu blicken. Das Verständnis für den anderen und seinen Standpunkt führt zu einem sensibleren Umgang mit seinem eigenen Verhalten.

Anleitung oder Beschreibung: In dieser Partnerübung führt jeweils einer den anderen durch die Übung.

1. Lassen Sie denjenigen, der sich führen lässt, in Gedanken eine Kommunikationssituation mit einer anderen Person aussuchen, die nicht so verlaufen ist, wie es wünschenswert gewesen wäre. Es kann eine Situation sein, in der er sich nicht wohl fühlte, in der er sich verletzt gefühlt hat oder in der er unangemessen reagierte.

2. Formulieren Sie dann die folgenden Anweisungen: Setzen Sie sich so hin, genau so, wie es in dieser Situation war: Spüren Sie sich ein, wie Sie sich in dieser Situation gefühlt haben. Erleben Sie sich einmal, wie Sie diese Situation aus Ihrer Sicht heraus wahrgenommen haben. Nehmen Sie wahr, was Sie alles beobachtet und gehört haben. (Position A)

3. Jetzt stehen Sie auf und strecken sich. Gehen Sie dann in die Position (B) Ihres Gegenübers in der Situation. Spüren Sie sich ein, hören Sie hin und erleben Sie, was ihm wichtig war. Aus dieser Sicht heraus können Sie auf sich als A sehen. Wie hat die Person in Position B die Situation wahrgenommen?

4. Stehen Sie erneut auf und strecken sich. Nehmen Sie dann die Position als Beobachter (C) dieser ganzen Situation ein. Hier sehen Sie die Situation von außen, können die Perspektiven sehen, die beiden gefehlt haben oder das, was angemessen gewesen wäre. Spüren Sie dann nach und überlegen, was damals gefehlt hat. War es Sicherheit, Gelassenheit? Erinnern Sie sich dann an eine Situation, in der Sie selbst bereits einmal diese Ressource, dieses Gefühl (z.B. Sicherheit), hatten. Erleben Sie dieses Gefühl jetzt ganz in sich selbst.

5. Gehen Sie dann direkt auf die Position A mit dieser Ressource und spüren Sie was sich ändert.

6. Gehen Sie dann mit dieser gleichen Ressource in die Position B und spüren, wie der andere Gesprächspartner jetzt diese Situation wahrnimmt. Geben Sie soviel Ressourcen wie nötig an diese Person.

7. Auf Position A stellen Sie sich eine ähnliche Situation vor, in der Sie diese Ressourcen brauchen werden. Wie bewegen Sie sich und wie fühlt es sich an?

Abbildung 5-17: Bodenanker

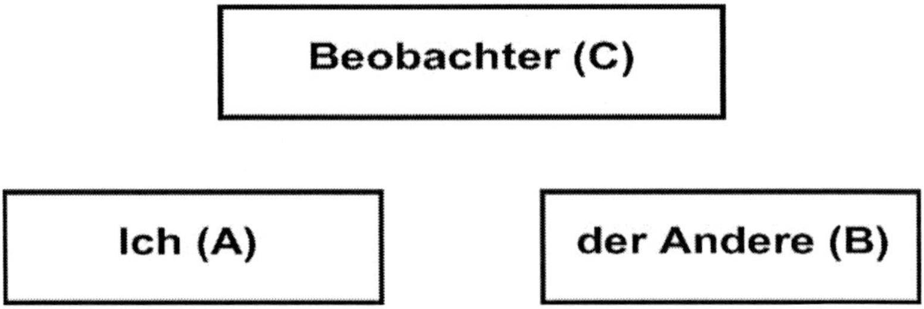

184

5.6 Themengebiet Werte und Glaubenssätze: An Werte glauben

Werte sind bereits ausführlich beschrieben worden: Sie sind unsere erfolgreichsten Motivatoren. Daher ist es nützlich zu wissen, welche Werte harmonieren, welche Werte unterschiedliche Verhaltensweisen nach sich ziehen und welche sich gegenseitig unterstützen. Wann potenzieren sich Werte, wann blockieren sie sich und welche Wertehierarchien beherrschen jeden Einzelnen? Es gibt förderliche und hinderliche Werte für die internationale Arbeit. Ein und derselbe Wert kann je nach Kultur anders ausgelegt werden. Wenn Menschen sich darüber im Klaren sind, dass sie nicht die Wahrheit vertreten, sondern ihre eigene Meinung, ihre eigene Kultur und Herkunft, dann entsteht eine Beziehung, eine neue Qualität im Miteinander mit Synergien, natürlichen Unterschieden und mit dem Fokus auf Gemeinsames.

Abbildung 5-18: Jeder hat ein anderes Welt- und Glaubensmodell im Kopf

So gelingt es, mit Respekt und Akzeptanz die Vielfalt, Andersartigkeit und Einzigartigkeit zu schätzen. Den Zusammenhang zwischen einem Wert, einem Glaubenssatz und der daraus entstehenden Regel wollen wir anhand dieses Beispiels noch einmal erläutern: Ein Wert ist z.B. Respekt. Der dazugehörige Glaubenssatz kann sein: Wenn ich jemanden in die Augen schaue, respektiere ich ihn. In Japan aber ist der Glaubenssatz, der auf demselben Wert fußt: Nicht direkt in die Augen schauen. Die Regel, die daraus entstanden ist: Schau jemandem nicht ins Gesicht, wenn du Respekt ausdrücken möchtest, d.h., der Wert kann sehr wohl der gleiche sein kann, der Glaubenssatz, der sich dahinter verbirgt, kann jedoch je nach Kultur unterschiedlich sein. Jeder versteht unter der „Nominalisierung" eines Wertes etwas anderes. Es ist deshalb wichtig, den Glaubenssatz herauszuarbeiten, da er die aktive Handlung beeinflusst.

5.6.1 Übung: Wollen oder Müssen?

Ziel: Glaubenssysteme erkennen und kulturell in Beziehung setzen
Typ: (Team-)training, Coaching, Vorbereitung
Trainingsform und Lernziel: Interaktionsorientiert kulturallgemein/kulturspezifisch, affektiv/verhaltensorientiert
Erfahrungsstand der Teilnehmer: Kulturelle Neulinge, Kulturerfahrene
NLP-Know-how: keine Besonderheiten

Dauer: ca. 60 Minuten

Material: Zettel und Stifte. Als Musik zur Unterstützung am Ende oder während der Gruppen- bzw. Einzelarbeit können Titel aus John Anderson: Change we must. EMI, 20. Oktober 1994 dienen.

Anmerkungen: keine

Anleitung oder Beschreibung: Die Teilnehmer bilden Zweiergruppen oder jeder macht diese Übung für sich alleine, je nach Offenheit der (kulturellen) Gruppe. Aufgabe ist es, ein Brainstorming darüber zu machen, was man tun muss oder sollte. Konkret heißt das: All die Kontexte oder Sätze, die „Ich muss", „ich soll", „ich sollte" beinhalten herauszufinden. Z.B.: "Ich muss erfolgreich sein", „Ich darf nicht laut reden", „Ich kann nicht sein wie…" Das sind meist die Kontexte, bei denen man sich eingeschränkt fühlt oder eine Regel beachten muss. Wichtig ist es, neben den individuellen Aussagen, die Teilnehmer dazu zu animieren auch kulturelle Ge- und Verbote zu notieren. Nach ca. 20 Minuten Brainstorming stellen Sie den Teilnehmern die nächste Frage: „Wo haben diese Aussagen ihren Ursprung? Wie alt sind sie schon? Wann sind sie in Ihrem Leben entstanden? Von wem oder durch was? Wann haben Sie diese Ge- oder Verbote das erste Mal in ihrem Leben gehört und von wem? Etwa von Lehrern oder Verwandten, im kulturellen oder religiösen Bereich?" Sobald Antworten darauf gefunden sind (nach ca. weiteren 10-15 Minuten), kommen die Teilnehmer wieder zusammen und tauschen sich über die Ge- und Verbote aus. Sie erkennen die Glaubenssysteme einzelner Kulturen und werden ihre Verhaltensweisen aus einem anderen Blickwinkel betrachten können. Je nach Zielrichtung der Übung kann man auch noch zukunftsorientiert weiter arbeiten: Was würden Sie tun, wenn es diese „Sollen" und „Müssen" nicht geben würde? Was wäre, wenn Sie an etwas anderes glauben würden oder man Ihnen von Anfang an gesagt hätte, das sei Quatsch? So kann man zu jeder Aussage eine neue Aussage oder Idee und eine Handlungsmöglichkeit finden. Bei einem kulturspezifischen Training können so beide Kulturen auf die Ge- und Verbote des anderen, fremden Landes vorbereitet werden und für sich individuell eine Handlungsmöglichkeit finden.

5.6.2 Übung: Werte modellieren

Ziel: Wir gehen davon aus, dass in einer anderen Kultur Werte und Worte wie Vertrauen, Distanz, Respekt o.ä. unterschiedliche Wichtigkeit haben und jeweils verschiedene Verhaltensweisen implizieren. In dieser Übung wollen wir die Wahrnehmung schärfen und Körpersignale erkennen. Wir möchten unterschiedliche Verhaltensweisen – nonverbaler Art – für gleiche Werte beobachten.

Typ: (Team-)Training, Vorbereitung

Trainingsform und Lernziel: interaktionsorientiert kulturallgemein, affektiv
Erfahrungsstand der Teilnehmer: Kulturelle Neulinge, Kulturerfahrene und ...
profis
NLP-Know-how: keine Besonderheiten
Dauer: 20 Minuten
Material: keines
Beschreibung: Es geht darum, Werte zu modellieren.

Abbildung 5-19: Modellieren

In einer Zweier- oder Dreiergruppe erklärt sich einer
bereit, sich modellieren zu lassen. Dieser steht ruhig
da und lässt sich von seinen Übungspartnern formen
– körperlich, z.B. die Werte Vertrauen oder Respekt.
Was bedeutet das Wort Respekt als Körperhaltung –
in Bewegung, in Mimik und Gestik, als Tonhöhe
oder Stimmlage? Der oder die gleichkulturellen
Übungspartner formen den anderskulturellen
Partner. Dieser hat als einzige Aufgabe
wahrzunehmen, wie sich der Körper anfühlt. Wenn
„das Modell" fertig ist, kann der „Modellierte"
Rückmeldung geben. Wie hat es ihm gefallen, entsprach diese Haltung dem, was der
andere damit ausdrücken wollte? Wie hätte er es gemacht und warum? Was verbindet er
mit diesem Wort? Entweder das „Modell" weiß den Wert vorher oder er weiß ihn nicht
und muss ihn am Ende durch seine Erfahrung erraten.

5.6.3 Übung: Wertehierarchie[248]

Ziel: Ziel dieser Übung ist es, die eigenen Werte herauszufinden und sich der
Emotionalität dessen, was man verteidigt (die eigenen Werte) als Grundlage des
Handelns bewusst zu werden. In einem Team ist es zudem interessant herauszufinden,
inwiefern sie sich (nicht) von den Werten der Teilnehmer aus anderen Kulturen
unterscheiden.
Typ: Auslandsvorbereitung, Sensibilisierung, Erweiterung: Teamtraining
Trainingsform und Lernziel: Interaktionsorientiert kulturallgemein/kulturspezifisch,
verhaltensorientiert/affektiv
Erfahrungsstand der Teilnehmer: Kulturerfahrene und evtl. Kulturprofis

---

[248] Vgl.: Maß, Evelyne/Ritschl, Karsten, 1997: Teamgeist, Paderborn, Junfermann, S. 183 ff

NLP-Know-how: keines

Dauer: 90 Minuten

Material: Papier und Stifte. Während jeder seine Werte aufschreibt und bei der anschließenden stillen „Vernissage" empfehlen wir folgende Musik: Marla Glen: This is Marla Glen. Ariola, 1. August 1993 und Ludovico Einaudi: Una Mattina. Decca, 4. April 2005

Anmerkungen: keine

Anleitung oder Beschreibung:

1. Bitten Sie die Teilnehmer, fünf Werte zu ihrem jeweiligen Heimatland auf Karten aufzuschreiben, von denen jeder Teilnehmer meint, dass sie landestypisch und gleichzeitig für ihn selbst sehr wichtig sind.

2. Bitten Sie die Teilnehmer, die Karten vor sich zu legen.

3. Alle Teilnehmer gehen nun wie in einer Vernissage schweigend herum und schauen sich die Werte an.

4. Jeder hat nun noch einmal die Möglichkeit, einen sechsten Wert zu seinen eigenen hinzuzufügen.

5. Jetzt soll jeder Teilnehmer seine Werte in zwei Gruppen unterteilen – die drei wichtigsten markiert er mit A und die weniger wichtigen mit B.

6. Bitten Sie die Teilnehmer, diese Werte in eine Reihenfolge von eins bis drei (Je A und B-Gruppe) zu bringen (die Wichtigsten zuerst).

7. Den ersten Wert (also A 1) stellt nun jeder Teilnehmer der Gesamtgruppe vor und erklärt ausführlich, warum dieser Wert so wichtig für ihn und das Land ist. Es wird eine ruhige, respektvolle Atmosphäre entstehen; man wird merken, dass es sich hierbei um innere wichtige, emotionale Werte handelt.

8. Nach der ersten Runde kann Raum zu Diskussionen sein, um herauszufinden, wie die Werte von anderen wahrgenommen werden, und ob Klärungsbedarf ist.

9. Danach – je nach Zeit – sollte eine Runde mit den zweiten Werten (A 2) stattfinden. Nach anschließendem Feedback und weiterer Klärung können die Karten z.B. um eine Weltkugel, ein gemeinsames Symbol o.ä. auf einer Flipchart oder Metaplan geklebt werden, damit diese essentielle Energie für den weiteren Verlauf des Trainings erhalten bleibt.

Ein Beispiel zu den Diskussionen: Eine polnische Teilnehmerin hat als ersten Wert (A1) Ehrlichkeit genannt. Nachdem ein marokkanischer Teilnehmer seinen ersten Wert, nämlich Gleichberechtigung, vorgestellt hat, wird sie unruhig. Sie äußert sich ganz empört in der Diskussion, dass sie das nicht verstehen kann. Sie fragt den Marokkaner forsch, wie das denn sein kann, dass er das als Wert hat, was in seinem Land gar nicht gelebt wird? Der Marokkaner antwortet, dass sich sein Land immer mehr in die Richtung entwickelt und er diesen Wert für seinen höchsten Wert hält und auch danach lebt. Durch Nachfragen kommt dann das „Verblüffende" heraus: Der Wert der polnischen Teilnehmerin, Ehrlichkeit, wurde durch die Äußerung des Werts Gleichberechtigung des Marokkaners verletzt, weil ihr Bild von Marokko exakt das Entgegengesetzte zur Gleichberechtigung darstellte. Also erschien ihr die Aussage des Marokkaners als unehrlich. Diese Erkenntnis stärkte die gesamte Gruppe im Umgang miteinander.

5.6.4 Übung: Reframing[249]

Ziel: Verständnis für unterschiedliche Verhaltensweisen durch Erkennen des (positiven) Wertes eines jeden Handelns.

Typ: Auslandsvorbereitung, Sensibilisierung

Trainingsform und Lernziel: Interaktionsorientiert kulturspezifisch/kulturallgemein, affektiv

Erfahrungsstand der Teilnehmer: Kulturelle Neulinge, Kulturerfahrene und evtl. Kulturprofis

NLP-Know-how: Metamodell

Dauer: ca. 90 Minuten

Material: Papier und Stifte

Anmerkungen: Stellen Sie sich eine Zeitungsnotiz vor: „Das Jubiläum der Firma xyz wurde in einem feierlichen Rahmen begangen." Sofort können Sie sehen, hören und spüren, was für Sie bzw. in Ihrer Kultur ein feierlicher Rahmen sein könnte (je nach Kultur unterschiedlich). Oder Sie lesen: „Gestern fand eine lockere Beachparty zum fünfjährigen Bestehen des Schwimmbads statt." Diese Aussagen haben einen bestimmten Rahmen oder Kontext, der ganz spezifische Erwartungen und Vorstellungen in jedem von uns weckt. Auch in der Art, wie Sie den Tisch decken, gestalten Sie einen Rahmen für das gemeinsame Essen. Die Auswahl des Restaurants schafft eine gewisse Atmosphäre, einen gewissen Rahmen. Übrigens: Man kann kaum vermeiden, keine Rahmen und Erwartungen zu setzen. Also warum nicht gezielt Rahmen setzen? Menschen orientieren sich bei der Wahl Ihrer Rahmen an ihren eigenen Werten und den dazu passenden Zielen. Das erschwert natürlich im Ausland die Wahl des Rahmens bzw. macht die kulturell vorgeprägten Erwartungen für einen bestimmten Rahmen unberechenbar. Sie müssen Ihr Verhalten den kulturellen Standards, den Rahmen Ihrer Gastgeber anpassen, den angemessenen Rahmen für Kommunikationssituationen wählen. Einen Rahmen gezielt zu schaffen, also gezielt zu rahmen (oder im NLP-Fachjargon „framen" (von engl.: Frame = Rahmen)), kann man

---

[249] Vgl.: Mohl, Alexa, 1999: Nach China unterwegs. Paderborn, Junfermann, S. 68 ff

üben: Dazu muss man die Kriterien herausfinden, nach denen die Person einer fremden Kultur eine Sache, eine Tätigkeit oder einen anderen Menschen bewertet.

Anleitung oder Beschreibung:

1. Wählen Sie einen Partner, dem Sie ein Restaurant, einen Urlaubsort, einen Arzt oder etwas anderes empfehlen wollen. Fragen Sie dann Ihren Partner, was er an diesem Thema (z.B. Urlaubsort) besonders schätzt. Der Partner könnte vielleicht antworten: „Ich finde es wichtig, dass ich mich entspannen kann und gleichzeitig genug Möglichkeiten zum Sightseeing habe."

2. Formulieren Sie ihre Empfehlung, indem Sie sich auf die Kriterien des Partners beziehen. Achten Sie dabei auf den nonverbalen Ausdruck des Partners. Ihre Empfehlung könnte sich möglicherweise so anhören: „Der Urlaubsort, den ich kenne, liegt am Meer, ist aber auch nicht weit von einigen Städten entfernt. Eine der Städte zählt sogar zum Weltkulturerbe – es gibt dort eine ganze Menge anzuschauen. Die Unterkunft liegt direkt am Meer, aber nicht da, wo alle Menschen sich sonnen, sondern an einem ruhigeren Teil des Strandes."

Beim Reframing, also „um-rahmen", gibt es – im Gegensatz zum Framing – bereits einen Rahmen. Hierbei verändern Sie nun den bestehenden Rahmen. Dadurch erhält die Sache eine andere Bedeutung – der Wert und die Motivation dahinter können zu Tage treten. Hierbei haben Sie, wie immer, die Wahl, ein positives oder negatives Reframing anzubieten. So können Sie auf die Bemerkung ihres Gegenübers: „Ich bin schlank." z.B. folgendes antworten: „Damit passen dir sämtliche Kleider von der Stange." (Kann, muss nicht, positiv sein). Oder: „Eine Bohnenstange ist nichts dagegen." (negativ) usw. Oder Sie kommen zu spät, dann haben Sie die Wahl, sich zu entschuldigen und auf die Gründe der Verspätung hinzuweisen, oder Sie können z.B. sagen, dass Sie sich freuen, nun endlich da zu sein. Ein ganz bekanntes Reframing ist das mit dem halbvollen und halbleeren Glas. Ein Glas ist bis zur Hälfte mit einem Getränk gefüllt. Der Eine, findet das Glas sei halb voll, der Andere meint, das Glas sei halb leer. Dies ist das beste Beispiel dafür, wie unterschiedlich Menschen wahrnehmen und bewerten. Dem Reframing liegt folgende Annahme zu Grunde: Es gibt nichts, das an sich schon eine Bedeutung hätte: Menschen, Gesellschaften, Kulturen bringen Bedeutungen hervor. Es gibt somit viele Unterscheidungsmöglichkeiten und Sichtweisen. Wieso also nicht unangenehme Ereignisse in einen anderen Rahmen setzen, der ein anderes Erleben, eine weitere Sichtweise zulässt und die Möglichkeit bietet, dem Negativen auch etwas Positives abgewinnen? Reframing erweitert das Blickfeld, es ermöglicht anders als zuvor zu handeln, mehrere Möglichkeiten zu haben. Vor allem aber relativiert es die Wahrnehmung der anderen Kultur. Verhalten oder Dinge, die vielleicht negativ bewertet werden, können so in einem anderen Kontext gesehen oder mit einer positiven Bedeutung kontextualisiert werden: Aus ursprünglicher Abneigung wird Verständnis und Akzeptanz. An das Üben des Framens und Reframens kann diese Übung angeschlossen werden.

Kulturspezifisches Reframen: Der Fokus auf Kultur kann dadurch gewährleistet werden, dass diese Übung mit zwei Teilnehmern aus unterschiedlichen Kulturen gemacht wird, die sich gegenseitig berichten, was und welche Verhaltensweisen sie in dem anderen Land nicht verstanden haben. Teilnehmer A erzählt das, was er in Land B nicht verstanden hat. Er findet dafür eine für ihn positive und negative Begründung. Dann „klärt" Teilnehmer B ihn auf. Und umgekehrt.

Kulturunspezifisches Reframen: Was könnte gut daran sein, wenn
... viele Leute um Sie herum laut reden?
... fremde Menschen Sie anstarren und sehr nah auf Sie zukommen, Sie eventuell anfassen?
... Sie krank sind?
... Sie Ihren Job verlieren?
... Sie in einem englischsprachigen Land kein Englisch verstehen?
... Sie das Essen nicht mögen?
Man kann unendlich viele dieser Beispiele finden. Sinnvollerweise sollten es Beispiele für Kulturunterschiede sein.

Selbstmotivation im interkulturellen Kontext: Sie formulieren eine Klage, die sich auf eine kulturelle Erfahrung oder auf ein unerwünschtes eigenes Verhalten im Kontakt mit anderen Kulturen bezieht: „Obwohl ich englisch kann, bekomme ich beim Kontakt mit Engländern nie den Mund auf." Finden Sie nun möglichst viele positive Absichten, z.B.: „Sie möchten lieber beobachten und dann handeln", „Sie möchten sicher sein, dass der Satz gut herauskommt" usw. Finden Sie so viele Situationen wie möglich, in denen dieses Verhalten angebracht ist, z.B.: „Das ist gut in Kulturen, wo man als Ausländer erst die Menschen reden lassen sollte." Finden Sie nun möglichst viele andere Bedeutungen des Inhalts der Klage, wie z.B.: „Sie sind höflich, Sie warten ab" usw. Anstatt der positiven Umdeutung kann das Verhalten auch unangemessen bzw. negativ bewertet werden, je nachdem in welchem Kulturkreis man reisen möchte. Sie können nun beide Deutungen herausarbeiten, die positive und die für den negativen Kontext. Die negative Bedeutung wird nur negativ, weil das Verhalten in einer bestimmten Kultur nicht unbedingt zum Ziel führen wird. Deshalb sollte das eigene Verhalten in Bezug zu den möglichen Konsequenzen in der anderen Kultur gesetzt werden. Dann können Strategien erarbeitet werden, um neue Verhaltensmöglichkeiten zu finden, die nicht gegen die eigenen Werte sprechen.

5.6.5 Übung: Die kulturelle Stereotypenbrille

Ziel: Bewusstmachung eigener Wahrnehmungsfilter; Erkennen, was das Denken und Handeln steuert.

Typ: Vorbereitung, Sensibilisierung, Teamtraining

Trainingsform und Lernziel: interaktionsorientiert kulturallgemein, kognitiv/affektiv

Erfahrungsstand der Teilnehmer: Kulturelle Neulinge, Kulturerfahrene und evtl. Kulturprofis

NLP-Know-how: keine Besonderheiten

Dauer: ca. 60 Minuten

Material: Je nachdem auf welche Kultur Sie durch diese Übung vorbereiten möchten, können Sie natürlich landestypische Musik abspielen. Dann fallen den Teilnehmern leichter Stereotype für dieses Land ein (denn die Musik selbst ist ja schon etwas „typisches").

Anmerkungen: Eine Definition von Stereotypen finden Sie im Glossar, jedoch nicht die Antwort auf die Frage: Wie entstehen Stereotype? Was genau denken wir über Länder, die wir noch nie bereist haben? Wodurch ist dieses Denken entstanden? Aus unserer Sicht entstehen Stereotypen hauptsächlich durch[250]:

- **Tradition und Folklore:** Von jedem Volk, jeder Kultur gibt es bekannte Assoziationen. Nehmen wir das russische Gericht Bortsch als Beispiel für Russland.

- **Geschichte:** Auch die Geschichte eines jeden Volkes, Stammes oder einer Kultur führt zu Stereotypen und unterschiedlichen Bewertungen. Russen sind z.B. tendenziell orthodox oder atheistisch orientiert. Jedes Volk bewertet dies anders.

- **Medien:** Die Medien berichten in einer Vielzahl von Formaten über andere Länder: Reisemagazine zeigen Exotik, Dokumentarfilme berichten über Randgruppen und Einzelschicksale, die Nachrichten versuchen objektiv Fakten zu vermitteln und Komiker und Talkshows verstärken oft Vorurteile und natürlich Verallgemeinerungen

Diesen „Ver-urteilungen" kann man nicht vorbeugen. Sie entstehen wie von selbst als eine Form der Komplexitätsreduktion. Wichtig ist, diese Stereotype als Generalisierungen anzusehen und auch daran zu denken, dass dahinter immer ein „Fünkchen Wahrheit" steckt. Diese Übung hilft unsere Filter, unsere Stereotypenbilder sichtbar, spürbar zu machen und aufzuzeigen, wo und wie wir „vor-urteilen", damit wir beim nächsten Mal nicht ver-urteilen.

---

[250] Siehe auch Kapitel 3.4.4 Filter in der Sprache

Abbildung 5-20: Unsere (kulturelle) Brille

Anleitung oder Beschreibung: Zwei Personen suchen sich ein Thema aus, über das sie sich unterhalten wollen, z.b. das Thema Urlaub. Einer wird hinausgeschickt, um sich inhaltlich auf das Gespräch vorzubereiten. Der andere bleibt im Raum. Er wird nach seinen Vorlieben zum Thema befragt. Den Antworten entsprechend wird Ihm eine negative Meinung (Filter) über den anderen eingeredet, z.b. dass Pauschalurlaub seine Hauptvorliebe sei, dass er ausschließlich nach deutschem Essen verlange etc. Die Gruppe oder die Beobachter sollen nun darauf achten, wie sich die kommende Gesprächssituation entwickelt, wie der Kontakt der beiden zueinander ist, usw. Dann wird der Gesprächspartner hereingeholt. Diesem wird gesagt, dass er nichts anderes tun soll als über sein Thema zu reden und darauf zu achten, wie er sich dabei fühlt. Die Gesprächspartner unterhalten sich und die Gruppe beobachtet. Nach ca. einer Minute wird das Gespräch unterbrochen und der Vortragende wieder hinausgeschickt, um sich weiter mit dem Thema zu beschäftigen. Die Person, die im Raum verbleibt, muss sich kurz „ausstrecken" und „schütteln". Dann wird ihr gesagt, dass die Zuschreibungen zu diesem Gesprächspartner frei erfunden waren und die Person, die draußen wartet, ganz im Gegenteil sehr verständnisvoll mit Fremden umgeht, nicht überheblich ist und lieber Land und Leute kennen lernt als in einer Ferienenklave zu sein. Sie mag andere Länder und Kulturen, auch wenn sie es nicht offen sagt. Jetzt wurde ihm eine positive Meinung (Filter) über den Gesprächspartner eingeredet. Die andere Person, die draußen wartete, wird wieder mit dem gleichen Auftrag wie eben hereingerufen. Die Gesprächspartner unterhalten sich erneut. Nach einer Minute ist dann die Übung beendet und es folgt die Auswertung, die unter folgenden Gesichtspunkten erfolgen sollte:

- Wie haben sich beide bei der ersten und zweiten Situation gefühlt?
- Was haben beide gedacht?
- Was haben die Beobachter gesehen, wahrgenommen und empfunden?
- Wie waren die nonverbalen Signale, die Stimmen und die Körperhaltung der Gesprächspartner in der ersten und dann in der zweiten Situation?
- Welche Unterschiede waren wahrnehmbar?

Diskutieren Sie, inwiefern kulturelle Vorurteile nach dem gleichen Muster wirken und was jeder Gesprächsteilnehmer tun kann, um mit Vorurteilen hilfreich umzugehe

5.7 Themengebiet Identität: Sich persönlich identifizieren

„Für die kollektive Identität ist die emotionale Komponente nicht hoch genug einzuschätzen. Je mehr Gefühle investiert werden, desto mehr wird eine Situation an Bedeutung gewinnen: Acht Personen im Lift, nach zwei Minuten ist die Fahrt vorbei… Das Ende eines Kollektivs, das nie zu existieren begonnen hatte: Keiner der Beteiligten wird sich daran etwa mit den Worten „wir, die wir Lift gefahren sind" erinnern. Sind die gleichen Personen zehn Stunden lang in einem Lift eingesperrt - eine Schicksalsgemeinschaft! Wenn es vorbei ist, fahren alle nach Hause, die Gruppe löst sich auf….Aber wahrscheinlich kommt man gemeinsam zu einem Fernsehauftritt, verabredet ein gemeinsames Essen,… jährliche Treffen: „Wir, die wir damals im Lift.." wird als erinnertes Kollektiv weiterexistieren."[251] Im Leben teilen wir verschiedene erinnerte Kollektive, wie Familie, Freunde, Arbeitskollegen, Urlaubsbekanntschaften. Seit der Transaktionsanalyse wissen wir, dass ein erwachsenes Ich in Kollektiven hilfreich ist, aber nicht unbedingt vorausgesetzt werden kann. Mit dem Gegenüber ändert sich unser Rollenverhalten auch in interkulturellen Begegnungen.

5.7.1 Übung: Subkulturen

Ziel: Verständnis schaffen: Zu welchen Subkulturen gehören wir? Verstehen, dass es mehr Übereinstimmung zwischen Menschen gibt als zwischen nationalen Kulturen und dass das Team durch Vielfalt bereichert wird.

Typ: Teamtraining, Icebreaker

Trainingsform und Lernziel: interaktionsorientiert kulturallgemein, verhaltensorientiert

Erfahrungsstand der Teilnehmer: Kulturelle Neulinge und Kulturerfahrene

NLP-Know-how: keine Besonderheiten

Dauer: ca. 40 min

Material: Post-it-Notes oder DinA4-Papier mit Klebestreifen

Anmerkungen: Diese Übung kann zum Hauptthema des Trainings gemacht werden, z.B.: Formierung eines internationalen Teams, tieferes Kennenlernen der Kultur, Verkaufsgespräche mit internationalen Kunden o.ä. führen und vorbereiten.

Anleitung oder Beschreibungen:

Bitten Sie die Teilnehmer, auf verschiedenen Post-it Notes zu notieren, womit sie den Satz „Ich bin ein/eine…" ergänzen würden, z.B. bezogen auf Aktivitäten, Familienstatus, Religion, einen sozioökonomischen Status, Persönlichkeitstyp,

---

[251] Berg, Wolfgang, 1999: Kollektive Identität. In: Hahn, Heinz, 1999: Kulturunterschiede. Frankfurt, IKO Verlag für Interkulturelle Kommunikation, S. 224

Interessen etc. Die Teilnehmer heften die Zettel an ihre Kleidung und wandern durch den Raum, um die Zettel der anderen Teilnehmer zu lesen.

- Runde 1: Die Teilnehmer formen Dreier- oder Vierergruppen mit so vielen Ähnlichkeiten wie möglich. Sie werden bemerken, dass sie mehr Gemeinsamkeiten haben als die nationale Kultur, dass sie verschiedene Identitäten haben und Subkulturen angehören.

- Runde 2: Die Teilnehmer formen Dreier- oder Vierergruppen mit so vielen Unterschieden wie möglich und überlegen gemeinsam, welches Projekt (Business Venture) sie umsetzen könnten, so dass alle ihre Fähigkeiten und Talente genutzt werden können.

Die Gruppen stellen Ihre Projekte vor. Merken Sie an, dass die Teilnehmer nur gemeinsam auf all diese Ressourcen zugreifen und daraus etwas machen können. Sie brauchen die Vielfalt und können Fähigkeiten aus völlig anderen Bereichen übertragen, wie können sie z.B. musikalisches Talent am Arbeitsplatz nutzen? In einem interkulturellen Training nimmt das den Fokus weg von den oft als störend empfundenen Unterschieden hin zu den Gemeinsamkeiten, um mit dem, was jeder kann (dadurch werden dann Unterschiede positiv bewertet), erfolgreich Projekte zu bearbeiten.

5.7.2 Übung: Rollenklärung

Ziel: Rollentypisches Verhalten in verschiedenen Kollektiven erkennen und seine Bandbreite an Verhalten erweitern
Typ: Auslandsvorbereitung und Coaching
Trainingsform und Lernziel: interaktionsorientiert kulturallgemein/kulturspezifisch, kognitiv/affektiv/verhaltensorientiert
Erfahrungsstand der Teilnehmer: Kulturelle Neulinge, Kulturerfahrene und Kulturprofis
NLP-Know-how: Milton-Modell
Dauer: ca. 15 Minuten
Material: Je nach Background der Person oder Gruppe können Sie eine passende Musik auswählen. Als „Meditationsmusik" eignet sich z.B.: Ludovico Einaudi: Una Mattina. Decca, 4. April 2005.
Anmerkungen: Diese Übung kann durch eine Graphik mit klassischen Rollen vorbereitet werden (Beruf, Eltern, Sohn/Tochter, Freund, Deutscher, Student etc.), um Teilnehmer aufmerksam zu machen auf die Vielfalt der Rollen, zwischen denen sie täglich variieren. Diskutieren Sie, inwieweit die Rollen voneinander getrennt erlebt werden oder wo sie sich vermischen und welchen Effekt es für den Betreffenden hat.

Wenn im Beruf mehr Zeit für Nebenaufgaben als für die eigentliche Rolle verwendet wird, kann das zu Rollenkonflikten und Stress führen. Sollten Sie sich lieber mit den Nebentätigkeiten als der Hauptaufgabe beschäftigen, deutet das auf Ihre Interessen (und vielleicht Stärken) hin. Machen Sie Ihr wirkliches Interesse zum Beruf. Darüber hinaus kann es vorkommen, dass wir Rollen aus verschiedenen Kontexten vermischen: Der Chef wird zur wohlwollenden Vaterfigur, die Ehefrau zur strengen Mutter etc. In einer multikulturellen Gruppe ist es jetzt interessant zu schauen, wie sich die Teilnehmer in ihren verschiedenen Rollen verhalten, welches Selbstverständnis sie ausdrücken möchten. Sie können dazu erst mit einem Beispiel aus dem „Business" beginnen und dann auf die kulturell unterschiedliche Bewertung der Rollen eingehen und das in einer Tabelle am Flipchart zum Vergleich anmalen. Bei der Übung ist es wichtig, dass Rollen in ihrer Reinform erlebt werden und sich nicht vermischen.

Abbildung 5-21: Verschiedene Rollen und Identitäten

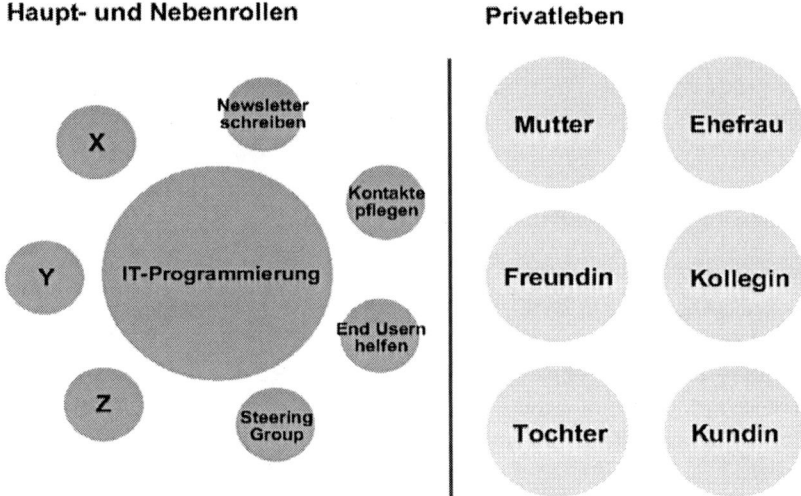

Haupt- und Nebenrollen   **Privatleben**

Anleitung oder Beschreibung: Dies ist die Anleitung für eine Trance zum Auflösen von Rollenvermischung. Zur Vorbereitung finden Sie mit A einen Kontext, in dem eine Rolle als unbefriedigend erlebt wurde (z.B. Chef in einer ausländischen Filiale). Dann beginnen Sie mit der Trance. Sie können diesen Text im Atemtempo von A vorlesen und durch eigene Worte ergänzen, die im Kontext angemessen sind.

„Setzen Sie sich bequem hin, mit beiden Beinen auf dem Boden, Sie können Ihre Hände auf den Knien ruhen lassen, die Augen schließen, ausatmen... während sich Ihr Körper mehr und mehr entspannt, Sie ruhig weiteratmen, hören Sie die Worte die ich spreche und lassen Ihre Gedanken ziehen... alle Schwere gleitet durch Ihren

Körper in den Boden... Sie atmen ein und aus... Gehen Sie in Gedanken zu einer Situation, dem Ereignis im Ausland... Sie erleben die Rolle, die sich unstimmig anfühlt... Was passiert? Wer ist bei Ihnen? Lassen Sie sich Zeit, wahrzunehmen, was es zu sehen gibt... Wie fühlen Sie sich in diesem Moment? Kommt Ihnen das, was Sie hier erleben aus einer anderen Rolle bekannt vor? ...Wohin gehört es wirklich? Was passiert, wenn Sie Ihre Rolle bewusst abgrenzen?... Wie können Sie die Rolle auf hilfreiche, klare und angemessene Weise ausfüllen? Was ändert sich? ... Lassen Sie sich überraschen, wie es sich anfühlt... Vielleicht kennen Sie andere Menschen, die diese Rolle hilfreich leben? Was nehmen Sie wahr? ... Erlauben Sie sich, etwas davon aufzunehmen... so zu sein. Tragen Sie dieses neue Rollenempfinden in eine Situation in der Zukunft... Wie verhalten Sie sich? Ist es kongruent für Sie?... Brauchen Sie noch etwas anderes? Nehmen Sie sich Zeit, die Rolle so auszufüllen, wie Sie es brauchen... Ihr Unterbewusstsein schickt ihnen etwas wertvolles, ein Geschenk... Lassen Sie sich überraschen... Füllen Sie die Rolle so aus, wie sie am stimmigsten erlebbar wird... Finden Sie eine Metapher, ein Symbol für diesen Zustand. Danken Sie Ihrem Unterbewusstsein dafür... Diese Metapher wird Ihnen immer zur Verfügung stehen, wenn Sie sich in der Rolle befinden... Wenn Sie alle Informationen gesammelt haben, bereiten Sie sich darauf vor, langsam wieder zurückzukommen... Sie hören meine Stimme, fühlen den Stuhl, auf dem Sie sitzen... Ihre Füße auf dem Boden... In zehn Sekunden, in Ihrer eigenen Zeit, öffnen Sie langsam Ihre Augen..."

5.7.3 Übung: Kongruenz*

Ziel: Erschließen von Ressourcen, die in einem Land erlernt und zugängig und in einem anderen Land verschlossen sind.
Typ: Teamtraining und individuelles Coaching,
Trainingsform und Lernziel: interaktionsorientiert kulturallgemein (je nach Sprache), affektiv/verhaltensorientiert
Erfahrungsstand der Teilnehmer: Kulturerfahrene und Kulturprofis
NLP-Know-how: Anker, Metamodell, Submodalitäten, Milton-Modell, Timeline, Logische Ebenen, Fremdsprache des Klienten (bzw. der Länder, um die es geht)
Dauer: ca. 30 Minuten Demonstration und 30 Minuten Übung pro Person
Material: Zettel und Stifte. Hierbei können Sie als Unterstützung Musik wählen, die der Klient aus dem jeweiligen Land positiv in Erinnerung hat. Dann fällt das „Hineinversetzen" und Erinnern leichter.
Anmerkungen: Die eigentliche Kraft der Veränderungsarbeit findet über Sprache als Anker statt. Wenn Sie in der Lage sind, das Coaching mehrsprachig zu leiten,

verknüpfen Sie unterschiedlich gespeicherte Erfahrungen im Gehirn und erhöhen den Integrationseffekt.

Anleitung oder Beschreibung:

1. Helfen Sie A, einen Kontext zu finden, den er in einem Land (1) als positiv und kraftvoll erlebt und in einem anderen Land (2) als negativ und unbefriedigend (z.B. erfolgreich Mitarbeiter managen, Präsentationen halten, etc.).

2. Trennen Sie die Erfahrungen räumlich durch Zettel auf dem Boden.

3. Laden Sie A ein, sich auf den Zettel des Landes 2 zu stellen. In der entsprechende Landessprache helfen Sie A, sich an den als negativ und unbefriedigend erlebten Kontext zu erinnern: Was nehmen Sie war? Sind Sie alleine, mit anderen Menschen? Wie fühlen Sie sich? Was tun Sie? Wie reagieren die anderen? Was ist Ihnen wichtig? Was glauben Sie über sich, die Welt, die anderen? Wer sind Sie hier? Wenn es eine Metapher gäbe, was wäre das?

4. Separator: Bitten Sie A von dem Zettel herunterzugehen, den Zustand abzuschütteln und eine belanglose Frage zu beantworten: Was haben Sie gestern zu Mittag gegessen?

5. Laden Sie A ein, sich auf den Zettel des Landes 1 zu stellen In der entsprechenden Landessprache bitten Sie A, sich an den als kraftvoll erlebten Kontext zu erinnern: Was nehmen Sie war? Sind Sie alleine, mit anderen Menschen? Wie fühlen Sie sich? Was tun Sie? Wie reagieren die anderen? Was ist Ihnen wichtig? Was glauben Sie über sich, die Welt, die anderen? Wer sind Sie hier? Wenn es eine Metapher gäbe, was wäre das? Welche Ressourcen verbinden Sie mit dieser Metapher?

6. Bitten Sie A, die Metapher, Ressourcen und den inneren Zustand auf den Zettel des Landes 2 mitzunehmen. Wechseln Sie zur Sprache von Land 2, aber benutzen Sie Metapher und Informationen aus Land 1. Was sehen Sie jetzt, was hat sich geändert? Wie fühlen Sie sich, wie verhalten Sie sich jetzt? Was gibt es zu lernen?

7. Wenn an der Physiologie zu erkennen ist, dass A die neuen Ressourcen integriert hat, bitten Sie darum, dass A sich auch in Land 2 umschauen möge ob es hier Ressourcen gibt, die er in Land 1 nicht hat, aber gerne mitnehmen möchte.

8. Bitten Sie A nun, mit dieser Ressource in Land 1 zu treten und die Ressource dort zu integrieren.

9. Fragen Sie A nach einem zukünftigen Ereignis in Land 1 und wie er sich jetzt verhalten wird. Dann fragen Sie A nach einem zukünftigen Ereignis in Land 2 und wie er sich jetzt verhalten wird.

10. Besprechen Sie auf der Metaposition (einer Position außerhalb der Zettel), was der Gecoachte erlebt hat und wie sich seine interkulturelle Kompetenz durch diese Erfahrung verändert hat.

5.8 Themengebiet Zugehörigkeit: Zu einem System gehören

Der Schlüssel zu kulturellem Verständnis ist, den anderen Menschen so zu akzeptieren, wie er ist, und das System oder die Welt, in der er sich befindet, verstehen zu lernen. Wir sollten demnach an uns selbst arbeiten, so dass unser eigenes System mit dem System des anderen Menschen eine Schnittmenge bildet.

Abbildung 5-22: Kulturelle Schnittmenge: Worauf einigen Sie sich?

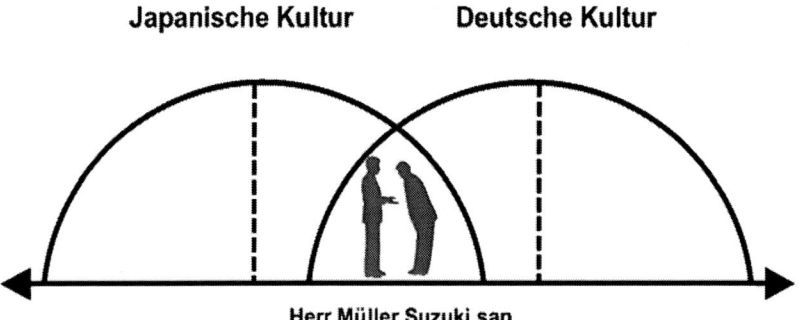

Systemisches Arbeiten orientiert sich am Anliegen der Betroffenen und verzichtet auf normative Zielsetzungen. Es wird mit den Ressourcen, über die der Klient im Moment verfügt oder in der Vergangenheit verfügte, gearbeitet. Die systemische Praxis verfolgt weder das Ziel, Probleme diagnostisch zu erkunden und zu klassifizieren, noch sie im Grunde zu verändern. Vielmehr versucht sie im Dialog mit den Teilnehmern, Erklärungen oder Beschreibungen zu entwickeln, die die eigenen Möglichkeiten und die der im Prozess betroffenen Menschen erkennen lassen. Dadurch werden die Wahrnehmung für den Klienten selbst und die Sicht auf sein Umfeld erweitert. Erkennen und Handeln wird fokussiert. Systemische Praxis stellt einen sozialen Kontext her, der die gewünschten Veränderungen erst ermöglicht. Sie sucht also nach Bedingungen, mit deren Hilfe die Klienten ihre Ressourcen aktivieren können, um in Selbstorganisation zu ihren Zielen gelangen zu können.[252]

---

[252] Vgl.: http://www.systemische-gesellschaft.de/inhalt/positionsbestimmung.htm

5.8.1 Übung: Wo kommen Sie her?

Ziel: Teilnehmer auflockern, Überblick verschaffen, wer aus welchen Land kommt und in welchem Anteil vertreten ist
Typ: Gruppenübung, Icebreaker
Trainingsform und Lernziel: Interaktionsorientiert kulturallgemein, kognitiv
Erfahrungsstand der Teilnehmer: Kulturelle Neulinge, Kulturerfahrene und Kulturprofis
NLP-Know-how: keines
Dauer: ca. 30 Minuten
Material: Aus unserer Erfahrung bringt Musik zu Beginn eines Seminars die Teilnehmer in einen „emotionalen Erlebniszustand". Es geht damit leichter von sich zu erzählen und sich zu öffnen. Hierbei kann die folgende Musik helfen: Franz Benton: Love ist he ocean. Zyx, 22. Februar 1999
Anmerkungen: Es empfiehlt sich genügend Platz oder ein großer Raum zur Verteilung der Teilnehmer wie auf einer fiktiven Landkarte.

Abbildung 5-23: Weltkarte[253]

Anleitung oder Beschreibung[254]: Bitten Sie die Teilnehmer sich so zueinander aufzustellen, als ob der Boden eine Weltkarte wäre. Jeder steht auf seinem Heimatland. Jetzt stellen sich die Teilnehmer der Reihe nach vor: Mit Namen, Nationalität und

---

[253] Kennen Sie die Peter-Map? So wie wir sind, sehen wir auch die Welt. Haben Sie sich schon mal vorgestellt, dass Norden auf einer Weltkarte möglicherweise unten stehen könnte und Süden oben? Oder wie würde die Weltkarte im Profil aussehen, wenn wir sie nach Einwohnerzahl zeichnen würden? Land- und Weltkarten sind auf Vorannahmen aufgebaut, die uns meistens unbewusst sind. Zu diesen Thesen gibt es zwei interessante Seiten im Internet: www.odt.org und http://www.diversophy.com/petersmap.htm.
[254] Vgl.: Dilts, Robert, 2001: Unterlagen zum Master Trainingskurs. Santa Cruz, NLP University

Erwartungen an das Training. Es können auch noch weitere Fragen damit verbunden werden, die eine andere Mischung der Teilnehmer zulässt:

- In welchem Land haben Sie schon einmal gearbeitet?
- In welchem Land haben Sie Freunde, Bekannte, Arbeitskollegen?

Man kann daraus auch ein Quiz mit verschiedenen Fragen zum Trainingsinhalt oder Unternehmensthemen machen:

- Woher, meinen Sie, kommen die Pommes?
- In welchem Land gibt es die meisten Computer pro Kopf?
- Wo stehen die meisten Gummibäume? Usw.

5.8.2 Übung: Score-Modell*

Ziel: Aus einer interkulturellen Problemsituation einen Zielzustand ableiten und Ressourcen finden, die ans Ziel führen

Typ: Auslandsvorbereitung und Individuelles Coaching

Trainingsform und Lernziel: Interaktionsorientiert kulturallgemein, kognitiv/verhaltensorientiert

Erfahrungsstand der Teilnehmer: Kulturerfahrene und Kulturprofis

NLP-Know-how: Metamodell, Milton-Modell, ggf. Time-Line

Dauer: ca. 45 Minuten

Material: Zettel und Stifte

Anmerkungen: Robert Dilts Score-Modell beschreibt die Herangehensweise an komplexe Themen und Probleme. „Kulturell bedingte Weltmodelle lassen sich durch systemisches Denken und anhand des „Score-Modells"[255] von Dilts gut untersuchen, entwickelt doch jedes Weltmodell ganz eigene Vorstellungen darüber, was die Ursachen bestimmter Leiden und welche Entwicklungsziele und Langzeiteffekte wünschenswert sind. Ebenso können sich der Weg zum Ziel und die Wahl der Ressourcen in verschiedenen Kulturen unterscheiden. Für die Friedensforschung kann es beispielsweise interessant sein, Buddhisten, Christen, Moslems, Sozialwissenschaftler, Kommunisten und Demokraten zum weltweiten Symptom der Kriege zu befragen. Welche Ursachen sieht jede Gruppe, welche Veränderungsmöglichkeiten und Ressourcen empfiehlt sie, welche Ziele und Effekte hält sie für erstrebenswert? Der Name des Modells ist eine Abkürzung der Worte: Symptom-Cause-Outcome-Resource-Effect.

---

[255] Vgl.: Isert, Bernd/Rentel, Klaus, 2001: Wurzeln der Zukunft: Lebenswegarbeit, Aufstellungen und systemische Veränderungen. Veränderte e-book Version, www.active-books.de, S. 18 ff, Zugriff vom 01.12.04.

Abbildung 5-24: Wirkungsweisen des Score-Modells[256]

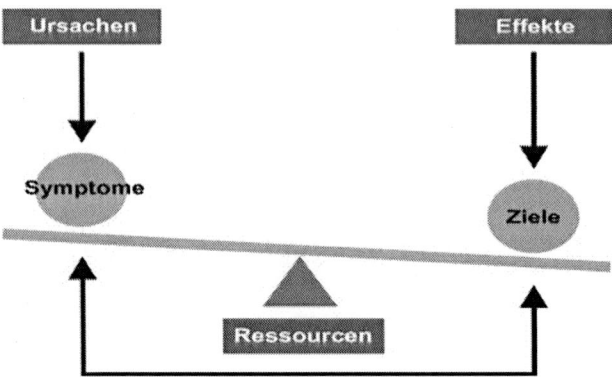

Anleitung oder Beschreibung: Legen Sie fünf Zettel nebeneinander auf den Boden in der folgenden Reihenfolge: Problem / Symptom (S=Symptom), Ursprung (C= Cause), Ziel (O= Outcome), Ressource (R= Resource), Effekt (E=Effect). Jeder Zettel dient als „Bodenanker" während der Übung.

1. Bitten Sie A, sich auf den Zettel „Problem/Symptom" (Symptom). Was genau ist das Problem? Wie fühlen Sie sich jetzt? Was denken Sie gerade über sich? Was hat das Problem für einen Preis (Was zahlen Sie dafür?) und was für einen Vorteil (Wofür ist das gut?)?

2. Bitten Sie A, sich auf den Zettel „Ziel" zu stellen (Outcome). Was wollen Sie stattdessen? Was wäre besser? Wie fühlt es sich an, am Ziel angekommen zu sein?

3. Bitten Sie A, sich auf den Zettel „Effekt" zu stellen (Effect). Wozu dient das Ziel? Wie hat sich Ihr Leben jetzt verändert? Was ist Ihnen dadurch möglich?

4. Bitten Sie A, sich auf den Zettel „Problem/Symptom" (Symptom) zu stellen und noch einmal das Problem wahrzunehmen.

5. Bitten Sie A, sich auf den Zettel „Ursprung" zu stellen (Cause). Wie kam es dazu? Wer war daran beteiligt? Wann ist es zum ersten Mal aufgetreten? Was fehlt Ihnen hier? (an dieser Stelle ggf. Time-Line-Arbeit für NLP-Fortgeschrittene)

---

[256] Je positiver der Effekt eines Wunschzieles erlebt wird, desto besser lassen sich Ressourcen finden, um das Ziel zu erreichen. Symptom und Ursache werden durch die neue Möglichkeit, das Ziel ersetzt. Die Wippe kippt vom als negativ erlebten Symptom zum lösungsorientierten Ziel.

6. Bitten Sie A, sich auf den Zettel „Ressource" zu stellen (Resource). Welche Ressourcen brauchen Sie zur Zielerreichung (Beispiel: Mut, Toleranz, Ausgeglichenheit, etc.)? Aus welchem anderen Kontext kennen Sie diese Ressource? Haben Sie die schon einmal gehabt? Wie fühlt es sich an? Erleben Sie die Ressource mit dem ganzen Körper (an dieser Stelle ggf. Mentorentechnik für NLP Fortgeschrittene).

7. Bitten Sie A, den Zustand der Ressource mitzunehmen auf den Zettel „Ziel", das Ziel zu erleben und weiter auf den Zettel „Effekt" zu gehen.

8. Zum Abschluss bitten Sie A, alle Bodenanker von Ursprung bis Effekt durchzulaufen und die Veränderung der Stimmung bewusst im Körper zu erleben.

5.8.3 Übung: Zielintegration *

Ziel: Erspüren, ob und wie ein Ziel in den Lebenskontext passt

Typ: Auslandsvorbereitung und individuelles Coaching

Trainingsform und Lernziel: interaktionsorientiert kulturallgemein, affektiv

Erfahrungsstand der Teilnehmer: Kulturelle Neulinge, Kulturerfahrene und Kulturprofis

NLP-Know-how: Metamodell, Milton-Modell, Ankern

Dauer: ca. 60 Minuten

Material: Zettel und Stifte. Eine Zielintegration bekommt erst dann so richtig „Zug", wenn man zum Schluss, also je höher man in den logischen Ebenen kommt, eine kraftvolle Musik unterstützend spielt, z.B.: Gloria Gaynor: I will survive. The very best. Polydor, 2. August 1993.

Anmerkungen: Diese Übung ist eine ganzheitliche NLP-Übung[257] zur Überprüfung und Verankerung von Zielzuständen. Sie lässt sich auf jeden Veränderungswunsch anwenden, unabhängig von einem interkulturellen Fokus.

Anleitung oder Beschreibung:

1. Erfragen Sie den Zielzustand von A so sinnlich konkret wie möglich, z.B. „Ich arbeite im Einklang mit meinen Kollegen im Ausland. Gerade leite ich ein Meeting, an dem sich alle beteiligen, ich höre die Vorschläge und eine rege Diskussion etc…"

2. Bitten Sie A, sich in den Zielzustand hineinzuversetzen und führen ihn anhand der Fragen in der Tabelle s.u. durch die logischen Ebenen: Umgebung, Verhalten, Fähigkeiten, Werte, Identität, Zugehörigkeit und wieder zurück (Wenn Sie genügend Raum zur Verfügung haben, bietet es

---

[257] Vgl.: Andreas, Tom, 1999: NLP Practitioner Ausbildung. Tom Andreas Training, Köln

sich an, für jede Ebene einen Bodenanker zu legen, den A bei der entsprechenden Frage betritt.). Wenn A die logischen Ebenen zurückgeht und dabei an andere Stellen als die Bodenanker tritt, kann es darauf hindeuten, dass sein neuer Zustand vom alten abweicht, da er jetzt ein besseres Verständnis vom systemischen Zusammenhang hat.

3. Besprechen Sie auf der Metaposition (einer Position außerhalb der Ankrt), was A erlebt hat und wie sich sein Zielzustand durch diese Erfahrung verändert hat. Typischerweise erlebt der Klient eine erweiterte Perspektive seines Wunsches, Erkenntnisse darüber, warum er es sich wünscht und wie er es auch noch erreichen kann.

Abbildung 5-25: Fragen zur Zielintegration

Wozu hast du dieses Ziel eigentlich erreicht? Was ist der eigentliche Sinn? Was ist größer als du?	**Erlaube dir, es zu genießen, VAKOG... die Kraft wahrzunehmen...**
Wer bist du hier? Was ist dein Selbstverständnis?	**Wie erweitert es hier dein Verständnis von dir selbst, deine Rolle...**
Welche Werte und Überzeugungen sind dir hier wichtig? Was glaubst du über dich, die Welt, die Anderen?	**Wie erweitert es deine Werte und Überzeugungen? Was glaubst du hier über dich, die Welt, die Anderen?**
Welche Fähigkeiten setzt du jetzt ein, nutzt du hier?	**Welche Fähigkeiten setzt du noch ein jetzt, in Verbindung mit deinem Sinn?**
Was tust du hier?... ...am Ziel angelangt?	**Wie erweitert es dein Tun? Wie verhältst du dich jetzt?**
Wo bist du hier? Mit wem, wann? (VAKOG, Ziel erleben auf Umgebungsebene)	**Wie nimmst du jetzt die Umgebung wahr? Die anderen? ...**

6 Ausblick oder Wohin gehen wir?

Es gibt auch viele weitere Quellen aus den unterschiedlichen Disziplinen, die ebenenübergreifend oder spezifisch angewendet werden können. Wir möchten Ihnen hier eine kleine, subjektive Auswahl (zusätzlich zum umfangreichen Literaturverzeichnis) an weiterführender Literatur zu Übungen und Methoden geben, die sowohl aus dem NLP als auch aus dem Interkulturellen Training kommen. Einige Übungen, vor allem interaktive Rollenspiele, die man in Trainings verwenden kann, müssen käuflich erworben werden.

6.1 Weiterführende Literatur und Links

Käuflich zu erwerbende Fallstudien und Simulationsspiele

Ecotonus[258] ist eine multikulturelle Problemlösungssimulation von Dianne M. Hofner Saphiere. Anhand einer konkreten Arbeitsaufgabe in fiktiven kulturellen Gruppen lernen die Teilnehmer, wie Kommunikationsstil, Werte, Erwartungen und Denkprozesse Machtunterschiede ins Leben rufen. Es müssen Lösungen gesucht werden, damit diese Unterschiede in effektive Teamarbeit umgewandelt werden können. Die Simulation dauert mindestens drei Stunden.

Die Nasa Übung[259] wird von Judith DeLozier und Robert Dilts an der NLP University in Santa Cruz, USA, im NLP Master Kurs benutzt. Statt Karten mit Kultureigenschaften wie bei Ecotonus werden hier verschiedene Metaprogramme miteinander gemischt (z.b. visuelle Kultur, Weg von Orientierung, Beziehungen gehen vor Arbeitsorientierung etc...). Jede kulturelle Gruppe kreiert eigene Tabus, Rituale und Symbole, die sie im Miteinander der Kulturen lebt und die die anderen Gruppen erraten müssen. Diese Simulation kann in Verbindung mit einem BBQ oder Buffet von zwei bis vier Stunden dauern.

---

[258] Fowler, Sandra M. and Mumford, Monica G., 1995: Intercultural Sourcebook: Cross-Cultural Training Methods, Maine, Intercultural Press
[259] Fragen zu diesem Spiel? Schauen Sie sich auf www.nlpu.com um.

Barnga[260] ist ein Simulationsspiel gegen kulturelle Missverständnisse. Mithilfe eines einfachen Kartenspiels erleben die Teilnehmer, was es bedeutet, Menschen mit anderen Regeln zu begegnen. Trotz Kommunikationsbarrieren, Zeitdruck und Vieldeutigkeit müssen sie die Unterschiede verstehen und lösen, um ein funktionierendes interkulturelles Team zu bilden. Das Spiel dauert 45-90 Minuten inklusive Debriefing bei einer Gruppengröße von neun bis unendlich vielen Teilnehmern.

Interkulturelle Arithmetik[261] ist eine kürzere Version von Barnga, bei der einfache Rechenaufgaben mit veränderten mathematischen Regeln auf Zeit gerechnet werden müssen, Zeitaufwand ca. 15-20 Minuten inklusive Debriefing mit flexibler Teilnehmerzahl. Weitere Bücher oder Webseiten, die sich mit den Trainingsmethoden und Designs Interkultureller Trainings und/oder NLP beschäftigen:

Internetseiten
- Society for Intercultural Education, Training and Research - www.sietar.org
- George Simons International – www.diversophy.com
- www.culturiosity.com
- www.nlpu.com
- www.cnlpa.de
- www.interculturalpress.com
- www.interkulturelles-portal.de

Bücher
Eine phantastische, kommentierte Auflistung von Literatur zum interkulturellen Lernen und trainieren finden Sie unter http://www.ikud.de/iikdiktlitnew.htm. Für den Bereich des NLP gibt es auch themenspezifische Listen. Darunter möchten wir Ihnen diese drei empfehlen:
- http://www.nlp-nielsen.de/a4litanwend.htm
- http://www.nlp-flow.de/nlp-literatur.htm
- http://www.dvnlp.de/broschuere/infos.htm

Wir übernehmen keine Verantwortung für den Inhalt dieser Homepages, sondern empfehlen lediglich die dort verfügbare Literaturliste. Weitere interessante Trainingsbücher stehen auch hier im Literaturverzeichnis.

---

[260] Vgl.: Thiagarajan, Sivasailam, 1994: Barnga. In: www.interculturalpress.com
[261] Simons, Meyers and Lambert (Hrsg.), 2000: Global competence: 50 training activities for success in international business, HRD Press

6.2 Und jedem Anfang wohnt ein Zauber inne...

...der uns beschützt und der uns hilft zu leben.
Wir sollen heiter Raum und Raum durchschreiten,
an keinem wie an einer Heimat hängen.
Der Weltgeist will nicht fesseln uns und engen,
er will uns Stuf' um Stufe heben, weiten...[262]

... um neue Wege zu beschreiten, uns selbst und andere verstehen zu lernen und unseren Horizont zu erweitern. Oder wirtschaftlich ausgedrückt: Die Globalisierung der Märkte und die Zunahme internationaler Fusionen werden zu multikulturellen Unternehmungen führen. Wird die Welt dadurch global und eins? Gleichen sich die Kulturen an? Oder gibt es den von Samuel Huntington[263] proklamierten „clash of civilizations", in dem sich Hauptgruppen formieren und Gegensätze ausleben? Wir wissen es nicht. Wir wissen aber, dass es nicht reicht, einzelne Business-Gepflogenheiten zu kennen und damit zu meinen, die internationalen Geschäftsbeziehungen verinnerlicht und vereinheitlicht zu haben. Die menschlichen Gestalter der Globalisierung, selbst wenn sie in vielen Ländern unterwegs sind, behalten doch die Wurzeln ihrer Herkunftskultur. Die Absicht Interkultureller Trainings liegt also gerade nicht in einer Standardisierung des Verhaltens in der multikulturellen Vielfalt der Welt, sondern in der Vermittlung der Kompetenz, mit dieser Vielfalt umsichtig, kooperativ und erfolgreich umzugehen. Wenn Sie etwas in der Welt verändern wollen, beginnen Sie mit dem Menschen, den Sie jeden Morgen im Spiegel sehen.

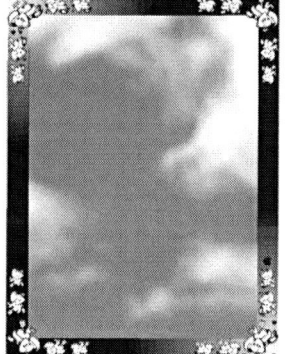

Abbildung 6-1: Im Spiegel sehen wir unsere Welt und unseren Weg

Wir wünschen Ihnen viel Erfolg und Freude beim Einblick in fremde Welten.

Gesa Krämer und Stephanie Quappe

---

[262] Hesse, Hermann: Die Gedichte, Aus den Jahren 1929 – 1941, 2. Bd., Berlin, Suhrkamp

[263] Huntington, Samuel, 1996: The clash of civilizations and the remaking of world order. New York, Simon & Schuster

7 Glossar

A

Adaptation

Anpassung: 1. Soziale Anpassung. 2. Sinnesphysiologische Prozesse, die der Anpassung an veränderte Umweltverhältnisse dienen.[264]

affektiv

Häufig synonym mit Emotionen und Gefühl gebraucht. Es ist eine von intensiven Empfindungen begleitete Verarbeitung von Erlebnissen. Der Affekt ist die Bezeichnung für Gefühle von besonderer Intensität. Umgangssprachlich: Starke Erregung, unkontrollierte Handlung. Im interkulturellen Kontakt störende und die Kommunikation bedrohende Affekte sind z.b.: Enttäuschung, Angst, Ärger oder Ekel. Das Adjektiv "affektiv" bezeichnet demgegenüber den gefühlsmäßigen Anteil im menschlichen Erleben, Urteilen und Handeln.[265]

Akkulturation

„Die Übernahme von Elementen einer fremden Kultur nach dem Prozess der Enkulturation, z.B. in der Folge eines längeren Aufenthaltes in fremdkultureller Umgebung. Akkulturation geht über Akkomodation hinaus und setzt diese voraus."[266]

---

[264] Michel, Christian/Novak, Felix, 1991: Kleines psychologisches Wörterbuch. Freiburg, Herder
[265] Vgl.: Grosch, Harald/Leenen, Wolf Rainer, 1998: Glossar. In: Interkulturelles Lernen. Bonn, Bundeszentrale für die politische Bildung
[266] Grosch, Harald/Leenen, Wolf Rainer, 1998: Glossar. In: Interkulturelles Lernen. Bonn, Bundeszentrale für die politische Bildung

Akkomodation

„Phase der Aneignung von Kommunikations- und Interaktionsregeln derjenigen Kultur, in die man seinen Lebensmittelpunkt verlagert hat. Hierzu zählt insbesondere die Aneignung fremdkulturellen Wissens, um in der fremden Gesellschaft handlungsfähig sein zu können. Akkomodation als eine funktionale Form der Anpassung schließt nicht ein, dass man seine in der Primärsozialisation erworbenen Werte und Denkweisen ändert."[267]

aktiv zuhören

Hinhören. Dies bedeutet den Inhalt der Botschaft meines Gegenübers mit meinen Worten zusammenfassen und wiedergeben. Dazu gehört auch den gefühlsmäßigen Inhalt dieser Botschaft zu spiegeln.

Ambiguitätstoleranz

Im NLP: Mehrdeutigkeit, Doppeldeutigkeit. „Mehrdeutige Formulierungen spielen in der Hypnotherapie eine große Rolle, da sie den bewussten Verstand schnell überfordern und so einen leicht verwirrten Zustand hervorrufen können, der entweder als Ausgangspunkt für eine Tranceinduktion genutzt werden kann oder zur Vertiefung der Trance führt."[268] Im interkulturellen Bereich versteht man unter Ambiguitätstoleranz die Fähigkeit, das Spannungsverhältnis zwischen unvereinbaren Gegensätzen und Mehrdeutigkeiten „aushalten" zu können und die Interaktion dennoch wohlwollend fortzuführen.

Anker

Ein Reiz, auf den eine Person auf eine bestimmte Weise reagiert. Natürliche Anker sind z.B. Farben, die eine bestimmte Stimmung auslösen, Musik, die aktiviert oder beruhigt, oder ein Geruch, der an ein bestimmtes Ereignis erinnern lässt. Anker sind externe Auslöser, die eine innere Wirkung hervorrufen. Das Wort Anker kommt von Anchormen, das sind prominente Moderatoren in Talkshows. Allein das Auftreten eines bestimmten Anchorman soll das Publikum veranlassen sich diese Sendung anzusehen. Das Anker-Konzept stammt aus dem Behaviorismus (Bandler und Grinder erwähnen die Reiz-Reaktions-Konditionierung von Pawlow[269]). NLP als pragmatischer Ansatz verwendet die behavioristische Idee konditionierter Reize auf vielfältige Weise, ohne dabei das Menschenbild des Behaviorismus und seine Idee einer unbegrenzten

---

[267] Bolten, Jürgen, 2001: Interkulturelle Kompetenz. Landeszentrale für politische Bildung Thüringen, Erfurt, S. 61

[268] Grochowiak, Klaus, 1999: Das NLP Master Handbuch. Paderborn, Junfermann

[269] Vgl.: Bandler, Richard, Grinder, John, 1994: Neue Wege der Kurzzeit-Therapie. Neurolinguistische Programme, Paderborn, Junfermann

Manipulation von Menschen zu übernehmen. Viele Änderungs-Techniken des NLP zielen darauf hinaus, natürliche Anker, die unerwünschte Reaktionen hervorrufen (z.b. immer, wenn jemand laut mit mir redet, werde ich ärgerlich), in ihrer Wirkung abzuschwächen oder zu löschen.[270]

Artefakt

Artefakt (von Lateinisch ars: Kunst und facere: machen), allgemein Bezeichnung für ein vom Menschen geschaffenes Kunstwerk, Werkzeug oder sonstiges Erzeugnis. In der Kulturwissenschaft als sinnrepräsentierende Leistung einer Gesellschaft betrachtet. „Artefakte sind explizite, sichtbare Aspekte menschlichen Verhaltens und die Ergebnisse menschlichen Handelns, die sich in sozialer Interaktion und Objekten manifestieren."[271]

Assimilation

Assimilation (von Lateinisch assimilare: ähnlich machen): Allgemein Angleichung oder Anpassung. Assimilation bezeichnet die Anpassung eines Individuums an eine neue Umgebung unter Aufgabe seiner ursprünglichen Identität. Als soziologischer Begriff der Prozess, in dessen Verlauf Individuen oder Gruppen die dominante Kultur einer anderen Gruppe übernehmen und in deren Gesellschaft integriert werden. Von Assimilation spricht man in der Regel im Hinblick auf Einwanderer. Durch Kontakt und Kommunikation mit der einheimischen Bevölkerung werden neue Gebräuche und Einstellungen erworben. In Wirklichkeit ist dies jedoch kein einseitiger Prozess: Jede Einwanderergruppe steuert einige Züge ihrer Kultur zur kulturellen Entwicklung der Gesellschaft bei. Die Assimilation ist vollständig, wenn die neuen Gesellschafts-mitglieder von den älteren nicht mehr zu unterscheiden sind.[272]

Assoziieren

Der NLP-Ausdruck für ganz da sein, intensiv in einem Zustand sein, voll auf etwas konzentriert sein. Assoziiert sein kann die Gegenwart betreffen oder sich auf Vergangenheit oder Zukunft beziehen. Assoziiert hat mit Zugehörigkeit zu tun: in einer Situation voll präsent sein, mit meinen Gefühlen verbunden sein usw. Bei einer assoziierten Erinnerung erlebt die Person das Ereignis vollständig wieder, so als ob es in der Gegenwart noch einmal passiert. Sie sieht das, was geschah, aus ihren eigenen Augen und hört und fühlt das, was sie gehört und gefühlt hat, als es tatsächlich

---

[270] Vgl.: NLP-Wörterbuch auf www.nlp.at

[271] Stüdlein, Yvonne, 1997: Management von Kulturunterschieden: Phasenkonzept für internationale strategische Allianzen. Wiesbaden, S. 31

[272] Microsoft® Encarta® Enzyklopädie Professional 2003 © 1993-2002 Microsoft Corporation.

geschah.[273] Das Gegenteil von assoziiert ist dissoziiert. Dieser Ausdruck hat verschiedene Bedeutungen. Im üblichen Verständnis von NLP bedeutet dissoziiert: innerlich Abstand haben, sich einer Situation nicht zugehörig fühlen. "Von einem dissoziierten Standpunkt aus sieht und hört die Person alles, was geschah, doch ihre Gefühle ähneln den viel schwächeren Gefühlen eines unbeteiligten Beobachters."[274]

auditiv
Auditiv bezieht sich auf hören, auf den Hör-Sinn, eines der Sinnes-Systeme, und auf das Hören, eines der Repräsentationssysteme des NLP.

Auslöser
Ein Reiz aus dem Umfeld einer Person, der auf diese Person einwirkt und eine Wirkung erzielt.

B

Basisannahmen
Siehe Vorannahmen

Bewusstsein
Es gibt keine verbindliche Definition von Bewusstsein, weder im NLP noch in anderen Schulen.[275] Vielleicht kann man Bewusstsein auch gar nicht "definieren". Im NLP finden sich zwei Sichtweisen von Bewusstsein: Die erste Sichtweise kann dem mechanistischen Weltbild und der damit verbundenen Computer-Metapher des Geistes[276] zugeordnet werden. Ein Beispiel: „Im NLP wird das Bewusstsein einfach als das Ergebnis der relativen Intensitäten der Aktivität unserer Repräsentationssysteme angesehen. Es ist ein Indikator dafür, wie stark ein bestimmtes Repräsentationssystem benutzt wird. Es ist für uns also keine Einheit an sich, als die es oft angesehen wird. Im NLP wird das Bewusstsein behandelt als eine in Erscheinung tretende Eigenschaft der Aktivität des Nervensystems und nicht als Indikator dieser Aktivität."[277] Als zweite

---

[273] Vgl.: Andreas, Steven,1994: Virginia Satir - Muster ihres Zaubers, Paderborn, Junfermann, S.38

[274] Andreas, Steven, 1994: Virginia Satir - Muster ihres Zaubers, Paderborn, Junfermann, S.38

[275] Vgl.: Als Beispiel einer Nicht-NLP-Schule empfehlen wir die Lektüre von Damasio, Antonio, R., 2004: Ich fühle, also bin ich. Die Entschlüsselung des Bewusstseins. Berlin, List Verlag

[276] Vgl.: Ardui, Jan/Wyrcza, Peter, 1994: NLP-Presuppositions Revisited. NLP-World, 1/1, 7-23, S. 10 ff

[277] Dilts, Robert; Bandler, Richard/Grinder, John, 1994: Strukturen subjektiver Erfahrung: Ihre Erforschung und Veränderung durch NLP. Paderborn, Junfermann, S.68

Sichtweise wird in den letzten Jahren im NLP, von führenden Personen, eine Vielzahl von Phänomenen untersucht, die unzweifelhaft außerhalb des Fokus einer mechanistischen Vorstellung von der Welt liegen. Beispiele[278] sind: die Beschäftigung mit Heilern (John Grinder), mit Jesus von Nazareth (Robert Dilts, Wolfgang Lenk), mit Zen-Buddhismus (Richard Clarke), mit Huna (Tad James) oder mit spirituellen Erfahrungen generell (Peter Wrycza). Phänomene dieser Art verweisen auf ein Weltbild, in dem Bewusstsein als etwas Primäres und Eigenständiges verstanden wird. Der implizite Standpunkt dieser Neuentwicklungen im NLP wurde noch nicht umfassend reflektiert und ausformuliert.[279]

Bodenanker

Bodenanker sind räumliche Anker, die Plätzen innerhalb eines Raumes eine bestimmte Bedeutung zuschreiben. Ein Bodenanker ist ein Anker, bei der eine Stelle am Boden mit einem bestimmten inneren Zustand verankert ist. In vielen Fällen genügt ein einmaliges Ankern eines bestimmten Platzes am Boden: Immer wenn eine Person diesen Platz im Verlauf einer NLP-Intervention betritt, ist an ihrer Physiologie deutlich erkennbar, dass sie innerlich diesen Zustand erfährt.[280]

C

Chunken

Chunking, chunks, (aus dem Englischen to chunk: Brocken, Klumpen). Chunks sind Größenordnungen, in denen Informationen organisiert werden. Chunking bedeutet das Organisieren oder Aufgliedern von Erfahrungen in größere oder kleinere Stücke. Im großen Chunk ist der Fokus auf allgemeine und abstrakte Informationen gerichtet, im kleinen Chunk auf spezifische und konkrete Informationen. "Chunking up beinhaltet, dass man sich auf eine umfassendere, abstraktere Informationsebene begibt. Chunking down impliziert, dass man sich auf eine spezifischere oder konkretere Ebene der Informationen begibt. Laterales Chunking bedeutet, dass man andere Beispiele auf der gleichen Informationsebene findet."[281] Der Wechsel von Chunks beschreibt ein allgemeines Prinzip des menschlichen Bewusstseins. Nach Miller[282] können wir bewusst

---

[278] Vgl.: Van der Horst, Brian, 1994: An NLP-Primer on Spirituality: NLP World, 1/3, 28-44, S.28
[279] Vgl.: NLP-Wörterbuch auf www.nlp.at
[280] Vgl.: NLP-Wörterbuch auf www.nlp.at
[281] Dilts, Robert, 1993: Die Veränderung von Glaubenssystemen. NLP & Glaubensarbeit, Paderborn, Junfermann, S. 223
[282] Miller, George A., 1956: The Magical Number Seven, Plus or Minus Two. Psychological Review, 63, S. 81-87

den Fokus der Aufmerksamkeit in einem Augenblick auf höchstens "sieben plus/minus zwei" Informationen richten. Umfangreichere Phänomene werden "hochgechunkt". Der Geist fasst kleinere Einheiten zu größeren "Ganzheiten" zusammen und studiert sie in einem größeren Kontext. Chunking in Kommunikation ist ein Wechsel logischer Ebenen. Die Anwendung der Sprachmuster des Milton-Modells führt zu "größeren Chunks", wie z.b. Nominalisierungen. Die Anwendung der Sprachmuster des Meta-Modells führt zu "kleinen Chunks", zu konkreten und spezifischen Informationen. Chunks bezeichnen eines der Metaprogramme des NLP. Die Kenntnis, auf welchen Chunks einzelne Personen bestimmte Aufgaben üblicherweise angehen, kann für die Zusammenarbeit in einem Team nutzbringend sein.[283]

Coaching

„Die Aufgabe eines Coaches bzw. eines Mediators besteht darin, „vor Ort" internationale Teams zu begleiten und ihnen entweder Hilfestellungen hinsichtlich der Optimierung ihrer gemeinsamen Tätigkeit zu geben bzw. in Konfliktfällen zu vermitteln. Der Coach fungiert hierbei eher als Supervisor, der Mediator als Konfliktmanager."[284]

Cross Cultural Training

Viele Formen interkulturellen Trainings haben spezielle Namen, es gibt keine festen Definitionen für vorgeschriebene Inhalte. Im Cross Cultural Training, ebenso wie im interkulturellen Training, wird die Kommunikation zwischen Menschen unterschiedlicher Kulturen "geübt". Es werden Unterschiede und Gemeinsamkeiten thematisiert, um den Teilnehmern "guidelines" an die Hand zu geben, wenn sie in einem fremden Land sind. Cross Cultural Training geht von der Cross Cultural Communication (CCC) aus, die wiederum auf der Anthropologie, den Kulturwissenschaften und der Kommunikationspsychologie basiert. Meist wird CCC mit Interkulturellem Training synonym verwendet.

Cultural Assimilator

Der Culture Assimilator ist ein interkulturelles Trainingsprogramm, das in den 70er Jahren in den USA entwickelt wurde. Die zunehmende Globalisierung und die Internationalisierung von immer mehr Wirtschaftsunternehmen führten mehr und mehr zu einer Bewusstwerdung interkultureller Unterschiede zwischen den Mitarbeitern aus verschiedenen Ländern. Seit den 80er Jahren kann man daher von einer

---

[283] Vgl.: NLP-Wörterbuch auf www.nlp.at

[284] Bolten, Jürgen 2001: Interkulturelle Kompetenz. Erfurt, Landeszentrale für politische Bildung, S. 99

Hinwendung zum interkulturellen Management sprechen. Der Culture Assimilator basiert auf der Beschreibung von kulturspezifischen Situationen, so genannten Critical Incidents, d.h., es gibt eine schriftliche Fallstudie mit einer Kernsituation, in der zwei Individuen oder Gruppen mit unterschiedlichen kulturellen Hintergründen aufeinander treffen, sich Missverständnisse ergeben und dann eine falsche Interpretation Weiteres vermeidet. Diese Missverständnisse beruhen weniger auf unterschiedlichen Verhaltensweisen als auf den kulturspezifischen Interpretationen dieser Verhaltensweisen. Per Multiple Choice kann man aus verschiedenen Verhaltensoptionen auswählen, die einem als angemessen für die Situation erscheinen. Eine Auflösung der Fallstudie erklärt das das jeweilige passende kulturelle Verhalten.

Culture Awareness Training

Auch dies ist eine Form des interkulturellen Trainings bzw. des Cross-Cultural-Trainings. Schwerpunkt liegt hier nicht auf der Vermittlung kulturspezifischer Kompetenzen (z.B. ein Land betreffend) sondern es geht um die Sensibilisierung für kulturelle Unterschiede im Allgemeinen. Meist besteht dieses Training eher aus affektiven Elementen. Hinsichtlich der Didaktik ist das Culture Awareness Training selten kulturspezifisch. Methodisch gestaltet sich dieses Training aus Diskussionen, interaktiven Simulationen und Rollenspielen. Der Vorteil ist das Erfahrungslernen, ein Nachteil besteht darin, dass der Betrachtung der individuellen Sichtweise der Teilnehmer (eigene Werte, Glaubenssätze, die gewisse Wahrnehmungen und Verhalten nicht zulassen) kaum Aufmerksamkeit geschenkt wird.

D

Darwinismus

Häufig missbrauchter Begriff, mit dem eines der Hauptergebnisse des Forschers C. R. Darwin (1809-1882) verkürzt und verzerrt wiedergegeben wird: Die Aussage vom "survival of the fittest". Diese Aussage meint, dass die Geeignetsten überleben werden. Durch die unkorrekte Deutung "die Stärksten" wurde Darwinismus zu einem Schlagwort.[285]

Dissoziierter Zustand

Oder auch Dissoziation, dissoziieren, dissoziiert sein; Dissoziation bedeutet Trennung, Abspaltung: Eine globale Erfahrung wird innerlich in einzelne Komponenten zerlegt, wobei sich das Bewusstsein auf einzelne Komponenten richtet und alle anderen

---

[285] Vgl.: www.socilogicus.de/lexikon

ausblendet. Die übliche Bedeutung von Dissoziation im NLP ist die Dissoziation von Gefühlen, von der Intensität des Erlebens. Dissoziiert wird hier als Gegenteil von assoziiert verstanden. Es bedeutet: Abstand haben, nicht voll dabei sein, nicht zugehörig sein, innerlich Distanz halten, emotional wenig beteiligt sein, einen Außen-Standpunkt einnehmen.[286]

Diversity Training

Diversity Training hat ähnliche Ziele wie z.B. Interkulturelles Training. Es geht um die Sensibilisierung für Unterschiede, um das Zusammensein, die Kommunikation miteinander zu verbessern. Diversity wird im Deutschen mit Vielfalt übersetzt. Diversity erweitert den Kulturbegriff hin zu Frauen-, Unternehmens-, Familien-, Vereins- und Gruppenkulturen. In einem Diversity Training können z.B. die Unterschiede zwischen Frauen und Männern thematisiert werden, um ein erfolgreiches Miteinander zu lernen.

Do's and Don'ts

(Aus dem Englischen: Tun oder nicht tun.) Dieser schon im Deutschen gebräuchliche Begriff steht für die Handlungen, die man in einem bestimmten Kontext tun sollte oder nicht. Gerade im kulturellen Bereich werden diese "Regeln" gerne an die Hand gegeben, ohne auf die Hintergründe und Entstehungen dieser meist kulturspezifischen Regeln einzugehen.

Dominanz

Dominant; äußert sich in der Tendenz, andere zu bevormunden und deren Verhalten zu kontrollieren; große Bedeutung für den Menschen hat das Dominanzstreben, wenn dieses zu Konflikten (gerade auch zwischen Kulturen) führt, weil sich der Partner unterordnen müsste. Als Verhaltensmerkmal der Dominanz werden u.a. genannt: bestimmend, gebieterisch, hart, dirigierend. Gegenteil: Unterwerfung.[287]

E

Elizitieren

Das Hervorrufen eines Zustandes durch ein bestimmtes Verhalten (Evozieren); Auch: das Sammeln von Informationen, entweder durch direktes Beobachten nonverbaler

---

[286] Vgl.: NLP-Wörterbuch auf www.nlp.at
[287] Vgl.: Michel, Christian/Novak, Felix, 1991: Kleines psychologisches Wörterbuch. Freiburg, Herder

Signale oder durch das Stellen von Schlüsselfragen nach dem Metamodell.

Emotionen
Emotionen bezeichnen innere Erregungen, die angenehm oder unangenehm empfunden und bewertet und mehr oder weniger bewusst erlebt werden.

Empathie
Einfühlungsvermögen

Enkulturation
Die Übernahme einer bestimmten Kultur im Rahmen der Primärsozialisation[288]

Ethnozentrismus
Ethnozentrismus ist eine besondere Form des Nationalismus, bei der das eigene Volk (die eigene Nation) als Mittelpunkt und zugleich als gegenüber den anderen Völkern überlegen angesehen wird.

explizit
ausdrücklich, deutlich, in Worten und Zahlen formulierbar, z.B. von Zielen, Wissen, das Gegenteil von implizit[289]

F

Familientherapie
Man unterscheidet zwischen Einzeltherapie und Familientherapie. In der Familientherapie, die sich, wie der Name schon sagt, mit der Familie beschäftigt, gibt es verschiedene therapeutische Konzepte. Die Systemtheoretiker gehen vom System Familie aus, d.h., die Familie ist ein in sich geschlossenes Gebilde, das versucht im Gleichgewicht zu bleiben. Weitere familientherapeutische Konzepte stammen u.a. von V. Satir (Umwandlung des familiären Zwangverhaltens in offene, kreative, frei gewählte Verhaltensmuster), von F. Perls (Gestaltfamilientherapie) und T. Gordon (Familienkonferenz). Virginia Satir diente als Modell für viele NLP-Änderungstechniken.

---

[288] Vgl.: Grosch, Harald/Leenen, Wolf Rainer, 1998: Glossar in Interkulturelles Lernen. Bonn, Bundeszentrale für die politische Bildung
[289] Vgl.: www.olev.de

Fähigkeiten

Die Beherrschung einer Klasse von Verhaltensweisen, das Wissen, wie man etwas macht; Fähigkeiten ist eine der logischen Ebenen. Fähigkeiten bezeichnen kognitive und emotionale Prozesse, wie jemand denkt, welche Strategien ablaufen, welche Meta-Programme verwendet werden, welche inneren Zustände dabei aktiviert werden. Fähigkeiten dieser Art sind von außen nicht direkt beobachtbar - im Gegensatz zu Verhalten. Verhalten ist beobachtbar.[290]

Feedback

„Die Rückmeldung darüber, wie sich eine Aktion im Hinblick auf das Ziel der Aktion ausgewirkt hat."[291]

Filter

hier: Wahrnehmungs-Filter. Alles, was wir in der Welt rings um uns wahrnehmen, ist kein direktes, identisches Abbild der Welt, sondern eine Rekonstruktion sinnesspezifischer Erfahrungen. Bewusstsein ist ein enormer Auswahlprozess, bei dem einzelne Aspekte erkannt und andere nicht erkannt werden. Wahrnehmen ist ein Filterprozess, - wie eine Brille, bei der bestimmte Arten des Lichts durchgehen und andere nicht. Wenn jemand z.B. ein neues Auto kauft, "sieht" er nach dem Kauf mehr Autos dieser Marke, nimmt die Werbung bewusster wahr usw. Der Kauf eines Autos (für die meisten eine wichtige Entscheidung) hat den Wahrnehmungsprozess verändert: ein neuer Filter wurde wirksam. Das, was in unserem Bewusstsein erscheint, ist das Resultat eines enormen Auswahlprozesses. In diesem Auswahlprozess werden einzelne Aspekte der "Realität" erkannt, andere "unterdrückt". Die "Außen-Welt" wahrzunehmen ist wie durch eine Kamera zu schauen und zugleich einen "inneren Film" zu konstruieren. Die Aufmerksamkeit ist auf ein Detail konzentriert, das in innere (visuelle, auditive, kinästhetische, ...) "Bilder" "übersetzt" wird. Menschen, die z.B. in einem Problem-Fokus gefangen sind, entwerfen sich innerlich einen "Horror-Film": ein Detail der "Außen-Welt" wird herausgepickt und mit schaurigen Farben und Tönen unterlegt. NLP geht davon aus, dass alle Modelle, die Menschen entwerfen, "gefilterte" Modelle sind. Der Filterprozess der Wahrnehmung wird in allen konstruktivistischen Ansätzen betont.[292]

---

[290] Vgl.: NLP-Wörterbuch auf www.nlp.at
[291] Grochowiak, Klaus, 1999: Das NLP Master Handbuch. Paderborn, Junfermann/Glossar
[292] Vgl.: NLP-Wörterbuch auf www.nlp.at

Framing

Oder auch Frame (aus dem Englischen: frame = Rahmen); ein Rahmen, die Bedeutung für eine Aussage, eine Handlung, ein Ereignis. Framing bedeutet, etwas in einen Rahmen zu stellen, ihm Bedeutung zu geben. Bedeutungsgebung ist ein Prozess, der automatisch und unbewusst die ganze Zeit läuft. Etwas "Äußeres" sinnvoll zu verarbeiten (es wahr-zu-nehmen) heißt, es in einen bedeutungsgebenden Rahmen zu stellen. Ohne diesen Prozess wären Menschen der Fülle "äußerer Daten" ausgeliefert: Sie würden die Orientierung verlieren und wären unfähig sinnvoll zu handeln. Im Auswahlprozess des Bewusstseins werden "äußere Daten" automatisch in abstrakte Modelle verwandelt. Weil in diesem Prozess nur Modelle entstehen, ist jeder Frame, jeder Rahmen, jede Bedeutungsgebung im Prinzip und in einem gewissen Ausmaß veränderbar. Reframing bedeutet, einen neuen Rahmen zu konstruieren, eine neue Bedeutung zu geben.[293]

Fremdbild/Selbstbild

Das eine existiert nur in Abhängigkeit vom anderen: Bei Definitionen des Fremden kommen nicht „objektive" Kriterien zur Geltung, die Einschätzung dieses Fremden in Bezug auf uns selbst. Unsere Beziehung zum anderen entscheidet darüber, wie „fern" oder "fremd" es für uns ist. Viel folgenreicher noch ist der Umstand, dass wir nicht nur das andere, sondern auch uns selbst über die Einschätzung dieser Beziehung definieren; ein Sachverhalt, der deutlich in dem von Psychologen und Philosophen häufig verwendeten Gegensatzpaar ego – alter ego zum Ausdruck kommt. Kurz gesagt: Wir definieren uns immer im Verhältnis zu anderen – und umgekehrt. Hierbei handelt es sich in der Regel nicht um einmalige Definitionen: ob ich mich als „mager", „dünn", „vollschlank" oder „dick" bezeichne, hängt unter anderem auch davon ab, in welchem Bezugsverhältnis ich mich auf eine bestimmte Art und Weise einschätze. Fest steht, dass ein Selbstverständnis nicht möglich wäre, wenn es nicht den „Anderen", den „Fremden" gäbe, mit dem ich mich vergleichen könnte. Umgekehrt ist auch mein Verständnis des Fremden in erster Linie davon abhängig, wie ich mich selbst in dieser Beziehung sehe. Man spricht in diesem Zusammenhang von Selbst- und Fremdbildern, die in einem wechselseitigen Zusammenhang stehen und außerhalb dieses Zusammenhangs auch nicht denkbar sind. So können sich Selbsteinschätzungen in Abhängigkeit zu unterschiedlichen Fremdbildern vollkommen verändern. Das lässt sich an einem Beispiel gut vorstellen, wenn man überlegt, wie sich z.B. „wirtschaftliche Stärke" aus deutscher Perspektive einerseits in Bezug auf die USA, andererseits in Bezug auf Mali definiert.[294]

---

[293] Vgl.: NLP-Wörterbuch auf www.nlp.at

[294] Vgl.: http://www.christian-wille.de/inhalte/ik/glossar_index.htm

Futurepace

oder Future Pacing: Überbrücken in die Zukunft. Der Prozess, bei dem eine Person ihre Zukunftsvorstellungen für einen bestimmten Kontext, eine bestimmte Aufgabe, usw. erkundet. Futurepace ist ein Standard-Verfahren des NLP am Schluss von Änderungs-Techniken. Die Vorstellung, die dabei entwickelt wird, gilt als Test für die Qualität und Intensität der erfolgten Intervention. Eine positive Zukunfts-Vorstellung nach einer NLP-Intervention ist ein Indiz dafür, dass die gewünschte Veränderung natürlich und automatisch eintreten kann. Der Ausdruck Futurepace wird auch in der Bedeutung einer bewusst konstruierten Verbindung eines Zieles mit der Zukunft verwendet (das wird auch als Transfer bezeichnet). Dabei geht es - im Unterschied zur ersten Bedeutung von Futurepace - um die bewusste Gestaltung von Zukunftsbildern und ihre Verfestigung in der Zeit. Futurepace in dieser Bedeutung wird oft unternommen, um eine gemachte Lernerfahrung in einen zukünftigen Kontext zu stellen, mit Zukunftsvorstellungen zu verbinden. Mit dem bewussten Futurepace soll sichergestellt sein, dass die gewünschte Veränderung nicht nur im Beratungskontext, sondern auch im Alltag auftritt.[295]

G

Ganzheitlich

Die Betrachtung eines Themas in seiner Ganzheit oder die ganzheitliche Behandlung eines Gegenstands oder einer Beziehung meint eine Berücksichtigung möglichst vieler Aspekte: erkennbare Ursprünge und Querbeziehungen, Eigenschaften und Zuordnungen, Rahmenbedingungen, Nutzenabwägungen, Anwendungsaspekte sowie Neben-, Folge- und Wechselwirkungen. Das NLP gilt auch als ganzheitliche Methode zur Veränderung, weil sie Körper, Geist und Herz zusammen betrachtet.

Gedankenlesen

ist im NLP die vorschnelle Interpretation mit bzw. auf auf dem Hintergrund der eigenen Erfahrungen und Beliefs.[296]

Gefühle

Unter Gefühlen versteht man im NLP meist die körperlichen Empfindungen, das körperliche Erleben. Dies wird dem kinästhetischen System zugeordnet (das kinästhetische System wird manchmal als "Gefühls-System" interpretiert). NLP hat

---

[295] Vgl.: NLP-Wörterbuch auf www.nlp.at
[296] Vgl.: NLP-Wörterbuch auf www.nlp.at

keinen eigenen Gefühls-Begriff. Gefühle sind für NLP nichts eigenes, sondern etwas, das immer vorhanden ist. Jede Person hat nach NLP dauernd Gefühle, auch wenn sie sich ihrer nicht bewusst ist. Jeder innere Vorgang besitzt nach NLP auch eine gefühlsmäßige Komponente, Gefühle sind Bestandteil jedes inneren Zustandes. NLP will die Selbststeuerung aktivieren, die Fähigkeit der Menschen, erwünschte Gefühle assoziiert erleben zu können und sich von unerwünschten Gefühlen dissoziieren zu können.[297]

Generalisierung

Oder auch Verallgemeinerung, generalisieren; Verallgemeinerung "ist der Prozess, durch den Elemente oder Teile eines ursprünglichen Modells von der ursprünglichen Erfahrung abgelöst werden, um dann die gesamte Kategorie, von der diese Erfahrung ein Beispiel darstellt, zu verkörpern".[298] Verallgemeinerungen sind ein Charakteristikum vieler Modelle, die Menschen bilden und sind als Orientierung notwendig. Ein Kind lernt, wie man eine Türe öffnet, - nämlich durch das Herunterdrücken einer Klinke. Diese Erfahrung wird verallgemeinert. Ein fremdes Objekt, das eine "Türe" sein könnte, wird versucht, durch Herunterdrücken einer Klinke zu öffnen. Verallgemeinerungen basieren auf Abstraktionen. Sie finden auf allen Ebenen menschlicher Modellbildung statt. Das Gegenteil der Verallgemeinerung ist die Spezialisierung.[299]

Gestalttherapie

Die Gestalttherapie wurde auf der Basis der humanistischen Psychologie von Fritz Perls begründet. Theoretische Grundlagen der Gestalttherapie bilden die Grundannahmen der Psychoanalyse, der Gestaltpsychologie (Ganzheitlichkeit von Körper und Seele, Figur-Grund-Problem) und des humanistischen Gedankenguts (Sinnorientierung, Selbstverwirklichung).[300]

Glaubenssatz

auch Belief (engl.); ein Glaubenssatz ist der sprachliche Ausdruck für etwas, an das jemand glaubt, was jemand für wahr hält. Glaubenssätze sind für NLP ein Ausdruck innerer Modelle, die jede Person andauernd entwirft und andauernd entwerfen muss,

---

[297] Vgl.: NLP-Wörterbuch auf www.nlp.at

[298] Bandler, Richard/Grinder, John, 1994: Metasprache & Psychotherapie. Struktur der Magie I. Paderborn, Junfermann, S.34

[299] Jochims, Inke, 1995: NLP für Profis. Glaubenssätze & Sprachmodelle. Paderborn, Junfermann, S. 138

[300] Vgl.: Michel, Christian/Novak, Felix, 1991: Kleines psychologisches Wörterbuch. Freiburg, Herder

um sich in der Welt zu orientieren. Glaubenssätze in der NLP-Terminologie sind ein alltägliches Phänomen. Sie haben mit Glaubenssätzen im religiösen Sinn nichts zu tun (Religiöse Glaubenssätze sind ein Sonderfall der Glaubenssätze in der NLP-Bedeutung).[301]

Gustatorisch

bezieht sich auf den Geschmack oder das Schmecken, eines der Sinnes- bzw. Repräsentationssysteme des NLP[302]´

H

Hypnose

„Griechisch für Schlaf; häufig synonym mit Trance benutzt; aber auch der Prozess jemanden in Trance zu bringen - zu hypnotisieren. Die Hypnotherapie arbeitet damit, um Prozesse des Unterbewusstseins ans Licht zu bringen."[303]

I

Identität

Eine Vorstellung, ein inneres Bild, ein Gespür dafür, dass wir Kontinuität besitzen, dass wir tagaus, tagein dieselben sind; NLP konzentriert sich auf die Repräsentation von Identität, auf das Selbst-Bild, auf die Vorstellung, die wir von uns haben, auf das, von dem wir glauben, was wir "wirklich" sind. Identität bezeichnet so den vermutlich wichtigsten Glaubenssatz jedes Menschen, das Überzeugungs-System, das eine Person für sich selbst für wahr erachtet und das in einer grundlegenden Art und Weise die Wahrnehmung und die inneren Prozesse einer Person strukturiert. Im NLP werden traditionellerweise die Einzigartigkeit und Individualität jeder Person betont. NLP konzentriert sich damit auf die personale Identität. Erweiterungen von NLP, wie das soziale Panorama-Modell, betonen demgegenüber die soziale Identität von Menschen, die Art, wie sich Menschen im Vergleich zu anderen Menschen innerlich repräsentieren. Personale und soziale Identität können als zwei Pole in den Identitäts-Konstruktionen von Menschen gesehen werden, die stets gleichzeitig vorhanden sind und sich wechselseitig beeinflussen und bedingen. Das Ziel von NLP ist die Einheit einer

---

[301] Vgl.: NLP-Wörterbuch auf www.nlp.at
[302] Vgl.: NLP-Wörterbuch auf www.nlp.at
[303] Grochowiak, Klaus, 1999: Das NLP Master Handbuch. Paderborn, Junfermann/Glossar

Person, ihr innerer Zusammenhalt, ihre Kongruenz. Das Teile-Konzept des NLP legt demgegenüber den Fokus auf innere Widersprüche und widerstrebende Subsysteme in einer Person. Werden die Teile in einer Person betont, dann löst sich die Identität in verschiedene Teil-Identitäten auf, die in verschiedenen Kontexten ihre Wirkung entfalten. Im NLP geht es darum, widersprüchliche Teile zu erkennen und auf einer übergeordneten Ebene zu integrieren. Identität ist eine der logischen Ebenen des NLP. Als übergeordnete Ebene (so die Deutung von Robert Dilts) reguliert sie die untergeordneten Ebenen der (anderen) Glaubenssätze, der Fähigkeiten und des Verhaltens von Menschen. Identität erscheint hier als Ausdruck einer inneren hierarchischen Organisation. Der Ebene der Identität kommt dabei die Aufgabe zu, die Einheit einer Person herzustellen (zu konstruieren). Ein geeignetes Selbst (ein Selbst, das sich als Einheit repräsentiert) ist fähig, innere Konflikte zu lösen und "nach außen", im sozialen Bereich, als abgegrenzte Person mit anderen Personen kongruent zu agieren.[304]

induktive Sprache
Vorgehensweise, bei der Schritt für Schritt neue Elemente hinzugenommen oder erschlossen werden; im Zusammenhang mit komplexen Systemen auch als „bottom-up"-Zugang bezeichnet; Gegenpol: deduktiv; eine induktive Sprache wird oft in der Hypnose verwendet, um den Klienten immer mehr in den Trancezustand zu führen.

Inkongruenz
Inkongruent; Gegenteil von Kongruenz, kongruent; inkongruent bedeutet "nicht-übereinstimmend". Eine Person kommuniziert inkongruent, wenn sie "Botschaften durch ihre Outputkanäle vermittelt, die nicht zusammenpassen oder nicht kompatibel sind."[305] Kongruenz bedeutet, dass sich alle Teile hinsichtlich Ihres Verhaltens in einem bestimmten Kontext in Übereinstimmung befinden. Inkongruenz ist z.B. gegeben, wenn die verbalen und die nonverbalen Signale einer Person nicht übereinstimmen. Ein Bekannter sagt z.B. "Ich freue mich, dass ich Dich sehe" und geht dabei mit dem Körper etwas zurück. Oder jemand sagt: "Ich freue mich auf diese Aufgabe" und schüttelt anschließend den Kopf. Inkongruenzen können sich auch in der Stimme ausdrücken, wenn Inhalt und Untereigenschaften (wie Klang, Betonung, Lautstärke) nicht miteinander übereinstimmen. Inkongruenzen sind immer vor dem Hintergrund einer Kultur zu sehen. Inder z.B. schütteln den Kopf von einer Seite zur anderen, wenn sie Ja sagen. Menschliche Kommunikation umfasst immer zwei Aspekte: einen Inhalts-

---

[304] Vgl.: NLP-Wörterbuch auf www.nlp.at
[305] Bandler, Richard und Grinder, John, 1994: Kommunikation & Veränderung. Die Struktur der Magie II, Paderborn, Junfermann, S. 55

Aspekt und einen Beziehungs-Aspekt. Der Inhalts-Aspekt beschreibt den verbalen, digitalen Teil einer Botschaft, der Beziehungs-Aspekt den nonverbalen, analogen Teil der Botschaft. Die Begriffe "kongruent" und "inkongruent" können sich auf einzelne Verhaltens-Sequenzen oder auf eine Person als Ganzes beziehen.[306]

Innerer Zustand

Ein Sammel-Begriff für die innere Befindlichkeit, das innere Erleben, die Summe der gesamten Erfahrung in jedem beliebigen Augenblick, ob jemand z.b. motiviert, energievoll, ruhig oder deprimiert ist. Innere Zustände besitzen kognitive, emotionale und physiologische Merkmale. Sie sind immer zugleich körperliche und geistige (seelische) Zustände. Die Produktion innerer Zustände gilt im NLP als komplexes und faszinierendes Phänomen, das im Detail untersucht wird. NLPler richten ihr Augenmerk u.a. auf folgende Fragen: Welche inneren Prozesse laufen in welchen Repräsentationssystemen ab? Welche Untereigenschaften spielen eine wichtige Rolle? Welche Strategien sind erkennbar? Welche Metaprogramme werden aktiviert? Welche Wahrnehmungsfilter können erkannt werden? Welches Selbstbild wird aktiviert? usw.[307]

Integration

Aus dem Lateinischen: Wiedereingliederung; Der Begriff Integration wird im NLP im Kontext des Begriffes Dissoziation gebraucht: etwas, das dissoziiert (oder separiert) ist (egal, ob vom Therapeuten so vorgefunden oder durch eigenes Handeln kreiiert), wird integriert. Die Integration dissoziierter Physiologien hilft dem Klienten (wobei der Therapeut entsprechende Anker benutzt), Fähigkeiten und Ressourcen in Kontexte zu transferieren, in denen diese Fähigkeit und Ressourcen nicht verfügbar waren (wo er von ihnen dissoziiert war).[308]

Interdisziplinarität

fächerübergreifende Herangehensweise an ein wissenschaftliches Problem oder Thema; umfassend; die Zusammenarbeit mehrerer Disziplinen betreffend

Interkulturelle Kompetenz

Sie ist eine um die kulturelle Komponente erweiterte Form von sozialer Kompetenz. Interkulturelle Kompetenz bedeutet Kommunikations- und Handlungsfähigkeit in interkulturellen Überschneidungssituationen, also die Fähigkeit, mit Angehörigen einer

---

[306] Vgl.: NLP-Wörterbuch auf www.nlp.at
[307] Vgl.: NLP-Wörterbuch auf www.nlp.at
[308] Vgl.: NLP-Wörterbuch auf www.nlp.at

anderen Kultur zur wechselseitigen Zufriedenheit unabhängig, kultursensibel und wirkungsvoll integrieren zu können.[309]

intrinsische Motivation

Aus dem Lateinischen: Intra oder Intro: innerhalb, hinein; Lernen oder Arbeiten aus eigenem, innerem Antrieb und zur persönlichen Befriedigung; Geld oder Bewunderung spielen dabei keine auslösende Rolle. Gegenteil: Extrinsische Motivation

K

Kalibrieren

Kalibrieren bedeutet Feinabstimmen. Kalibrieren in der NLP-Sprache bezieht sich auf den Kommunikationsprozess. Eine Person zu kalibrieren bedeutet sich auf diese Person fein abzustimmen. Kalibrieren bezeichnet den Prozess, mit dem man sich auf die nonverbalen Signale einstimmt, die beim Gegenüber einen bestimmten Zustand anzeigen. Kalibrieren verlangt die Fähigkeit, nonverbale Signale genau wahrzunehmen und die Physiologie innerer Zustände äußeren Anzeichen zuzuordnen. Kalibrieren heißt zu wissen, was der Gegenüber intern gerade tut (z.b. an welche Erfahrung er sich gerade erinnert) und dabei genau zu beobachten, wie er dabei extern aussieht (welche Physiognomie er zeigt), und sich das zu merken. Beim Kalibrieren konzentriert sich ein geschulter Beobachter auf exakte Details im beobachteten Verhalten einer Person, macht sich ein inneres Bild vom inneren Zustand dieser Person und entwickelt eine gefühlsmäßige Beziehung dazu (z.B. durch Einnahme der zweiten Wahrnehmungsposition): d.h., man stellt sich auf die beobachtete Person "fein ein".[310]

kinästhetisch

Kinästhetisch bezieht sich auf Körpereindrücke, Körpersensationen, Körperempfindungen, Gefühle, innere körperliche Zustände; Im NLP wird der Ausdruck kinästhetisch in einem sehr weiten Sinn verwendet. Er umfasst jede Art von Gefühlen und Emotionen, alle Arten von körperlichen Eindrücken, in der Regel auch inklusive der körperlichen Sensationen auf der Haut, wie Berühren. Kinästhetik im NLP bezeichnet den Gesamtbereich der Körperempfindungen.[311]

---

[309] Vgl.: Grosch, Harald/Leenen, Wolf Rainer, 1998: Glossar. In: Interkulturelles Lernen. Bonn, Bundeszentrale für die politische Bildung

[310] Vgl.: NLP-Wörterbuch auf www.nlp.at

[311] Vgl.: NLP-Wörterbuch auf www.nlp.at

Kognition

Hier im Kontext des kognitiven Lernziels; Kognition betrifft in der pädagogischen Psychologie die Wahrnehmung und Erkenntnis. Im weitesten Sinne die menschliche Fähigkeit, Zustände, Ereignisse und Prozesse mittels abstrakter Begriffe und Konzepte zu deuten und zu verarbeiten. Das Eigenschaftswort kognitiv bezieht sich (in Abgrenzung zu affektiv) auf Prozesse des Wahrnehmens, Denkens und Problemlösens. Daher hat auch das kognitive Lernziel die Absicht des Informationsvermittelns.[312]

kollektive Identität

Identität beinhaltet eine interaktive Definition: Sie wird von den Individuen artikuliert. Individuelle Identität wird kommunikativ verhandelt. Deshalb ist kollektive Identität wie auch analytisch übergeordnete Identitäten, z.b. nationale, gesellschaftliche, globale etc., nicht an sich vorhanden, sondern eher als das Ergebnis individueller Identitäten zu verstehen. Kollektive Identität muss kommunikativ verhandelt werden, d.h. präsentiert und (richtig) wahrgenommen werden, sonst würde sie keine Rolle spielen. Gleichzeitig ist kollektive Identität wiederum Baustein für eine individuelle Identitätsfindung und - erhaltung. Kollektive Identitätsbildung ist ein kontinuierlicher Prozess, in dem Akteure die allgemeinen Deutungsmuster erst produzieren, die sie dann in die Lage versetzen, ihre Umwelt einzuschätzen und Kosten und Nutzen ihrer Handlungen berechnen zu können. Im Kern geht es um die Unterscheidung „Wir (hier)" und „Die (dort)". Häufig greift die kollektive Identität auch auf sozialstrukturelle Potenziale wie Klasse, Milieu oder Lebensstile zurück. Über die diskursiven Aspekte (Gründungsmythen, Heldenerzählungen etc.) hinaus sind aber auch Praktiken von Bedeutung wie Rituale, eigene Symbole, Zeichen, Kleidungsmoden etc die im Miteinander ständig bestätigt und reproduziert werden.

kollektive kulturelle Programmierung

Die kollektive Programmierung ist die Programmierung des Individuums durch die Kultur, in die er hineingeboren wird. Jeder Mensch entwickelt Muster des Denkens, Fühlens und Handelns. Die Quellen dieser mentalen Programme liegen im sozialen Umfeld.

Komfortzone

Eine Komfortzone ist der Raum, in dem wir uns gesättigt und zufrieden, stark und zuversichtlich, sicher und gemütlich, gerettet und zufrieden gestellt fühlen. Wir kennen uns aus, wissen, wie wir uns verhalten sollen, und fühlen uns sicher. Kommen wir an

---

[312] Vgl.: Grosch, Harald/Leenen, Wolf Rainer, 1998: Glossar in Interkulturelles Lernen, Bonn, Bundeszentrale für die politische Bildung

den Rand der Komfortzone, empfinden wir Stress, eine Grenzüberschreitung kostet Mut und Energie. Die Angst lähmt jegliche konstruktive Aktivität. Kontrollverlust bestimmt das Geschehen. Situationsgebundenes Lernen ist nicht mehr möglich. Es kostet Mut und Überwindung, seine eigene Komfortzone zu überwinden und trotz Angst immer wieder neue Verhaltensweisen in unterschiedlichen Kontexten auszuprobieren. Die Erweiterung der Komfortzone kann eine Persönlichkeitserweiterung bedeuten. Nicht jede Erweiterung ist positiv (man muss nicht alles ausprobieren).

Komplexitätsreduktion
Viele Philosophen der Gegenwart (z.B. Habermas[313]) betrachten Komplexität als ein wesentliches Merkmal unserer Transformationsgesellschaft. Die Komplexität führt zu Ungewissheit, daraus ergibt sich ein Gefühl der Überforderung. Als Lösung dieses Dilemmas liegt es nahe zu versuchen, die Komplexität und damit auch die Ungewissheit zu verringern. In interkulturellen Trainings wird diese Kompetenz geübt. Denn wenn man in ein bislang fremdes Land kommt ist das Erlernen des dort herrschenden Systems von Sprache, Verhalten, Symbolen und Werten sehr komplex. Bereitet man sich jedoch durch kulturspezifische Informationen vor oder wird man auf Unterschiede sensibilisiert, reduziert sich dadurch Komplexität.

Kongruenz
Kongruent: deckungsgleich, stimmig; Gegenteil von Inkongruenz, inkongruent.[314]

Kontext
Der Ausdruck Kontext wird im NLP in einem zweifachen Sinn verwendet: Als die Umstände, der Rahmen für ein bestimmtes Ereignis und als die Umstände oder der Rahmen, den eine Person um ein Ereignis herum mitdenkt oder mitkonstruiert. In der ersten Begriffsverwendung spricht man vom Kontext der Arbeit, der Partnerschaft, des NLP usw. Kontexte kann man in vielen Sprachen beschreiben. Man kann u.a. biologische (z.B. Lebensgeschichte), soziologische (z.B. soziale Gruppen) oder ideologische Kontexte (z.B. Ideensysteme) unterscheiden. Alle Menschen leben in vielen Kontexten, mit vielen Rollen. NLP betont die Kontextabhängigkeit des Verhaltens: In dem einen Kontext sind Menschen vielleicht mutig oder liebevoll, in dem anderen Kontext ängstlich oder aggressiv. In der zweiten Bedeutung bezeichnet der Kontext einer Situation nicht die "objektiven" Umstände, sondern die subjektive Interpretation,

---

[313] Habermas, Jürgen, 1976: Können komplexe Gesellschaften eine vernünftige Identität ausbilden? in: Habermas, Jürgen, 1976: Zur Rekonstruktion des Historischen Materialismus. Frankfurt, Suhrkamp
[314] Vgl.: NLP-Wörterbuch auf www.nlp.at

den subjektiven Rahmen, in den ein Ereignis eingebettet ist. "Probleme" haben oft mit einem Kontext zu tun. Sie können manchmal gelöst werden, wenn es gelingt, den Kontext zu wechseln oder einen neuen Kontext innerlich zu konstruieren. Kontext oder Rahmen heißt im Englischen „frame", einen Kontext oder Rahmen zu schaffen „framing". Methoden der Konstruktion eines neuen Rahmens, einer neuen Bedeutung, werden im NLP als „Reframing" bezeichnet.[315]

Körpersprache

Die Körpersprache anderer Menschen enthält erstaunlich viele Informationen, die Auskunft geben über ihre Befindlichkeit, ihren inneren Zustand und ihre inneren Prozesse. Die Menge an Informationen, die in Körpersignalen enthalten sind, ist unvorstellbar groß während die, die wir über die verbale Sprache transportieren, demgegenüber verschwindend klein ist. Wir "reden" fast nur mit dem Körper und fast gar nicht mit der Sprache. Kommunikation zwischen zwei Personen ist ein Informations-Austausch in folgenden Größenordnungen: Jede Person sendet über ihren Körper 10 Millionen Bit pro Sekunde. Jede Person empfängt über ihre Sinne mindestens 10 (vielleicht sogar 100 oder 1000) Millionen Bit pro Sekunde (Die genauen Zahlen sind umstritten, spielen aber für das Argument keine Rolle). Daraus kann ein interessanter Schluss gezogen werden: Anderen Personen ist potenziell eine ungeheure Zahl von Informationen über uns zugänglich. Andere Personen wissen nicht quantitativ mehr (auch ihr Bewusstsein ist auf vielleicht zehn Bit pro Sekunde beschränkt), sie können aber ihr Bewusstsein (ihren speziellen Fokus) auf andere Informationen richten als wir selbst, d.h., sie "wissen" vielleicht qualitativ mehr. Die meisten Menschen achten bei der Kommunikation wenig auf Körpersprache. Im NLP trainieren Menschen, Signale des Körpers wahrzunehmen, die im kulturellen Wahrnehmungs-Training nicht beachtet werden. Die Gesamtheit der Körperempfindungen wird im NLP dem kinästhetischen Sinnessystem zugeordnet. Genaues Wahrnehmen bezieht sich auf die Körpersignale anderer Menschen und ihre Physiologie.[316]

Körperpsychotherapie

In den meisten Psychotherapierichtungen stehen die Gefühle, die Gedanken oder das Verhalten im Vordergrund. Bei den Körperpsychotherapien werden diese Aspekte noch um die Beachtung des Körpers erweitert, weil Gefühle und Erinnerungen im Körper gespeichert werden. Alle starken Gefühle oder gefühlsbeladenen Ereignisse lösen Reaktionen im Körper aus, seien sie positiv oder negativ. Belastende Erfahrungen, die zu dem Zeitpunkt der Erfahrung nicht richtig verarbeitet werden

---

[315] Vgl.: NLP-Wörterbuch auf www.nlp.at
[316] Vgl.: NLP-Wörterbuch auf www.nlp.at

konnten, hinterlassen ihre Spuren im Körper. Es treten z.B. chronische Verspannungen auf, Magenbeschwerden, Kopfschmerzen usw. Ebenso wie Stress und andere negative Erfahrungen ihre Wirkungen im Körper hinterlassen, kann die Lösung dieser Verspannungen und Blockaden auch lösende psychische Wirkungen haben. Je allgemeiner bestimmte negative Gefühle im Leben wahrgenommen werden, desto lebensgeschichtlich früher liegt häufig der Grund. Dies kann vor der mentalen Erinnerungsschwelle (mit etwa drei Jahren) oder sogar vor dem Erlangen von Sprache liegen. Ein Erinnern oder ein sprachliches Beschreiben sind hier kaum möglich. Jedoch hat der Körper es gespeichert. Aus kultureller Sicht scheint dieser Ansatz ebenso wichtig wie die Erfahrungen, die Kinder mit (kulturspezifischen) Regeln und Verboten machen. Dementsprechend ist der Ansatz des NLP zur genauen Wahrnehmung der Somatik von Körperempfindungen und der kleinen, kaum sichtbaren Signale des Körpers hilfreich. Auch und gerade in Situationen, die durch Unsicherheit und Stress gekennzeichnet sind, ist die Beachtung der Körpersignale möglicherweise ein Lösungsweg.

Kriterien
Kriterien meinen den Wert oder Standard, nach dem eine Person Entscheidungen trifft oder Aussagen über sich selbst oder über andere, über Situationen, Probleme, usw. tätigt. Kriterien zeigen an, was einem Menschen wichtig ist, was ihn motiviert. Von Werten spricht man im NLP eher, wenn übergeordnete Wichtigkeiten gemeint sind, wie etwa "Freude am Leben", "Selbstverwirklichung", "Wahrhaftigkeit" oder "Gerechtigkeit". Von Kriterien spricht man eher, wenn spezielle Wichtigkeiten in einem besonderen Kontext gemeint sind, wie etwa ein bestimmter Aspekt in der Arbeit.

kulturallgemein
bezeichnet, im Gegensatz zu kulturspezifisch, die Ausrichtung eines interkulturellen Trainings, generell den Bezug zu allen Kulturen, ohne auf eine spezielle Kultur einzugehen

Kulturelle Programmierung
Siehe kollektive kulturelle Programmierung

Kulturschock
Kulturschock ist ein „Sammelbegriff für eine ganze Reihe von psychischen Reaktionen"[317] Einige Aspekte des Kulturschocks:

---

[317] Wagner, Wolf, 1996: Kulturschock Deutschland. Hamburg, Rotbuch Verlag, S. 19 ff

- Stress: Eine Belastung hinsichtlich der notwendigen Anpassungsleistung tritt auf;

- Verlustgefühl: bezüglich Freunde, Status, Beruf, Finanzen und Besitz;

- Gefühl der Ablehnung: Man fühlt sich von Menschen der fremden Kultur ausgeschlossen oder lehnt sie selbst ab;

- Verwirrung: über die eigene Rolle, die erwartete Rolle, die eigene Identität, Werte etc.;

- Frustration, Angst, Empörung, Überraschung: Man wird sich über das volle Ausmaß der kulturellen Unterschiede bewusst.

- Ohnmachtsgefühl: Man glaubt, sich nicht in der neuen Kultur zurechtfinden zu können.

Personen mit einem schnellen Anpassungsvermögen erfahren diese Aspekte des Kulturschocks nur als ein kurzes und kaum erkennbares Phänomen während andere mit diesen Aspekten über Monate bis Jahre ringen. Man kann einen Kulturschock auch als eine völlige Überforderungsreaktion in einer fremdkulturellen Umgebung bezeichnen, "die durch zu schnelles "Eintauchen" in eine fremde Kultur und die daraus resultierende Überflutung mit unbekannten Reizen und Anforderungen entsteht und sich durch Gefühle der Isolation, der Handlungsunfähigkeit, und zuweilen auch durch eine intensive Ablehnung fremder Kulturmuster ankündigt."[318]

kulturspezifisch
Ein Interkulturelles Training kann dann als kulturspezifisch bezeichnet werden, wenn das Thema die Vorstellung einer spezifischen Landeskultur ist. Gegenteil: kulturallgemein

Kybernetik
Eine von N. Wiener begründete wissenschaftliche Disziplin, die mit Hilfe mathematischer Modelle (Informationstheorie, Regelungstheorie, Automatentheorie) die Struktur und Regelungsvorgänge komplexer, hochorganisierter Systeme zu klären versucht.[319]

---

[318] Vgl.: Grosch, Harald/Leenen, Wolf Rainer, 1998: Glossar. In: Interkulturelles Lernen. Bonn, Bundeszentrale für die politische Bildung

[319] Vgl.: Michel, Christian/Novak, Felix, 1991: Kleines psychologisches Wörterbuch. Freiburg, Herder

L

Landkarte

Weltbild, Weltmodell; die innere Landkarte, die Repräsentation von dem ist, was als real und wirklich gilt. NLP betont die Einzigartigkeit des Weltmodells jeder Person, geformt von einzigartigen Erfahrungen und personenspezifischen Wahrnehmungs-Prozessen. Der Ausdruck „Weltmodell" wird im NLP unterschiedlich verwendet: Er bezeichnet erstens das innere Modell einer Person für einen bestimmten Kontext oder eine bestimmte Aufgabe, ihre mentale Landkarte - wie eine Person die Welt sieht, hört, fühlt. Der Ausdruck „Weltbild" wird auch in einem abstrakteren Sinn verwendet: als die Gesamtheit dessen, was für eine Person allgemein - und generell - "real" ist, sozusagen die allgemeine "Sicht" der Welt, über andere, über die Realität. Weltbilder können auf verschiedenen Ebenen studiert werden: auf der rein persönlichen Ebene, auf der Ebene einer Familie, einer Firma, einer Altersgruppe usw.: Das Weltbild einer Kultur ist das allgemeinste und verbindlichste "Bild" von Realität insgesamt, die kulturellen Überzeugungen über das, was die meisten Menschen für wirklich und real halten.[320]

Lernstile

Lernstile sind Arten des Lernens. Menschen lernen sehr unterschiedlich. Um effektiv lernen zu können, ist es hilfreich, den persönlichen Lernstil zu kennen, um dementsprechend den Lernstoff aufzubereiten. Unser bevorzugter Lernstil hängt z.B. davon ab, welchen unserer Sinne wir bevorzugt benutzen. Für das Lernen sind vor allem das Sehen, das Hören und das Fühlen die entscheidenden Sinne. Es gibt dementsprechend folgende verschiedenen Lernstile:

- visuell (Sehen)
- auditiv (Hören)
- kinästhetisch (Fühlen)
- sowie Kombinationsformen der verschiedenen Sinne

Zu den allgemeinen, außerhalb des NLP bekanntesten Unterscheidungen, zählen die vier Lernstile nach Kolb[321]. Lernen geschieht danach aufgrund von Erfahrungen und ist ein ständig fortschreitender Prozess. Kolb betont in Anlehnung an Lewin den Prozesscharakter des Lernens. Kolb unterscheidet insgesamt vier Lernstile, von denen zwei angeben, wie Erfahrungen gesammelt werden und sich die beiden anderen darauf beziehen, wie die Erfahrungen anschließend verarbeitet werden.

---

[320] Vgl.: NLP-Wörterbuch auf www.nlp.at
[321] Kolb, David A., 1981: Learning Styles and Disciplinary Differences. In: Chickering, A.W. and Associates (Hrsg.): The Modern American College. Responding to the New Realities of Diverse Students and a Changing Society. San Francisco, Jossey-Baß Publishers, S. 232-305

- **Der Diverger:** Die dominanten Lernstile des Divergers sind konkretes Erfahren und reflektierendes Beobachten. Ihre weitere Stärke liegt darin, dass sie konkrete Situationen aus den unterschiedlichsten Blickwinkeln betrachten und zu einem sinnhaften Ganzen zusammenfügen. Diese Personen bewähren sich besonders bei der Entwicklung von Ideen, z.B. in Brainstorming-Situationen.

- **Der Converger:** Die dominanten Lernstile sind analytisches Begreifen und aktives Experimentieren. Besondere Stärken zeigen Converger bei der praktischen Umsetzung von Ideen. Forschungen haben gezeigt, dass Converger weniger emotional und eher an Objekten als an Personen interessiert sind. Außerdem neigen sie dazu, eingegrenzte Interessengebiete zu haben.

- **Der Assimilator:** Die dominanten Lernstile des Assimilators sind analytisches Begreifen und reflektierendes Beobachten, wobei die Stärke dieses Typs in der Entwicklung theoretischer Modelle liegt. Außerdem zeichnen sich Assimilator durch induktives Denken und die Fähigkeit aus, verschiedene, scheinbar unvereinbare Beobachtungen in ein stimmiges Modell zu integrieren (assimilieren).

- **Der Accomodator:** Die dominanten Lernstile des Accomodator sind konkretes Erfahren und aktives Experimentieren, daher liegen die Stärken dieses Typs im Handeln, dem Umsetzen von Plänen und in der Bereitschaft, sich auf neue Erfahrungen einzulassen. Accomodator sind risikofreudiger als andere Lerntypen. Zur Informationsgewinnung sind Akkomodator eher abhängig von anderen Personen, als sich auf ihre eigenen analytischen Fähigkeiten zu verlassen. Insofern können sie auch gut mit anderen Menschen umgehen, erscheinen allerdings manchmal etwas ungeduldig und fordernd.

Ein ähnliches Modell stammt von Honey und Mumford[322], das im Unterschied zu Kolb die Lernstile nicht danach unterscheidet, wie Erfahrungen gesammelt und anschließend verarbeitet werden, sondern es bezieht sich auf einen vierstufigen, immer weiter fortschreitenden Lernprozeß. Danach vollzieht sich Lernen in den folgenden vier Phasen:

1. Eine Erfahrung machen - die Sammlung von Daten aus Untersuchungen und persönlichen Erfahrungen

2. Reflexion, über diese Erfahrung nachdenken - Beobachtung und Reflexion führen zu einer Analyse der Bedeutung dieser Daten, indem man sie untersucht und analysiert

---

[322] Honey, P./Mumford, A., 1992: The Manual of Learning Styles. Maidenhead, Berkshire

3. Schlüsse aus der Erfahrung ziehen - die abstrakte Begriffsbildung erzeugt abstrakte Konzepte, Modelle und Gedankenmuster

4. Testen von Konzepten in neuen Situationen, neue Handlungen ausführen, die gewünschten Effekte maximieren und das Modell zu prüfen, weitere Schritte planen.

Dieses Modell besitzt eine Anzahl von Schlüsselelementen: Lernen ist ein zyklischer Prozess mit integrierten aufeinander folgenden und logischen Stufen, wobei jeder Zyklus einen neuen Zyklus erzeugt. Jedes Ende ist ein neuer Anfang und der Lernprozess stellt sich als eine Art Spirale dar. Es gleicht demnach dem Entwicklungsmodell von Graves. Individuen unterscheiden sich jedoch in ihren persönlichen Vorzügen und Ausprägungen bezüglich der verschiedenen Stufen des Lernzyklus.

- **Aktivisten** zeichnen sich u.a. durch ihre Bereitschaft aus, sich voll und ganz sowie vorurteilsfrei auf neue Erfahrungen einzulassen, wobei sie stets am Hier und Jetzt orientiert sind. Ihre Philosophie ist, alles einmal ausprobiert haben zu wollen. Er blüht auf, wenn es um die Herausforderung mit einer neuen Erfahrung geht, ist aber gelangweilt, wenn es um die Durchführung von sich nicht ändernden Tätigkeiten bzw. Langzeitüberlegungen handelt.

- **Nachdenker** ziehen sich in den Hintergrund zurück, um Erfahrungen zu sammeln und diese aus verschiedenen Perspektiven zu untersuchen. Für ihn zählt in erster Linie eine ausreichende Sammlung und Analyse der Daten bezüglich Erfahrungen und Vorkommnissen. Deshalb versucht er einen konkreten Entschluss so lange als möglich hinauszuzögern. Er ist ein sehr nachdenklicher Typ, der alle Möglichkeiten im Vorhinein durchleuchtet bevor er einen Schritt macht. Seine Philosophie ist: "Sei vorsichtig!"

- **Theoretiker** zeichnen sich durch die Fähigkeit aus, Beobachtungen in komplexe, logisch begründete Theorien zu integrieren, wobei auch scheinbar widersprüchliche Fakten zu einem in sich schlüssigen Ganzen zusammengefügt werden. Sie neigen zum Perfektionismus und sind erst zufrieden, wenn alle Dinge in ein rationales Schema passen. Er stellt sich oft die Fragen "Macht das Sinn?" - "Wie passt das eine mit dem anderen zusammen?" - "Was sind die Grundaussagen?"

- **Pragmatiker** haben besondere Stärken bei der praktischen Umsetzung von Ideen, Theorien und Techniken und wollen ständig Neue ausprobieren, um zu sehen, ob sie in der Praxis funktionieren. Er liebt es, wenn Fortschritte gemacht werden und handelt rasch. Probleme und Möglichkeiten sieht er als eine Herausforderung, wobei er bei der Problemlösung sehr zweckorientiert vorgeht. Die Philosophie ist geprägt von der Vorstellung, dass es immer noch einen besseren Weg gibt bzw. von "If it works it's good."

Linguistik

Sprachwissenschaft. Im engeren Sinne auch solche Richtungen, die spekulative, psychologisierende oder historisierende Ansätze vermeiden und die Systemhaftigkeit einer Sprache untersuchen.[323]

Linguistic awareness of culture

Eine Form des interkulturellen Trainings mit dem Ziel zu erkennen, was unter der Spitze des Eisbergs versteckt ist; Meist ist es kulturspezifisch und sogar bikulturell mit einem kognitiven und verhaltensorientierten Lernziel. Es werden missverständliche Kommunikationssituationen nach versteckten Werten und Normen analysiert. Dazu werden Kriterien erarbeitet, durch die sich interkulturelle Kommunikationsabläufe systematisch analysieren lassen. Dies ist auch eine Form der Critical Incident Technik mit einem Fokus auf Sprache. Der Vorteil: Eine sehr strukturierte Vorgehensweise, die eine gute Orientierung auf den ersten Blick in einem fremden Land ermöglicht. Der Nachteil: Es ist wenig affektiv, weil die Herangehensweise sehr analytisch ist.

Logische Ebenen

Logische Ebenen, neurologische Ebenen. Allgemein: Einteilung in Kategorien und Subkategorien vom Abstrakten - Allgemeinen (höhere Ebenen) zum Konkreten - Spezifischen (niedere Ebenen) und umgekehrt. Eine Landkarte, ein Modell, ist z.B. abstrakter und allgemeiner als das Gebiet, das es beschreibt. Höhere Ebenen werden oft auch mit dem Ausdruck Meta belegt. Der Wechsel auf höhere logische Ebenen wird als chunk up, der Wechsel auf niedrigere logische Ebenen als chunk down bezeichnet. Der Ausdruck logische Ebenen bezeichnet im NLP heute auch meist das Modell, welches Robert Dilts (mit Bezug auf die Lerntypen von Bateson) entworfen hat."[324]

M

Maslow (Bedürfnispyramide)

Der Vertreter und Mitbegründer der „humanistischen Psychologie" Abraham Maslow (1908-1970) bildete eine fünfstufige Pyramide aus den Bedürfnissen des Menschen.[325] Die unterste und breiteste Stufe nehmen die Grundbedürfnisse ein: Essen, trinken, schlafen, Sexualität, Wärme (Sexualität ist auf dieser Stufe umstritten). Darauf folgt die zweite Stufe, das Sicherheitsbedürfnis, Abgrenzung, Recht und Ordnung, Schutz. Auf

---

[323] Vgl.: www.schriftdeutsch.de

[324] Vgl.: NLP-Wörterbuch auf www.nlp.at

[325] Vgl.: http://psychclassics.yorku.ca/Maslow/motivation.htm

der dritten Stufe sind Liebe, Zugehörigkeit zu einer Gruppe und ganz allgemein soziale Bedürfnisse angesiedelt. Die vierte Stufe umfasst Dinge wie Anerkennung, Ruhm, Aufmerksamkeit. Die fünfte, letzte und in der Pyramide auch kleinste Stufe wird vom Bedürfnis nach Selbstverwirklichung eingenommen. Entscheidend ist nun, dass sich die menschliche Psyche sehr eng an diese Stufen hält. Erst wenn z.b. das Bedürfnis nach Sicherheit zufrieden gestellt ist, kümmert sich der Mensch um seine sozialen Bedürfnisse. Wer dagegen Hunger hat, nimmt auch erhebliche Sicherheitsrisiken in Kauf. Akute Bedürfnisse auf jeder Stufe blenden die darüberliegenden Stufen aus den Interessen des Menschen einfach aus. Dieses Modell ist sowohl aus Sicht des NLP als auch der Interkulturellen Kommunikation interessant. Einem Menschen stehen nicht in jeder Stufe alle Verhaltensweisen zur Verfügung. Hat man im Ausland das Bedürfnis nach Sicherheit (die zweite Stufe), kann man sich vielleicht nicht in seiner gewohnten Weise ausdrücken, um Aufmerksamkeit (die vierte Stufe) zu bekommen. Interkulturelles Training kann dahingehend sensibilisieren und mit Hilfe der NLP-Methoden kann man z.B. in Situationen, in denen man sich unsicher oder ängstlich fühlt, Ressourcen für mehr Wahlmöglichkeiten integrieren.

Matching

Matchen: Im Sinne von Spiegeln: sich anpassen an Teile des Verhaltens einer anderen Person, um Rapport zu bekommen. Die zweite Bedeutung ist die eines der Meta-Programme: Matching ist ein innerer Sortier-Mechanismus, bei dem die Aufmerksamkeit auf das gelenkt wird, was gleich oder ähnlich ist. Eine Person, die Matching als Wahrnehmungsfilter verwendet, sortiert (meist unbewusst) innerlich nach den Kriterien von Gleichheit und Ähnlichkeiten.[326]

Mentor

Vorbild, Lehrer; Jemand, von dem man gerne etwas lernen möchte.

Metaebene

Übergeordnete Ebene

Metamodell

Metamodell der Sprache: Ein Modell beschreibt Daten oder Eindrücke. Metamodelle beschreiben Strukturen der Modelle dieser Daten. Ein Metamodell ist eine zweite Beschreibungsebene, die sich auf die erste bezieht. Wenn man davon ausgeht, dass eine Sprache, die einen Ausschnitt der Welt beschreibt, ein Modell dieser Welt ist, ist das Modell eines Modells ein "Meta-Modell". Eine Landkarte beschreibt z.B. die Strecke

---

[326] Vgl.: NLP-Wörterbuch auf www.nlp.at

zwischen Dresden und Warschau. Ein Modell der Landkarte wäre die Legende, die z.B. angibt, wie vielen Kilometern in der Realität ein Zentimeter auf der gemalten Landkarte entspricht. Gleiches gilt für die Linguistik: Linguistik ist eine Wissenschaft, die die Strukturen der Sprache beschreibt, d.h., sie formuliert ein Set von Strukturelementen und Regeln, welche die Strukturen der Sprache, die zu beschreiben ist, möglichst genau erfasst und abbildet. Das Metamodell des NLP entstand, als man sich bemühte, die von Therapeuten verwendeten Sprachformen zu identifizieren und zu beschreiben. Die Sprachphilosophie des Metamodells wurde von Alfred Korzybski und anderen Sprachphilosophen entwickelt. Sie besagt im Wesentlichen folgendes: Ein Symbol ist nicht das, was es symbolisiert. Ein Wort ist nicht identisch mit dem, was es bezeichnet. Ein Wort bezeichnet ein Set von Erfahrungen, Sinneseindrücken und ihrer emotionalen Bewertung. Wenn jemand ein Wort benutzt, wie z.B. "Sicherheit", hat er viele Sinneseindrücke und emotionale Erlebnisse gehabt, die er mit diesem Wort assoziiert. Weder sind diese Eindrücke identisch mit dem, was er in der Welt erlebt hat, noch ist das Wort "Sicherheit" identisch mit den Eindrücken. Wenn Eindruck und Wort nicht miteinander identisch sind, ist es möglich, für einen Eindruck viele Worte zu verwenden und mit einem Wort verschiedene Erfahrungen zu assoziieren. Was ein Wort bedeutet, basiert: auf der individuellen Erfahrung mit dem Wort, auf der kulturell erlernten (oder der kulturell geteilten) Erfahrung mit dem Wort und auf dem Kontext, in dem das Wort verwendet wird. Die Sätze einer Sprache haben verschiedene Strukturen haben: Oberflächen- und Tiefenstruktur. Die Oberflächenstruktur eines Satzes vermittelt seine Form, die Tiefenstruktur seine Bedeutung. Wir hören also einen Satz und geben ihm eine Bedeutung, indem wir ihn mit einer Tiefenstruktur verbinden. Die Bedeutung eines Satzes ist in der Oberflächenstruktur häufig nicht explizit vorhanden. Die Tiefenstruktur eines Satzes gibt dessen Bedeutung an, weil die Tiefenstruktur all die Informationen enthält, die zur Bestimmung der Satzbedeutung erforderlich sind. Die Oberflächenstruktur eines Satzes bestimmt dessen Form, so wie er in der Kommunikation gebraucht wird. Tiefenstruktur und Oberflächenstruktur sind durch Transformationen aufeinander bezogen. Alle Sprachen enthalten Transformationen, die Tiefenstrukturen zu Oberflächenstrukturen transformieren. Diese Transformationen sind Regeln, wie eine Tiefenstruktur in eine Oberflächen-struktur zu überführen sei und umgekehrt. Das sind die drei Modellbildungsprozesse: Generalisierung (Verallgemeinerung), Tilgung und Verzerrung. [327]

Metapher

Sammelbegriff für Analogien, Vergleiche, Geschichten, Märchen, Parabeln, Mythen; Das Wort Metapher kommt aus dem Griechischen: Pherein bedeutet tragen und meta

---

[327] Vgl.: NLP-Wörterbuch auf www.nlp.at

bedeutet jenseits oder hinüber. Die Funktion der Metapher besteht darin, unser Wissen von einem Kontext in den anderen zu übertragen, über den ursprünglichen Kontext hinaus in einen neuen. Bei Metaphern werden ähnliche oder analoge Eigenschaften benutzt, um ein unbekanntes Ding durch ein bekanntes zu erklären. Metaphern finden im NLP weite Verbreitung. Sie sind ein hervorragendes Instrumentarium, um innere Zustände bei anderen zu verändern und um Ressourcen zu aktivieren. Metaphern lösen beim Zuhörer einen Prozess der Ableitungssuche (derivationale Suche) aus, um dem Gehörten Sinn zugeben.[328]

Metaposition

Eine Position, die in Bezug auf eine andere Position oder andere Positionen logisch übergeordnet ist, die einer höheren logischen Ebene zugeordnet wird. Ein Beispiel ist eine Metaposition in Bezug auf zwei Teile, die miteinander in Konflikt stehen (z.B. in der Arbeit mit Polaritäten). Der zweite Gebrauch von Metapositionen ist die Bezeichnung für verschiedene Wahrnehmungspositionen, die einen "Außenstandpunkt" bilden. Eine Person nimmt eine Metaposition ein, wenn sie in der dritten Person assoziiert ist, aber mit den Vorannahmen einer der anderen Wahrnehmungspositionen.[329]

Milton-Modell

Ein Modell hypnotischer Sprachformen, das Bandler und Grinder aus dem Studium der Arbeit von Milton Erickson entwickelt haben. Das Milton-Modell besteht aus zwei großen Teilen[330]: aus der Umkehrung der Sprachmuster des Metamodells und aus zusätzlichen Elementen hypnotischer Sprache. Im Milton-Modell wird eine Situation, ein Verhalten, ein Problem "kunstvoll vage" beschrieben. Solche Begriffe lösen in einem Menschen einen transderivationalen Suchprozess aus (Dabei kann der Fokus der Aufmerksamkeit nach innen gelenkt werden: der Zuhörer geht in Trance). Mit anderen Worten: der Zuhörer, der hypnotische Sprache hört, versucht, das, was er gehört hat, mit seiner eigenen Erfahrung zu verbinden. Weil der andere diese Erfahrung aber nicht direkt, sondern eben nur vage angesprochen hat, löst er keine oder weniger Abwehrreaktionen aus. Bandler und Grinder haben hypnotische Sprachmuster mit Hilfe linguistischer Modelle formalisiert und auf diese Weise Milton Ericksons Art der Sprachverwendung lernbar gemacht. Der zweite Teil des Milton-Modells umfasst eine

---

[328] Vgl.: NLP-Wörterbuch auf www.nlp.at
[329] Vgl.: NLP-Wörterbuch auf www.nlp.at
[330] Vgl.: Grinder, John/Bandler, Richard, 1987: Therapie in Trance. Hypnose: Kommunikation mit dem Unbewussten, Stuttgart, Klett-Cotta, S. 316ff

Vielzahl weiterer hypnotischer Sprachmuster, die Bandler und Grinder an Milton Erickson beobachten konnten.[331]

Mikrokultur

Kultur in der Kultur; Man kann, wie bei den russischen Matrjoschkas, Kulturen immer weiter aufsplitten. So gehört ein Mensch der Kultur der Menschen an, dann der einer Rasse, eines Landes, einer Familie, eines Unternehmens usw.

Modaloperatoren

Modaloperatoren (im Englischen: modal operators) modifizieren den Inhalt eines anderen Verbes: "Sie können sich das merken". Modaloperatoren werden meist in zwei Gruppen unterteilt: in Modaloperatoren der Notwendigkeit (müssen, sollen, ...) und in Modaloperatoren der Möglichkeit (dürfen, können, ...).[332]

Modell

Vereinfachte Abbildung der Realität mit dem Zweck, aufgrund der Ähnlichkeiten des Modells mit der Realität, sinnvolle Handlungen oder Informationen abzuleiten. Das Modell der Welt einer Person bezeichnet die Zusammensetzung seiner Glaubenssätze, internalen Prozesse und Verhaltensweisen.

Modelling

Modellieren, Modell-Bildung, Modellierprozess, modelling; "Modellieren ist der Prozess des Ab- und Nachbildens menschlicher Höchstleistungen."[333] Das NLP begann 1972, als John Grinder und Richard Bandler anfingen, sich gegenseitig zu modellieren, und dann andere erfolgreiche Therapeuten modellierten. Dabei ging es nicht um eine Erklärung der "Ursachen" hervorragender Leistungen (in NLP oft Exzellenz genannt), sondern um das "Wie": was sind die Muster erfolgreicher Menschen? Welche inneren Prozesse laufen dabei ab? Was genau müsste jemand denken und tun, um die gleichen Resultate zu erzielen? Modellieren kann mit unterschiedlichem Abstraktionsgrad und mit unterschiedlicher Komplexität erfolgen. Letztlich kann alles an einer Person modelliert werden, womit NLP das Verhalten von Menschen (in einem umfassenden Sinn) beschreibt. Beispiele sind das Modellieren der Physiologie, von Glaubenssätzen und Werten, von inneren Zuständen, von Strategien und Metaprogrammen. Modellieren kann auf viele Arten durchgeführt werden. Das Spektrum reicht vom unbewussten und informellen Modellieren (das wir ständig mit anderen machen) bis hin

---

[331] Vgl.: NLP-Wörterbuch auf www.nlp.at

[332] Vgl.: NLP-Wörterbuch auf www.nlp.at

[333] O'Connor, Joseph/Seymour, John, 1996: Gelungene Kommunikation und Entfaltung. Freiburg, VAK-Verlag für angewandte Kinesiologie, S. 276

zu anspruchsvollen, komplexen Modellierungsstrategien von Höchstleistungen in verschiedenen Bereichen. Modellieren ist ein natürlicher Prozess. Kinder modellieren intuitiv ihre Eltern und andere Personen, und lernen so auf unbewusste Weise komplexe Verhaltensweisen, Einstellungen, Sichtweisen. Im NLP versucht man, Prozesse dieser Art rational nachzuvollziehen. Es geht davon aus, dass Exzellenz erlernt und trainiert werden kann.[334]

Motivation

Die psychologische Motivationsforschung versucht zu klären, was den Menschen dazu bewegt, etwas Bestimmtes zu tun. Ihre Aufgabe liegt darin, die beobachtete Variabilität des Verhaltens, d.h. die Unterschiede in den Reaktionen verschiedener Menschen in gleichen Situationen zu erklären. Die Bedeutung der Motivation ist u.a. kulturell abhängig.[335]

N

Neuro

Neurologie ist die Lehre vom Aufbau und von der Funktion des Nervensystems, insbesondere des Gehirns. Neurologisch ist jedes Verhalten, das über neuronale Prozesse gesteuert wird. Die gesamte menschliche Wahrnehmung und Steuerung läuft über Nervensystem und Gehirn.

Nominalisierungen

Nominalisierungen repräsentieren einen Prozess in einer sprachlichen Form, die der Form ähnelt, mit der Objekte bezeichnet werden. Beispiele für Nominalisierungen: Verwirrung, Beziehung, Hoffnung, Ablehnung, Misserfolg, Treue. Der Ausdruck "Beziehung" suggeriert, dass es ein Ding namens Beziehung gibt, die man "haben" kann (wie ein Auto), an der man "arbeiten" muss (wie ein Bildhauer an einer Statue), die man "aufnehmen" kann (wie einen Gegenstand vom Boden) und die man "abbrechen" kann (wie einen Ast). Tatsächlich gibt es überhaupt keine "Beziehung". Es gibt lediglich einen Prozess zwischen Menschen, die sich aufeinander in einer besonderen Weise beziehen. Ein Prozess ist etwas Dynamisches, wie ein Fluss, der immer in Bewegung ist. Nominalisierungen suggerieren etwa Fixes, etwas Statisches, und je mehr dies jemand für bare Münze nimmt, desto weniger Handlungsmöglichkeiten existieren.

---

[334] Vgl.: NLP-Wörterbuch auf www.nlp.at
[335] Vgl.: Michel, Christian/Novak, Felix, 1991: Kleines psychologisches Wörterbuch, Freiburg, Herder

Nominalisierungen sind Resultate von Tilgungen und Verzerrungen: In einem Satz, in dem das Wort "Verwirrung" vorkommt, könnte z.b. getilgt sein, wer verwirrt ist und worüber jemand verwirrt ist. Gleichzeitig wird der Prozess jedoch verzerrt, weil er in seiner Struktur inadäquat sprachlich abgebildet wird.[336]

non-verbale Kommunikation

Non-verbale Kommunikation meint alle nichtsprachlichen Formen des zwischenmenschlichen Austausches. So werden etwa über die Gestik, Mimik oder Körperhaltung laufend Botschaften übermittelt, die die Sprache in kulturspezifischer Eigenheit ersetzen, ergänzen, modulieren und regulieren können.[337]

O

Ökologie

Den Begriff Ökologie hat NLP aus der systemischen Familientherapie und der Systemtheorie übernommen. Er bezeichnet hier wie dort die Unversehrtheit, die Integrität eines Systems als Ganzes. Im NLP spricht man von:

- der Ökologie einer Person; Hier gilt eine Person mit ihren vielen Teilen als System. Es geht um die persönliche Ökologie.
- der Ökologie eines interpersonellen Systems; Hier gilt eine Familie, eine Organisation, eine Institution als System.
- der Ökologie einer Situation (eigentlich als Teilbereich der persönlichen Ökologie); die Ökologie einer beruflichen Situation, die Ökologie der finanziellen Situation etc.

Ökologie ist ein wichtiges Prinzip im NLP. Änderungen in einem Lebensbereich können Auswirkungen auf alle Lebensbereiche haben.[338]

Ökologie-Check

Ökologischer Check, Öko-Check; die Überprüfung individueller Ziele und individuellen Verhaltens auf ihre Auswirkungen auf andere Kontexte und größere Systeme, wie auf die Familie, auf Kollegen in der Arbeit, auf die Politik oder die Umwelt. NLP kennt - im Gegensatz zu ihren Vorläufern (Gestalttherapie, Familientherapie, Hypnosetherapie etc.) explizite Handlungsanweisungen bzw. auch

---

[336] Vgl.: NLP-Wörterbuch auf www.nlp.at
[337] Vgl.: Grosch, Harald/Leenen, Wolf Rainer, 1998: Glossar. In: Interkulturelles Lernen, Bonn, Bundeszentrale für die politische Bildung
[338] Vgl.: NLP-Wörterbuch auf www.nlp.at

Wahrnehmungs-Filter (Organisationsprinzipien, Begriffe, Konzepte), mit denen der Kommunikator / Coach / Therapeut überprüfen kann, ob die Auswirkungen seines eigenen Tuns für seinen Klienten ökologisch sind. Diese Überprüfung nennt man im NLP den Ökologie-Check.[339]

Olfaktorisch
bezieht sich auf Riechen oder den Geruch, eines der Sinnes- bzw. Repräsentationssysteme.

P

Pacen
Siehe auch Spiegeln. Im Englischen bedeutet to pace im gleichen Schritt gehen. Im NLP beschreibt Pacing den Prozess des sich Angleichens, des Spiegelns von Kommunikations-Partnern. Sein Zweck ist es, "die Welt des anderen zu betreten", dieser Person "ähnlich zu werden" und damit Rapport zu erreichen.[340]

Physiologie
Die Medizin unterscheidet nach Physiologie und Pathologie. Physiologie ist die Lehre von den normalen (gesunden) Lebensvorgängen, Pathologie die Lehre von den Krankheiten. Im NLP wird der Ausdruck Physiologie zweifach verwendet: Physiologie bezeichnet alles, was mit dem physischen Körper (im Unterschied zum psychischen Geschehen) zu tun hat. Die Physiologie einer Person umfasst alles, was durch genaues Wahrnehmen von außen beobachtet werden kann, d.h. alle Zugangshinweise, wie Körperhaltung, Atmung, Lippengröße, Gesichtsfarbe, Muskelspannungen, Augenbewegungen, alle auditiven Untereigenschaften der Stimme, die gesamte Körpersprache. Die Physiologie eines Menschen hat einen direkten Einfluss auf seine kognitiven Prozesse und auf seinen inneren Zustand. Kleine Veränderungen in der Physiologie (z.B. den Kopf ein klein bisschen höher halten) können auf einen großen Einfluss auf die innere Befindlichkeit ausüben. Physiologie ist aber auch der körperliche Gesamteindruck, der sich auf einen bestimmten inneren Zustand bezieht. Man kann z.B. nach Problemphysiologie, Zielphysiologie, Ressourcenphysiologie unterscheiden.[341]

---

[339] Vgl.: NLP-Wörterbuch auf www.nlp.at
[340] Vgl.: NLP-Wörterbuch auf www.nlp.at
[341] Vgl.: NLP-Wörterbuch auf www.nlp.at

Post-Departure Coaching

In Pre- und Post-Departure-Trainings unterstützt man Mitarbeiter und ihre Angehörige darin, in einer fremden Kultur zu leben und zu arbeiten. Das Ziel des Coachings ist, die Wahrnehmung und das Verhaltensrepertoire zu erweitern und die Flexibilität zu erhöhen. Kulturelle Unterschiedlichkeit kann als Vielfalt erlebt und antizipierte Kulturkonflikte in Synergieeffekte umgewandelt werden.

Prägung

In der Psychologie bezeichnet Prägung die Tatsache, dass sich bestimmte Einflüsse auf den Menschen, wie auch allgemein auf Organismen, nachhaltig - gestaltend oder umgestaltend - auswirken (soziokulturelle Prägung: z. B. durch einen bestimmten Beruf, Lebensstandard oder durch eine bestimmte Erziehung). In der Verhaltensforschung ist eine Prägung ein obligatorischer Lernvorgang, der in einigen Merkmalen von der Konditionierung abweicht. Charakteristisch für sie ist, dass sie sich auf eine einzige Bewegung oder auf eine bestimmte Gruppe von Verhaltensweisen bezieht und dass ein nachträgliches Umlernen unmöglich ist. Man unterscheidet zwischen der Objektprägung, bei der die auslösenden Reize für eine bestimmte Reaktion festgelegt werden, und der motorischen Prägung, bei der ein Bewegungsmuster erworben wird.[342]

Programmierung

„Programmieren heißt mit einem systematischen Plan oder einer Liste von Instruktionen ein System in die Lage zu versetzen, ein Problem nach diesen Anweisungen zu bearbeiten."[343]

Projektion

Einem anderen unterstellen, was dem eigenen Seelenleben angehört.

Psychologie

Eine klare Definition des Begriffs ist nicht vorhanden. Schon Phillip Melanchthon (1497-1560) hat mit dem Begriff Psychologie in seinen Vorlesungen das Wort "Seelenlehre" ersetzt. Im Allgemeinen untersucht die Psychologie die Vorgänge, die von einem Subjekt (Individuum) erfahren werden. Hier handelt es sich um das Erleben und Verhalten, das mit körperlichen und anderen äußeren Erscheinungen (aus der Umwelt) eng verknüpft ist. Die Psychologie ist heute in viele Teilgebiete (z.B. die Lernpsychologie) und Teildisziplinen (z.B.: Sozialpsychologie) gegliedert.

---

[342] Vgl.: http://arbeitsblaetter.stangl-taller.at/LERNEN/Praegung.shtml, Zugriff vom 01.03.2005
[343] Grochowiak, Klaus, 1999: Das NLP Master Handbuch. Paderborn, Junfermann

R

Rapport

Ein Ausdruck, den NLP aus der Hypnose übernommen hat; "Rapport ist eine positive Beziehung zwischen Individuen. Sie basiert auf Verständnis und Vertrauen. Rapport mit einem Klienten ist dann erreicht, wenn er das Gefühl hat, verstanden zu werden und er fühlt, dass die Bedeutung und Komplexität seiner persönlichen Erfahrung wertgeschätzt wird."[344] NLP verwendet den Ausdruck für jede Art von Kommunikation. Rapport bezeichnet einen unmittelbaren Kontakt zwischen zwei Personen, eine intensive Beziehung in der Kommunikation und das Erleben einer Verbindung, eines Gleichklangs, manchmal auch Resonanz genannt. Rapport basiert auf der inneren Einstellung von Respekt für den anderen. Im Alltag kann man oft beobachten, dass Menschen, die sich in dieser Haltung begegnen, ganz automatisch die "Techniken" des Spiegelns (pacing) anwenden, die NLP zur Herstellung von Rapport empfiehlt. Je tiefer der Rapport zwischen zwei Menschen, desto mehr gleichen sich ihre Körper und Stimmen "wie von selbst" einander an: sie "schwingen auf der gleichen Welle", sie sind in Kontakt, in Resonanz.[345]

Referenzerlebnisse

auch Referenzerfahrungen; Schicksalsschläge oder ständig wiederkehrende alltägliche Ereignisse, die uns dazu veranlassen, neue Glaubenssätze auszubilden oder bestehende zu verändern.

Reframing

Der Begriff kommt vom Reframen: umdeuten. Die Bedeutung, die ein Ereignis, eine Aussage, ein Verhalten, ein Glaubenssatz, ein Auslöser, ein Reiz hat, hängt vom Kontext, vom Rahmen ab, in den wir es hineinstellen, den wir ihm geben. Reframing bedeutet, einen neuen Rahmen zu konstruieren, eine neue Bedeutung zu geben. Ein Bild kann in einem neuen Rahmen ganz anders aussehen und anders wirken. Wird ein Problem reframt, dann bekommt dasselbe Ereignis eine neue Bedeutung: Neue Reaktionen und neues Verhalten werden möglich. Reframing bezeichnet den Prozess des Umdeutens, des Einnehmens einer neuen Perspektive, einer neuen Art der Wahrnehmung, einer neuen Interpretation und Bedeutung.[346]

---

[344] Yapko, Michael D., 1995: Essentials of Hypnosis. New York, Brunner/Mazel, S.52
[345] Vgl.: NLP-Wörterbuch auf www.nlp.at
[346] Vgl.: NLP-Wörterbuch auf www.nlp.at

Re-imprint

Neuprägung, Wiederprägung, Re-Imprinting; Ein Interventions-Muster, das Robert Dilts entwickelt hat[347]. Sein Ziel ist es, negative Prägungs-Situationen (wie traumatische Erlebnisse) aus der Vergangenheit (meist Kindheit oder Pubertät) zu erkunden und ihrer weiteren Wirkung zu berauben. Prägungen (imprints) sind nach Dilts bedeutsame Erfahrungen aus der Vergangenheit eines Menschen, die zu einem festen Belief (Glaubenssatz) von sich selbst geführt haben. Prägungen sind eingeprägte und prägende Erfahrungen, die die Identität einer Person nachhaltig beeinflusst haben und immer noch beeinflussen. Das Prägungs-Erlebnis hat sich als inneres "Bild" (in allen Repräsentationssystemen) so intensiv eingeprägt, dass es durch entsprechende Anker in der Gegenwart immer wieder aktiviert werden kann. Bei einer Neuprägung wird die Prägungssituation erstens in Erfahrung gebracht, zweitens näher erkundet, drittens mit Ressourcen angereichert und viertens mit der Gegenwart verbunden.[348]

Repräsentationssysteme

Repräsentationssysteme geben die Art und Weise, wie wir Informationen in unserem Gehirn in einem oder mehreren der fünf Sinneskanäle verschlüsseln wieder: Visuell, auditiv, kinästhetisch, olfaktorisch oder gustatorisch. Viele Worte in unserer Sprache spiegeln sinnliche Elemente wider. Wenn jemand von einer "glänzenden Idee" spricht, dann beschreibt er ein inneres visuelles Bild. "Diese Idee ist für mich stimmig", sagt eine andere Person und drückt damit etwa Auditives aus. NLP basiert auf der Annahme, dass solche Aussagen keine reinen Metaphern sind, sondern reale innere Prozesse widerspiegeln. Sprache (die Repräsentationssysteme der Sprache) und inneres Erleben korrespondieren miteinander. Das bevorzugte oder primäre Repräsentations-system ist jenes System, das Menschen im allgemeinen oder in bestimmten Kontexten vorrangig verwenden. Menschen haben in verschiedenen Kontexten verschiedene bevorzugte Systeme. Das bevorzugte Repräsentationssystem ist vom Leitsystem (das System, mit dem man sich Informationen intern zugänglich macht) und vom Referenzsystem (das System, mit dem man den Wahrheitsgehalt von Informationen überprüft) zu unterscheiden.[349]

Ressourcen

Ressourcen sind im NLP alles, was der Erreichung gewünschter Ziele dient. Ressourcen können äußerer oder innerer Natur sein. Äußere Ressourcen sind z.B. andere Menschen oder finanzielle Mittel. Innere Ressourcen sind alles, was in einer

---

[347] Vgl.: Dilts, Robert, 1993: Die Veränderung von Glaubenssystemen. NLP & Glaubensarbeit. Paderborn, Junfermann, S. 109 ff
[348] Vgl.: NLP-Wörterbuch auf www.nlp.at
[349] Vgl.: NLP-Wörterbuch auf www.nlp.at

Person an Eigenschaften, Stärken, Fähigkeiten, Neigungen und Talenten vorhanden ist. Ressourcen sind Qualitäten, die jemand als Teil seines Potenzials besitzt, z.B. Verhaltensweisen, Kenntnisse, Fähigkeiten, Einstellungen, Beliefs über andere Menschen oder über die Aufgabe, Selbstbilder (Identität), Strategien, Metaprogramme usw. Eine der Grundannahmen des NLP ist, dass jede Person alle Ressourcen in sich hat, um ein zufriedenes und erfolgreiches Leben zu führen. NLP kennt viele Techniken, um nicht ressourcenvolle Situationen („Stuck States") in ressourcenvolle Situationen zu verwandeln. Der Erleben von nicht-ressoucenvollen Zuständen ("Problemen") dient bei NLP (im Unterschied zu anderen psychologischen oder therapeutischen Richtungen) nur zur Informationsgewinnung und erfolgt im Regelfall kurz (außer, Menschen haben Schwierigkeiten, Probleme assoziiert zu erleben). Weil jede Person Referenzerfahrungen über gewünschte Ressourcen hat (jeder war schon einmal in seinem Leben selbstbewusst, überzeugend, energievoll, ruhig, usw.), kann jede Person - so die Überzeugung von NLP - lernen, diese Ressourcen in Situationen einzusetzen, in denen sie scheinbar nicht verfügbar sind.[350]

Rituale

Der Ritualbegriff wird für gewöhnlich mit vormodernen und nicht zuletzt religiös legitimierten Lebensformen in Verbindung gebracht. Er bezeichnet im öffentlich-publizistischen Sprachgebrauch streng formalisierte, nach sehr ähnlichen Mustern ablaufende Handlungssequenzen. Vom öffentlichen Sprachgebrauch unterscheidet sich die theoretisch reflektierte Anwendung des Ritualbegriffs in der Forschungspraxis der Kultur- und Sozialwissenschaften.[351]

Rückkehrschock

Re-entry shock, Reverse culture shock oder second culture shock: Der Rückkehrschock trifft die meisten Leute ziemlich unerwartet. Man freut sich auf die Rückkehr, die zum Schock werden kann. Denn man hat sich während der Zeit im Ausland verändert und unvermeidlich weiterentwickelt. Meist nach längeren Aufenthalten (ca. ein Jahr) ist man ein anderer Mensch, als derjenige, der vor einem Jahr abgefahren ist. Die Menschen daheim haben sich möglicherweise auch verändert, vielleicht in eine andere Richtung als man selbst. Dann kommt es zu Konflikten, denn Werte, Glaubenssätze, Verhalten und Fähigkeiten haben sich sicherlich geändert und passen nicht mehr so gut zu denen der Daheimgebliebenen.

---

[350] Vgl.: NLP-Wörterbuch auf www.nlp.at
[351] Vgl.: www.ritualdynamik.uni-hd.de. Dort auch die ausführliche Definition.

S

Semantik
Die Semantik (Bedeutungslehre) ist das Teilgebiet der Sprachwissenschaft (Linguistik), das sich mit Sinn und Bedeutung von Sprache bzw. sprachlichen Zeichen befasst.

sensorisch definit
„Informationen, die direkt mit Hilfe der fünf Sinne wahrnehmbar und überprüfbar sind."[352]

Separator
Unterbrecher, Breaker; NLP-Techniken leiten zu einem Wechsel innerer Zustände an. Beim Herausführen aus einem Zustand, bevor ein neuer Zustand aktiviert wird, ist es immer notwendig, einen "Unterbrecher" zu setzen: den Klienten / die Klientin zu veranlassen, sich von diesem Zustand zu dissoziieren.[353]

Sequentiell
Der Ausdruck Sequenz (aus dem Lateinischen: sequere = folgen) bezeichnet eine Aufeinanderfolge von etwas Gleichartigem.

Sinneskanäle
Sinnessysteme, Modalitäten, Sinnesmodalitäten: Mit Modalitäten meint man im NLP die fünf (meist zu vier zusammengefassten) Sinneskanäle (die Sinnesmodalitäten), also die Unterscheidung, ob es sich um visuelle (den Sehsinn betreffende), um auditive (den Hörsinn betreffende), um kinästhetische (den Körpersinn, die Körperempfindungen betreffende), um olfaktorische (den Riechsinn betreffende) oder um gustatorische (den Geschmackssinn betreffende) Wahrnehmungen handelt. Die Aufteilung der Sinneswahrnehmungen in Sinneskanäle entspricht im NLP der Aufteilung der Gesamtrepräsentationen, die sich ein Mensch von der Welt macht (wie er seine innere Landkarte, sein Modell der Welt gestaltet), in die Repräsentationssysteme.[354]

Sozialisation
Die Sozialisation (aus dem Lateinischen: Sociare = vereinigen, gemeinsam machen) ist ein sozialwissenschaftlicher Begriff und bezeichnet die Entwicklung der Persönlichkeit aufgrund ihrer Interaktion mit einer spezifischen materiellen und sozialen Umwelt. Durch sie wird ein Individuum zu einem vollwertigen Teil der Gesellschaft. Wenn die

---

[352] Grochowiak, Klaus, 1999: Das NLP Master Handbuch. Paderborn, Junfermann/Glossar
[353] Vgl.: NLP-Wörterbuch auf www.nlp.at
[354] Vgl.: NLP-Wörterbuch auf www.nlp.at

Sozialisation erfolgreich verläuft, verinnerlicht das Individuum die sozialen Normen, Werte, Repräsentationen, aber auch z.b. die sozialen Rollen seiner gesellschaftlichen und kulturellen Umgebung. Der umgedrehte Prozess, in dem ein sich entfremdeter Mensch zu sich findet heißt Individuation. Als "erfolgreiche Sozialisation" sehen wir ein hohes Maß an Symmetrie von objektiver und subjektiver Wirklichkeit (und natürlich Identität) an. Umgekehrt muss demnach "erfolglose Sozialisation" als Asymmetrie zwischen objektiver und subjektiver Wirklichkeit verstanden werden.[355]

Spiegeln

pacing, pacen, mitgehen, angleichen; Spiegeln ist die NLP-Methode, um raschen Rapport mit einer Person zu bekommen. Beim Spiegeln passt sich ein Kommunikator an Teile des beobachten Verhaltens einer Person an. Spiegeln kann sprachlich oder nichtsprachlich geschehen. Nonverbales Spiegeln bedeutet, die Physiologie des anderen nachzumachen, z.B. die Körperhaltung, Bewegungen der Hände, den Gesichtausdruck oder den Rhythmus des Lidschlages. Sehr wirkungsvoll ist es, im gleichen Rhythmus zu atmen: beide Körper "schwingen auf einer Wellenlänge" und ein tiefer Rapport kann entstehen. Nonverbales Spiegeln (das tatsächlich oder auch nur in Gedanken geschieht) ist eine gute Anleitung, die Innenwelt anderer Menschen zu erfahren, um z.B. die zweite Wahrnehmungsposition zu aktivieren. Verbales Spiegeln bedeutet, die verbal konstruierte Welt des anderen zu betreten und dort zu verweilen. Verbales Pacing war dann erfolgreich, wenn ein Gesprächspartner die Äußerungen einer anderen Person als zutreffende Beschreibung seines ihres aktuellen Erlebens akzeptiert.[356] Bandler und Grinder haben die Prinzipien des Spiegelns erstmals anhand ihrer Beobachtungen von Milton Erickson beschrieben: "Erickson achtete insbesondere auf die Tonalität, Syntax und Sprechgeschwindigkeit des Klienten und passt seine Körperhaltung, seine Atmung und seine Gestik der des Klienten an. Er dehnt diese Prinzipien auf jede nur denkbare Weise aus. Er passt auch seine Sprechgeschwindigkeit der Atmung oder dem Puls des Klienten an, indem er beobachtet, wie sich die Adern des Klienten ausdehnen und zusammenziehen. Er wird Worte und Ausdrücke verwenden, die er von dem Klienten gehört hat, und auch den gleichen Tonfall verwenden wie der Klient. Er macht alle seine Output-Kanäle zu einem Feedback-Mechanismus, die der subjektiven Erfahrung des Klienten sowohl auf bewusster wie unbewusster Ebene entspricht. Die Klienten sind sich nur selten der komplexen Art und Weise bewusst, in der Erickson sie

---

[355] Vgl.: Luckmann, Thomas/Berger, Peter, 1980: Die Gesellschaftliche Konstruktion der Wirklichkeit. Frankfurt, Fischer, S. 175
[356] Vgl.: Bandler, Richard/Grinder, John, 1996: Patterns. Muster der hypnotischen Techniken Milton H. Ericksons. Paderborn, Junfermann, S. 24

pacet."[357] Spiegeln ist ein natürlicher Prozess, der im Alltag oft beobachtet werden kann. Wir spiegeln die ganze Zeit und je sympathischer oder interessanter uns andere sind, desto mehr spiegeln wir sie. Spiegeln ist die Begleiterscheinung von Rapport. Spiegeln unterstützt das Prinzip der Utilisation, alle Informationen, die vom Kommunikationspartner kommen, für die Ziele der gemeinsamen Kommunikation zu nützen.[358]

Stereotyp

Ein Stereotyp ist ein standardisiertes mentales Bild und repräsentiert eine stark vereinfachte Meinung, eine gefühlsmäßige Einstellung oder ein unkritisches Urteil. Stereotype haben zwei herausragende Merkmale: „ihr" Leben ist abhängig von einer Gruppe von „Anhängern und Befürwortern" und sie unterscheiden nicht von Individuum zu Individuum, d.h., sie sind generalisierend. Der Begriff Vorurteil wird meist synonym verwendet. Vorurteile sind negative oder ablehnende Einstellungen einem Menschen oder einer Menschengruppe gegenüber, wobei dieser Gruppe infolge stereotyper Vorstellungen bestimmte Eigenschaften von vornherein zugeschrieben werden, die sich aufgrund von Starrheit und gefühlsmäßiger Ladung selbst bei widersprechender Erfahrung schwer korrigieren lassen.

Strategien

"Das Wort "Strategie" wird im NLP benutzt um zu beschreiben, wie Menschen ihre inneren und äußeren Bilder, Geräusche, Gefühle, den Geruch und den Geschmack in eine bestimmte Reihenfolge bringen, um einen Glaubenssatz, ein Verhalten oder ein Gedankenmuster zu produzieren."[359]

Stuck State

Wörtlich übersetzt: festgefahrener oder festgezurrter Zustand; Ein Problemzustand, in dem eine Person feststeckt, der für sie ein "Problem" darstellt. Probleme sind oft durch bestimmte Auslöser, bestimmte Anker gekennzeichnet. Immer wenn dieser Anker aktiviert wird (z.B.: jemand spricht laut mit mir) tritt ein bestimmter unerwünschter Zustand ein (z.B. fühle ich mich klein). Die Änderungstechniken des NLP zielen darauf ab, Stuck states positiv zu verändern.[360]

---

[357] Vgl.: Bandler, Richard/Grinder, John, 1996: Patterns. Muster der hypnotischen Techniken Milton H. Ericksons. Paderborn, Junfermann, S 25
[358] Vgl.: NLP-Wörterbuch auf www.nlp.at
[359] Dilts, Robert, 1995: Identität, Glaubenssysteme und Gesundheit. NLP-Veränderungsarbeit. Paderborn, Junfermann, S.25
[360] Vgl.: NLP-Wörterbuch auf www.nlp.at

Subkulturen

Lebensform eines Personenkreises oder eines Bevölkerungsteiles mit bestimmten Auffassungen, Werten, Normen, sozialen Strukturen und Verhaltensweisen (Lebensstil), die von jenen der jeweiligen Mehrheitskultur oder dominanten Kultur erheblich, deutlich und gegebenenfalls in konfliktträchtiger Weise abweichen. Regressive Subkulturen suchen vergangene Werte und Normen wieder herzustellen (z.B. Neonazis). Progressive Subkulturen wollen den Zustand der gegenwärtigen Gesellschaft verändern (Alternative). Virtuelle Subkulturen bzw. Cyberkulturen (z.B. Hacker, Cracker) bilden einen relativ neu entstandenen Teil bzw. Unterbereich der Subkulturen.[361]

Submodalitäten

Mit Modalitäten bezeichnet man im NLP die Untereigenschaften zwischen den Sinneskanälen - VAKOG (Repräsentationssysteme). Mit Submodalitäten sind die Unterscheidungen innerhalb der Sinneskanäle gemeint. Sie werden im deutschsprachigen NLP auch Untereigenschaften genannt, z.B. sehen - klar, bunt, nah, in Bewegung, mit Rahmen etc. Z.B. hören - laut, melodisch, stakkato etc., z.B. fühlen - weich, warm, druck etc..[362]

Symbol

Es wird angenommen, dass der Ausdruck Symbole psychologische Prozesse (z.B. Gefühle) beinhaltet. Eine zitternde, brüchige Stimme soll normalerweise Angst symbolisieren, eine gebeugte Haltung Niedergeschlagenheit. In den Kulturwissenschaften sind Symbole ein meist sichtbares Zeichen einer Kultur, z.B. die Landesflaggen.

Synästhesie

Bei einer Synästhesie werden Repräsentationssystemen gleichzeitig oder nacheinander erlebt. Synästhesien stellen Kreuzverbindungen zwischen Repräsentationskomplexen dar.

Synchron

gleichlaufend, zusammenstimmend

Synergie

Durch Zusammenwirken bisher unverbundener Elemente wird eine größere Wirkung realisiert als mit einzelnen Elementen in getrenntem Zustand. Auf der personellen

---

[361] Vgl.: www.kreativ.arubi.uni-kl.de/glossar, Zugriff vom 01.07.2005
[362] Vgl.: NLP-Wörterbuch auf www.nlp.at

Ebene heißt das z.B. das Zusammenlegen von Leistungen von zwei oder mehreren Individuen, wenn die gemeinsame Leistung größer ist als der addierte Output ihrer getrennten Arbeit.

System

Jedes System besteht aus Elementen (Komponenten und Subsystemen), die zueinander in Beziehung stehen. Meist bedeuten diese Relationen ein wechselseitiges Beeinflussen - aus der Beziehung wird ein Zusammenhang.

Systemische Verstrickung

Der Begriff kommt vornehmlich aus der systemischen Familientherapie nach Bert Hellinger. Systemische Verstrickungen resultieren aus gestörten Beziehungen innerhalb eines Systems. Ein großer Teil der Werte, Verhalten, Gefühle und Blockaden, die unser Leben bestimmen sind aus der Familie übernommen. Sie beruhen meist auf einem konkreten aber vergangenen Ereignis. Ebenfalls gehören sie zu einer anderen Zeit und einem anderen Menschen, bei dem sie ihre Berechtigung hatten, jedoch nicht in und zu unserem Leben. Wir übernehmen das Gefühl von Heimatlosigkeit von den vertriebenen Großeltern und fühlen uns, obwohl wir nirgendwo vertrieben wurden, auch heimatlos. Vielleicht übernehmen wir die verdrängten Schuldgefühle des Vaters, weil er die Mutter wegen einer anderen Frau verließ, und nun fühlen wir uns schuldig, obwohl wir gar nichts Böses getan haben. Trotz unterschiedlicher individueller Schicksale und Familiengeschichten, lassen sich die Ursachen und Folgen von Verstrickungen in aller Regel auf eine Verletzung der familiären Systemregeln: Recht auf Zugehörigkeit, familiäre Ordnung und Ausgleich von Geben und Nehmen reduzieren.[363]

Systemtheorie

Systemtheorie ist ein interdisziplinäres Erkenntnismodell, in dem Systeme zur Beschreibung und Erklärung unterschiedlich komplexer Phänomene herangezogen werden. In unseren Kontext passen vor allem die Leitgedanken der soziologischen Systemtheorie.[364]

---

[363] Vgl.: http://www.adlexikon.de/Bert_Hellinger.shtml, dort sind weiterführende und auch kritische Links zu Methode und Weltbild Bert Hellingers zu finden

[364] Vgl.: Luhmann, Niklas, 2004: Einführung in die Systemtheorie. Heidelberg, Carl-Auer Verlag, S. 12

T

Taktile Wahrnehmung
Wahrnehmung durch Tasten

Teile
Im NLP oft verwendete Metapher für Einheiten im Unbewussten, um über abgegrenzte, scheinbar unabhängige Programme, Strategien und Verhalten einer Person zu sprechen. Teile sind im NLP immer "unbewusste Teile" bzw. "Teile des Unbewussten" (Man spricht auch von "Teilen der Person auf der unbewussten Ebene" oder von "unbewussten Persönlichkeitsanteilen"). Nahezu alle Psychotherapien teilen die Person des Klienten in Teile oder Anteile auf (Beispiele sind die Transaktionsanalyse, die Psychoanalyse, die Gestalttherapie und die Familientherapie nach Virginia Satir). Im NLP werden "Teile" immer eindeutig in einen größeren Verstehenszusammenhang eingeordnet. Teile haben eine genau definierte Aufgabe, eine Funktion im Systemganzen einer Person. Diese Aufgabe, diese Funktion wird im NLP immer positiv interpretiert. Teile werden im NLP oft wie Personen behandelt. Man spricht auch von der "guten Absicht" eines Teiles, als ob es sich um eine Person mit eigenem Willen handeln würde. Daneben gibt es auch ein eher klinisches Teile-Konzept. Der klinisch-psychoanalytischen Tradition folgend spricht man auch von einem sekundären Gewinn (oder auch sekundärem Krankheitsgewinn).[365]

Tiefenstruktur
Tiefenstruktur der Sprache ist der Begriff im Rahmen der Transformationsgrammatik von Chomsky, die Bandler und Grinder für das Metamodell verwendet haben. Die Tiefenstruktur ist die Bedeutung einer Äußerung: "Jeder Satz einer natürlichen Sprache hat zwei verschiedenen Repräsentationen: die Repräsentation der Art und Weise, wie er tatsächlich klingt (oder geschrieben erscheint), die Oberflächenstruktur genannt wird, und die Repräsentation seiner Bedeutung, die Tiefenstruktur.[366] Weitere Erklärungen unter: Metamodell der Sprache.

Tilgung
Tilgung ist eine der fundamentalen Prinzipien menschlicher Modellbildung. Sie bezeichnet den Prozess, durch den bestimmte Teile der Welt aus dem Modell der Welt einer Person ausgeschlossen werden. Tilgungen bewirken unvollständige innere Landkarten: Informationen, die möglich sind, fehlen im Modell, in der Repräsentation.

---

[365] Vgl.: NLP-Wörterbuch auf www.nlp.at
[366] Vgl.: NLP-Wörterbuch auf www.nlp.at

Sie tauchen im Bewusstsein nicht auf. Im Metamodell der Sprache werden Sätze, bei denen sich Tilgungen befinden oder die auf Tilgungen hinweisen, spezifisch hinterfragt.[367]

Time-Line
Siehe Zeitlinie

Trance
Siehe Hypnose

Transaktionsanalyse
Ein von Eric Berne entwickeltes Modell, mit dessen Hilfe sich gesunde und krankmachende, lebenswichtige soziale Wechselbeziehungen veranschaulichen, verstehen und behandeln lassen.[368]

Transfer
Übertragung

Trauma
Psychische Traumatisierung lässt sich definieren als unangenehmer Spannungszustand zwischen bedrohlichen Situationsfaktoren und den individuellen Bewältigungs-möglichkeiten, das mit Gefühlen von Hilflosigkeit und schutzloser Preisgabe einhergeht und so eine dauerhafte Erschütterung von Selbst- und Weltverständnis bewirkt. Der Begriff "Trauma" ist dabei eine nachträgliche Beschreibung einer psychologischen Krise, wenn diese dysfunktional gelöst bzw. verarbeitet wurde. Manche Ereignisse, wie z.B. Folter, sind für nahezu alle Personen traumatisch, aber die meisten Ereignisse kann man erst im Nachhinein so bezeichnen, wenn man sich die Folgen für den Einzelnen anschaut.[369]

Treiber Submodalitäten
Siehe auch Submodalitäten. Submodalitäten, bei deren Veränderung sich auch noch andere mit verändern, z.b. wird aus einem bunten, hellen, großen und nahen, assoziierten Film ein dunkles, kleines, weit entferntes und dissoziiertes Standbild, obwohl bewusst nur die Helligkeit verändert wurde.

---

[367] Vgl.: NLP-Wörterbuch auf www.nlp.at
[368] Vgl.: Michel, Christian/Novak, Felix, 1991: Kleines psychologisches Wörterbuch. Freiburg, Herder
[369] Vgl.: Fischer, G./Riedesser, P., 1998: Lehrbuch der Psychotraumatologie. München, Reinhardt

Trigger

Auslöser. Das Ereignis, das den Beginn einer Strategie auslöst.[370]

U

Unbewusstes

Im NLP unterscheidet man bewusste und unbewusste Prozesse (Zwei-Instanzen-Modell). NLP hat kein entwickeltes Modell des Unbewussten; es gibt auch keine verbindliche Definition des Terminus "Unbewusstes". NLP bezieht sich in seinem Konzept vom Unbewussten u.a. auf Gregory Bateson und Milton Erickson. "Im NLP ist etwas bewusst, wenn es im gegenwärtigen Bewusstsein, im Bereich der augenblicklichen Aufmerksamkeit ist, wie dieser Satz jetzt. Etwas ist unbewusst, wenn es nicht in der gegenwärtigen Aufmerksamkeit, dem Bewusstsein ist."[371]

Universitätsmodell

Das Ziel dieser Form des interkulturellen Trainings ist die Wissenserweiterung um kulturspezifisches Wissen mit einem rein kognitiven Lernziel. Hauptsächliche Methoden sind, wie der Name schon vermuten lässt Vorträge und Diskussionen, teilweise Gruppenarbeit. Der Vorteil dieser Trainingsform ist die schnelle kulturspezifische Wissensvermittlung, die notwendig ist als Grundlage, Verhaltensweisen in einen Kontext einordnen zu können. Der Nachteil besteht darin, eine Liste von Stereotypen oder Do's and Don'ts zu bekommen, die keinerlei Erklärungen über die wirklichen Hintergründe geben. Zudem ist diese Form ein reines kognitives Lernen, kein Erfahrungslernen.

V

VAKOG

V - für das visuelle Repräsentationssystem (Sehen)
A - für das auditive Repräsentationssystem (Hören)
K - für das kinästhetische Repräsentationssystem (taktile und innere Körperempfindungen)
O - für das olfaktorische Repräsentationssystem (Riechen)
G - für das gustatorische Repräsentationssystem (Schmecken).[372]

---

[370] Vgl.: Grochowiak, Klaus, 1999: Das NLP Master Handbuch. Paderborn, Junfermann

[371] O'Connor, Joseph/Seymour, John, 1996: Gelungene Kommunikation und Entfaltung. Freiburg, VAK-Verlag für angewandte Kinesiologie, S. 31

[372] Vgl.: NLP-Wörterbuch auf www.nlp.at

Verhalten

NLP kennt einen zweifachen Verhaltensbegriff: Zum einen ist Verhalten jede menschliche Lebensäußerung innerer und äußerer Art. Es umfasst beobachtbare und nicht beobachtbare Elemente wie das innere Sehen oder Führen eines inneren Dialogs. Im Modell der logischen Ebenen aber bezeichnet Verhalten nur das, was an einer Person von außen beobachtet werden kann wie z.b. physische Aktionen, Handlungen, das Tun. Typische Verhaltenselemente sind Körperhaltung, Gesten, die Art des Redens, wie Spiegeln (Pacing) stattfindet, beobachtbare Strategien usw.[373]

Verzerrung

Verzerrung ist das gewöhnliche Ergebnis des Auswahlprozesses, des Bewusstseins: der Fokus der Aufmerksamkeit ist auf bestimmte Aspekte gerichtet, die "Realität" wird verzerrt. Verzerrungen äußern sich in bestimmten Verletzungen des Metamodells der Sprache.[374]

Vision

Aus dem Lateinischen: videre = Sehen und aus dem Französischen: vision = Traum: Eine Vision ist eine wirkungsmächtige Zukunftsvorstellung. Sie beschreibt eine angestrebte Situation, die möglich, sinnvoll und wünschenswert erscheint.

visuell

Den Gesichtssinn, das Sehen betreffend

Vorannahmen

Oder Grundannahmen des NLP: Eine Menge von Annahmen, die grundlegende Glaubenslinien des NLP zum Ausdruck bringen. Welche Annahmen als Grundannahmen des NLP gelten, wird nach Richtung und Schule verschieden gesehen. Die Frage, welche der Annahmen jemand für nützlich erachtet und in welchem Ausmaß jemand fähig ist, sie in das eigene Leben zu integrieren, bildet einen wichtigen Bestandteil einer ernsthaften Auseinandersetzung mit NLP. Die Grundannahmen des NLP dürfen nicht als "Wahrheiten" missverstanden werden. Sie gelten im NLP als hilfreiche Richtlinien, deren Nützlichkeit an der eigenen Erfahrung überprüft werden soll.[375]

---

[373] Vgl.: NLP-Wörterbuch auf www.nlp.at
[374] Vgl.: NLP-Wörterbuch auf www.nlp.at
[375] Vgl.: NLP-Wörterbuch auf www.nlp.at

W

Wahrnehmung

Wahrnehmung stellt die Grundlage jedes psychischen Geschehens dar; sie ist auf der einen Seite an Sinnesempfindungen gebunden, andererseits wird sie durch Erfahrungen und Erwartungshaltungen modifiziert. Man unterscheidet zwischen Wahrnehmung, Empfindung und Vermutung. Die Wahrnehmung wird allgemein als Prozess und Ergebnis der Informationsgewinnung über die Außenwelt definiert. Die Wahrnehmung ist aufgrund der Erwartungshaltung auch kulturell determiniert. Wegen der Beschaffenheit der Sinnesorgane kann nur ein kleiner Ausschnitt der Umwelt wahrgenommen werden. Die Informationen werden auch durch die Erfahrung, Gedächtnis, Gefühle und andere Faktoren, z.B. der Kultur oder Sozialisation verändert. Das auf die Wahrnehmung folgende Verhalten (z.B. Vermeiden von bestimmten Situationen) kann eine erneute Selektion und Verfälschung herbeiführen.[376]

Wahrnehmungsfilter

Siehe auch: Filter. Alles, was wir an der Welt rings um uns wahrnehmen, ist kein direktes, identisches Abbild der Welt, sondern eine Rekonstruktion sinnesspezifischer Erfahrungen. Wahrnehmen ist ein Filterprozess, wie eine Brille, bei der bestimmte Arten des Lichts durchgehen und andere nicht.[377]

Werte

Wertehierarchie, höchster Wert; Werte bezeichnen im NLP das, was einem Menschen wichtig ist, was ihm Bedeutung gibt, was ihn motiviert. Werte sind z.B. "Friede", "Freude", "Glück" oder "Liebe". Werte sind auf einem hohen Chunk, auf einer sehr allgemeinen Ebene. Sie bezeichnen etwas Übergeordnetes, etwas Allgemeines. Werte sind Begriffe, die Konzepte von Lebensqualität beschreiben.[378] Die sprachliche Verpackung von Werten sind Nominalisierungen. Was ein bestimmter Wert (z.B. "Gerechtigkeit") auf der Ebene des Verhaltens für eine Person bedeutet, kann im Allgemeinen nicht vorhergesagt, sondern muss für diese Person konkret in Erfahrung gebracht werden. Die Begriffe "Werte", "Kriterien" und "Beliefs" sind im NLP nicht eindeutig definiert. Werte treten nach James und Woodsmall typischerweise in einer Hierarchie auf. Der höchste Wert bezeichnet den Wert, dem in einem bestimmten Kontext die erste Priorität zukommt. Höchste Werte werden durch Befragen erkundet. Dabei wird eine Person gefragt, ob Wert A wichtiger als Wert B sei bzw. ob A das

---

[376] Vgl.: Michel, Christian/Novak, Felix, 1991: Kleines psychologisches Wörterbuch. Freiburg, Herder
[377] Vgl.: NLP-Wörterbuch auf www.nlp.at
[378] Vgl.: NLP-Wörterbuch auf www.nlp.at

Vorhandensein von B bedingt (in diesem Fall ist A ein höherer Wert als B). Die Werte-hierarchie selbst wird innerlich durch ein Kontinuum in Bezug auf eine Untereigenschaft repräsentiert (z.b. durch Größe, Entfernung oder Lautstärke). Diese Untereigenschaft kann erkundet und für die Veränderung eines oder mehrerer Werte in der Wertehierarchie einer Person verwendet werden.[379]

Win-Win Beziehung

Eine Win-Win-Strategie (aus dem Englischen to win = gewinnen) ist eine Konflikt-lösung, bei der beide Beteiligten einen Nutzen erzielen. Ähnliche Interessen der Konfliktbeteiligten sind eine notwendige Voraussetzung für diese Form der Konfliktlösung. Man spricht von einer Win-Win-Beziehung, wenn die Beteiligten einen gemeinsamen Gewinn (jeder gewinnt) in der Beziehung (Paarbeziehung, Business etc.) anstreben.

wohlgeformt

Eine Aussage, die weder Tilgungen, Verallgemeinerungen noch Verzerrungen enthält

Z

Zeitlinie

(Aus dem Englischen: Timeline) Im NLP wird der Ausdruck Zeitlinie in zweifacher Weise verwendet. Bei der äußeren Zeitlinie wird die innere Zeitlinie in den eine Person umgebenden, äußeren Raum projiziert, d.h. bestimmte Orte im Raum werden zeitlich interpretiert (in der NLP-Sprache: als räumliche Anker installiert). Die Zeitlinie erscheint hier als "materialisierte, verräumlichte Zeitlinie". Meist geschieht dies in Form einer Linie, die am Boden ausgebreitet wird. Ein Punkt auf dieser Linie repräsentiert die Gegenwart, eine Richtung die Vergangenheit, die andere die Zukunft. Die innere Zeitlinie (auch kognitive Zeitlinie genannt) ist die Form jener Repräsentation, in der sich die meisten Menschen die Zeit innerlich vorstellen. Die häufigste Repräsentation von Zeit ist eine visuelle räumliche Positionierung zeitlicher Ereignisse, meist in kontinuierlicher Form, in Form einer Linie. Die Linie verkörpert den "Fluss der Zeit" in einer Systematik von Gegenwart und Zukunft. Ereignisse zeitlich zu ordnen, ihnen einen Zeitbezug zu geben, bedeutet nach diesem Konzept, ihnen einen Ort (eine Strecke) auf dieser Linie im inneren Raum, in Relation zum eigenen Körper, zu geben. Die Repräsentation von Zeit ist vor allem eine visuelle Repräsentation, eine Art von

---

[379] James, Tad/Woodsmall, Wyatt, 1994: Time Line. NLP-Konzepte zur Grundstruktur der Persönlichkeit. Paderborn, Junfermann, 237ff

"innerem Sehen", die wichtigste Untereigenschaft ist die räumliche Positionierung innerer visueller "Bilder". Die Zeitlinie einer Person ist meist unbewusster Natur. Sie kann durch gezieltes Befragen erkundet und bewusst gemacht werden.[380]

Zielorientierung

NLP ist zielorientiert. Im NLP konzentriert man sich nicht - im Unterschied zu anderen beraterischen und therapeutischen Richtungen - auf die Probleme und ihre (vermeintlichen) Ursachen, sondern auf das Ziel. Das Ziel ist die Lösung für das Problem. Es geht nicht vorrangig um die Ursachenanalyse von Problemen, sondern um die Konstruktion von Zielen, die ein Klient oder eine Klientin für sich in Eigen-Kompetenz mit Hilfe eines Beraters oder einer Beraterin festlegt. Ziele im NLP sind wohlgeformte Ziele. Sie genügen bestimmten Kriterien:

- Eigenkompetenz: Ein Ziel muss so formuliert sein, dass nur solche Verhaltensweisen zu seinem Erreichen erforderlich sind, die die Person, die das Ziel formuliert, selbst ausführen kann und will.

- Positiv formuliert

- Situationsspezifisch: Ziele sind konkret, auf einen genauen Kontext bezogen und keine vagen Wünsche, wie "Ich möchte glücklich sein!".

- Sinnesspezifisch-konkret: Ziele enthalten ein genaues, sinnlich konkretes Kriterium für ihre Erfüllung: Was muss ich sehen, hören, fühlen, um zu wissen, dass mein Ziel erreicht ist?[381]

Zugangshinweise

Zugangssignale oder Zugangshinweise (im Englischen: accessing cues) sind nach außen sichtbare nonverbale Hinweise, die es einem Beobachter deutlich machen, über welches der fünf Repräsentationssysteme sich eine Person eine bestimmte Erfahrung (eine Erinnerung, eine Vergegenwärtigung, eine Phantasie, eine Vorstellung oder eine Antizipation) zugänglich macht, bzw. in welchem Repräsentationssystem sie sich gerade befindet oder "aufhält". Zugangshinweise sind oft nur kleine Details im beobachtbaren Verhalten einer Person. Typische Zugangshinweise sind Augenbewegungen, Atmen, Muskelspannungen, nonverbale Elemente in der Sprache, Gesten, Körperhaltung.[382]

Zugehörigkeit

Zugehörigkeit, Verbindung; Dies ist die sechste der logischen Ebenen, die Ebene, bei der Menschen sich auf etwas beziehen, was mehr ist als sie als Person. Hier geht es um

---

[380] Vgl.: NLP-Wörterbuch auf www.nlp.at
[381] Vgl.: NLP-Wörterbuch auf www.nlp.at
[382] Vgl.: NLP-Wörterbuch auf www.nlp.at

die Zugehörigkeit einer Person zu etwas Größerem oder Höherem - für manche: die spirituelle Ebene, umfassende Visionen, der Sinn des Lebens, Lebensaufgaben, eine Mission. Menschen, die ihr Bewusstsein auf die Inhalte dieser Ebene richten, fühlen sich anderen Menschen, der Menschheit insgesamt, der Natur, dem Leben, einer umfassenden Idee oder dem Göttlichen verbunden. Auf der Ebene der Verbindung geht es um die "großen Fragen" im Leben: „Warum leben wir? Warum sind wir hier? Was ist der Sinn des Lebens?" Bei alldem folgt NLP als Prozesstheorie strikt dem Belief-Gedanken und nimmt zu Antworten auf diese Fragen inhaltlich nicht Stellung. NLP ist keiner Ideologie, keinem religiösen oder spirituellen Glaubenssystem verbunden. NLP nimmt dazu eine Meta-Position ein: NLP studiert die Wirkungen von Glaubenssystemen.[383]

Zustand
Die Gesamtheit aller neurologischen Prozesse, die zu einem bestimmten Zeitpunkt in einer Person ablaufen.

---

[383] Vgl.: NLP-Wörterbuch auf www.nlp.at

8 Literaturverzeichnis

A

Ajiferuke, M./Boddewyn, J., 1970: Culture and other explanatory variables in comparative management studies. In: Academy of Management Journal, S. 453-458.

Andreas, Tom, 1999: NLP Practitioner Ausbildung. Tom Andreas Training, Köln

Andreas, Steven, 1994: Virginia Satir - Muster ihres Zaubers. Paderborn, Junfermann

Ardui, Jan/Wyrcza, Peter, 1994: NLP-Presuppositions Revisited. In: NLP-World, 1/1, S. 7-23

Aristoteles, Übersetzung von Willy Theiler, 1983: Über die Seele. Berlin

B

Bailey, Roger, 2001: Hiring, Managing and Selling for Peak Performance. Ontario, Georgian Bay NLP Centre

Bandler, Richard/Grinder, John, 1987: Therapie in Trance. Hypnose: Kommunikation mit dem Unbewussten. Stuttgart, Klett-Cotta

Bandler, Richard/Grinder, John, 1994: Neue Wege der Kurzzeit-Therapie. Neurolinguistische Programme. Paderborn, Junfermann

Bandler, Richard/Grinder, John, 1994: Metasprache & Psychotherapie. Struktur der Magie I. Paderborn, Junfermann

Bandler, Richard/Grinder, John, 1994: Kommunikation & Veränderung. Die Struktur der Magie II. Paderborn, Junfermann

Bandler, Richard/Grinder, John, 1996: Patterns. Muster der hypnotischen Techniken Milton H. Ericksons. Paderborn, Junfermann

Banks, James A., 2001: Multicultural education: Issues and perspectives. New York, Wiley

Barmeyer, Cristoph. I./Stein, Volker, 1998: Deutschland denkt's, Frankreich tut's? Die virtuelle Personalabteilung im Kulturvergleich. In: Barmeyer, Cristoph. I./Bolten, Jürgen (Hrsg.), 1998: Interkulturelle Personalorganisation. Berlin, Sternenfels: (Schriftenreihe Interkulturelle Wirtschaftskommunikation; Bd. 4), S. 71-105

Barmeyer, Christoph. I., 2000: Interkulturelles Management und Lernstile. Frankfurt, Campus Verlag

Bausinger, Hermann, 2000: Typisch Deutsch. Wie deutsch sind die Deutschen? München, Beck

Bennett, Milton, 1986: A developmental approach to training for intercultural sensitivity. In: International Journal for Intercultural Relations. Nr. 2, S. 179-200

Bennett, Milton, 1993: Towards Ethnorelativism: A Development Model of Intercultural Sensitivity. In: Paige, R. Michael (Hrsg.): Education for the intercultural Experience. Yarmouth, Intercultural Press, S.21-71

Berg, Wolfgang, 1999: Kollektive Identität. In: Hahn, Heinz, 1999: Kulturunterschiede. Frankfurt, IKO Verlag für Interkulturelle Kommunikation, S. 224

Bittner, Andreas, 1994: Psychologische Aspekte der Vorbereitung und des Trainings von Fach- und Führungskräften auf einen Auslandseinsatz. In: Thomas, Alexander. (Hrsg.), 1994: Psychologie interkulturellen Handelns. Göttingen, Hogrefe, S. 326 ff:

Black, J./Mendenhall, M., 1990: Cross culture Effectiveness. A review and a theoretical framework for future researchers. In: Academy of Management Review, 15, 1

Blom/Meier, 2002: Interkulturelles Management. Herne/Berlin, Verlag neue Wirtschaftsbriefe

Boff, Leonardo, 2000: Der Adler und das Huhn. Wie der Mensch Mensch wird. Düsseldorf, Patmos Verlag

Bolten, Jürgen, 2001: Interkulturelle Kompetenz. Landeszentrale für politische Bildung Thüringen, Erfurt

Breuer, Jochen/de Bartha, Pierre, 1993: Managen mit Franzosen: Vive la difference. In: Harvard Business Manager, Jg. 15, Nr. 2, S. 15-17

Brück, Frank, 2000: Interkulturelles Management. Frankfurt, IKO Verlag

Bruner, Jerome, 1997: Sinn, Kultur, Ich-Identität. Zur Kulturpsychologie des Sinns. Heidelberg, Carl Auer.

Bücher, Karl, 1919: Arbeit und Rhythmus. Leipzig

C

Cameron-Bandler, Leslie/Lebeau, Michael, 1993: Die Intelligenz der Gefühle. Grundlagen der "Imperative Self Analysis". Junfermann, Paderborn, Original 1988: The Emotional Hostage. Rescuing Your Emotional Life. Future Pace Inc.

Cameron-Bandler, Leslie/Gordon, David/Lebeau, Michael, 1985: The Emprint Method. A Guide to Reproducing Competence. Futurepace

Cameron-Bandler, Leslie/Gordon, David/Lebeau, Michael, 1986: Know How: Guided Programs for Inventing own best future. Futurepace

Carter, Rita, 1999: Mapping the Mind. University of California Press

Charvet, Shelle Rose, 2001: Wort sei Dank. Paderborn, Junfermann

Coté, James E./Levine, Charles, 2002: Identity formation, agency and culture. A social psychological synthesis. London, Lawrence Erlbaum.

Crittenden, Paul, 2000: Eagles Program. Peak Organisation. In: http://www.peakorganisation.com

D

Dahl, Stephan, 2000: Introduction to intercultural communication. In: Dahl, Stephan, 2000: Intercultural Communication skills for Business, London, ECE

Damasio, Antonio, R., 2004: Ich fühle, also bin ich. Die Entschlüsselung des Bewusstseins. Berlin, List Verlag

De Bono, Edward, 1984: Lateral Thinking for Management. Harmondsworth, Middlesex, Penguin Books

DeLozier, Judith, 1993: Beliefs and Culture, University Manuscript. Santa Cruz, NLP University

DeLozier, Judith, 2003: Culture&Community. Seminarunterlage 3, NLP in NRW, Bielefeld, S.4

Devereux, Georges, 1973 : Essais d'ethnopsychiatrie générale. 2e éd., revue et corrigée, Paris, Gallimard

Dilts, Robert, 1988: Identität, Glaubenssysteme und Gesundheit. Paderborn, Junfermann

Dilts, Robert, 1990: Changing Belief Systems with NLP. Cupertino, CA, Metapublications

Dilts, Robert, 1993: Die Veränderung von Glaubenssystemen. Paderborn, Junfermann

Dilts, Robert/Bandler, Richard/Grinder, John, 1994: Strukturen subjektiver Erfahrung. Ihre Erforschung und Veränderung durch NLP. Paderborn, Junfermann

Dilts, Robert/DeLozier, Judith, 2000: Encyclopaedia of Systemic Neurolinguistic Programming and NLP New Coding. Scotts Valley, NLP University Press

Dilts, Robert, 2001: Unterlagen zum Master Trainingskurs, Santa Cruz, NLP University

Dresser, Norine, 1996: Multicultural manners: New rules of etiquette for a changing society. New York, Wiley

E

Ehnert, Ina, 2004: Effektivität Interkultureller Trainings. Hamburg, Personalwirtschaft Bd. 5

Entwistle, Noel, 1990: Learning Styles. In: Eyseneck, M.W., 1990: The Blackwell Dictionary of Cognitive Psychology. Oxford, Blackwell, S. 123 ff

F

Fazil Hüsnü Daglarca, 1987: Reise. In: Yüksel Parzakaya (Hrsg.), 1987: Die Wasser sind weiser als wir. Türkische Lyrik der Gegenwart. Zweisprachig. München, Franz Schneekluth, S.137

Fischer, G./Riedesser, P., 1998: Lehrbuch der Psychotraumatologie. München, Reinhardt

Foerster, Heinz von, 1996: Ich versuche einen Tanz mit der Welt. In: http://www.sonntagsblatt.de/1996/30/ku-30.htm

Furnham, Adrian/Bochner, Stephen, 1986: Culture Shock: Psychological reactions to unfamiliar environments. London, Methuen

G

Gardner, Howard, 1983: Frames of mind. The theory of multiple intelligence. New York, Basic Books

Gergen, Kenneth, 1996: Das übersättigte Selbst. Identitätsprobleme im heutigen Leben. Heidelberg, Carl Auer.

Gertsen, W., 1990: Intercultural competence and expatries. In: The international journal of Human Resources Management, Vol.1, 12/1990, S. 341-362

Gilpin, Adrian, 1998: Leadership Training. Institute of Human Development, England

Gilpin, Adrian, 1999: Unstoppable People. Institute of Human Development, England

Götz, Klaus, 2000: Interkulturelles Lernen/Interkulturelles Training. Managementkonzepte Band 8, München, Hampp

Gordon, David, 2000: Metaphors. In: NLP Master Practitioner Unterlagen, Santa Cruz, NLP University

Grochowiak, Klaus, 1988: Wertebegriffe im NLP und anderswo. In: http://www.cnlpa.de/frame8.html

Grochowiak, Klaus, 1996: Das NLP Practitioner Handbuch. Paderborn, Junfermann

Grochowiak, Klaus, 1999: Das NLP Master Handbuch. Paderborn, Junfermann

Grosch, Harald/Leenen, Wolf Rainer, 1998: Bausteine zur Grundlegung interkulturellen Lernens. In: Bundeszentrale für die politische Bildung: Interkulturelles Lernen. Bonn

Grosch, Harald/Leenen, Wolf Rainer, 1998: Glossar. In Interkulturelles Lernen. Bonn, Bundeszentrale für die politische Bildung, Bonn

Große, Ernst/Lüger, Heinz, 1993: Frankreich verstehen. Darmstadt, Wissenschaftliche Buchgesellschaft

Gudykunst, W.B./Hammer, M.R, 1983: Basic Training Design. Approaches to intercultural Training. In: Landis, D./Brislin, R.W.: Handbook of Intercultural Training.Vol.1, New York, Pergamon, S. 118-154

H

Habermas, Jürgen, 1976: Können komplexe Gesellschaften eine vernünftige Identität ausbilden? In: Habermas, Jürgen, 1976: Zur Rekonstruktion des Historischen Materialismus. Frankfurt, Suhrkamp

Häberle, Christoph, 10.10.2003: Farben. SZ-Magazin N. 41, S. 7-41

Hall, Edward T., 1976: Die Sprache des Raumes. Düsseldorf

Hall, Edward T., 1977: Beyond culture. New York, Doubleday

Hall, Edward T., 1982: The Hidden dimension. New York, Doubleday

Hall, Edward T., 1983: The Dance of life, New York, Doubleday

Hall, Edward T., 1952, Neuauflage von 1990, The Silent Language. New York, Doubleday

Hall, Edward T./Hall, Mildred R., 1990: Understanding cultural differences. Yarmouth.

Herbrand, Frank, 2002: Fit für fremde Kulturen: Interkulturelles Training für Führungskräfte. Bern, Haupt

Hesse, Hermann: Die Gedichte aus den Jahren 1929 – 1941. 2. Bd., Berlin, Suhrkamp

Hofstede, Geert/Bond, M. H., 1988: Confucius & economic growth: New trends in culture's consequences. In: Organizational Dynamics, Amsterdam 16 (4), S. 4-21

Hofstede, Geert, 1993: Interkulturelle Zusammenarbeit: Kulturen, Organisationen, Management. Wiesbaden

Hofstede, Geert, 2001: Lokales Denken, Globales Handeln. München, Beck

Honey, P./Mumford, A., 1992: The Manual of Learning Styles. Maidenhead, Berkshire.

Huntington, Samuel, 1996: The clash of civilizations and the remaking of world order. New York, Simon&Schuster

I

Isert, Bernd/Rentel, Klaus, 2000: Wurzeln der Zukunft: Lebenswegarbeit, Aufstellungen und systemische Veränderungen. In: www.active-books.de

J

Jochims, Inke, 1995: NLP für Profis. Glaubenssätze & Sprachmodelle. Paderborn, Junfermann

K

Katan, David, 1999: Translating Cultures. Manchester, St. Jeromes Publishing

Katan, David, 2001: When Difference is not dangerous: Modelling Intercultural Competence for Business. In: Cortese, Guiseppa/Hymnes, Dell, 2001: "Languaging" in and across human groups. Perspectives on difference and asymmetry. Textus 14, No.2, S. 287-306

Katan, David/Trickey, David, 2001: Negotiating Meaning across Cultures. Bologna, TCO, www.tco-international.com/articles.asp

Keupp, Heiner/Kraus, Wolfgang u. a., 1999: Identitätskonstruktionen. Das Patchwork der Identität in der Spätmoderne. Reinbek, Rowohlt.

Kinasth, Eva, 1998: Evaluation Interkultureller Trainings. Lengerich

Kluckhohn, C./Kroeber, A.L., 1967: Culture. A critical review of concepts and definitions. Anthroplogical Papers, New York., Peabody Museum No.4

Köppel, Petra, 2002: Kulturerfassungsansätze und ihre Integration in interkulturelle Trainings. Norderstedt, Fokus Kultur

Kolb, David, A., 1981: Learning Styles and Disciplinary Differences. In: Chickering, A.W. and Associates (Hrsg.): The Modern American College. Responding to the New Realities of Diverse Students and a Changing Society. San Francisco, Jossey-Baß Publishers, S. 232-305

Kolb, David, A., 1984: Experiental Learning. New York, Prentice Hall

Krämer, Gesa, 2000: Interkulturelle Kompetenz in der Ausbildung. Unveröffentlichte Magisterarbeit, Universität Saarbrücken

Krewer, Bernd, 1994: Interkulturelle Trainingsprogramme – Bestandsaufnahme und Perspektiven. In: Nouveaux Cahiers d'allemand. Nr. 2, S. 139-149

Krumm, H.J., 1992: Bilder im Kopf. Interkulturelles Lernen und Landeskunde. In: Fremdsprache Deutsch. Zeitschrift für die Praxis des Deutschunterrichts, Heft 6/2000, München, S. 16 – 20

L

Landis, D./Brislin, R.W., 1983: Handbook of Intercultural Training, Vol.1, New York, Pergamon

Levine, Robert, 1998: Eine Landkarte der Zeit. München, Piper

Lewis, Richard, 1990: Cross Culture. The Lewis Model. Richard Lewis Communications, UK

Lewis, Richard, 1999: Cross Cultural Communication. A visual approach. Hampshire, Transcreen

Lewis, Richard, 2000: When cultures collide – Managing successfully across cultures. London, Nicholas Brealey Publishing,

Luckmann, Thomas/Berger, Peter, 2003: Die Gesellschaftliche Konstruktion der Wirklichkeit. Frankfurt, Fischer

Luhmann, Niklas, 2004: Einführung in die Systemtheorie. Heidelberg, Carl-Auer

M

Maß, Evelyne/Ritschl, Karsten, 1997: Teamgeist. Paderborn, Junfermann

Mead, Richard, 1990: Cross Cultural Management Communication. Chichester, John Wiley & Sons

Mehrabian, Albert, 1981: Silent messages: Implicit communication of emotions and attitudes. Belmont, CA, Wadsworth

Meyer, Annegret/ Stender, Jan, 1995: Systemisches NLP. Paderborn, Junfermann

Michel, Christian/Novak, Felix, 1991: Kleines psychologisches Wörterbuch. Freiburg, Herder

Miller, George A., 1956: The Magical Number Seven, Plus or Minus Two. Psychological Review, 63, S. 81-87

Mohl, Alexa, 1999: Nach China unterwegs. Paderborn, Junfermann

Müller, Bernd-Dietrich, 1981: Gedächtnisprotokoll einer Alltagssituation. In: http://www.tu-dresden.de/sulifg/daf/landeskunde/bsp2.htm, Zugriff vom 22.9.03

Müller, Bernd-Dietrich, 1994: Wortschatzarbeit und Bedeutungsvermittlung. Berlin, Langenscheidt-Verlag (= Fernstudienprojekt Deutsch als Fremdsprache des DIFF, der GhK und des GI, Fernstudieneinheit 8)

Mumford, Monica G./Fowler, Sandra M., 1995: Intercultural Sourcebook: Cross-Cultural Training Methods. Maine, Intercultural Press

N

Neuner, Gerhard/Hunfeld, Hans, 1999: Methode des fremdsprachlichen Deutschunterrichts. Berlin, Langenscheidt

Nisbett, Richard, 2004: The Geography of thought. How Asians and westerners think differently. New York, Simon&Schuster

O

O'Connor, Joseph/Seymour, John, 1996: Gelungene Kommunikation und Entfaltung, Freiburg, VAK-Verlag für angewandte Kinesiologie

P

Pateau, Jaques, 2000: Interkulturelle Aspekte der Kooperation in deutschen und französischen Unternehmen. DOKUMENTE - DOCUMENTS (ed.): Die deutsch-französischen Beziehungen, Chronologie und Dokumente 1948 – 1999. Bonn, Europa Union Verlag, S. 172- 177

Pawlow, Iwan Petrowitsch, 1973: Auseinandersetzung mit der Psychologie. München, Kindler

Q

Quasthoff, U. M., 1989: Ethnozentrische Verarbeitung von Informationen: Zur Ambivalenz der Funktion von Stereotypen in der interkulturellen Kommunikation. In: Matusche, P. (Hrsg.), 1989: Wie verstehen wir Fremdes. Aspekte zur Klärung von Verstehensprozessen. München, Goethe-Institut, S. 37-62

S

Sagawe, Helmuth, 1999: Kulturunterschiede neuerer Zeit. Heidelberg, Schuler

Schein, Edgar, 1985: Organizational Culture and Leadership. A dynamic View. San Franciso, Jossey-Bass

Schmidt-Tanger, Martina, 2001: NLP-Modelle. Das Basiskurs-Begleitbuch. VAK

Schmitt, Uwe, 1999, Tokyo Tango. Frankfurt, Eichborn

Simons/Meyers/Lambert (Hrsg.), 2000: Global competence: 50 training actvities for success in international business. Amherst, HRD Press

Steufmehl, Ingo. A.: Das Modell der Entwicklungsstufen von Personen und Organisationen nach Claire Graves. Skriptum Wissens- und Medienmanagement für Pädagogen. In: www.unibw-muenchen.de

Stevens, Frans, u.a., 2003: Handbuch Managementmodelle. Chichester/Weinheim, Wiley

Stricker, Olaf/Andreas, Tom, 2003: Work-Life Balance Workshop. Köln, Tom Andreas Trainings

Stüdlein, Yvonne, 1997: Management von Kulturunterschieden: Phasenkonzept für internationale strategische Allianzen. Wiesbaden, Deutscher Universitätsverlag

T

Thiagarajan, Sivasailam, 1994: Barnga. In: www.interculturalpress.com

Thomas, Alexander, 1988: Interkulturelles Lernen im Schüleraustausch, Saarbrücken, SSIP Bulletin Nr. 58

Thomas, Alexander, 1990: Anforderungen interkulturellen Lernens-Verstehens-Handelns im intereuropäischen Management. In: Methner, H./Gebert, A. (Hrsg.), 1990: Psychologen gestalten die Zukunft. Bad Dürkheim, S. 191

Thomas, Alexander/Hagemann, Katja, 1992: Training interkultureller Kompetenz. In: Bergmann, Niels/Sourisseaux, Andreas (Hrsg.), 1992: Interkulturelles Management. Heidelberg, Physica Verlag

Tonkin, Alan, 2003: Different Values: Different Democracy. Global Values Network, http://www.globalvaluesnetwork.com/

Trageser, Waltraud/Münchhausen, Marco von, 2003: Die NLP Kartei. Paderborn, Junfermann

Triandis, Harry, 1994: Culture and social behaviour. New York, Mc Graw-Hill

Trompenaars, Fons/Hampden-Turner, C., 1997: Riding the waves of culture: understanding cultural diversity in business. London, Nicholas Brealey

Trompenaars, Fons./Hampden-Turner, C., 2004: Managing people across cultures. Chichester, Capstone

V

Vahle, Frederik, 1993: Fischbrötchen. Geschichten und Lieder, Düsseldorf, Patmos

Van der Horst, Brian, 1994: An NLP-Primer on Spirituality, NLP World, 1/3, S. 28-44

Van der Horst, Brian: Edward T. Hall–A great Grandfather of NLP. In: http://www.cs.ucr.edu/~gnick/bvdh/print_edward_t_hall_great_.htm

Van der Horst, Brian: ICC-A mirror image of NLP. In: http://www.cs.ucr.edu/~gnick/bvdh/mirror_image_of_nlp.htm,

W

Wagner, Wolf, 1996: Kulturschock Deutschland. Hamburg, Rotbuch

Watzlawik, Paul, 2003: Anleitung zum Unglücklichsein. München, Piper

Wilber, Ken, 1997, An Integral Theory of Consciousness. In: Journal of Consciousness Studies, 4 (1), Imprint Academic, S.71-92

Woodsmall, Wyatt, 1988: Auf dem Weg zu exzellenter Kommunikation. Paderborn, Junfermann

Woodsmall, Wyatt/ Tad, James, 1994: Time Line. NLP-Konzepte zur Grundstruktur der Persönlichkeit. Paderborn, Junfermann

Wordelmann, Peter, 1995: Internationale Qualifikationen. Inhalte, Bedarf und Vermittlung. Berlin/Bonn, Bundesinstitut für Berufsbildung

Y

Yapko, Michael D., 1995: Essentials of Hypnosis. New York, Brunner/Mazel

Quellen ohne Autor/Internetquellen

http://eng.bundesregierung.de/dokumente/Artikel/ix_30415.htm

http://www.sign-lang.uni-hamburg.de/Projekte/Plex/PLex/Lemmata/F-Lemma/Funktionalismus.htm

http://www.ibim.de/ikult/3-1.htm

http://www.thunderbird.edu/wwwfiles/ms/globe/publications_2004.html,

http://www.tmaworld.com/solutions/ps.cfm?psid=16

http://www.rossleben2001.werner-knoben.de

http://www.ak-kenwilber.de

http://www.hyperkommunikation.ch/personen/korzybski.htm

http://www.intercultural-network.de/einfuehrung/kulturelle_dimensionen.shtml

http://www.systemische-gesellschaft.de/inhalt/positionsbestimmung.htm

http://www.personalseite.de/aufsatz/steinert3.htm

http://www.kreativ.arubi.uni-kl.de/glossar

http://www.teachsam.de/psy/psy_pers/selbstbild/selbstb_3-Dateien/image002.gif

http://www.nlpu.com

http://www.nlp.at

Microsoft® Encarta® Enzyklopädie Professional 2003 © 1993-2002 Microsoft Corporation.

http://www.christian-wille.de/inhalte/ik/glossar_index.htm

http://arbeitsblaetter.stangl-taller.at/LERNEN/Praegung.shtm

http://www.odt.org

http:// www.tu-dresden.de/sulifg/daf/landeskunde/bsp2.htm

http://www.socilogicus.de/lexikon

http://www.diversophy.com/petersmap.htm

http://www.teachsam.de/psy/psy_pers/selbstbild/selbstb_3-Dateien/image002.gif

http://www.olev.de

http://www.ritualdynamik.uni-hd.de

http://www.schriftdeutsch.de

http://psychclassics.yorku.ca/Maslow/motivation.htm

Musikquellen

Amistad, Original Motion Picture Soundtrack. Dreamworks, 9. Dezember 1997

Carla Bruni: Quelqu'un m'a dit. V2, 22. März 2005

Franz Benton: Love ist he ocean. Zyx, 22. Februar 1999

Gloria Gaynor: I will survive. The very best. Polydor, 2. August 1993

Helmut Eisel & JEM: Hot Klezmer Clarinet. Westpark, 13. Januar 2003

Helmut Eisel & JEM: Midnight Dreamer. Westpark, 31. Januar 2005

John Anderson: Change we must. EMI, 20. Oktober 1994

Ludovico Einaudi: Una Mattina. Decca, 4. April 2005

Marla Glen: This is Marla Glen. Ariola, 1. August 1993

9 Abbildungs- und Tabellenverzeichnis

10 Sachwortregister